대한민국 역대 정부

주요 정책과 국정운영

대한민국 역대 정부
주요 정책과 국정운영

7. 노무현 정부

한국행정연구원

도서출판 대영문화사

발간사

올해는 우리 민족이 일제로부터 해방된 지 70년이 된 해이며, 대한민국 초대 정부가 수립된 지 67년이 된 해입니다. 그동안 우리나라는 동북아의 작은 신생 국가에서 경제 규모 세계 13위권의 국가로 발전했습니다. 세계는 우리의 발전에 놀라워하고 있으며, 많은 개발도상국가들이 우리나라의 경험을 배우려 하고 있습니다.

이러한 놀라운 경제 성장의 배경에는 일차적으로 대한민국 역대 정부가 그 중심에 있었습니다. 1948년 이승만 정부가 수립된 이후 대한민국에서는 많은 정부가 들어섰으며, 이들 정부에 의해 다양한 정책과 국책사업이 추진됐습니다. 이들 정부의 정책과 국책사업으로 인해 대한민국은 전쟁의 상처를 극복하기도 했으며, 급속한 경제 성장과 민주화를 이루기도 했습니다.

물론 그동안 모든 정책이 크게 성공하여 국가 발전과 국민생활에 기여했던 것은 아닙니다. 일부 정책의 경우 기대한 성과에 미치지 못해 국민에게 실망을 안겨주기도 했습니다.

그러나 성공한 정책이든 혹은 실패한 정책이든 역대 정부의 정책들은 대한민국의 역사인 동시에 미래 정부의 정책결정과 집행에 반드시 참고해야 할 중요한 자료이기도 합니다. 따라서 과거 정부가 추진했던 정책과 국책사업들의 성공과 실패의 원인을 분석하고 미래 정책의 지표로 삼는 것은 당연하며 꼭 필요한 작업이라고 할 수 있습니다.

이에 한국행정연구원에서는 우리나라 역대 정부들이 어떤 정책을 어떤 배경에서 추진했으며, 어떤 성과를 냈는가를 재조명하기 위해 본 편찬사업을 계획하고 추진하여, 이번에 『대한민국 역대 정부: 주요 정책과 국정운영』이란 제목으로 전체 8권의 결과물을 발간하게 됐습니다.

2013년 말부터 계획 · 추진된 이 편찬사업에는 연구원 내외에서 총 78명의 학자가 참여하여 이승만 정부부터 이명박 정부까지 우리나라 역대 정부의 주요 정책과 국정운영의 현상들을 객관적이며 종합적인 안목에서 재조명하고 분석했습니다. 세부 주제는 한국행정연구원에서 선정했으나, 각 세부 주제의 집필 방향과 내용은 각 집필위원들의 분석 시각과 판단에 맡겼습니다.

한편 한국행정연구원은 이 편찬사업의 추진을 위해 7명의 전문가를 모시고 편집위원회를 구성했습니다. 2013년 말부터 활동했던 편집위원회에서는 연구에 담을 세부 주제를 선정해 주셨으며 그 주제에 적합한 집필자들도 추천해 주셨습니다. 또한 많은 집필자가 참여하는 사업인 만큼 연구의 통일성 유지 방안 등 여러 내용에 대해 논의, 결정했습니다. 특히 각 편집위원들께서는 연구의 중간 발표 및 최종 보고회 등 사업의 여러 과정을 주관해 주셨습니다.

편집위원회에 참여하여 수고를 아끼지 않으신 김성배 교수님(숭실대), 박양호 교수님(홍익대), 주재현 교수님(명지대), 이대희 교수님(광운대), 최흥석 교수님(고려대), 하미승 교수님(건국대), 한표환 교수님(충남대)께 깊은 감사를 드립니다.

또한 한국행정연구원은 편집위원회와는 별도로 자문위원회를 구성하여 이 편찬사업 전반에 대해 자문을 받았습니다. 자문위원회에서는 학술사업의 전반적 추진 방향을 비롯하여 국내외 편찬 사례, 연구 성과물 확산 방안 등 다양한 내용에 대해 자문을 해 주셨습니다. 자문위원의 역할을 기꺼이 맡아주신 정정길 울산대학교 재단이사장님(전 대통령실장), 안병만 전 교육과학부 장관님, 정형근 전 국회의원님, 김석준 안양대 총장님(전 국회의원), 이달곤 가천대 교수님(전 행정자치부 장관), 박영희 건국대 명예교수님, 윤정길 건국대 명예교수님께 깊은 감사의 말씀을 전합니다. 특히 안병만 전 장관님과 김석준 총장님께서는 본 연구사업의 서론과 결론 부분까지도 직접 집필해 주셨습니다.

이 『대한민국 역대 정부 주요 정책 및 국정운영』은 제1권 이승만/장면 정부부터 제8권 이명박 정부까지 총 8권으로 구성되어 있습니다. 과도 정부였던 허정 내각과 최규하 대통령 재임기를 제외한 대한민국 역대 정부의 주요 정책과 국책사업 그리고 정부개혁의 내용이 모두 수록되어 있습니다. 본 연구사업의 서론은 제1권 앞부분에, 결론은 제8권 뒷부분에 수록되어 있습니다.

재임 기간이 짧았던 장면 정부를 제외한 각 정부의 내용은 크게 3편으로 구성되어 있는데, 제1편은 정부의 출범과 국정운영의 기초에 대한 내용으로 각 정부에 대한 개괄적 소개(제1장)와 각 국정운영의 목표와 방향(제2장)에 대해 분석하고 있습니다. 제2편의 내용은 각 정부에서 추진됐던 주요 정책 및 국책사업에 대한 분석으로 각 정부별로 5장 또는 6장으로 구성되어 있습니다. 각 정부 2편 내용의 선정은 편집위원들께서 담당했는데, 각 정부에서 추진됐던 정책 및 국책사업들을 검토하여 그중 정부가 가장 역점을 두어 추진했다고 판단되는 정책들과 당시 정부에서 국민적 논란이 됐던 정책 또는 국책사업 위주로 선정했습니다. 제3편은 정부개혁에 대한 내용이며 모두 3장으로 되어 있습니다.

이미 언급한 바와 같이 한국행정연구원에서는 이 연구 성과물의 발간에 앞서 여러 차례의 발표회를 가졌으며, 지난 해 12월 2일에는 대규모의 학술토론회도 개최했습니다. 발표회에서는 집필자 발표 내용에 대한 토론과 함께 내용의 중복성 방지를 위한 방안, 편집 방안 등을 논의했고, 학술토론회에서는 각 정부에 대한 연구 결과 발표 외에도 향후 정부의 정책 운영 방안에 관한 다양한 논의가 있었습니다.

한국행정연구원은 이 편찬사업에 그치지 않고 2015년에는 본 연구의 결과를 요약하여 영문으로 번역하여 출판할 예정입니다. 출판된 영문 책자는 한국행정연구원과 국제관계를 맺고 있는 외국 기관들은 물론 주요 외교 기관들에도 배포될 것입니다. 아울러 우리 연구원은 국제행정협력센터를 설치하여 ODA 관련 사업을 적극 추진하고 있는 바, 이 책자는 아주 유용하게 사용될 것으로 생각합니다.

끝으로 한국행정연구원 편찬사업에 참여해 주신 많은 집필진 여러분과 편집위원님 그리고 자문위원님께 다시 한 번 감사를 드립니다. 그리고 이 학술사업을 총괄·책임지고 수행한 양현모 선임연구위원과 이 사업을 총괄 지원한 장지원 전문연구원, 그리고 각 정부별 집필위원들과 소통하면서 간사의 역할을 수행한 김영록, 조세현, 오윤경, 임성근, 윤종설, 최순영, 황혜신, 허준영 박사와 이 사업을 행정적으로 지원한 김두진 행정원을 비롯한 연구원 직원들에게도 감사의 말씀을 드립니다. 아울러 원고를 정성껏 교정·편집해서 8권의 책으로 발간해준 대영문화사 임춘환 사장님께도 감사의 마음을 전합니다. 이외에도 이 책이 나오기까지 수많은 분의 노고와 정성이 있었으나 일일이 거론하지 못해 죄송한 마음입니다.

아무쪼록 이 책들의 내용이 향후 국민들의 학습과 연구 자료로 사용되는 것은 물론 우리나라 정부 정책 과정에 도움이 되는 정책 자료로도 널리 활용되기를 기대해 봅니다.

감사합니다.

2014년 12월

한국행정연구원 원장 **이은재**

총 목 차(1~8권)

서론: 대한민국 역대 정부 주요 정책과 국정운영 ······ 안병만

제1권 이승만/장면 정부

제1편 이승만 정부의 출범과 국정운영의 기초

제1장 이승만 정부의 출범 및 정부 소개 ······ 이서행
제2장 이승만 정부 국정운영의 목표 및 방향 ······ 박희봉

제2편 이승만 정부의 주요 정책 및 국책사업

제1장 법체제 정립 ······ 김종철
제2장 군대, 경찰 체제 확립 ······ 남정옥
제3장 토지(농지)개혁 ······ 이대희
제4장 평화선, 그 등장과 소멸의 과정 ······ 이주천
제5장 한국전쟁의 극복 ······ 박태균

제3편 이승만 정부 정부개혁

제1장 정부개혁의 배경 및 방향 ······ 최신융
제2장 정부개혁의 내용 ······ 신윤창
제3장 정부개혁의 대한 성과 및 평가 ······ 최신융

제4편 장면 정부의 출범과 국정운영의 기초

제1장 장면 정부의 출범 및 정부 소개 ······ 김정렬
제2장 장면 정부 국정운영의 목표 및 방향 ······ 백학순

제2권 박정희 정부

제1편 박정희 정부의 출범과 국정운영의 기초

제1장 박정희 정부의 출범 및 정부 소개 ······ 하미승
제2장 박정희 정부 국정운영의 목표 및 방향 ······ 임도빈

제2편 박정희 정부의 주요 정책 및 국책사업

제1장 경제성장 정책(I): 경제개발 5개년계획 ······ 이원희
제2장 경제성장 정책(II): 수출주도정책과 중화학공업정책 ······ 김재훈
제3장 베트남 참전 ······ 강 욱
제4장 새마을운동 ······ 소진광
제5장 경부고속도로 건설 ······ 배용수
제6장 국토개발 10개년정책(1961~1979년) ······ 소순창

제3편 박정희 정부 정부개혁

제1장 정부개혁의 배경 및 방향 ······ 이종수
제2장 정부개혁의 내용 ······ 임동진
제3장 정부개혁에 대한 성과 및 평가 ······ 이종수

제3권 전두환 정부

제1편 전두환 정부의 출범과 국정운영의 기초

제1장 전두환 정부의 출범 및 정부 소개 ······ 임혁백
제2장 전두환 정부 국정운영의 목표 및 방향 ······ 권용수

제 2 편 전두환 정부의 주요 정책 및 국책사업

제 1 장 자율화(두발 · 교복 자율화, 통금 해제) 정책 ······ 오재록
제 2 장 사회악 정화정책 ······ 박치성
제 3 장 사교육 금지정책 ······ 강일규
제 4 장 경제안정화정책 ······ 박진근
제 5 장 1986년 서울아시아경기대회와 1988년 서울올림픽대회 유치 ······ 임태성

제 3 편 전두환 정부 정부개혁

제 1 장 정부개혁의 배경 및 방향 ······ 김현준
제 2 장 정부개혁의 내용 ······ 홍성걸
제 3 장 정부개혁에 대한 성과 및 평가 ······ 김현준

제 4 권 노태우 정부

제 1 편 노태우 정부의 출범과 국정운영의 기초

제 1 장 노태우 정부의 출범 및 정부 소개 ······ 심상용
제 2 장 노태우 정부 국정운영의 목표 및 방향 ······ 김근세

제 2 편 노태우 정부의 주요 정책 및 국책사업

제 1 장 북방정책 ······ 김규륜
제 2 장 토지공개념제 도입 ······ 서순탁
제 3 장 신도시 건설 ······ 변병설
제 4 장 고속전철 건설사업(KTX) ······ 이 송
제 5 장 인천국제공항 건설사업 ······ 박양호

제 3 편 노태우 정부 정부개혁

제 1 장 정부개혁의 배경 및 방향 ······ 하태수

제2장 정부개혁의 내용 ···· 김태룡
제3장 정부개혁에 대한 성과 및 평가 ···· 하태수

제5권 김영삼 정부

제1편 김영삼 정부의 출범과 국정운영의 기초
제1장 김영삼 정부의 출범 및 정부 소개 ···· 최진욱
제2장 김영삼 정부 국정운영의 목표 및 방향 ···· 이남국

제2편 김영삼 정부의 주요 정책 및 국책사업
제1장 역사바로세우기 ···· 이상록
제2장 금융실명제 ···· 김병문
제3장 세계화정책 ···· 금창호
제4장 신외교정책 ···· 황지환
제5장 지방자치제 전면 실시 ···· 한표환

제3편 김영삼 정부 정부개혁
제1장 정부개혁의 배경 및 방향 ···· 심익섭
제2장 정부개혁의 내용 ···· 이창원
제3장 정부개혁에 대한 성과 및 평가 ···· 심익섭

제6권 김대중 정부

제1편 김대중 정부의 출범과 국정운영의 기초
제1장 김대중 정부의 출범 및 정부 소개 ···· 김성재

제7권

노무현 정부

제 1 편　노무현 정부의 출범과 국정운영의 기초
제 2 편　노무현 정부의 주요 정책 및 국책사업
제 3 편　노무현 정부 정부개혁

목차

제1편 노무현 정부의 출범과 국정운영의 기초

제1장 노무현 정부의 출범 및 정부 소개

제1절 노무현 정부 출범에 대한 역사적·환경적 분석 ········ 11

1. 정치적 환경 12
2. 경제적 환경 13
3. 사회적 환경 14
4. 국제적 환경 14

제2절 선거 과정 및 결과 ········ 16

1. 과정 16
2. 특징 17

제3절 대통령, 총리, 장관 등 주요 관료 소개 ········ 20

제4절 정부조직 체계 ········ 26

1. 정부조직/청와대 26
2. 자문기구 27

제5절 입법부 및 사법부와의 관계 ········ 33

1. 입법부와의 관계 33
2. 사법부와의 관계 34

제2장 노무현 정부 국정운영의 목표 및 방향

제1절 국정운영의 비전 및 목표 ········ 38

1. 국민과 함께 하는 민주주의 39
2. 더불어 사는 균형발전 사회 39
3. 평화와 번영의 동북아 시대 40

제2절 국정기조 및 국정과제 ········ 40

1. 4대 국정 원리 40

2. 12대 국정과제 42

제3절 노무현 정부 시기 정치적 · 사회적 이슈와 이에 대한 정부의 대응 ····· 46

1. 경제 분야 46
2. 사회 분야 49
3. 정치 · 외교 분야 53

제4절 정부 정책기조 및 추진체계 ····· 55

1. 경제 분야 55
2. 사회, 문화, 복지 분야 58
3. 교육, 과학, 인적 자원 분야 61
4. 외교, 통일, 국방 분야 62

제2편 노무현 정부의 주요 정책 및 국책사업

제1장 신행정수도 이전 및 국가균형발전정책

제1절 정책의 추진 배경 ····· 71

제2절 정책의 추진체계 ····· 75

제3절 정책의 추진 과정 및 내용 ····· 78

1. 정책 추진 과정 78
2. 주요 정책 내용 82

제4절 성과 및 평가 ····· 89

1. 신행정수도 건설정책 89
2. 국가균형발전 90

제2장 참여정부의 지방분권정책

제1절 정책의 추진 배경 ····· 96

1. 왜 참여정부의 지방분권정책인가? 96
2. 참여정부 지방분권정책의 추진 배경 98

제2절 정책의 추진체계 ····· 100

1. 참여정부 지방분권정책 추진체계의 개관 100
2. 정부혁신지방분권위원회의 변화 101

제3절 정책의 추진 과정 및 내용 ····· 103

1. 지방분권정책의 추진 과정 103
2. 지방분권특별법의 3대 지방분권 원칙 104
3. 지방분권 로드맵 105

제 4 절 성과 및 평가 ········· 108

1. 국회의 저항과 중앙집권화 반격 108
2. 참여정부 지방분권정책의 성과평가 113
3. 참여정부 지방분권정책의 교훈 121

제 3 장 동북아시대 구상정책

제 1 절 정책의 추진 배경 ········· 127

제 2 절 정책의 추진 체계 ········· 129

1. 의미와 목표 129
2. 추진 원칙 130
3. 참고 사례: 유럽 통합 131
4. 한국의 역할 133
5. 위원회 거버넌스 134

제 3 절 정책의 추진 과정 및 내용 ········· 138

1. 동북아 경제 중심에서 동북아시대 구상으로 138
2. 내부의 문제 제기 138
3. 동북아시대 구상 추진의 대외적 장애물 141
4. 구상의 주요 내용 143

제 4 절 성과 및 평가 ········· 153

1. 성과 153
2. 평가 155

제 4 장 부동산정책

제 1 절 정책의 추진 배경 ········· 158

1. 우리나라 부동산 시장과 제도의 유산 159
2. 부동산 시장을 둘러싼 외부적 환경 160

제 2 절 정책의 추진체계 ········· 161

1. 국정과제로 인식된 노무현 정부의 부동산정책 161
2. 다양한 의견 수렴 절차를 거친 부동산정책 162

제 3 절 정책의 추진 과정과 내용 ········· 163

1. 노무현 정부의 부동산정책 목표와 정책 체계 163
2. 노무현 정부의 주요 부동산정책 추진 과정 164
3. 노무현 정부 부동산정책의 성격과 대표적인 정책 168

제 4 절 성과 및 평가 ········ 175

1. 노무현 정부 부동산정책의 성과 175
2. 노무현 정부 부동산정책을 둘러싼 상반된 평가 177
3. 노무현 정부의 부동산정책의 한계와 향후 과제 181

제 5 장 복지정책

제 1 절 정책의 추진 배경 ········ 185

1. 노인복지 185
2. 장애인복지 186
3. 보육정책 188
4. 여성정책 188

제 2 절 정책의 추진체계 ········ 189

1. 노인복지 189
2. 장애인복지 191
3. 보육정책 192
4. 여성정책 192

제 3 절 정책의 추진 과정 및 내용 ········ 193

1. 노인복지 193
2. 장애인복지 195
3. 보육정책 197
4. 여성정책 199

제 4 절 성과 및 평가 ········ 203

1. 노인복지 204
2. 장애인복지 206
3. 보육정책 208
4. 여성정책 209

제 3 편 노무현 정부 정부개혁

제 1 장 정부개혁의 배경 및 방향

제 1 절 정부개혁의 배경 ········ 217

1. 정치적 배경 217
2. 경제적 배경 218
3. 사회문화적 배경 219

제 2 절 정부개혁의 목표 및 추진 방향 ········ 220

1. 정부개혁의 목표 220
2. 정부개혁의 추진 방향 224

제 3 절　정부개혁의 추진 체계 ······ 228
1. 정부혁신의 추진 주체 228
2. 정부혁신의 추진 대상 232
3. 정부혁신의 추진 방법 234

제 2 장　정부개혁의 내용

제 1 절　정부조직 개편 ······ 241
1. 기능 재구조화 중심의 조직재설계 241
2. 정책조정 체계 강화 242
3. 팀제 도입을 통한 조직유연화 244
4. 책임운영기관제도 개선 245

제 2 절　재정개혁 ······ 246
1. 국가재정운용계획 수립 246
2. 국가재정법 제정 및 기금 정비 246
3. 총액배분 자율편성제도 도입 247
4. 성과관리제도 도입 248
5. 지방재정지원시스템 개편 248

제 3 절　인사개혁 ······ 250
1. 중앙인사위원회를 활용한 국가인사 기능 통합 250
2. 공직분류 체계 개편 251
3. 고위공무원단제도 도입 252
4. 총액인건비제 도입 252

제 4 절　전자정부 ······ 253
1. 정부업무 통합 및 연계 253
2. 국민지원시스템 확대 255
3. 기업지원시스템 확충 256
4. 온라인 국민 참여의 확대 257

제 5 절　규제개혁 ······ 258
1. 규제개혁기획단 신설과 미흡한 덩어리 규제 정비 258
2. 개별규제 정비 체제 개편 259
3. 규제영향분석제도 개선 259
4. 규제등록제도 개편 및 규제맵 작성 260

제 6 절　공기업 개혁 ······ 261
1. 공공기관 관리체계 구축 261

2. 고객만족경영 및 사회공헌 확대 262
3. 경영정보공개 시스템 구축 및 윤리경영 시스템 강화 263
4. 경영평가 체계 구축 및 대상 확대 264

제 7 절 반부패 개혁 ······ 265

1. 반부패관계기관협의회 구성 265
2. 부패영향평가실시 266
3. 공무원행동강령 제정 266

제 8 절 지방행정 개혁 ······ 267

1. 제주특별자치도 출범 267
2. 주민참여제도의 정비 268
3. 지방교육자치제도 개선 271
4. 중앙행정 권한의 지방이양 271
5. 지방정부의 자치행정 역량 강화 272
6. 지방의정 활성화 및 선거제도 개선 273

제 9 절 민영화 ······ 274

제 3 장 정부개혁에 대한 성과 및 평가

제 1 절 정부개혁의 성과 ······ 276

1. 국제적인 성과 276
2. 중앙부처별 성과 사례와 지표별 성과 278
3. 행정조직의 변화 285

제 2 절 정부개혁에 대한 평가 ······ 287

찾아보기 291

제 1 편

노무현 정부의 출범과 국정운영의 기초

제 1 장 노무현 정부의 출범 및 정부 소개
제 2 장 노무현 정부 국정운영의 목표 및 방향

제 1 장

노무현 정부의 출범 및 정부 소개

류석진
서강대학교

제 1 절 노무현 정부 출범에 대한 역사적·환경적 분석

2003년의 세계는 탈냉전·민주화·세계화·정보화의 전환기를 지나고 있었다. 21세기 최초의 정부로서 노무현 정부(2003~2008년)는 국내외적으로 많은 과제에 직면해 있으면서도 국민의 높은 기대에 부응하는 참여정부의 구현을 약속하며 시작됐다.

노무현 정부는 국민의 자발적이고 능동적인 참여의 힘으로 탄생한 '참여정부'다. 군사정권과의 단절을 차별화하는 의미에서 1993년 출범한 김영삼 정부는 '문민정부'를 표방했으며, 새 정부의 주권이 국민에게 있다는 것을 분명히 하는 의미에서 1998년 출범한 김대중 정부는 '국민의 정부'를 표방했다.

이에 비해 노무현 정부의 참여정부는 국민이 국정의 주인이고, 국민의 참여를 바탕으로 국정을 운영하겠다는 기본 정신을 나타낸다. 또한 국민의 폭넓은 참여를 기반으로 개혁과 통합, 나아가 선진국으로의 도약과 지속 가능한 발전을 추진한다는 의미를 담고 있다. 이는 민주주의를 국민의 참여가 일상화되는 참여민주주의의 단계로 발전시키겠다는 점과 진정한 국민 주권, 시민 주권의 시대를 열겠다는 의미로 해석할 수 있다.

노무현 대통령은 당선 이후 '국민과 함께하는 민주주의'를 제1의 국정목표로 내걸었는데, 이는 국민의 참여 속에서 국민의 권리가 확대되는 새로운 대한민국을 만들겠다는 약속이자, 국민의 참여를 보장하고, 국민의 참여에 정부가 끊임없이 반응하겠다는 약속이다(국정홍보처, 2008: 19).

이와 같은 참여 정부로서의 노무현 정부가 국내외적으로 직면한 환경을 분야별로 검토하면 다음과 같다.[1)]

1. 정치적 환경

첫째, 56세의 젊은 리더 노무현의 등장과 함께 3김 시대의 원로 정치 종언이 고해지면서, 한편으로는 노무현 후보의 선거 과정에서도 중요하게 강조됐던 지역주의 타파는 한국 사회의 중요한 정치적 과제로 부각됐다. 권위주의적 리더십이 아닌 수평적인 사회 민주화에 대한 기대 또한 높게 나타났다. 그뿐만 아니라 헌정 사상 최초의 국민참여 경선으로 뽑힌 후보, 노사모(노무현을 사랑하는 사람들의 모임)와 같은 최초의 본격적인 정치인 팬클럽의 지지를 받는 후보로서 그 어느 때보다 참여민주주의의 새로운 정치 질서에 대한 사회의 요구가 형성됐다.

둘째, 행정수도 이전 논란이 계속 진행돼 있었기 때문에 지방화 시대에 대한 균형 있는 해결 방안이 필요하다는 의견이 높았다. 구체적으로는, 신행정수도 충청권 건설로서 수도권 과밀 해소와 국토의 균형 발전을 위해 행정수도를 건설하되 수도권은 새로운 종합발전계획을 세워 동북아 비즈니스의 중심으로 개발하는 계획이 추진됐다. 아울러 지역균형 발전을 도모할 수 있는 실천 방안이 제시됐다.

셋째, 낡은 정치 청산과 새로운 정치 등 정치 개혁안의 구체화가 요구됐다. 부패 청산, 선거구제 개혁, 정치적 사건에 대한 독립적 수사, 고위공직자에 대한 인사청문회 실시 등이 새로운 대안으로 제시됐다.

넷째, 행정적으로는 제5공화국 시절부터 행정개혁의 핵심 이념으로 작용하던 '작은 정부'보다는 '정부의 크기를 떠나 효율적으로 일 잘하는 정부'를 국정기조로 삼았다. 이에 따라 행정개혁이라는 용어보다는 정부혁신이라는 용어를 강조하면서 정부혁신지방

1) "특집: 노무현 시대."(연합뉴스, 2012. 12. 20).

분권위원회를 중심으로 개혁활동을 전개했다.

다섯째, 2001년 제정된 「전자정부법」 제정을 시작으로 정부와 국민 간 소통의 장 마련, 정보공개와 같은 혁신의 필요성 등 IT 발전과 인터넷 민주주의 발전을 도모하는 것도 중요한 정치적 과제로 평가됐다.

2. 경제적 환경

첫째, 무엇보다 1997년의 IMF 위기를 효과적으로 회복해야 하는 것이 과제로 제시됐다. 노무현 후보의 공약 중에 경제 성장률 7% 달성이 포함되기도 했지만 2003년 한국 경제의 상황에서는 경제위기를 극복하고 경제성장률을 높이는 것은 것이 무엇보다 중요한 과제로 제시됐다. 노무현 정부는 무역수지 및 경상수지 부문에서 김대중 정부에 이어 5년 연속 흑자를 기록했고, 수출 실적도 이전 정부에 비해 역대 최고를 기록했다.

구체적으로 임기 5년 동안 연평균 경제성장률은 4.3%를 기록했고, 수출 증가율은 14%에 이르렀으며,[2] 실업률은 연평균 3.6%로 낮게 나타났다. 한편, 국민의 삶의 질에 직접 영향을 끼치는 실질국민소득의 증가율은 2.2%로 나타났다. 2002년에 628에 불과하던 코스피 지수는 2007년 말 1,897로 3배 이상 상승했다. 또한 1997년 외환위기 때 100억 달러 이하로 떨어진 외환보유고는 꾸준히 증가해 중국, 일본, 러시아, 대만에 이어 세계 5위에 올랐다.[3] 그러나, 이러한 노무현 정부의 경제정책에 대해 노동자와 기업 양측에서는 신자유주의 정책 혹은 반시장주의 정책이라는 극단의 평가를 받기도 했다.

둘째, 한미 FTA의 체결이라는 중요한 경제정책이 화두로 급부상했다. 1989년 미국 국제무역위원회(USITC)의 「아태지역국가들과의 FTA 체결에 대한 검토 보고서」에서 미국에 바람직한 FTA 대상 국가로 싱가포르·한국·대만이 선정되면서 한미 FTA 체결에 대한 논의가 시작됐는데, 노무현 정부는 2003년 8월 'FTA 추진 로드맵'을 마련하고 중장기적 과제로 미국 등 거대경제권과의 FTA 추진을 상정해 이전보다 훨씬 적극적인 한미 FTA 협상 정책을 추진해나갔다. 그 결과, 아시아에서 최초로 미국과 역대 최대 규모의 FTA를 체결했다.

셋째, 부동산 대책 마련 또한 중요한 경제정책의 하나로 제시됐다. 노무현 정부는 부

---

2) 기업규제 심화를 포함한 국내의 여러 가지 경제 불확실성과 달러 환율 하락에도 불구하고 수출은 지속적으로 두 자리 수의 증가율을 보였다.

3) "양극화, 불평등 심화, 체감경기 최악… 서민 울린 서민 위한 정부."(나성린, 신동아 581호, 2008. 02. 01).

동산 대책에 정권의 명운을 걸겠다고 공언하며 시작됐는데 부동산 투기 근절, 부동산 가격 안정화를 위해 반시장적이라는 비난을 받기도 했다. 특히 아파트 분양가 상한제, 원가 공개 등의 정책이 노무현 정부의 중요한 부동산정책으로 평가된다.

3. 사회적 환경

첫째, 노무현 후보는 선거운동 과정에서 분열의 시대를 넘어 통합의 시대로, 어떤 지역도 차별받거나 소외당하는 일이 없도록 관행과 제도를 확실하게 바로잡겠다고 역설했다. 이에 따라 국민 통합이 화두로 제시돼 제도와 관행 개선에 대한 사회적 요구가 높게 나타났다.

둘째, 교육 분야에서는 교육정책 혁신이 중요한 과제로 제시됐다. 이전의 김대중 정부에서 중학교 무상 의무교육과 만 5세 아동 무상교육제도, 초중고교 학급당 학생 수 35명 이내 감축 등의 정책이 추진됐지만, 한편으로는 과도한 사교육비 문제의 근원적 해결을 위한 범정부적 대책이 요구됐다.

이에 따라 노무현 정부는 이전의 국민의 정부의 정책 기조를 대부분 이어받는 측면에서 교원 관련 전문성 강화, 복지 체계 구축, 교육자치 정착, 고교 평준화 유지 및 다양화, 대입 제도 수능 중심 유지 및 개선, 사교육비 경감, 교육 여건 개선, 대학교육 특성화, 자율화, 교육 복지 확대, 유아교육법 제정, 인적자원 개방 내실화, 사립학교법 개정, 교육혁신위원회 설치 등을 표방했다.

셋째, 사회복지의 요구가 드높았던 상황에서 노무현 정부는 역대 어느 정부보다 사회복지를 확대했다. 그러나 소득 분배 악화, 저출산·고령화의 심화, 민생 문제의 악화의 상황에서 사회복지의 체감 효과가 높았는가의 부분은 논란의 여지가 있다.

넷째, 2001년 여성부와 국가인권위원회 신설과 같이 차별 금지와 인권 회복이라는 가치가 중요한 사회적 가치로 대두됐다. 또한 「남녀차별금지·구제법률」, 「청소년보호법」 제정 등 여성과 청소년 관련 정책이 본격화되는 상황이 전개됐다.

4. 국제적 환경

첫째, 노무현 정부의 국정목표로 '평화와 번영의 동북아 시대'가 제시된 것처럼, 대북관계에서의 평화 공존과 평화 통일 지향 노선이 강조됐다. 즉, 북한의 핵동결 해제 선언에 따라 촉발된 북한 사태가 2003년 한반도 위기설로 이어진 사건 등 북한 핵문제 및 한반도와 동북아 긴장을 대화를 통해 해결해야 한다는 평화적 해결에 대한 과제가 제시됐다. 특히 핵동결 해제 선언 파문 상황에서 금강산관광사업, 경의·동해선 철도 연결사업, 개성공단사업 등의 진행 여부는 해결해야 할 중요한 과제였다. 북한의 핵개발 프로그램 시인 논안에 이은 핵동결 해제 선언으로 국제사회의 대북 감정이 크게 악화되고 있는 것이 큰 변수로 등장한 것이다.

미국은 북한의 잇단 핵 파문에 '12월 이후 대북 중유 공급 지원 중단'이라는 강경책을 제시하기도 했다. 이에 노무현 정부는 한반도 안정 유지를 위해 이전 정부의 햇볕정책의 기조는 유지하면서 대화 및 협력사업 진행에 주력했다. 다만 2차 북핵 위기가 발발한 상황에서 정권이 출범했고, 출범 이후에도 북핵문제가 원만히 풀리기보다는 번번이 정권의 발목을 잡는 상황이 반복된 측면도 나타났다.

둘째, 대미관계에서는 대등한 관계에서의 우호적 협력 형성이라는 새로운 한미관계 정립이 강조됐다. 그러나 2002년 미군 장갑차 여중생 사망 사건과 촛불집회 등으로 반미 정서가 고조되는 상황이었고, 2001년 9·11테러로 인한 위험사회 인식의 팽배와 함께 이라크 파병 문제가 부상하고 있었다. 미국은 9·11테러 이후 새로운 군사 변환과 해외미군 재배치계획을 추진하고 있었다. 한편으로는 참여정부의 대북정책과 부시(George W. Bush)의 강경한 대북 정책의 갈등 구도가 형성됐다.

셋째, 일본과 중국의 역사 왜곡과 영유권 주장 등 역사문제에 대한 장기적이고 체계적인 대응이 요구됐다. 한중 고구려사 문제나 지속적으로 반복되는 일본의 역사 교과서 왜곡과 독도 영유권 주장 문제가 여전히 이어지던 상황이었다. 출범 초기부터 노무현 정부가 내세운 거대한 프로젝트인 '동북아 시대 구상'은 한반도의 평화 없이는 민족 발전이나 동북아의 평화와 번영도 불가능하다는 점에서 한반도 평화 체제 형성을 최우선 과제로 제시한 것이었다.

이와 같은 국내외적으로 복합적인 현안이 누적된 가운데 출범한 노무현 정부는 국민의 자발적이고 능동적인 참여의 힘으로 탄생한 '참여정부'를 주창하며 참여민주주의를 기본 이념으로 국정운영을 시작했다.

그러나 출범 후 10년이 지난 지금 한국 사회의 정치, 경제, 사회 그리고 대외적 환경에서 민족 자존, 경제 평등, 복지 확대, 지역의 분권과 자생력 강화 등의 문제는 여전히 해결해야 할 과제로 남아 있으며, 참여정부의 정책 추진 과정에서 참여의 확대가 실질적인 사회 발전으로 이어져 국민의 행복과 만족에 기여했는가에 대해서는 다수의 논란이 이어지고 있다.

제2절 선거 과정 및 결과

1. 과정

노무현 후보는 1988년 제13대 국회의원으로 부산 동구에서 처음으로 정치생활을 시작했다. 이어 1998년 7월 보선에서 국민회의 후보로 종로에 재도전해 당선됐으며, 2000년 4월 제16대 총선에서 지역주의 극복을 내세워 부산 북강서을 선거구에 도전했다가 당시 한나라당 허태열 후보에게 패배했다.

그러나 당시 당선이 사실상 보장됐던 종로를 버리고 지역통합을 내세우며 무모하게 부산 출마를 감행한 그에 대해 네티즌 사이에서 '바보 노무현'이라는 호칭으로 주목받게 됐다. 이것이 '노사모'의 태동이며 '노풍'을 일으킨 기폭제가 됐다.

노무현 후보는 2000년 8월 해양수산부 장관으로 발탁됐고, 이어 2002년 새천년민주당 광주 경선에서 1위를 차지하며 국민 여론조사 지지율 60%라는 엄청난 '노풍'을 만들어냈다. 2002년 3월까지만 해도 노무현 후보의 지지도는 25.2%로 이회창 후보의 39.7%에 비해 약 15% 정도 뒤처지고 있었다.

반면, 사이버공간에서는 2월 중순경부터 이회창 후보에서 노무현 후보로의 지지 이동이 나타나고 있었다. 주요 대선 후보자의 인기도를 네티즌이 평가해 주가의 형태로 보여주는 포스닥(www.posdaq.co.kr)에 나타난 주요 후보자의 주가에서는 2월 18일자 기준으로 노무현 22,000원, 김근태 13,000원, 정동영 9,500원, 이회창 8,200원 순으로 나타났기 때문이다(윤성이, 2003: 78).

이와 같은 상황에서 16개 시·도별로 이뤄진 경선은 주말마다 국민들이 주목한 한편의 드라마로 평가됐으며, 대안론을 내세운 노무현 후보가 울산 경선에서 1위를 차지한 뒤 여세를 몰아 광주에서도 1위를 차지하면서 노풍은 거세졌다. 노풍의 원인은 지역별 순회 경선제, 젊은 층 중심의 변화 욕구, 인터넷의 위력, 노사모의 조직력, 여론조사에 따른 상승 효과 등이 지적됐다.

광주 경선 이후 충청권에서만 1위를 고수한 이인제 후보는 4월 17일 경선을 중도에 포기함으로써 결국 4월 27일 전당대회에서 노무현 후보가 대통령 후보로 확정됐다. 노무현 후보는 이어 11월 중순 국민통합 21 정몽준 대표와의 후보 단일화 국면에서 '여론조사를 통한 단일화'를 수용하며 대통령 후보로 급부상했다. 그러나 투표 개시를 불과 7시간여 남겨놓은 12월 18일 밤 정몽준 대표의 지지 철회로 막판에 위기에 몰렸으나 2002년 12월 19일 제16대 대통령 선거에서 49% 득표로 당선(2위인 한나라당 이회창 후보의 득표율은 47%)했다.

2. 특징

첫째, 16대 대선에서 나타난 제도적인 특징은 헌정 사상 최초로 이뤄진 국민참여 경선이라고 볼 수 있다. 제16대 경선에서 새천년민주당은 헌정사상 최초로 국민참여 대선 후보 경선 방식을 도입했는데 국민선거인단 모집 신청자 수가 190여만 명에 이른 것으로 나타났다.

이는 참여민주주의 확대라는 측면에서 긍정적으로 평가됐으며, 이같은 참여 열기는 당내 경선에서 민심과 당심이 유사한 결과를 도출하는 데 상당한 기여를 했다. 아울러 대선 후보 선출에서 세계 최초로 전자식 투・개표제를 도입했다는 의미도 부여할 수 있다.

둘째, 제16대 대선에서는 역대 어느 선거보다 젊은 세대의 참여가 높게 나타났다. 그 시작은 2002년 봄 국민참여 경선 열기부터 나타났으며, 대선 투표일까지 적극적인 선거운동과 지지 호소를 통해 다양한 방식으로 진행됐다.

젊은 세대의 투표 참여에 대해서는 많은 연구자가 다양한 해석을 제시했다. 우선, 긍정적인 측면에서는 비록 2002년 대선이 투표율에서는 역대 최저 투표율[4]을 기록했지만 선거운동 과정에서 젊은 세대의 열정적인 참여와 창의적인 콘텐츠 생산 등의 모습은 이후 한국의 인터넷 선거운동의 분수령이 될 수 있을 만한 모범적인 사례였다는 평가를 할 수 있다.

긍정적인 평가를 제시하는 연구자들은 젊은 세대일수록 인터넷을 통해 후보에 대해 정확히 인지하게 돼 선거에 관심을 갖게 되고, 투표에 참여한다는 정치적 효능감(political efficacy)을 근거로 제시했다(김형준, 2003: 96). 한편, 노무현 후보의 온라인 선거

4) 2002년 대선에서 20대와 30대의 투표율은 1997년 15대 대선과 비교해 20대가 11.7%, 30대가 15.4% 감소한 것으로 나타났다(하세헌・강명구, 2004: 198).

표 1-1-1 제16대 대선 선거 과정의 특징

특징	내용
국민참여 경선의 참여 열기	• 헌정 사상 최초 도입 • 190여만 명 신청 • 전자 투개표제 도입
젊은 세대의 참여 확대	• 인터넷을 통한 결집 • 반면, 낮은 투표 참여
인터넷 선거운동	• 패러디 콘텐츠 생산 • 적극적인 콘텐츠 유통
정치인 팬클럽 활성화	• 노사모 • 희망돼지 모금운동
인터넷 대안언론 활성화 시작	• 오마이뉴스와 시민언론

전략[5] 때문에 정치적 무관심층이었던 젊은 세대가 정치의 장으로 진입한 것이라는 평가도 있다(윤성이, 2003: 84).

반면, 부정적인 측면에서는 낮은 투표율에서 나타난 바와 같이 투표장에 가지 않는 젊은 세대의 정치적 책임, 투표 불참 원인, 향후 선거에서의 투표 참여 독려 방안이 정치적 과제라고 제시됐으며, 한편으로는 인터넷의 정치적 동원 효과가 그다지 크지 않다는 분석도 발표됐다(이효성, 2003: 27).

어쨌든 노무현 후보가 선거 과정에서 제시한 '낡은 정치 개혁'이라는 캐치프레이즈가 이미 과거 세대의 개혁을 전제로 하고 있는 것처럼 젊은 세대의 호응은 이러한 노무현 후보의 캐치프레이즈에 대한 호응이라고 평가할 수 있다.

셋째, 2002년 제16대 대선에서 나타나는 중요한 특징은 인터넷 선거운동의 발전이다. 여론조사 결과에서는 여전히 TV 뉴스의 후보 선택에 영향력이 큰 것으로 평가됐으나 과거에 비해 줄어들어 28% 정도에 그쳤고, 신문의 영향력이 축소돼가는 반면 인터넷의 확산, 대안언론의 등장, 영상세대의 증가 등이 새로운 현상으로 나타났다.

2002년 당시 한국의 인터넷 사용 인구는 2,600만 명이었는데, 대표적인 인터넷 신문인 오마이뉴스는 하루 페이지뷰(pageview) 1천 만 회를 돌파할 정도로 인기를 끌었고, 재미와 감동을 주는 콘텐츠(contents)들이 다량으로 생산되고 유통됐다. 인터넷에 올라온 후원금 모금 사연은 감동과 공감을 자아냈으며, 인터넷 방송으로서 노무현 방송국은 인

5) 1997년 대선 당시 하루 평균 49건의 노상 유세가 있던 반면 2002년 대선에서는 하루 평균 3건에 그칠 정도로 선거운동의 상당 부분이 TV나 인터넷으로 장소를 이동했다(윤성이, 2003: 77-78).

터넷 방송사 점유율 3위를 기록했고, 노무현 후보의 홈페이지에는 공식선거운동 기간 동안 매일 30만 명 이상이 방문했다.[6]

정당 사이트에 대한 방문자 수도 그 어느 때보다 높게 나타났다. 이어, 정몽준 후보가 지지를 철회한다고 한 선거운동 마지막 날인 18일 밤에는 인터넷 토론과 문자를 통한 투표 독려가 폭주했다. 여기에는 2002년 월드컵과 여중생 촛불집회에 적극적으로 관여한 네티즌의 힘이 영향을 미친 것으로 평가된다.

외신에서도 가디언(*Guardian*)은 2003년 2월 24일 '세계 최초의 인터넷 대통령 로그온하다(World's first internet president logs on)'라는 제목의 기사를 통해 한국의 온라인 민주주의 발전에 대한 긍정적 평가를 했다. 가디언은 "노 대통령은 HTML로 구현된 웹사이트 코드를 이해하는 세계 최초의 대통령이다. 그는 20~30대의 전폭적인 지지를 통해 이뤄졌으며 이는 드라마틱한 발전"이라고 전했다. 가디언은 또 "노무현 정부의 많은 정책에 웹사이트들이 상당한 영향을 미치고 있다"고 평가하며, "인터넷의 강점을 완전히 이해하는 새로운 지도자가 대통령에 취임함으로 인해 한국은 이제 지구상에서 가장 발달된 온라인 민주주의를 실현할 수 있을 것"이라고 전망했다.

한편, 영국의 파이낸셜 타임스(*Financial Times*)는 16대 대선의 최대 격전지는 사이버 공간이었다고 보도했다. 세계 최고의 고속 인프라를 갖춘 한국에서 인터넷은 유권자와 후보자 간의 대화 공간 역할을 했다고 평가했다. 2013년 3월 6일, 미국의 뉴욕타임스(*New York Times*) 역시 대선 이후 한국의 변화를 보도하면서 한국이 하루아침에 보수에서 자유로, 노인문화에서 젊은 문화로 변해버렸으며, 이 변화의 동인은 인터넷에 있다고 분석했다.

넷째, 정치인 팬클럽의 본격화를 들 수 있다. 새천년민주당의 국민참여 경선 과정에서 스타로 떠오른 노무현 후보에 대한 지지가 높아지면서 노사모, 희망돼지 모금과 같은 사회문화적 특징도 나타났다. 2000년 노무현 후보의 부산 출마 직후 결성된 노사모는 경선 시작 당시만 해도 4,000명 회원 정도의 규모였지만 선거 직전에는 무려 8만 여 명에 이르는 규모로 성장하며 국민경선 과정에서 열정적인 지지를 보내며 중요 정치세력으로 급부상했다. 이들의 활동에 힘입어 노무현 후보는 휴대폰, 신용카드 ARS, 온라인 송금, 희망돼지, 희망티켓을 합쳐 총 20만 명의 개인 지지자로부터 70억 원 이상을

6) 이에 비해 이회창 방송국의 점유율은 17위로 나타났다. 또한 정몽준 후보의 노무현 후보 지지 철회 발언 여파로 인해 12월 19일 선거 당일에는 노무현 후보의 홈페이지(http://www.knowhow.or.kr)가 사이버 역사상 최고 기록인 86만 명이 넘는 접속 건수를 기록했다.

모금했다.

노사모 외에 'MJ 러브'(정몽준 지지), '창사랑'(이회창 지지) 등의 정치인 팬클럽이 형성되면서 대한민국 선거문화에 자발적인 정치인 팬클럽 형성이라는 새로운 문화를 형성했다.

다섯째, 인터넷 공간을 중심으로 대안언론의 영향력이 강화되기 시작했다. 전통적인 의미에서의 매스미디어가 아닌 다양한 미디어의 활용은 이후에 인터넷 언론, 팟캐스트(Podcast) 등의 형태로 보편화됐지만 2002년 당시만 하더라도 자유로운 개인의 정치적 의사 표현 혹은 시민의 민주적 참여가 이뤄질 수 있는 인터넷 언론의 영향력은 보편적인 현상이 아니었다.

그러나, 온라인 메신저와 온라인 커뮤니티 게시판 등에서 개인적으로 의사를 표현하던 개인의 결집 현상이 확산되면서 오마이뉴스로 대표되는 소위 인터넷 대안언론의 영향력도 높아지기 시작했다. 특히, 여론조사 결과 공표가 금지된 2002년 12월 15일 여론조사기관에 근무하는 한 네티즌은 '여론조사, 추이 및 전망'을 오마이뉴스 게시판에 올렸으며 15,000여 명이 이 글을 읽었다. 아래로부터의 의제 설정이라고 평가되는 이러한 게시 행위는 선거 기간 중 여론조사 공표 금지라는 선거법 조항을 무력화시키고, 당시 주류 언론이 보도한 '한나라, 역전 시작'이라는 기사의 영향력을 차단하는 효과가 있었다. 이와 같이, 대안언론 이용자들은 주류 인터넷 언론 이용자보다 온라인 여론 형성, 온라인 정치 참여, 투표 권유 및 투표 행위 모두에서 적극적인 것으로 평가됐다(박선희·주정민, 2004: 219).

한편, 선거 후에는 선거에 관련된 불법정치자금 수수에 대한 사법적 추궁이 전례없이 강력하게 이뤄졌으며, 여야를 막론하고 대선자금을 관리했던 정당인들이 다수 형사처벌을 받기도 했다.

제3절 대통령, 총리, 장관 등 주요 관료 소개

2003년부터 2007년까지 5년 동안 노무현 정부에서는 대통령 외 총 20개 부처에서 81명이 총리, 부총리, 장관을 역임했으며,[7] 장관급 부처의 관료들은 68명이 역임했다.

노무현 정부 관료 임용의 특징은 다음과 같다.

첫째, 2003년 초 106명에 달하던 장·차관급 정무직 공무원 수는 노무현 정부에 들어 125명으로 증가했다.[8] 장관급의 경우는 대통령 비서실 정책실장과 국가안보보좌관, 법제처, 국가보훈처, 반민족행위진상위원회가 신설됐고, 과학기술자문회의 의장과 의문사위원회의 기관 폐지로 2명이 줄어 전체적으로 3명이 늘어났다. 차관급은 재경·외교·행자·산자부의 복수차관제 신설로 4명이 증가해 18명이 늘었지만 철도청의 공사화와 외교안보연구원장의 단수직화로 전체적으로 16명이 증가했다.

둘째, 81명의 노무현 정부의 장관들을 전직으로 분류하면, 관료(43명), 학계(14명), 정치인(13명), 군인(3명), 법조계(2명), 문화예술계(2명), 시민단체(2명), 과학기술계(1명), 경제계(1명) 순으로 관료가 과반수 이상을 차지하고 있으며, 그 다음으로 학계와 정치인의 비중도 높은 것이 특징이다. 또한 81명의 장관직 관료 가운데 여성은 단 5회 역임했다.

셋째, 장관급 부처의 관료들을 전직으로 분류하면, 관료(29명), 학계(22명), 법조계(10명), 시민단체(3명), 종교계(1명), 정치인(1명), 군인(1명), 언론계(1명)으로서, 관료의 비중이 대부분인 것은 장관직과 유사하지만 정치인보다 학계 출신이 압도적으로 많고, 법조계 출신의 비중이 높으며, 시민단체·종교계·언론계 등으로 출신 분야가 다양하다는 특징이 나타나고 있다.

넷째, 20개 부처에서 장관 교체가 가장 빈번했던 부처는 교육인적자원부(6회),[9] 해양수산부(6회), 법무부(5회), 행정자치부(5회), 환경부(5회) 순으로 나타났다. 장관들의 재임기간은 이기준 교육부총리(5일)가 가장 짧았고, 진대제 정보통신부 장관(3년 1개월)과 장하진 여성가족부 장관(3년 1개월)이 가장 오래 재임한 것으로 나타났다. 장관들의 평균 재임 기간은 15개월로 다른 정부와 유사한 장관 교체 빈도를 보였다.

다섯째, 국무위원 인사청문회가 제도화된 것도 특징인데, 이에 따라 야당인 한나라당이 대통령의 임명에 이의를 제기한 유시민 보건복지부 장관, 이재정 통일부 장관, 송민순 외교통상부 장관 후보는 국회 청문회에서 적격 판정을 받지 못한 채 임명받았고 장관 재임 시절 내내 어려움을 겪었다. 또한 전효숙 헌법재판소장 후보는 국회 임명 동의를 받지 못한 채 철회되기도 했다.

---

7) 다른 기간에 다른 부처에 동일 인물이 임명되는 것을 감안해 산출하고 합산함.

8) 반면 김대중 정부 초기에는 120명이었던 것을 고려하면 절대적으로 규모가 증가한 것으로 볼 수 없다는 평가도 제시할 수 있다.

9) 지난 정권에서도 교육부는 김영삼 정부(5명), 김대중 정부(7명)의 교체가 이뤄짐으로써 '장관의 무덤'으로 평가됐다.

이 밖에 노무현 정부의 대통령 포함 국무위원 10명의 평균 재산은 13억 8,760만 원이며, 대통령 제외 고위공직자의 평균 재산은 11억 202만 원[10]인 것으로 나타났다.

표 1-1-2 노무현 정부 국무총리

직위	대수	이름	임기
국무총리	35대	고 건(高 建)	2003년 2월 27일~2004년 5월 24일
	권한대행	이헌재(李憲宰)	2004년 5월 24일~2004년 6월 29일
	36대	이해찬(李海瓚)	2004년 6월 30일~2006년 3월 15일
	권한대행	한덕수(韓德洙)	2006년 3월 16일~2006년 4월 19일
	37대	한명숙(韓明淑)	2006년 4월 20일~2007년 3월 7일
	권한대행	권오규(權五奎)	2007년 3월 7일~2007년 4월 2일
	38대	한덕수(韓德洙)	2007년 4월 3일~2008년 2월 28일

표 1-1-3 노무현 정부 부총리 겸 재정경제부 장관

직위	대수	이름	임기
부총리 겸 재정경제부 장관	3대	김진표(金晉杓)	2003년 2월~2004년 2월
	4대	이헌재(李憲宰)	2004년 2월~2005년 3월
	5대	한덕수(韓德洙)	2005년 3월~2006년 7월
	6대	권오규(權五奎)	2006년 7월~2008년 2월

표 1-1-4 노무현 정부 부총리 겸 교육인적자원부

직위	대수	이름	임기
부총리 겸 교육인적자원부 장관	3대	윤덕홍(尹德弘)	2003년 3월 7일~2003년 12월 23일
	4대	안병영(安秉永)	2003년 12월 24일~2005년 1월 4일
	5대	이기준(李基俊)	2005년 1월 5일~2005년 1월 10일
	6대	김진표(金振杓)	2005년 1월 28일~2006년 7월 20일
	7대	김병준(金秉準)	2006년 7월 21일~2006년 8월 8일
	8대	김신일(金信一)	2006년 9월 20일~2008년 2월 28일

10) 김대중 정부의 첫 국무위원 17명의 평균 재산은 15억 9,900만 원이며, 이명박 정부의 장관 15명의 평균 재산은 33억 2,926만 원이다("33억 대 11억 장관들 평균 재산 노무현 정부 때의 3배 넘어." 부산일보, 2008. 04. 25).

표 1-1-5 노무현 정부 부총리 겸 과학기술부 장관

직위	대수	이름	임기
과학기술부 장관	5대	박호군(朴虎君)	2003년 2월 27일~2003년 12월 27일
	6대	오 명(吳 明)	2003년 12월 28일~2004년 10월 17일
부총리 겸 과학기술부 장관	초대		2004년 10월 18일~2004년 10월 17일
	2대	김우식(金雨植)	2006년 2월 10일~2008년 2월 28일

표 1-1-6 노무현 정부 통일부 장관

직위	대수	이름	임기
통일부 장관	7대	정세현(丁世鉉)	2003년 2월 27일~2004년 6월 30일
	8대	정동영(鄭東泳)	2004년 7월 1일~2006년 2월 9일
	9대	이종석(李鍾奭)	2006년 2월 10일~2006년 12월 11일
	10대	이재정(李在禎)	2006년 12월 12일~2008년 2월 29일

표 1-1-7 노무현 정부 외교통상부 장관

직위	대수	이름	임기
외교통상부 장관	6대	윤영관(尹永寬)	2003년 2월 27일~2004년 1월 17일
	7대	반기문(潘基文)	2004년 1월 17일~2006년 11월 10일
	8대	송민순(宋旻淳)	2006년 11월 10일~2008년 2월 29일

표 1-1-8 노무현 정부 법무부 장관

직위	대수	이름	임기
법무부 장관	55대	강금실(康錦實)	2003년 2월 27일~2004년 7월 28일
	56대	김승규(金昇圭)	2004년 7월 29일~2005년 6월 29일
	57대	천정배(千正培)	2005년 6월 29일~2006년 7월 26일
	58대	김성호(金成浩)	2006년 8월 28일~2007년 9월 3일
	59대	정성진(鄭城鎭)	2007년 9월 4일~2008년 2월 28일

표 1-1-9 노무현 정부 국방부 장관

직위	대수	이름	임기
국방부 장관	38대	조영길(曺永吉)	2003년 2월 27일~2004년 7월 29일
	39대	윤광웅(尹光雄)	2004년 7월 29일~2006년 11월 24일
	40대	김장수(金章洙)	2006년 11월 24일~2008년 2월 29일

표 1-1-10 노무현 정부 행정자치부 장관

직위	대수	이름	임기
행정자치부 장관	5대	김두관(金斗官)	2003년 2월 27일~2003년 9월 18일
	6대	허성관(許成寬)	2003년 9월 19일~2005년 1월 4일
	7대	오영교(吳盈敎)	2005년 1월 5일~2006년 3월 21일
	8대	이용섭(李庸燮)	2006년 3월 27일~2006년 12월 4일
	9대	박명재(朴明在)	2006년 12월 13일~2008년 2월 28일

표 1-1-11 노무현 정부 문화관광부 장관

직위	대수	이름	임기
문화관광부 장관	6대	이창동(李滄東)	2003년 2월 27일~2004년 6월 30일
	7대	정동채(鄭東采)	2004년 7월 1일~2006년 3월 6일
	8대	김명곤(金明坤)	2006년 3월 27일~2007년 5월 7일
	9대	김종민(金鍾民)	2007년 5월 8일~2008년 2월 28일

표 1-1-12 노무현 정부 농림부 장관

직위	대수	이름	임기
농림부 장관	53대	김영진(金永鎭)	2003년 2월 27일~2003년 7월 18일
	54대	허상만(許祥萬)	2003년 7월 24일~2005년 1월 4일
	55대	박홍수(朴弘綏)	2005년 1월 5일~2007년 8월 31일
	56대	임상규(任祥奎)	2007년 8월 31일~2008년 2월 29일

표 1-1-13 노무현 정부 산업자원부 장관

직위	대수	이름	임기
산업자원부 장관	7대	윤진식(尹鎭植)	2003년 2월 27일~2003년 12월 16일
	8대	이희범(李熙範)	2003년 12월 17일~2006년 2월 10일
	9대	정세균(丁世均)	2006년 2월 10일~2007년 1월 3일
	10대	김영주(金榮柱)	2007년 1월 29일~2008년 2월 28일

표 1-1-14 노무현 정부 정보통신부 장관

직위	대수	이름	임기
정보통신부 장관	9대	진대제(陳大濟)	2003년 2월 27일~2006년 3월 22일
	10대	노준형(盧俊亨)	2006년 3월 22일~2007년 9월 3일
	11대	유영환(柳英煥)	2007년 9월 4일~2008년 2월 29일

표 1-1-15 노무현 정부 보건복지부 장관

직위	대수	이름	임기
보건복지부 장관	42대	김화중(金花中)	2003년 2월 27일~2004년 7월 1일
	43대	김근태(金槿泰)	2004년 7월 1일~2006년 2월 10일
	44대	유시민(柳時敏)	2006년 2월 10일~2007년 5월 22일
	45대	변재진(卞在進)	2007년 5월 22일~2008년 2월 29일

표 1-1-16 노무현 정부 환경부 장관

직위	대수	이름	임기
환경부 장관	8대	한명숙(韓明淑)	2003년 2월 27일~2004년 2월 16일
	9대	곽결호(郭決鎬)	2004년 2월 18일~2005년 6월 28일
	10대	이재용(李在庸)	2005년 6월 28일~2006년 3월 21일
	11대	이치범(李致範)	2006년 4월 7일~2007년 9월 4일
	12대	이규용(李圭用)	2007년 9월 21일~2008년 2월 29일

표 1-1-17 노무현 정부 노동부 장관

직위	대수	이름	임기
노동부 장관	20대	권기홍(權奇洪)	2003년 2월~2004년 2월
	21대	김대환(金大煥)	2004년 2월~2006년 2월 10일
	22대	이상수(李相洙)	2006년 2월 10일~2008년 2월 29일

표 1-1-18 노무현 정부 여성가족부 장관

직위	대수	이름	임기
여성부 장관	2대	지은희(池銀姬)	2003년 2월 27일~2005년 1월 4일
	3대	장하진(張夏眞)	2005년 1월 5일~2005년 6월 22일
여성가족부 장관	초대		2005년 6월 23일~2008년 2월 29일

표 1-1-19 노무현 정부 건설교통부 장관

직위	대수	이름	임기
건설교통부 장관	11대	최종찬(崔鍾璨)	2003년 2월 27일~2003년 12월 28일
	12대	강동석(姜東錫)	2003년 12월 29일~2005년 3월 29일
	13대	추병직(秋秉直)	2005년 4월 6일~2006년 11월 15일
	14대	이용섭(李庸燮)	2006년 12월 11일~2008년 2월 29일

표 1-1-20 노무현 정부 해양수산부 장관

직위	대수	이름	임기
해양수산부 장관	10대	허성관(許成寬)	2003년 2월 27일~2003년 9월 18일
	11대	최낙정(崔洛正)	2003년 9월 18일~2003년 10월 2일
	12대	장승우(張丞玗)	2003년 10월 14일~2005년 1월 4일
	13대	오거돈(吳巨敦)	2005년 1월 5일~2006년 3월 26일
	14대	김성진(金成珍)	2006년 3월 27일~2007년 5월 10일
	15대	강무현(姜武賢)	2007년 5월 11일~2008년 2월 29일

표 1-1-21 노무현 정부 기획예산처 장관

직위	대수	이름	임기
기획예산처 장관	4대	박봉흠(朴奉欽)	2003년 2월 27일~2004년 1월 1일
	5대	김병일(金炳日)	2004년 1월 2일~2005년 1월 27일
	6대	변양균(卞良均)	2005년 1월 28일~2006년 7월 3일
	7대	장병완(張秉浣)	2006년 7월 21일~2008년 2월 4일

제4절 정부조직 체계

1. 정부조직 / 청와대

노무현 정부의 청와대 개편 7대 원칙은 권위주의 문화의 청산, 국정과제 수행 중심, 정무와 정책의 효율적 역할 분담, 국가안보 및 위기관리 시스템 강화, 상호 견제와 균형의 인사 및 감찰 시스템 강화, 국민 참여 원칙 확대, 국정홍보에 대한 새로운 전략과 개념 도입으로 제시됐다.

첫째, 노무현 정부의 청와대 상부 조직은 종전에 비해 비대해졌다. 비서실은 2실장 6보좌관 5수석 체제로 짜여졌으며, 이 가운데 비서실장, 정책실장, 국가안보보좌관은 장관급으로 구성돼 차관급만 10명에 달했다.

둘째, 청와대가 국정과제를 직접 챙길 장관급 위원회만도 4개가 신설됐다. 이들 위원회는 산하에 각각 태스크포스를 구성하고 관련 부처로부터 공무원을 파견받아 업무를 수행하는 준행정기구 역할을 했다.

셋째, 보좌 기능과 정책 기능을 분리해 비서실 이외에 그만한 비중의 정책실을 두었다. 비서실장 직속으로는 정무·민정·홍보·국민참여 등 4개 수석비서관이 있으며, 정책실장 아래에는 정책수석비서관이 동북아 중심국가 건설, 지방분권화 등 정부 핵심 국정 과제를 수행할 태스크포스를 총괄했다. 또한 인재 발굴 및 검증 기능은 분리해 인사보좌관이 정무직 공무원 후보를 추천하면, 민정수석이 이를 검증하는 등 상호 견제와 균형의 원리를 적용했다. 장관급인 정책실장은 '국정과제 태스크포스'를 이끌어 청와대를 국정 개혁과제 추진의 중심으로 만들고자 했다.

넷째, 청와대는 비서실 고유의 조직뿐만 아니라 4개 추진위원회와 3개 추진단을 통해 국정 개혁과제를 추진해 나가기 때문에 대통령 비서실은 과거 어느 정권보다 막강한 위상과 권한을 갖게 됐다. 시스템에 따라 통치할 수 있도록 비서실도 통제 위주에서 목표관리 위주로 전환했다. 과거 비서실장 1인이 독주하던 비서실은 비서실장, 정책실장, 국가안보보좌관의 3각축으로 역할이 분담됐다. 여야 정당과 국회 관계 등 정무 기능은 비서실장이, 정부 부처 간 정책 조율은 정책실장이, 국가 위기관리는 국가안보보좌관이 각각 맡았다. 비서관은 모두 37명으로 김대중 정부 출범 초기의 1실장 6수석에 비하면 고위직이 크게 늘어났다.

다섯째, 미국식의 보좌관제도 도입해 장관급의 국가안보보좌관은 외교, 국방보좌관은 물론, 국가안전보장회의(NSC)도 지휘했는데 NSC의 위상 변화는 외교·통일·안보 분야에서의 정책결정 시스템의 변화를 가져왔다.

2. 자문기구

첫째, 노무현 정부는 '위원회 공화국'이라 할 정도로 위원회를 많이 설치했다.[11] 일례로 김대중 정부 말 2002년 대통령 직속 위원회는 13개였지만 노무현 정부에서는 21개

그림 1-1-1 정부조직도

자료: 청와대 http://16cwd.pa.go.kr/cwd/kr/about/organization/government.html(검색일: 2014. 03. 30).

11) 이와 같은 지적에 대해 노무현 대통령은 "위원회 공화국 맞다. 부처의 벽을 허물고 통합적 정책을 만들기 위해 위원회가 꼭 필요하다. 일만 잘하면 그만이다"라고 평가했다("참여정부 위원회 공화국 맞다." 문화일보, 2004. 11. 06).

그림 1-1-2 청와대 조직도

자료: 청와대 http://16cwd.pa.go.kr/cwd/kr/about/organization/cwd.html(검색일: 2014.03.30).

표 1-1-22 자문기구

위원회명	운영 기간	위원장
건설기술 · 건축문화선진화위원회	2005~2007	김진애
경제사회발전노사정위원회	2003~2007	김금수(2003. 3~2006. 6)
		조성준(2006. 6~2007. 8)
		김성중(2007. 8~)
고령화 및 미래사회위원회	2004~2005	김용익
교육혁신위원회	2003~2007	전성은(2003~2005)
		설동근(2005. 8~2006. 11)
		정홍섭(2007. 2~)
과학기술자문회의	2003~2007	7기 공석(2003. 7~2004. 6)
		8기 의장 대통령(2004. 6~2005. 6)
		9기 의장 대통령(2005. 10~2006. 10)
		10기 의장 대통령(2006. 11~2007. 10)
국가균형발전위원회	2003~2007	성경륭(2003~2007. 9)
		이민원(2007. 10~)
국가생명윤리심의위원회	2005~2007	조한익
국가안전보장회의	2003~2007	의장 대통령
국민경제자문회의	2003~2007	의장 대통령
국토정책위원회	2003~2007	국무총리
농어업 · 농어촌특별대책위원회	2003~2007	장원석(2003~2004)
		황민영(2005~2007.12)
도서관정보정책위원회	2007	한상완
동북아경제중심추진위원회	2003	배순훈
동북아시대위원회	2004~2007	문정인(2004)
		이수훈(2005~2007)
민주평화통일자문위원회	2003~2007	제11기 신상우(2003. 7~2005. 6)
		제12기 이재정(2005. 7~2007. 6)
		제13기 김상근(2007. 7~2009. 6)
빈부격차 · 차별시정위원회	2004~2007	이혜경
사람입국 · 일자리위원회	2005~2007	송위섭
사법제도개혁추진위원회	2005~2006	국무총리

신행정수도건설추진위원회	2004	국무총리
		김안제(2004. 5~2004. 9)
		최병선(2004. 9~2004. 10)
아시아문화중심도시조성위원회		송기숙(2004~2005)
		송재구(2006)
		조영택(2007)
양극화・민생대책위원회	2007	이혜경
저출산고령화사회위원회	2007	대통령
정보공개위원회	2004~2007	권형준
정부혁신지방분권위원회	2003~2007	김병준(2003. 4~2004. 6)
		윤성식(2004. 6~2006. 6)
		김병섭(2006. 7~)
정책기획위원회	2003~2007	이종오(2003. 5~2003. 12)
		이정우(2004. 1~2005. 8)
		송하중(2004. 11~2006. 11)
		김병준(2006. 11~2007)
중소기업특별위원회	2003~2007	한준호(2003)
		최홍건(2004~2005)
		염홍철(2006)
		노준형(2007)
지방이양추진위원회	2003~2007	국무총리
지속가능발전위원회	2003~2007	3기 고철환(2003~2005)
		4기 김상희(2006. 1~2007 . 7)
		4기 윤서성(2007. 8~)
청년실업대책특별위원회		국무총리
한미FTA체결지원위원회	2006~2007	한덕수
FTA국내대책위원회	2007	국무총리
행정중심복합도시건설추진위원회	2005~2007	국무총리

자료: 국정홍보처(2008: 129-197).

위원회가 설치됐다.

둘째, 대통령 직속 위원회뿐만 아니라 정부 내 위원회도 매우 많았는데, 2008년 국정감사자료[12)]에 의하면 정부 내 위원회는 1999년 319개에서 2003년 368개, 2008년에는

573개로 계속 증가했다. 573개 위원회의 현황은 〈표 1-1-23〉과 같다.

표 1-1-23 정부 내 위원회 현황(2008년 기준)

소속	총수	소속	총수
대통령	12	관세청	8
국무총리	54	조달청	1
기획재정부	24	통계청	1
교육과학기술부	43	병무청	1
외교통상부	3	방위사업청	1
통일부	7	소방방재청	7
법무부	18	문화재청	4
국방부	15	농촌진흥청	4
행정안전부	37	산림청	7
문화체육관광부	14	중소기업청	9
농림수산식품부	35	특허청	5
지식경제부	50	식약청	2
보건복지가족부	38	기상청	2
환경부	16	해양경찰청	1
노동부	15	행복도시청	1
여성부	2	방송통신위원회	13
국토해양부	59	금융위원회	5
법제처	2	권익위원회	1
국가보훈처	3	공정거래위원회	3
국세청	7	총계	530

자료: "국민 참여 정부가 만든 위원회 싹 정리한다."(노컷뉴스, 2008. 05. 27).

셋째, 지속적으로 평가되고 있는 또 다른 중요한 사항은 정부위원회 내 위촉직 여성 위원의 비율이다. 이전 정부에서 30.1%를 차지하던 여성 위원의 비율이 노무현 정부에서는 33.7%에 달할 정도로 증가하는 경향이 나타났다.

12) 2008년 10월 7일 국회 행정안전위원회의 행정안전부 국정감사 자료.

표 1-1-24 정부위원회의 위촉직 여성 위원 비율

시기	비율(%)
1998년	12.4
2000년	23.6
2002년	30.1
2004년	32.2
2005년	32.4
2006년	33.7
2007년	33.1
2008년	30.9

자료: "정무위원회 여성 참여율 3년째 감소."(연합뉴스, 2009. 04. 11).

제5절 입법부 및 사법부와의 관계

1. 입법부와의 관계

대통령과 뜻을 같이한 새천년민주당의 '개혁파'들은 당 해체를 통해 통합신당을 만들려고 시도함으로써 당 사수파와 충돌했다. 신당파는 탈당해 여당인 열린우리당을 창당했고, 여당은 원내 제3당이라는 소수 정당이 됐으며, 야당은 국회의석의 2/3을 넘게 차지하게 됐다. 즉, 노무현 정부 출범 당시 국회는 한나라당이 원내 과반 의석의 제1당을 차지하고 있는 상황이었다.

이른바 여소야대 국면으로 시작한 상황에서 중요 법안의 통과와 여야 간 합의와 대화는 원만하게 진행되지 못했으며, 대통령은 자신의 지위를 걸고 재신임 국민투표를 실시하겠다고 선언했다. 그러나 야당의 반대와 위헌 논쟁 때문에 국민투표를 실시하지 못한 채 대한민국 헌정 사상 최초로 대통령 탄핵이라는 초유의 사태까지 발생하게 됐다. 대통령이 열린우리당을 편드는 발언을 했다는 것을 빌미로 야권은 국회에서 대통령 탄핵안을 가결했다.

헌법재판소의 최종 결정이 있을 때까지 대통령의 권한이 정지된 가운데 제17대 국회의원 총선거가 실시됐다. 대통령 탄핵을 반대하던 국민 여론에 의해 열린우리당은 선거에서 압승했다. 여당이 과반수의 의석을 차지하게 됐으며, 정당명부식 비례대표제가 처음 도입돼 진보세력인 민주노동당도 10석을 차지해 원내 진출했다. 이 밖에도 시민단체의 공천 물갈이 요구로 전체의 62.5%인 187명의 초선 의원이 당선됐으며, 의원 평균 연령은 51.7세로 비교적 젊다는 특징도 나타났다.

2004년 6월에 출범한 제17대 국회는 헌정 사상 최초로 개혁 진영이 의회 권력을 장악하면서 출범부터 정치개혁에 대한 국민적 기대를 모았다. 총선 후 헌법재판소는 대통령 탄핵소추를 기각해 대통령을 복권시켰다. 그러나 언제나 여당의 싹쓸이로 등을 돌린 민심 때문에 임기 1년 정도를 남겨두고 대통령은 열린우리당을 탈당해 국정의 장에서 여당이 사라지는 현상이 빚어졌다(오석홍, 2007: 12).

노무현 정부는 입법부 권한 강화를 위해 노력했지만 국가보안법, 사립학교법, 과거진상규명법, 언론관계법 등 4대 개혁 입법 추진을 놓고 여야 간 대립이 격화되면서 잦은 공전 사태를 비롯해 4년 내내 정쟁이 전개됐다.[13] 대선을 앞둔 17대 국회 후반부에는 당시 이명박 후보를 둘러싼 BBK 특검법안 처리를 놓고 여야 간 충돌이 잇따랐으며, 2008년 4월 17대 마지막 임시국회에서는 쇠고기 파동을 둘러싼 논쟁 끝에 FTA 비준안 처리가 무산되기도 했다.

2. 사법부와의 관계

노무현 정부의 사법부와의 관계는 사법개혁이라는 말로 정리할 수 있다(국정홍보처, 2008: 108-185). 사법개혁은 이전 정부에서도 계속 논의됐던 사안이지만 사법 권력의 민주적 정당성을 확보하기 위해 식민지 사법의 유제, 즉 사법 내부에 잔존하는 봉건적 특권 및 특권의식을 청산하고 민주정치, 법 앞의 평등, 그리고 기본적 인권 보장이라는 헌법적 요청이 사법제도 전반에 근본적으로 관철될 수 있다는 것을 의미한다.

노무현 정부의 사법개혁은 기본의 사법제도를 총체적으로 재검토해 민주적이고 선진화된 사법 시스템을 구축하는 것을 목표로 했다. 이러한 목표를 달성하기 위해 첫째, 사법제도에 잔존하는 비민주적·권위주의적 요소를 타파하고 인권 보장을 강화하는 방향으로 사법개혁을 추진하고자 했다. 둘째, 공정한 사법권 실현을 통해 법치주의를 확립하고 사법에 대한 국민의 불신을 해소하는 방향으로 사법개혁을 추진하고자 했다. 셋째,

---

13) "노무현 정부"(위키백과 2014. 05. 08).

국민을 위한 사법에 머무르지 않고 주권자인 국민이 사법권의 주체가 될 수 있는 참여사법의 토대 마련하고자 했다. 넷째, 폐쇄적이라고 평가받는 사법제도 및 법조계를 좀 더 투명하고 개방적인 방향으로 개선하고자 했다. 다섯째, 전문성과 다양성을 갖추고 사법제도의 운영에서 국제경쟁력 있는 법률가를 양성할 수 있는 제도를 도입하고자 했다. 여섯째, 사법에 대한 접근성과 편의성을 높이고 사법 서비스를 확충해 실질적인 국민을 위한 사법제도로 거듭날 수 있는 방향으로 사법 개혁을 추진하고자 했다.

사법개혁은 2003년 10월 28일 대법원 산하에 각계각층을 대표하는 21명의 위원으로 구성된 사법개혁위원회를 설치하는 것으로 시작됐다. 사법개혁위원회는 2004년 12월까지 존속하면서 그동안의 활동을 정리해 '사법개혁을 위한 건의문'을 채택했다. 이 건의문은 고등법원 상고부 제도 도입, 대법원 구성의 다양화, 하급심 강화를 내용으로 하는 대법원의 기능과 구성에 관한 건의, 법조 일원화를 지향하는 법관 임용 방식 개선에 관한 건의, 법학 전문 대학원 제도 도입에 관한 법조인 양성 및 선발에 관한 건의, 배심제와 참심제가 혼합된 1단계의 국민재판참여제도 도입을 담은 국민의 사법 참여에 관한 건의, 형사사법제도, 군사법제도 개선 및 법조 윤리 확립 등을 내용으로 하는 사법 서비스 및 형사사법제도에 관한 건의, 공익 소송, 징벌적 손해배상, 효율적인 분쟁 처리, 재판 기록 및 재판 정보의 공개에 관한 건의 등을 포함했다.

2005년 1월 1일부터는 사법개혁위원회의 본격적인 후속 추진기구로서 사법제도개혁추진위원회(이하 사개추위)가 설치됐다. 사개추위와 함께 대통령 비서실에 사법개혁비서관직을 신설하는 등 사법개혁이 본격화됐다. 사개추위는 2006년 12월 31일까지 한시적으로 존재하는 조직으로, 28개의 의결 안건을 처리했고, 이들 안건은 주무부처가 정부입법안으로 국회에 제출했다.

사개추위의 의결을 거쳐 국회에 제출된 개혁 방안은 13개이고, 법률안은 25개였다. 구체적으로는 「법학전문대학원 설치·운영에 관한 법률」, 「국민의 형사재판 참여에 관한 법률」 등 제정 법률 7개, 「형사소송법」, 「법원조직법」 등 개정 법률 16개, 「상고심절차에 관한 특례법」 등 폐지 법률 2개였다. 그 결과, 2007년 6월 임시국회에서 「법학전문대학원의 설치·운영에 관한 법률안」이 국회를 통과하는 등 사법개혁 안건 13개 중 모두 9개 안건이 입법을 완료했다.

법안 의결 외에도 검찰 개혁도 진행됐다(국정홍보처, 2008: 217-232). 검찰의 수사권 조정 문제, 특별검사제 도입 문제, 공직부패수사처 도입 문제 등 근본적인 역할과 기능

표 1-1-25 노무현 정부의 사법개혁 관련 입법 완료 현황

<table>
<tr><th>연번</th><th>법안명</th><th>사개추위 안건명</th><th>국회 본회의 의결</th></tr>
<tr><td>1</td><td>범죄피해자보호법</td><td rowspan="2">범죄피해자 보호 방안</td><td>본회의 의결(2005. 12. 1)
공포(2005. 12. 23)</td></tr>
<tr><td>2</td><td>범죄피해자구조법</td><td>본회의 의결(2005. 12. 8)
공포(2005. 12. 29)</td></tr>
<tr><td>3</td><td>군인사법</td><td>군사법제도 개혁 방안 중 일부</td><td>본회의 의결(2006. 4. 6)
공포(2006. 4. 28)</td></tr>
<tr><td>4</td><td>법관징계법</td><td rowspan="3">법조윤리 확립 방안</td><td>본회의 의결(2006. 9. 29)
공포(2006. 10. 27)</td></tr>
<tr><td>5</td><td>검사징계법</td><td>본회의 의결(2006. 9. 29)
공포(2006. 10. 27)</td></tr>
<tr><td>6</td><td>변호사법</td><td>본회의 의결(2006. 12. 22)
공포(2007. 1. 26)</td></tr>
<tr><td>(7)</td><td>형사소송법 중 일부</td><td>국선변호 확대 방안</td><td>본회의 의결(2006. 6. 30)
공포(2006. 7. 19)</td></tr>
<tr><td>(8)</td><td>법원조직법 중 일부</td><td>양형제도 개선 방안
(양형위원회제도)</td><td>본회의 의결(2005. 12. 1)
공포(2005. 12. 23)</td></tr>
<tr><td>7</td><td>민사소송법</td><td rowspan="4">재판 기록 공개 개선 방안</td><td rowspan="4">본회의 의결(2007. 4. 27)</td></tr>
<tr><td>8</td><td>가사소송법</td></tr>
<tr><td>9</td><td>가정폭력범죄 등의
처벌에 관한 법률</td></tr>
<tr><td>10</td><td>소년법</td></tr>
<tr><td>(11)</td><td>형사소송법 중 일부</td><td>인신 구속 및 압수수색검증제도 개선 방안
재정신청 확대 방안
공판중심주의 법정심리절차 확립 방안
재판기록 공개 개선 방안</td><td rowspan="3">본회의 의결(2007. 4. 27)</td></tr>
<tr><td>11</td><td>검찰청법</td><td>재정신청 확대 방안</td></tr>
<tr><td>12</td><td>국민의 형사재판 참여에
관한 법률</td><td>국민의 형사재판 차여</td></tr>
<tr><td>13</td><td>법학전문대학원
설치·운영에 관한 법률</td><td>법학전문대학원의 도입</td><td>본회의 의결(2007. 7. 3)</td></tr>
</table>

자료: 국정홍보처(2008: 119-120).

에 대한 논의가 지속됐는데, 이 가운데 검찰이 내외부적으로 추진했던 최우선 개혁 과제는 '검찰의 정치적 중립성과 수사의 독립성' 보장이었다. 이와 같은 개혁과 함께 항고

심사회, 시민 옴부즈만, 시민 모니터링 제도 등이 시행됐으며, 대통령은 검찰수사 불개입 원칙에 입각해 검찰로부터 보고를 받지 않았다.

이와 같은 노무현 정부 사법개혁은 과거 정부의 추진 과정과 비교할 때 범정부적·범사회적 차원의 역량 결집, 개혁 방향 설정과 추진의 결합이라는 2단계 추진체계를 통한 사법개혁, 다양한 의견의 민주적 수렴, 전문가로 구성된 실무 지원 체계 마련, 참여사법의 지향이라는 특징을 갖고 있다.

참고 문헌

국정홍보처(2008). 참여정부 국정운영백서. 서울: 국정홍보처.

김형준(2003). 미디어와 인터넷 선거운동에 대한 평가. 한국정치학회 춘계학술회의 자료집.

나성린(2008.2.1). 양극화, 불평등 심화, 체감경기 최악… 서민 울린 서민 위한 정부. 신동아 581호.

박선희·주정민(2004). 16대 대통령 선거에서 인터넷 대안언론의 영향력: 오마이뉴스 이용자 집단의 온라인 정치활동과 투표행위를 중심으로. 한국언론학보, 48(5): 214-242.

오석홍(2007). 참여정부와 인사행정개혁. 정부학 연구, 13(2): 9-37.

윤성이(2003). "16대 대통령선거와 인터넷의 영향력." 한국정치학회보, 37(3): 71-87.

이효성(2003). 대중매체와 인터넷 이용이 16대 대선 관심과 후보인지도에 미치는 영향에 대한 고찰. 한국방송학보, 17(4): 7-36.

하세헌·강명구(2004). 인터넷이 정치 참여 변화에 미친 영향 : 제15대, 16대 대선의 비교. 사회과학, 제16집: 198-217.

문화일보(2004.11.6.). 참여정부 위원회 공화국 맞다.

부산일보(2008.4.25.). 33억 대 11억 장관들 평균 재산 노무현 정부 때의 3배 넘어.

연합뉴스(2012.12.20.). 특집: 노무현 시대.

노무현 후보의 홈페이지 http://www.knowhow.or.kr(검색일: 2002. 12. 20).

위키백과. 노무현 정부(검색일: 2014. 5. 8).

청와대 http://16cwd.pa.go.kr/cwd/kr/about/organization/government.html(검색일: 2014. 3. 30).

http://16cwd.pa.go.kr/cwd/kr/about/organization/cwd.html(검색일: 2014. 3. 30).

제 2 장

노무현 정부 국정운영의 목표 및 방향

주재현
명지대학교

제 1 절 국정운영의 비전 및 목표

노무현 정부는 이전의 정부들에 비해 권위주의의 정도가 상대적으로 가장 낮았고, 민주주의의 발전이라는 관점에서는 시민적 자유와 참여가 가장 활발했다. 또한 사회적 약자와 소수자에 대한 배려, 그리고 북한 체제와의 공존 및 번영에 대한 관심이 높았다. 이러한 노무현 정부의 특성은 국정목표・국정기조・국정과제에 잘 반영돼 있다. 노무현 정부는 '국민과 함께 하는 민주주의', '더불어 사는 균형발전사회', '평화와 번영의 동북아 시대'라는 세 개의 국정목표를 제시했다. 이 세 개의 국정목표는 후술할 국정 원리와 더불어 노무현 정부가 지속적으로 추구한 가치였으며, 모든 분야별 정책들의 최고 목표였다(제16대 대통령직인수위원회, 2003: 233-236; 국정홍보처, 2008: 23-25).

1. 국민과 함께 하는 민주주의

과거 권위주의 체제 하에서 정치권과 정부는 국민 위에 군림했으며 국민들은 정치 및 정책 과정에서 배제되는 현상이 일반화됐다. 이러한 현상은 1980년대 후반 이후 권위주의 정권이 붕괴하고 상대적으로 더 민주적인 정부가 구성됨과 더불어 점차 약화되는 추세를 보였으나, 완전히 해소되지 않은 상태에서 노무현 정부의 출범 시까지 이어지고 있었다.

이에 노무현 정부는 '국민과 함께 하는 민주주의'를 국정목표로 제시하고, 국민이 국가의 정치 및 정책 과정에 적극 참여할 수 있도록 제도와 의식을 개혁하고자 했다. 노무현 정부는 이러한 제도와 의식의 개혁을 상의하달식으로 국민들에게 강제하는 것이 아니라 국민이 자발적으로 참여하는 개혁이 되도록 노력했다. 상향적 개혁을 위해 노무현 정부는 정부・시장・시민사회 간의 견제와 균형 및 협력에 기반한 수평적 국정운영을 모색했으며, 특히 시민사회의 활성화를 통해 다양한 사회・경제적 이해당사자들이 정치 및 정책 과정에 참여할 수 있는 토대를 마련하고자 노력했다.

2. 더불어 사는 균형발전 사회

권위주의 체제 하의 경제・사회 발전은 불균형적인 성장으로 특징지어진다. 수도권, 도시, 재벌을 중심으로 한 기업에 부와 권력이 집중된 반면, 지방과 농어촌 그리고 노동자들은 경제 성장의 성과를 향유함에 있어 상대적으로 차별을 받고 배제되는 상황에 처해 있었다. 이는 후자로 하여금 전자에 대해 부정적인 인식을 갖게 하고, 양자 간에 대결적인 문화가 형성되는 토대가 됐다.

노무현 정부는 권위주의 체제의 유산인 특권과 차별, 배제의 갈등구조를 혁파하고 전 국민이 하나 되어 더불어 살 수 있는 사회를 추구했다. 이를 위해 종래의 집중・집권화된 사회를 분산・분권화된 사회로 변화시키고자 했다. 경제 성장과 분배의 선순환, 수도권과 지방 및 도시와 농촌 간의 균형 발전, 노・사・정 간의 새로운 파트너십 형성을 통해 참여형 복지 체제를 구축하고, 지역・계층・성(性)・세대 간에 존재하는 여러 형태의 불균형을 시정해서 사회적 형평성을 증진시키고자 노력했다.

3. 평화와 번영의 동북아 시대

탈냉전·세계화·지식정보화의 시대적 흐름 속에 자본과 기술, 생산과 물류가 동북아에 집중되면서 이 지역이 세계 경제의 견인차가 되고 있다. 그러나 이러한 경제적 부상에도 불구하고 동북아에는 여전히 대립과 불안정이 상존한다. 노무현 정부는 한반도의 평화와 번영을 모색하고 이를 토대로 동북아의 평화와 번영을 촉진하려는 의도에 따라 '평화와 번영의 동북아 시대'를 국정목표의 하나로 제시했다.

이 국정목표를 구현하기 위해 노무현 정부는 한반도의 평화·번영정책을 일관되게 추진했다. 한반도 평화 정착, 평화와 경제의 선순환 구조 정착, 북핵문제 해결과 남북관계의 병행 발전을 주된 구성 요소로 하는 평화·번영정책은 균형적 실용외교, 협력적 자주국방, 신뢰와 포용의 대북정책이라는 3대 하위 분야 간의 유기적인 연계를 통해 궁극적으로 한반도가 동북아 지역의 평화와 번영에 기여할 수 있는 여건을 조성하고자 했다.

제2절 국정기조 및 국정과제

노무현 정부는 국정운영의 기본적인 기조 및 원리로서 '원칙과 신뢰', '공정과 투명', '대화와 타협', 그리고 '분권과 자율'의 넷을 선정했으며, 12대 국정과제를 제시했다(제16대 대통령직인수위원회, 2003: 236-271; 국정홍보처, 2008: 25-51).

1. 4대 국정 원리

1) 원칙과 신뢰

노무현 정부 국정운영의 제1원리는 '원칙과 신뢰'다. 원칙과 상식보다 반칙과 특권이 성행하는 사회는 비정상적인 사회이며, 이러한 사회에서는 불법과 타락이 성행하게 되어 사회구성원 간에 신뢰보다는 불신이 팽배하게 된다. 그리고 불신이 팽배한 사회에서는 사회적 비용이 증가돼 결국 국가 발전에 장애가 발생하게 된다. 반면에 원칙이 지켜지는 사회는 신뢰가 쌓이게 되고 이를 토대로 한 국가 발전이 원활하게 이뤄질 수 있다.

노무현 정부는 특권층의 반칙이 용납되는 사회, 반칙을 통한 승리가 용인되는 사회를 종식시키고, 원칙이 승리하는 사회, 상식이 통하는 사회, 정정당당하게 승부하는 사람이 성공하는 사회를 세우고자 했으며, 이러한 기조가 여러 정책 분야에 반영되도록 노력했다.

2) 공정과 투명

원칙의 고수와 밀접한 관련을 지닌 두 번째 국정운영 원리는 '공정과 투명'이다. 원칙이 공정하게 적용되지 않는다면 사회구성원들 간에 불만과 갈등이 생겨나고 신뢰가 훼손된다. 이는 제1원리인 '원칙과 신뢰'의 성립이 어렵게 됨을 의미한다. 따라서 원칙의 공정한 적용을 포함한 공정성은 노무현 정부의 국정운영에서 중요한 의미를 지니게 된다.

원칙의 공정한 적용을 어렵게 만드는 요인은 특권과 정실주의다. 이러한 특권의식과 정실주의를 불식하고 공정성을 회복하는 데 핵심적인 전제조건은 사회의 투명성이다. 투명한 사회에서 특권의식과 정실주의 및 이와 관련된 비밀주의와 온정주의가 뿌리내리기 어렵기 때문이다. 사회의 투명성은 정보의 공개에 의해 확보될 수 있다. 정보를 필요로 하는 사람들에게 올바른 정보가 제대로 공개될 때 사회의 투명성과 공정성이 높아지고, 참여민주주의가 성취될 가능성이 높아진다. 이에 노무현 정부는 정부정책의 형성과 집행에서 '공정과 투명'을 주요 기조로 삼았다.

3) 대화와 타협

노무현 정부는 민주주의의 구현을 위한 국정 원리로서 '대화와 타협'을 제시했다. 민주주의는 나의 가치만큼 상대의 가치를 인정하는데서 출발한다. 따라서 대화와 타협은 민주주의의 핵심이며, 특히 원칙과 신뢰에 토대를 둔 대화와 타협은 민주주의의 기본 가치이자 국정의 기본 원리다.

우리 사회는 일제와 군사독재 시대를 거치면서 대화와 타협의 문화가 아니라 대결과 투쟁의 문화를 갖게 됐으며, 이러한 대결과 투쟁문화는 1980년대 후반 이후 민주적인 체제로의 전환 이후에도 그 영향력을 지속하고 있다. 그러나 2000년대에 이르러 한국사회는 이제 민주적인 제도의 구축뿐 아니라 실질적인 민주주의의 운영을 지향하는 단계로 나아가고 있다. 이러한 배경에서 노무현 정부는 사회 여러 세력 간의 대화와 타협을 통해 정치 및 정책 과정의 민주화를 모색했다.

4) 분권과 자율

민주주의는 단원적인(monolithic) 사회가 아니라 다중심적인 또는 다원적인 사회를 전제로 한다. 그러한 사회에서는 권력이 분산돼 있으며 자원이 균형있게 재분배된다. 한편, 분권은 자율을 요구하고 자율은 책임을 요구한다. 즉, 분권·자율·책임은 상호 연계돼 있다. 노무현 정부는 우리 사회가 민주주의로 나아가기 위해 '분권과 자율'을 추구해야 한다고 주장했다.

우리 사회는 독재와 국가 주도의 산업화를 거치면서 권력이 중앙집중화되고, 자원이 수도권과 일부 재벌에 편중되는 현상을 보였으며, 이로 인해 정치·경제·사회·문화 영역에서 불평등이 심화됐다. 노무현 정부는 이러한 현상을 극복하고 다중심적인 사회를 실현하고자 노력했다. 그러한 다중심적인 사회의 실현을 위해 지방자치단체 및 시민사회로의 분권 추진과 더불어, 해당 행위 주체들의 자율과 그에 따른 책임의 부과를 모색했다.

2. 12대 국정과제

1) 한반도 평화 체제 구축

'한반도 평화 체제 구축'이란 한국전쟁 이후 한반도 질서를 규정해 온 정전 상태가 평화 상태로 전환되고, 안보·남북관계·대외관계에서 이를 보장하는 제도적 발전이 이뤄진 상태를 말한다. 즉, 불안정한 정전 상태의 종식을 통해 한반도 평화를 실현하고 동북아 경제 중심 국가의 여건을 조성하기 위한 정책 목표다. 한반도 평화 체제 구축을 위한 정부의 주요 추진 과제는 '남북관계 개선을 통한 평화의 제도화', '한반도 평화 정착을 위한 국제환경 조성', 그리고 '확고한 평화 보장을 위한 국방태세 확립'이다. 이와 관련해 노무현 정부는 6자 회담 참여, 남북정상회담, 국방개혁, 첨단 정보·기술군 육성, 전시작전통제권 전환 등의 활동을 통해 '한반도 평화 체제 구축'을 추진했다.

2) 부패 없는 사회·봉사하는 행정

'부패 없는 사회·봉사하는 행정'은 경제 수준(세계 10위권)에 비해 현저하게 낙후돼 있는 우리나라의 부패 수준(세계 40위권)을 경제적인 위상에 부합하는 수준으로 끌어올리는 데 목표를 둔 국정과제다. 주요 추진 과제는 '부정부패 척결', '공정하고 투명한 인사 시스템의 확립', '국민과 성과 중심의 행정개혁 추진', '투명한 성과 중심의 예산개혁', '국민생명과 재산 보호를 위한 시스템 구축'의 다섯이다. 노무현 정부는 특히 성과평가에 기초한 유인 체계 구축, 행정정보 공개의 강화, 디지털 회계 시스템 도입, 균형 인사 배치, 전문성과 성과 중심의 인사 시스템 구축, 고위공무원단 도입 등의 활동을 통해 '부패 없는 사회'와 '봉사하는 행정'을 구현하고자 노력했다.

3) 지방분권과 국가균형 발전

노무현 정부는 우리나라의 지방자치제도가 자율과 책임이라는 진정한 의미의 참여 지방자치에 이르지 못했다고 평가하고, 획기적인 수준의 지방분권과 지역 간 균형 발전을 추진하고자 했다. 이를 위해 '지방분권의 획기적 추진', '국가균형 및 지역별 특성화 발전', '지방대학 및 지방문화 육성', '행정중심복합도시(세종시) 건설'의 넷을 주요 추진 과제로 설정했다. 구체적으로는 주민투표제 · 주민소환제의 도입, 산 · 학 · 연 · 관이 결합된 지역혁신 시스템 구축, 공공기관 이전을 통한 혁신도시의 건설, 지방대학의 특성화 추진 등을 적극 추진했다.

4) 참여와 통합의 정치개혁

노무현 정부는 한국 정치가 당면한 핵심 과제는 민주정치에 대한 국민의 회의를 불식시키고 선진 민주정치를 성공적으로 정착시키는 것으로 보았다. 그리고 민주정치에 대한 회의를 야기하는 요인으로 지역주의 · 사당정치 · 권력 남용 · 부정부패를 지적하고 이를 극복하기 위해 '참여와 통합의 정치개혁'이 필요하다고 주장했다. 주요 추진 과제로 '국민참여 정치', '국민통합 정치', '투명한 청정 정치', '수평적 협력 정치', '디지털 정치'를 제시했고, 「정치관계법」 개정을 통해 돈 안 드는 선거, 깨끗한 정치를 구현하기 위한 제도적 장치 마련에 노력했으며, 당정을 분리하고 수평적 당정 관계를 형성했다.

5) 자유롭고 공정한 시장질서 확립

자유롭고 공정한 시장은 진입과 퇴거가 자유롭고 상식과 원칙이 통용되며, 기업가 정신을 최대한 발휘할 수 있음은 물론 약자일지라도 부당하게 대접받지 않는 시장을 말한다. 노무현 정부는 다양한 제도적 뒷받침을 통해 자유롭고 공정한 시장질서의 확립을 모색했다. 주요 추진 과제는 '기업하기 좋은 환경 조성', '투명하고 공정한 경제 시스템 구축', '선진적 금융 인프라 구축', 그리고 '재정 · 세제개혁'이다. 특히 회계제도 개선을 통한 시장 왜곡 시정, 증권시장의 규율 제고, 상시 구조조정 체제 정착, 중산층 · 서민층 및 중소기업 금융 지원 강화, 금융감독 규율 확립, 재정구조 및 운영 시스템 혁신, 공정하고 투명한 세제 · 세정 확립 등에 정부의 관심이 모아졌다.

6) 동북아 경제중심국가 건설

'동북아 경제중심국가 건설'의 핵심은 동북아에서 번영과 통합의 질서를 구축하고 지역통합과 지역 공존의 질서를 발전시키는 데 있다. 이를 위해서는 우리나라의 경제 중심 역할이 정립돼야 함과 더불어 남북관계의 개선이 요망되었다. 이와 관련해서 노무현 정부는 '국토의 균형 발전과 산업 발전 전략의 병행', '경제자유구역의 조성 및 금융 국제화', '동북아 물류 중심기지 구축', 'IT 등 첨단산업 · 비즈니스 허브화', '남북 경제교류협력 촉진 및 대외환경 조성'을 추진 과제로 설정했다.

7) 과학기술 중심사회 구축

노무현 정부는 핵심기술 및 신산업 창출을 통해 국가 성장 동력을 강화하고, 기초 · 원천기술과 산업기술에 대한 전략적 투자 배분으로 지속 가능한 경제 성장과 잠재성장률 제고를 모색했다. 주요 추진 과제에는 '국가과학기술 시스템의 혁신', '미래 성장 동력 확보를 위한 기반 강화', '지역혁신 역량 강화', '세계 일류 IT산업 육성', '지식정보 기반으로 산업 고도화 추진', '과학문화 확산을 통한 '원칙과 신뢰'의 사회 구축', 그리고 '지식기반사회에 부응한 일자리 창출'이 포함된다.

8) 미래를 열어가는 농어촌

'미래를 열어가는 농 · 어촌' 과제는 시장 지향적인 산업정책과 이를 보완하는 소득 안정 및 농 · 어촌 사회정책을 병행해서 추진함으로써 농촌문제의 악순환 구조를 선순환 구조로 전환하는 데 목표를 둔 국정과제다. 농 · 어업 발달을 위한 정부의 주요 추진 과제는 '공익적 기능과 시장을 지향하는 농 · 어업', '개방화 시대의 농 · 어업인 소득 안정', '농 · 어촌 복지 증진 및 지역 개발', '신해양 시대의 어업기반 구축' 등이다.

9) 참여복지와 삶의 질 향상

노무현 정부는 한국 사회의 궁극적인 지향점을 선진 복지국가 건설로 보고, 경제뿐 아니라 삶의 질 각 분야 — 보건 · 복지 · 여성 · 환경 · 문화 · 주거 · 교통 등 — 에서 균형있는 발전을 도모해야 함을 주장했다. 또한 해당 분야에 대한 투자는 인적 자원의 질적 수준을 높임으로써 지속적인 경제 성장의 토대가 된다고 보았다. 주요 추진 과제는 '전 국민을 위한 참여복지의 실현', '전 국민 평생건강 보장 체계의 실현', '보육문제 해결과 여성의 사회 참여 확대', '지속 가능한 발전과 쾌적한 환경 조성', '문화적 가치의 확산을 통한 질 높은 삶 구현', '주택가격 안정과 주거의 질 개선', '도시 교통난 해소 및 교통 약자 보호'다.

10) 국민통합과 양성평등의 구현

노무현 정부는 빈부 격차로 인해 서민들이 체감하는 상대적 박탈감이 악화되고 있고, 여성 · 장애인 · 비정규직 · 외국인 근로자 · 학벌 등에 대한 차별이 만연해 있다고 진단했다. 이에 빈부 격차와 차별문제 등 사회적 불평등을 시정함으로써 사회적 배제 계층이 확대되고 사회통합과 역동성이 훼손되는 것을 조기에 막고자 했다. 이를 위한 추진 과제에는 '빈부 격차 완화를 통한 계층 통합', '5대 차별 해소를 통한 평등사회 구현', '양성 평등사회 구현'이 포함된다.

11) 교육개혁과 지식문화 강국 실현

노무현 정부는 지식과 문화를 국가 발전의 중심축으로 삼고, 교육 · 문화 · 과학 분야에서 혁신과 자율성을 높이고자 했다. 이와 관련해서 학교교육 혁신을 통해 공교육을 내실화하고, 예술활동에 대한 사회적 지원을 강화하며, 문화산업을 육성해 창조적인 문화 역량을 키우고자 했다. 특히 IT 산업 육성, 전자정부 고도화, 과학교육 강화와 인재 육성에 관심을 집중했다. 주요 추진 과제에는 '참여와 자치를 통한 교육공동체 구축', '공교육 내실화와 교육복지 확대', '과학기술교육의 질적 고도화', '창조적 문화역량 강화', '문화적 창의성을 기반으로 문화산업 육성', '지식정보사회의 전면화 추진'이 포함된다.

12) 사회통합적 노사관계 구축

노무현 정부는 노사 간의 갈등으로 특징지어지고 있는 우리 노사관계의 현실로 인해 기업과 근로자의 동반 성장이 제약되고 있다고 보았다. 이러한 배경 하에 노무현 정부는 노동자 삶의 질 향상과 동북아 중심국가로의 도약을 위해 사회적 파트너십을 토대로 한 사회통합적 노사관계 구축의 필요성을 강조하고, 이를 국정과제의 하나로 채택했다. 주요 추진 과제는 '국제 기준에 부합하는 노사관계 구축', '중층적 구조의 사회적 파트너십 형성', '자율과 책임의 노사자치주의 확립', '근로생활의 질 향상', '노동행정 서비스의 역량 확충', 그리고 '일자리 창출과 고용 안정'이다.

제3절 노무현 정부 시기 정치적 · 사회적 이슈와 이에 대한 정부의 대응

노무현 정부 시기에도 이전 정부들과 마찬가지로 다양한 정치 · 경제 · 사회적 쟁점들이 제기됐고, 노무현 정부는 대체로 앞서 언급했던 특성을 반영해 이 쟁점들에 대응했다. 여러 쟁점에 대한 노무현 정부의 대응은 일부 성과를 거두기도 했지만 일반적으로 그 성과는 의도했던 수준에 미치지 못했다는 평가를 받고 있다(강원택 · 장덕진, 2011; 김광동 외, 2010).

1. 경제 분야

노무현 정부 기간 동안 지속적으로 정책의제의 상위에 올라 있었던 경제 분야 쟁점에는 부동산 시장의 불안, FTA의 추진, 그리고 재벌개혁 등이 있다.

1) 부동산 시장 과열

부동산 시장 과열은 노무현 정부 출범 이전부터 시작돼 2006년까지 쉽게 가라앉지 않았다. 서울 강남권 · 수도권 지역의 아파트 값 상승으로부터 시작된 부동산 과열은 주변 지역으로까지 확산돼, 과도한 주택담보 대출에 따른 가계 부실과 부동산 거품 문제를 낳았다(국정홍보처, 2008: 116-117). 노무현 정부가 직면했던 부동산 쟁점의 핵심은 평형별 · 지역별로 차별적인 주택가격 상승과 공급 확대 문제였다. 과거 부동산 가격 급등 현상과 가장 큰 차이는 토지가격이 아닌 주택가격이 급등했다는 것이고, 특히 주택 형태와 지역에 따라 가격 상승이 큰 편차를 보임으로써 상대적 박탈감과 그에 따른 사회적 갈등을 유발했다는 점이다. 2002년~2007년간 토지가격 상승률은 전국이 38%였고 서울지역이 47%였던 반면, 2001~2006년간 주택가격 상승률은 전국이 46%였고 특히 서울의 아파트 가격상승률은 92.5%였다(김용창, 2011: 151-153).

노무현 정부는 5년간 12차례에 걸쳐 부동산대책을 발표했다. 부동산 시장의 안정을 최대 목표로 해서 원가연동제, 분양가상한제, 주택거래신고제, 토지거래허가제, 종합부동산세 부과, 양도세 강화, 재건축 요건 강화 등의 직접적인 규제를 시행했다(윤창현, 2010: 143). 특히 주택담보 대출 급증에 대응해서 금융기관에 대한 LTV(주택담보인정 비율)와 DTI(총부채상환 비율) 관리에 나섰으며, 종합부동산세 등 보유세 강화를 통한 세제 정비와 더불어 거래투명화와 주택 공급 확대 등의 정책을 추진했다. 나아가 서민・저소득층 주거 안정을 위한 국민임대주택 공급에 나서고, 이들의 주거환경을 개선했다. 공공임대주택 건설은 2003년 이후 20% 이상의 수준을 유지했다(국정홍보처, 2008: 116-118).

부동산 분야에의 자금유입 자체를 직접 차단하는 DTI나 LTV 규제는 2007년 이후 집값 안정에 기여한 것으로 평가받았고, 임대주택 공급 확대나 주거보조금 지급 등은 주거복지정책의 의의를 지닌다(윤창현, 2010: 143). 그러나 부동산정책이 자주 바뀌면서 경제 주체들은 각 제도를 한시적인 것으로 받아들이고 심리적 대기 행태를 보임으로써, 여러 개선 조치들은 적절한 효과를 발휘할 수 있는 기회를 상실하는 경향을 보였다(김용창, 2011: 156-157). 전반적으로 볼 때, 노무현 정부의 부동산정책은 부동산을 매개로 하는 부(富)의 계층적・지역적 불균형 현상을 해소하지 못했으며, 집값 안정이라는 정책 목표를 달성하지는 못한 것으로 평가됐다(김용창, 2011: 178; 윤창현, 2013: 144).

2) FTA 추진

한국은 전통적으로 다자주의 무역 체제 하에서 큰 수혜를 입어 왔으나 2000년대 들어 답보 상태를 보였다. 다자간 무역 체제가 확대되지 않을 경우 무역에 크게 의존하고 있는 한국은 대안을 모색할 수밖에 없었으며 그 대안이 동시다발적인 FTA의 추진이었다. 또한 1990년대 이후 본격적으로 진행된 무한경쟁의 세계화 현상 속에서 정부와 기업은 자국의 이익을 극대화하고 국제 경제 체제에서 생존하기 위해 시장을 확대하고 규모의 경제를 달성할 필요가 있었는데, 노무현 정부가 FTA의 체결을 추진했던 것은 이러한 맥락에서 유용한 전략이었다고 하겠다(김석우, 2011: 99-102).

노무현 정부가 추진했던 FTA의 현황은 〈표 1-2-1〉과 같다. 이 중 특히 한-미 FTA는 추진 과정에서 농민 등 국내 이해당사자들의 격렬한 반대가 있었지만 결국 타결됐다. 한-미 FTA의 타결로 한국은 중국・일본 등 동북아 국가들 가운데 가장 먼저 미국과 FTA를 체결한 국가가 됐으며, 이는 한국이 동북아와 환태평양 시장을 연결하는 허브의 역할을 수행할 수 있게 됨을 의미한다(국정홍보처, 2008: 133-134). 이 밖에도 노무현 정부가

EU·캐나다·멕시코·인도 등의 주요 대상들과 시작된 협상은 이명박 및 박근혜 정부를 거치면서 결실을 보고 있다.

표 1-2-1 노무현 정부가 추진한 FTA

구분	노무현 정부 관련 내용	비고
한-칠레 FTA	노무현 정부 출범 후 발효	김대중 정부 시절 협상 타결
한-싱가포르 FTA	노무현 정부 협상 시작, 타결, 발효	
한-EFTA FTA	노무현 정부 협상 시작, 타결, 발효	
한-ASEAN FTA	노무현 정부 협상 시작, 타결	상품무역협정은 노무현 정부 발효; 서비스무역협정과 투자협정은 이명박 정부 발효
한-인도 CEPA	노무현 정부 협상 시작	이명박 정부 협상 타결, 발효
한-미 FTA	노무현 정부 협상 시작, 타결	이명박 정부 발효
한-EU FTA	노무현 정부 협상 시작	이명박 정부 협상 타결, 잠정 발효
한-캐나다 FTA	노무현 정부 협상 시작	박근혜 정부 협상 타결
한-멕시코 FTA	노무현 정부 협상 시작	협상 중단 상태

자료: 김석우(2011: 99)의 〈표 4-1〉의 내용을 일부 보완함.

노무현 정부가 FTA 추진을 통해 얻고자 한 정책 목표는 한국 경제의 선진화와 농업 부문의 개혁이었다. 즉 FTA를 통해 국내 산업의 개혁, 규모의 경제 달성, 서비스 산업의 발전, 산업 전반의 효율성 제고 등을 모색하고 이를 통해 한국 경제의 선진화와 국제경쟁력이 취약한 농업 부문을 개혁하고자 했다(김석우, 2011: 113-114). 이러한 정책 목표가 달성됐는지에 대한 분석은 좀 더 시간을 요하는 작업이지만, 노무현 정부의 FTA 추진에 대한 평가는 대체로 긍정적인 것으로 나타나고 있다(정인교, 2007; 김석우, 2011).

3) 재벌 개혁

한국의 경제 체제는 가족구성원이나 친척에 의해 지배되는 대기업으로 구성된 기업집단-재벌-이 경제 체제를 주도하고 있다는 특징을 지닌다. 재벌은 생산과 산업에서 독점적 또는 과점적인 통제력을 행사하며, 이러한 재벌 체제는 경제력 집중의 부작용뿐 아니라 소유와 지배구조의 왜곡 및 재벌 그룹 총수 일가의 사익 추구 행위라는 부정적 현상을 야기하기도 한다(김진방, 2011).

진보적인 성향을 지녔던 노무현 정부는 정권 인수 기간 동안 이러한 현상을 개혁하기 위한 대책들을 모색했다. 산업자본의 금융 지배에 따른 폐해의 차단, 대기업집단의 소유·지배구조 왜곡의 시정, 경쟁적 시장환경의 조성, 소비자 권익의 실질적인 확보 등을 포함하는 여러 정책의 추진을 통해 자유롭고 공정한 시장질서를 확립하고자 했다(제16대 대통령직인수위원회, 2003: 250-251). 집권 후에는 「독점규제 및 공정거래에 관한 법률」 개정, 「증권관련집단소송[1]법」 제정, 「상속세 및 증여세법」 개정 등을 통해 재벌 개혁을 추진했다.

그러나 노무현 정부의 재벌개혁은 후기에 들어 상당한 후퇴를 보였다. 즉, 「독점규제 및 공정거래에 관한 법률」은 금융·보험회사 의결권 행사 제한이나 재벌그룹의 공시 의무와 공정위의 정보 공개 확대 측면에서 성과를 보이기도 했지만, 출자총액 제한 조항과 지주회사 행위제한 조항은 대폭 완화됐고, 순환출자 금지는 도입되지 못했다. 또한 「증권관련집단소송법」은 적용 대상이 지나치게 제한적이고, 입증책임·소송비용·소송요건 등에서 원고에게 불리한 형태로 돼 있어 거의 활용되지 못했다. 한편, 「금융산업의 구조개선에 관한 법률」 개정 시에 노무현 정부와 열린우리당은 삼성그룹에 유리한 내용의 개정을 추진하는 행태를 보이기도 했다(김진방, 2011: 123-130).

노무현 정부는 고용이 저조하고 경제가 침체되는 현상의 원인이 투자의 부진에 있는 것으로 진단했다. 이에 대한 대책 중의 하나가 '경영권 보호'였는데, 이는 재벌그룹 총수들이 적대적 인수합병을 두려워해서 투자와 고용을 늘리기보다 자기 주식을 취득하거나 현금을 쌓아두고 있다는 논리에 토대를 둔다. 만약 해외 자본이 재벌기업에서 총수를 몰아내고 경영권을 차지하게 되면 본사를 해외로 옮기거나 고용을 줄이고 임금을 삭감하는 등 우리 경제와 국민에게 해를 끼치는 조치를 취할 수 있으리라는 것이다(김진방, 2011: 146-147). 이러한 맥락에서 재벌 개혁에 대한 노무현 정부의 의지는 희석됐으며, 경제력 집중의 완화나 재벌그룹의 소유·지배구조 왜곡의 시정이라는 정책 목표는 적절하게 달성되기 어려웠다.

2. 사회 분야

노무현 정부 기간 동안 사회 분야에서 높은 관심을 끌었던 쟁점에는 지역균형 발전과 행정수도, 사회 양극화, 저출산·고령화, 그리고 비정규직 보호 등이 있다.

---

1) '집단소송'은 한 피해자가 가해자를 상대로 소송을 하면 다른 피해자들은 별도 소송 없이 그 판결로 피해를 구제받을 수 있는 제도다.

1) 지역균형 발전과 행정수도

우리나라의 지역 간 불균형은 도시와 농촌 간, 대도시와 중소도시 간, 경부축과 비경부축 간 등의 여러 차원에서 나타났다. 그러나 1990년대 이후에는 수도권과 비수도권 간의 불균형이 가장 민감한 지역 불균형 문제로 간주됐다(강현수, 2011: 187). 2002년 대선 시 노무현 대통령 후보는 정치・경제・사회적 자원의 수도권 집중이 국가의 균형발전에 최대 저해 요인임을 지적하고, 충청권에 행정수도를 건설해 청와대와 중앙부처를 이전함과 더불어 중앙행정기관의 부속기관과 정부투자・출연기관 등 공공기관을 적극적으로 지방에 이전하겠다고 공약했다.

노무현 정부는 출범 후 공약 사항을 실천에 옮기기 위해 「국가균형발전특별법」을 제정했고, 중앙정부 단위에서는 '국가균형발전위원회', 지방자치단체 단위에서는 '지역혁신협의회'를 설치했다. 또한 '국가균형발전특별회계'를 신설해서 지방자치단체의 우선순위에 따라 중앙부처의 지역 관련 재원을 지원하도록 했고, 지방자치단체가 자율적으로 지역 발전에 사용할 수 있도록 지방교부세율을 상향 조정했다(15%에서 19.24%로 상향; 분권교부세율 포함) (강현수, 2011: 201-203). 이러한 제도적 정비를 토대로, 신행정수도 건설은 '2007년 착공, 2012년 이전 시작'이라는 일정이 정해졌고, 이전 대상이 되는 공공기관 176개가 선정됐다. 공공기관 이전은 '혁신도시'[2]의 건설과 맞물려 있었는데, 혁신도시는 2006년까지 지구 지정 및 개발계획 수립, 2007년 중 착공하고, 2012년에 완공해 공공기관 지방 이전을 완료할 계획으로 추진됐다(국정홍보처, 2008: 148-152).

그러나 2004년 10월 헌법재판소는 헌법 개정 없이 수도를 이전하는 것은 위헌이라고 결정함으로써 신행정수도 건설은 무산됐고, 노무현 정부는 '연기・공주지역 행정중심복합도시 건설'을 추진하게 됐다(국정홍보처, 2008: 148-149). 이처럼 노무현 정부의 지역균형 발전과 행정수도 건설 노력은 일정 부분의 성과와 더불어 한계를 보였는데, 특히 정권의 후반부에 이르러서는 기존 체제의 저항에 봉착해서 정부 출범 초기에 제시했던 규범적인 정책 목표를 실현하지 못하는 경향을 보였다(강현수, 2011: 190).

2) 사회 양극화

외환위기 이전까지 1990년대의 도시가구 지니계수는 0.280~0.290의 수준을 유지하

---

2) '혁신도시는 이전하는 공공기관 및 산업・대학・연구소・지자체가 서로 긴밀히 협력할 수 있는 최적의 여건과 수준 높은 주거・교육・문화・환경 등 정주 여건을 갖춘 미래형 도시를 말한다.

다가 외환위기를 거치면서 1999년 0.320까지 증가했으나 2002년 이후 감소해 2003년 0.306으로 낮아졌다. 그러나 2004년부터 다시 높아져서 2006년에는 0.310에 달했다. 소득분배 불평등은 전국 가구에서 더욱 심화된 것으로 나타나서, 2003년 0.341, 2004년 0.344, 2005년 0.348, 2006년 0.351로 악화 추세를 보였다. 외환위기 이후 개선되던 분배 상태가 노무현 정부 들어 더 나빠진 것으로 나타난 것이다(안종범, 2007: 269). 1997년 외환위기가 수습되면서 실직과 사업 파산 등으로 인한 빈곤층의 문제는 진정됐으나, 저숙련 근로자의 임금과 고용 안정성 등이 급속하게 나빠져서 근로 빈곤층의 증가가 심각해졌기 때문이다(구인회, 2011: 217).

이에 노무현 정부는 사회안전망 제도를 확대・보완하고 사회정책에 대한 재정 투입을 늘려 나감으로써 사회복지의 사각지대를 줄여 나가기 위해 노력했다. 즉, 국민기초생활보장제도에서 부양의무자의 범위를 현실화하고, 부양 능력 판정 기준을 완화했으며, 긴급복지제도와 차상위계층 의료급여제도를 실시했다. 또한 김대중 정부 시기부터 시행된 자활제도를 강화하고 빈곤층의 근로 의욕을 고취하기 위해 근로장려세제(EITC)를 제도화했다. 나아가 정부의 후반기부터는 좀 더 적극적으로 경제와 복지의 선순환 구조를 만들기 위해 사회투자정책을 추진했다. 이에 노무현 정부 들어 기초생활보장 수급자 수가 2002년의 131만 5,000명에서 2003년 137만 명, 2007년 155만 명으로 증가됐다. 정부의 복지예산도 대폭 늘어 2002년 GDP의 5.6%였던 사회지출이 2007년에는 8.1%로 증가했다(국정홍보처, 2008: 134-136; 구인회, 2011: 221-222, 235).

그러나 노무현 정부 하의 복지정책 발전은 여전히 제한적인 것이었다. 예컨대, 60세 이상 인구 중 공적 연금(국민연금+공적 직역연금) 수급자는 20%에 미치지 못했고, 2007년 기초노령연금제도를 도입했지만, 이 제도의 대상은 전체 노인의 70%로서 적용 범위가 너무 넓은 반면 급여는 낮은 수준이어서 소득보장 효과를 내기 어려웠다. 또한 고용보험의 경우, 전체 취업자 가운데 고용보험이 적용되는 피보험자의 비중은 약 1/3에 불과했다. 결과적으로, 노무현 정부는 사회 양극화-빈곤 악화와 중산층의 삶의 질 하락-를 막는 데 주목할 만한 성공을 거두지 못했다는 평가를 받고 있다(안종범, 2007; 구인회, 2011).

3) 저출산・고령화

우리나라의 출산율은 1980년 2.73명 이후 급격히 감소해 2003년에는 1.30명까지 떨어졌다. 한편, 65세 이상의 노인 인구는 2000년 8월에 총인구의 7%를 넘어서면서 '고령화사회'로 진입했으며, 2018년에는 14%를 넘는 '고령사회', 2026년에는 20%를 넘는 '초고령사회'로 진입할 것으로 예상됐다. 노인 인구의 비중이 7%에서 14%로 되는 기간이 프랑스는 115년, 스웨덴은 85년, 영국과 서독은 45년인데 비해, 우리나라는 18년에 불과할 정도로 고령화가 세계에서 가장 빠른 속도로 진행될 것으로 전망됐다(국정홍보처, 2008: 135; 안종범, 2007: 270-271).

급격한 인구구조의 변동은 미래 생산 가능 인구의 감소, 가계의 노인 부양 부담률 증가 등 여러가지 심각한 사회문제를 야기할 수 있다. 또한 근로연령 인구의 축소를 통해 조세수입 및 사회보험료 수입이 감소되는 반면, 연금 수급자의 증가와 노인의료비의 증가 등을 통해 사회보장지출이 증가됨으로써 재정 악화 요인으로 작용할 수 있다(국정홍보처, 2008: 135; 안종범, 2007: 271). 이에 노무현 정부는 저출산·고령화 문제 해결을 위한 사회협약을 체결(2006년 6월)해 사회 각 부문의 공감대를 형성하고 사회적 합의 기반을 마련하고자 했다. 그리고 이러한 사회협약의 내용을 반영한 범정부계획인 '제1차 저출산·고령사회기본계획(새로마지 플랜)'을 수립(2006년 8월)했으며, 특히 저출산의 극복을 위해 일과 가정의 양립, 제도적 여건 개선 및 정부 지원책 마련, 가족친화적 직장 환경 조성 등의 다양한 정책을 시행했다(국정홍보처, 2008: 139).

그러나 노무현 정부에서부터 시작된 저출산 대책에도 불구하고, 우리나라의 합계 출산율 추이는 매우 완만한 증가를 보이는데 그치고 있다. 2001년 1.30이던 합계 출산율은 2005년 1.08까지 떨어졌다가 2008년 1.19, 2011년 1.24로 증가했으나,[3] 2014년에도 여전히 1.25에 그치고 있어 경제협력개발기구(OECD) 소속 국가 중에서 최하위 수준인 것으로 나타났다.[4]

4) 비정규직 보호

김대중 정부 시절 비정규직의 남용과 차별을 비롯해 노동 양극화 및 노동시장 내부의 차별적 관행이 심각한 문제로 대두됐고, 이 문제는 노무현 정부에도 그대로 이어졌다. 〈표 1-2-2〉에서 알 수 있는 바와 같이, 비정규직의 규모는 2002년의 383만 9,000명에서 노무현 정부가 출범한 2003년에는 460만 6,000명으로 크게 커졌으며, 임금 근로자 중위 임금의 ⅔ 미만 소득을 올리는 저임금 근로자의 비중 역시 2002년에서 2003년 사이에 24%에서 27.5%로 늘어났다. 이로 인해 노동 양극화에 대한 사회적 우려와 정책적

3) http://media.daum.net/economic/others/newsview?newsid=20130125145919715, 2014.7.30.

4) http://daily.hankooki.com/lpage/society/201406/dh20140617020149137780.htm, 2014.7.30.

표 1-2-2 비정규직 관련 지표의 변화 추이

구분	2001	2002	2003	2004	2005	2006	2007	2008
저임금 근로자 비중	23.1	24.1	27.5	26.7	26.6	25.8	27.4	26.8
비정규직 규모(천 명)	-	3,839	4,606	5,394	5,483	5,457	5,703	5,445
비정규직 비중(%)	-	27.4	32.6	37.0	36.6	35.5	35.9	33.8

자료: 이병훈(2011: 296)의 표에서 발췌.

대응에 대한 요구가 제기됐다(이병훈, 2011: 301).

이에 노무현 정부는 비정규직 고용 형태 중에서 우선 기간제·파견직 및 단시간 근로자의 보호를 위한 법안을 마련해 2004년부터 본격적으로 논의하기 시작해서, 2006년 12월 「기간제 및 단시간근로자 보호 등에 관한 법률」을 제정하고 「파견근로자 보호 등에 관한 법률」을 개정하는 데 성공했다. 주요 내용은 기간제 사용 기간 및 파견직 파견 기간을 2년으로 규정하고, 기간제 근로자의 사용 기간이 2년을 넘으면 무기근로계약으로 전환하도록 했으며, 파견근로자의 경우 2년 초과 시 직접 고용을 의무화했고, 기타 차별 금지 조항을 단계적으로 시행하는 것이었다(이병훈, 2011: 302; 윤창현, 2010: 153).

그러나 위의 비정규직 보호 입법에서 노무현 정부는 출범 초기에 밝힌 '남용 규제와 균등 대우의 원칙'으로부터 상당히 후퇴해, '2년의 사용 기간 허용 및 2년 사용 시 무기고용계약 간주 적용과 차별적 처우 금지' 등을 담는 데 그쳤다. 이로 인해 이 비정규직 보호 입법들은 시행 이전부터 개정 논의가 불거져 나왔으며, 결과적으로 사용자와 노동자 모두로부터 환영받지 못했다(이병훈, 2011: 302; 윤창현, 2010: 153).

3. 정치·외교 분야

노무현 정부 기간 동안 정치·외교 분야에서 관심을 끌었던 쟁점에는 4대 개혁입법의 추진과 북핵문제 등이 있다.

1) 4대 개혁입법의 추진

4대 개혁입법과 관련된 법률은 「국가보안법」, 「사립학교법」, 「과거사진상규명법」, 그리고 「언론관계법」을 말한다. 「국가보안법」에 대해서는 인권 침해와 위헌적 소지를 근거로 그 폐지를 주장했고, 이와 관련해 「형법」에 내란목적 단체 조항을 신설함으로써 그 기능을 일부 대체하도록 하는 것이었다. 「사립학교법」은 교사와 학부모로 구성된 학교운영위원회가 이사 정수의 ⅓ 이상을 추천하도록 하는 것이 핵심이었다. 「과거사진상규명법」은 '진실과 화해위원회'를 설립해서 정부 수립부터 한국전쟁 전후까지 행해진 민간인 집단희생 사건 등의 진실을 규명하도록 하는 것이 주요 내용이었다. 「언론관계법」은 신문사의 시장 점유율이 1개사 30%, 3개사 60%를 넘어설 경우, 시장 지배적 사업자로 규정하고 공정거래위원회의 규제를 받도록 하는 것을 골자로 했다(장덕진, 2011: 43-44).

그러나 이 개혁 법안들은 당시 야당(한나라당)의 강력한 반대와 관련 이해당사자들의 반발, 그리고 이에 직면한 여당(열린우리당) 내의 내분 등으로 인해 사실상 실패로 돌아갔다. 즉, 「국가보안법」은 법안만 제출된 상태에서 표결도 해보지 못한 채 정권 교체와 더불어 논의가 중단됐다. 또한 18대 국회에 들어 「미디어법」이 통과되면서 신문의 시장 지배적 사업자에 대한 규제는 포함되지 못한 채 신문·방송 겸영에 의한 종합편성 채널 사업자가 선정되는 상황으로 진전됐다. 한편 「사립학교법」은 여러 차례의 재개정을 통해 원래의 개혁성을 상실했으며, 「과거사진상규명법」도 유명무실한 상태로 남게 됐다(장덕진, 2011: 44-51).

2) 북핵문제와 남북관계

노무현 정부 출범 당시 안보환경은 불안정하고 유동적이었다. 특히 북핵문제로 인해 우리나라가 급변하는 동북아 정세에 주도적으로 대응할 수 있는 힘이 위축돼 있었다(국정홍보처 2008: 104). 이러한 상황 속에서 노무현 정부는 '평화번영정책'을 통해 북핵문제와 남북관계에 대응하고자 했다. 평화번영정책은 김대중 정부의 햇볕정책을 계승·발전시킨 것으로서 대북 포용의 기조를 바탕으로 '화해 협력을 넘어 평화 번영'을 지향하는 것이었다. 즉, 노무현 정부는 안보적 측면의 평화와 경제적 측면의 번영을 결합해 남북관계를 더욱 진전시키고자 했다(김근식, 2011: 340).

평화번영정책을 내세운 노무현 정부는 북핵으로 인한 한반도 긴장을 효과적으로 관리했다는 긍정적인 평가를 받을 수 있다(김근식, 2011: 343). 그러나 동시에 북한 체제의 변화나 남북관계의 개선에 사실상의 진전을 이루지 못했다는 부정적인 평가를 받는다(김광동, 2010: 273).

노무현 정부의 대북정책에 대한 부정적인 평가의 배경에는 노무현 정부가 북한 체제의 본질적인 성격 규명에 실패했다는 점이 지적된다. 즉, 노무현 정부는, 김대중 정부와 마찬가지로, 북한을 지원하면 북한이 긍정적인 방향으로 변화할 것이라는 기대를 지니고 있었지만, 이는 북한 체제를 너무 낙관적으로 파악한 것이고, 북한의 개인숭배적 전체주의의 견고성을 간과한 것으로 평가된다(김광동, 2010: 274-276). 노무현 정부의 대북정책을 긍정적으로 평가하는 경우에도, 남북관계가 북핵문제로 인해 근본적인 어려움을 지니고 있었다는 점이 인정된다. 즉, 노무현 정부에서 북핵과 남북관계의 병행론에 따라 남북관계가 지속되기는 했지만, 근본적으로 남북관계는 북핵 상황과 연동될 수밖에 없었고, 이것이 남북관계의 현실이자 한계였다는 것이다(김근식, 2011: 346).

제 4 절 정부 정책기조 및 추진체계

주요 정치 · 경제 · 사회적 쟁점에 대한 대응과 마찬가지로 노무현 정부의 전반적인 정책기조와 추진체계는 정부의 특성을 반영했다. 이러한 노무현 정부의 정책 추진은 성과와 더불어 한계를 드러냈다.

1. 경제 분야

노무현 정부의 경제정책은 국가개입주의를 강화하는 경향을 보였다. 국가가 경제 질서를 주도하고자 했고, 이에 따라 이전의 김영삼 · 김대중 정부 시기의 '작은 정부' 개념 대신 '일하는 정부', '효과적인 정부'에 대한 믿음을 지니고 있었다. 정부는 기득권 위주의 경제구조를 바꾸고 성장과 분배의 새로운 틀을 짜는 것으로 정책 방향을 잡았다(현진권, 2007: 4; 조동근, 2007). 노무현 정부 경제정책 추진의 성과로서, 경제성장률은 연평균 4.3%를 기록했으며, 1인당 국민소득은 2만 달러를 넘었고, 물가는 2～3%대에서 안정적으로 유지됐다(국정홍보처, 2008: 114). 그러나 양극화 해소를 위한 정책이 오히려 신빈곤층을 낳았고, 정부 역할의 확대에 따라 공공부문의 비대화와 방만한 재정 운영의 부작용을 야기했다는 지적이 존재한다(현진권, 2007: 5). 세부 경제정책 분야－재정, 금융, 대기업집단, 농림, 해양수산, 국토 건설 및 교통, 에너지정책－별 정책 내용과 추진체계는 아래와 같다.

출범 당시 노무현 정부는 저금리 기조를 취했다. 이는 신용카드 위기에 따른 불황을 벗어나기 위해 경기활성화가 요구됐기 때문이다. 그러나 저금리 현상은 부동산 가격의 폭등을 야기했고, 이에 대해 노무현 정부는 부동산 공급 확대보다는 종합부동산세 도입, 부동산 관련세 시가 부과 등의 수요 억제 정책을 펼쳤지만 역부족이었다. 한편, '일하는 정부' 개념은 공무원 숫자의 증가를 가져왔고, 정부재정을 통해 사회적 형평성을 적극적으로 도모하려는 정부의 의지는 사회 지출 증가를 가져왔다. 지방재정은 2006년에 사상 처음으로 총규모 100조 원을 돌파해 재정 운용의 주요 대상으로 등장했다. 이처럼 재정 관리상의 어려움은 증가했지만 재정 시스템은 현대화됐다. 노무현 정부가 도입한 주요 제도는 총액배분자율편성(Top-Down) 예산제도, 국가재정운용계획, 성과관리제도 및 디지털예산회계제도(통합재정정보시스템) 등으로서, 재정당국의 보수성을 감안한다면 이러한 변화는 주목할 만하다고 하겠다(배득종, 2008: 220-221).

금융기관에 대한 규제와 감독의 개선 노력은 김대중 정부에 이어 노무현 정부에서도 지속됐다. 금산분리 원칙이 고수됐으며, 산업자본의 금융 지배에 따른 시장 왜곡의 시정을 위한 구체적인 방안을 모색했다. 또한 가계대출의 급격한 증가로 인한 연체율 상승, 신용카드사의 유동성 위기 등으로 인해 금융기관의 부실 위험이 증가함에 따라 금융시장 안정화 및 리스크 관리를 강화했다. 그리고 비은행 금융기관에 대해서도 주요 건전성 감독제도를 단계적으로 도입했다(윤영진 · 조갑제, 2008: 243-244). 그러나 이러한 노력에도 불구하고, 금융감독 체제(금융감독위원회~금감위 사무국~금융감독원)에 대해서는 개선의 여지가 큰 것으로 지적됐다. 특히 금감위 사무국이 감독을 관장한 점과 금융규제 관련 기관인 재경부 · 예금보험공사 · 금감위 · 금감원 · 한국은행 사이에 보완과 협력이 미흡했던 점이 문제점으로 파악된다(윤영진 · 조갑제, 2008: 245).

노무현 정부는 대기업집단의 소유지배 구조를 개선하기 위한 다양한 정책 방안과 집행계획을 모색했다. 대기업집단의 지배구조인 순환출자는 지배 주주에 대한 내 · 외부적인 통제 시스템(회사법과 시장 등)의 작동을 어렵게 하고, 경영권의 불법 또는 편법적 승계를 용이하게 하는 문제점을 보였다. 이에 대한 노무현 정부의 개선책은 재정경제부와 공정거래위원회가 2003년 말에 발표한 '시장개혁 3개년 로드맵'에서 구체화됐다. 그러나 정책 시행 후 3년이 경과한 시점에서도 대기업집단의 소유지배 구조는 개선되지 않았고, 오히려 순환출자 구조가 심화되는 정책의 후퇴 현상이 나타났다(박상인, 2008: 259).[5)]

FTA의 추진과 더불어 노무현 정부는 농업 부문의 개혁을 위해 2004년에 119조 투융자

사업을 개시했다. 이 사업은 9대 혁신과제[6]로 돼 있었다. 그러나 노무현 정부의 말기에 이르기까지 이 사업은 농촌 현장에서 긍정적인 평가를 받지 못했다. 한편, 2007년에 「농업 · 농촌기본법」을 전면 개정한 「농업 · 농촌 및 식품산업기본법」이 공포됐다. 이 법은 식품산업과 농자재산업이 농업정책의 대상임을 명시했다. 산림정책 면에서는 산촌 기초조사의 실시와 산촌진흥기본계획의 수립이 법률(「산림기본법」 제정, 「임업 및 산촌 진흥 촉진에 관한 법률」 개정)로 명시됨으로써 산촌 진흥의 법적 · 제도적 기초가 마련됐다(백승기, 2008: 307-308).

노무현 정부는 김대중 정부에서 기구와 정원이 대폭 축소됐던 해양수산부의 조직과 인력을 보강했다. 이를 토대로 노무현 정부는 2007년 11월 여수가 2012 해양엑스포 개최지로 선정되는 데 기여했으며, 민자사업을 중심으로 효율적이고 경쟁적인 항만 개발 시스템을 확보하기 위해 노력했다. 그러나 해양수산부는 수산업의 침체, 특히 가두리양식장을 중심으로 하는 어업정책의 과제 등에 직면해 있었다. 또한 2007년 12월 태안에서 대량 기름유출사고가 발생했는데, 이 사건은 해상 안전 불감증과 정부 위기 대처 능력의 부족이라는 문제를 부각시켰다. 이와 관련해서, 해상방제와 해안방제의 연계 취약, 해양안전 분야에서 해운조직과 유조선회사의 정책불응 문제 등이 지적됐다(김창수, 2008: 336-341).

국토건설 분야에서 노무현 정부는 획기적인 방향 전환, 즉 분권과 분산을 우선하는 정책을 추진했다. 제4차 국토종합계획에서 드러난 정부의 정책 방향은 ① 개발과 환경보전의 조화, ② 지자체와 주민의 계획 수립 참여, ③ 장기(2000~2020년) 계획 수립 등이었다. 이를 토대로 노무현 정부는 행정중심복합도시, 혁신도시 건설 등 국가균형발전 정책을 추진했고, 이는 「국가균형발전특별법」, 「행정중심복합도시 건설을 위한 특별법」 등의 제정에 의해 뒷받침됐다(김성배, 2008: 450-451).[7]

에너지 소비 면에서 우리나라는 2004년에 세계 10대 소비국의 하나가 됐다. 전체 에너지 소비량의 97%를 수입에 의존하고 있는 우리나라는 국제 유가의 급등과 더불어 에너지 수급 면에서 상당한 어려움을 겪게 됐다. 이에 정부는 2000년대 들어 에너지 산업 구조개편에 착수했고, 특히 전력산업에 경쟁 기제를 도입해 한전의 발전 부문이 6개 자회사(화력 5개, 원자력 1개)로 분할됐다. 그러나 발전자회사에 대해 단계적인 민영화를 추

---

5) 노무현 정부 정책후퇴에 대한 좀 더 자세한 논의는 앞의 '재벌 개혁' 부분을 참조.

6) 농가소득 안정, 전업농 육성, 농촌 개발, 품질고급화, 복지 확충, 과학영농, 친환경농업 확산, 젊은 인재 양성, 농식품 안전성.

7) 좀 더 자세한 관련 내용은 앞의 '지역균형 발전과 행정수도' 부분을 참조.

진하려던 계획은 2004년 노무현 정부의 중단 조치로 인해 진전되지 못했다. 한편, 노무현 정부는 2006년 9월 범정부적 차원에서 에너지정책을 수립할 목적으로 국가에너지위원회의 설치를 주요 내용으로 하는 「에너지기본법」을 제정하는 등 효율적인 에너지정책의 수립과 집행을 모색했다(이창기, 2008: 373, 377-378).

2. 사회, 문화, 복지 분야

노무현 정부는 이전 김대중 정부부터 강화되기 시작한 사회안전망 제도를 확대·보완하고, 사회정책 분야에 대한 재정 투입을 늘렸다. 특히 정부 후반기에는 '사회투자정책'[8]을 정책기조로 삼아 경제와 복지의 선순환 구조를 만들고자 했다. 이러한 맥락에서 노무현 정부는 사회 관련 예산을 대폭 증액해 사회 투자를 확대했으며, 교육 인프라 확충, 여성 권한 확대와 육아 지원 등 인적 자본의 활용도를 높이기 위한 투자도 확대했고, 고용 없는 성장과 일자리의 양극화를 극복하기 위해 사회 서비스 확충에 노력했다. 그러나 한국의 사회지출 수준은 여전히 부족한 편이었다. GDP 대비 공공사회 지출이 김영삼 정부(3.2%)나 김대중 정부(5.6%)보다 늘어서 2005년에 8.6%에 이르렀으나, 이는 스웨덴(28.9%)은 물론 미국(14.8%)에도 미치지 못했고, OECD 평균(21.2%)에 크게 미달하는 수준이었다(국정홍보처, 2008: 135-136). 게다가 여전히 사회안전망의 사각지대가 광범하게 존재했고, 전달 체계의 미비로 인해 제도의 실효성이 낮은 것으로 평가됐다. 또한 일자리 창출정책과 저출산·고령화 대비정책, 문화예술정책의 정치화 등에 대해서도 부정적인 평가가 있었다(안종범, 2007; 조희문, 2007). 아래에서는 세부 사회정책 분야 −사회복지·보건, 고용·노동, 여성, 문화, 환경, 재난관리−별 정책 내용과 추진체계에 대해 서술한다.

노무현 정부는 대체로 김대중 정부에서 추진했던 복지정책의 기조를 계승했으나, 집권 중후반기에는 저출산·고령화가 야기하는 문제에 적극 대처하고자 사회 투자 관점을 내세웠다. 부연하면, 노무현 정부는 노인장기요양보험제도 도입, 기초노령연금제도 도입, 기초생활수급 대상자의 선정 기준 완화,[9] 국민연금제도 개혁,[10] 저출산고령사회기

8) 사회투자정책은 인적자본과 사회자본에 대한 투자를 통해 국민의 경제활동 참여를 확대하고 더 나은 일자리를 갖게 함으로써 경제 성장과 사회 발전을 동시에 추구하는 정책을 말한다(국정홍보처, 2008: 135).

9) 부양의무자 기준을 1촌 직계혈족 및 그 배우자로 축소하고, 부양의무자의 소득 기준도 최저생계비의 120%에서 130%로 인상.

10) 연금재정 안정화를 위해 소득대체율을 단계적으로 저하하도록 함.

본법 제정 및 저출산고령사회위원회 설치 등을 추진했다. 요컨대, 노무현 정부는 기존 사회보장제도의 확대와 동시에 사회투자 전략에 입각해서 신규 프로그램을 도입하는 성과를 보였다. 그러나 사회복지 분야의 재정적 보수주의, 사회안전망의 사각지대, 그리고 광범한 근로빈곤층 문제 등은 여전히 남아 있었다(양재진, 2008: 477-481).

보건의료 분야에서 노무현 정부는 경쟁력 강화를 모색하는 노력의 일환으로 규제개혁과 연구개발에 관심을 보였다. 또한 보건산업 육성을 위해 의료산업선진화위원회를 구성했으며, 보건복지부 직제에 보건산업육성사업단, 생명과학단지조성사업단 등을 신설하기도 했다. 그러나 보건의료 분야에는 여전히 규제가 많았으며, 보건의료산업의 육성은 지체됐다. 보건의료진흥기술사업도 다른 부처와의 역할 분담과 연구개발사업 간 연계성 강화 등이 요구됐다(정광호, 2008: 562). 더욱이 주요 선진국들이나 OECD 국가의 평균에 비해 우리나라의 공공의료비 지출은 매우 낮은 수준이었다. 예컨대, 2003년 당시 일본은 전체 GDP의 6.5%, 독일은 8.5%를 공공의료비로 지출했지만, 우리나라는 2.8% 수준에 머물렀으며, 이는 노무현 정부에서도 크게 개선되지 못했다(정광호, 2008: 569-570).

노무현 정부 시기 동안 노조의 조직률은 10% 정도였는데 이는 1987년의 25%에 비교하면 절반에도 미치지 못하는 수준이었다. 이는 곧 노동 세력의 약화를 의미했지만, 고용 상황의 악화에 따라 노사분규 건수는 오히려 증가 추세를 보였다.[11] 이러한 배경 하에 노무현 정부는 근로자의 고용문제에 주목했으며, 고용 관련 일선기관인 고용안정센터에 직업 능력 개발 업무를 추가해 통합적인 고용 서비스를 제공했고, 특히 취약계층의 특수한 고용 수요를 다루기 위해 '청년고용팀', '비정규직대책팀', '여성·장애인·고령자 고용팀' 등으로 전문화했다. 또한 고용안정사업 예산을 크게 증가시키고 근로복지사업을 강화했다(김태일·김혜선, 2008: 507-509). 그러나 청년층의 실업문제는 주목할 만한 성과를 보이지 못했고, 앞서 살펴본 바와 같이, 비정규직의 고용에서도 한계를 드러냈다.

노무현 정부는 여성의 권익 보장과 여성 인적 자원 개발 및 활용의 구현을 토대로 여성의 삶의 질을 향상시키고자 노력했다. 이를 위해 2004년에는 출산과 보육 업무를 보건복지부로부터 여성부로 이관했는데, 보육문제가 여성의 사회 참여에 직접적으로 관련돼 있다는 점이 이관의 논거가 됐다. 이에 따라 양성평등과 남녀 차별 개선을 주 업무로 하던 여성부의 영역이 보육, 청소년, 결혼 및 출산 장려 등 가족문제까지 확대되고

---

11) 2000년대 초에 230~250건이었던 노사분규 건수가 2003년 320건, 2004년 462건에 이름(김태일·김혜선, 2008: 505).

부의 명칭도 여성가족부로 변경됐다. 이 시기에 호주제 폐지 등이 진행됐으며, 성별영향평가제도와 성인지예산제도가 도입돼 모든 정책에 양성평등적 관점을 반영하려는 노력이 추진됐다. 이러한 정책 변화는 우리나라 여성문제에 대한 사회적 인식의 변화를 반영했다고 볼 수 있으나, 세부 사회제도와 정부정책에는 여전히 남녀 평등에 대한 장애요소들이 남아 있었다(김미경, 2008: 530, 546).

문화정책의 영역에서 노무현 정부는 '자율 · 참여 · 분권' 및 '선택과 집중' 방식으로 문화예술의 지원을 개선하고자 했고, 문화예술의 창작과 향수 면에서 중앙과 지방 간 격차를 해소하고자 했다. 나아가 문화산업의 국제경쟁력 확보를 위해 전문인력 양성, 문화산업기술(CT) 개발, 투자 및 유통환경 개선, 지역문화산업 육성 등의 정책과제를 제시했다. 이와 관련하여 노무현 정부는 문화도시 조성사업, 국립중앙박물관 개관, 명동극장 복원, 대학로 복합공연장 건립 추진 등 문화예술 인프라 확충에도 노력했으며, 사회취약계층을 대상으로 문화 지원을 확대해 문화 향유 기회를 늘리고자 했다(박광국, 2008: 704, 706, 721). 그러나 노무현 정부에서 문화예술은 이념적 코드를 확장하고 기존의 가치와 체제를 대체하는 작업에 집중하는 등 정치적 성향을 보였고, 문화정책은 이를 뒷받침하는 기능을 담당했다는 비판이 제기됐다(현진권, 2007: 14-15; 조희문, 2007).

노무현 정부는 2006년부터 기존의 오염물질 관리에서 국민건강 중심으로 환경정책 패러다임을 전환하고 환경보전 정책을 출범시키는 환경보전 원년을 선언했다. 그리고 이를 전후해서 지역배출총량관리제, 사업장총량관리제, 배출권거래제도 등이 도입 · 시행됐다. 또한 2006년부터 '사전환경성 검토'라는 명칭으로 전략적 환경영향평가를 시행했다.[12] 그러나 노무현 정부는 새만금사업, 경부고속철 천성산 구간의 터널, 북한산 관통도로 등 대형 국책사업을 원안대로 추진했고, 행정중심복합도시, 혁신도시, 기업도시 등 전국적인 도시 개발을 추진함으로써 환경단체들로부터 강한 비판을 받았다. 또한 2007년에 IPCC(Intergovernmental Panel on Climate Change)의 지구온난화보고서가 발표되면서 기후 변화를 위한 각국의 적극적인 대응이 요구됐는데, 노무현 정부는 이에 대한 준비가 미흡했다. 이러한 배경에서, 노무현 정부의 환경정책에 대한 여론은 정부 초부터 말기에 이르기까지 비판적인 경향을 보였다(문태훈, 2008: 593-600).

노무현 정부는 '재난 없는 안전 한국 건설'을 국정 최우선 과제의 하나로 설정하고, 2004년 종합적인 국가재난관리 전담기구로 소방방재청을 발족시켰다. 그리고 2005년

12) 환경영향평가의 대상을 검토 대상 개발사업의 상위 행정계획으로 확대해, 입지의 적정성과 계획의 타당성을 미리 검토할 수 있도록 했다.

국가안전관리기본계획을 수립했으며, 계획의 기본 방향에 종합적인 재난예방 대책 수립, 통합적인 재난대비 대책 구축 등을 포함했다. 이를 토대로 「위기관리표준매뉴얼」(2004.9.), 「위기대응실무매뉴얼」(2005.11)이 작성됐다. 그러나 국가의 재난관리를 총괄·조정하는 업무는 청와대 국가안전보장회의(NSC)의 위기관리센터, 국무총리실 안전관리위원회, 그리고 행정자치부 재난안전대책본부 등에 혼재돼 있는 제도상의 한계를 지니고 있었다(이종열, 2008: 192-196, 201). 또한 앞서 언급했던 바 2007년 12월의 태안 기름유출사고는 여전히 안전 불감증과 정부 위기 대처 능력의 부족이라는 문제를 부각시켰다.

3. 교육, 과학, 인적 자원 분야

노무현 정부는 초·중·고등학교의 교육력과 대학교육의 경쟁력을 강화하기 위해 노력했다. 중등교육에서는 중학교 의무교육이 2004년에 완성됐고, 고등교육(대학교육)은 균형 발전에 초점을 맞춰 대학 자율 확대와 특성화, 이공계 집중 육성, 지방대학 활성화 등의 정책이 추진됐다(김신복, 2008: 611, 618). 이와 관련해서, 방과후학교, EBS 수능 강의 내실화, 교육복지 투자 우선지역 지원, 생애 초기 기본학습 능력 개발, 정부보증 학자금 대출 확대 등의 정책이 실시됐다. 이에 초등학교 학급당 학생 수가 1993년(38.8명)에 비해 2006년(30.9명)에는 20%가 감소됐고, 중학교와 일반 고등학교의 학급당 학생 수도 평균 34~35명 수준으로 줄어들었으며, 대학의 연구 성과(논문 편수)는 증가 추세를 보였다. 또한 정부는 인적 자원 개발의 기획총괄·조정·평가 기능을 강화하고 성인들의 평생교육을 진흥했으며 이에 따라 평생학습 참여율이 높아졌다(국정홍보처, 2008: 139-140).

노무현 정부는 김대중 정부에서 발족한 교육인적자원부의 인적자원정책국을 인적자원정책본부로 강화하고, 장관급이던 과학기술부를 부총리급으로 확대·개편해 인적자원 개발을 추진했다.[13] 노무현 정부는 인적 자원 개발 및 육성과 R&D를 통한 기술혁신의 두 축을 중심으로 인적 자원 개발을 추진했는데, 이는 대학에서의 인력 양성과 기업에서의 인력 활용을 유기적으로 연계하려는 노력으로 이해될 수 있다. 제2차 인적자원

13) 이러한 기구개편의 배경에는 당시 이공계 대학 지원생의 감소 및 의대 등으로의 전과 등이 사회적 문제로 제기되기 시작했고, 창조적 인재 육성과 선도적 과학기술 개발의 중요성에 대한 인식이 국민들 사이에서 공유되기 시작했다는 점을 들 수 있다(이선우, 2008: 643).

개발계획(2006~2010)에 드러난 정부의 정책 방향은 국제 경쟁력을 갖춘 핵심 인력 양성(미래유망산업 인력 육성, 지식 서비스 전문인력, 대학교육 혁신), 전 국민의 평생학습 능력 향상(학제개편, 직업교육 및 훈련, 지역 인적자원 개발), 인적 자원 개발 추진체계 혁신을 통한 인프라 구축(산업 및 노동계 참여 확대, 인적자원개발사업 조사·분석·평가), 그리고 사회통합 달성 및 교육·문화·복지 증진 등이었다(이선우, 2008: 660-661).

노무현 정부는 2003년 2월 청와대 내에 정보과학기술보좌관(차관급)을 신설해서 IT와 과학기술 관련 정책을 총괄하도록 했다. 노무현 정부의 정보화 전략은 2003년 12월에 수립된 'Broadband IT Korea 2007'에 잘 나타나 있는데, 이 계획은 2010년까지 세계 최고 수준의 정보화를 실현하고 IT 신성장 동력 창출을 통한 경기활성화, 광대역통합망 등 차세대 인프라 구축, 전자정부 로드맵 등 다양한 분야별 핵심 계획들을 반영했다(한세억, 2008: 427-428).

그러나 노무현 정부의 교육·인적자원 개발·정보화정책에 대해서도 비판적인 견해가 존재한다. 교육정책에서는 특히 중등교육과 관련해 교원평가 등을 포함하는 교원정책이 사실상 제대로 실행되지 못한 점, 사립학교법을 둘러싼 이념 논쟁이 격화된 점, 교육과정·대입제도·사교육문제에 관한 시행착오가 계속된 점 등이 지적됐다(김진영, 2007). 인적 자원 개발정책에 대해서는 관련 부처들 간의 연계성 부족과 중복성 문제가 제기됐다. 교육인적자원부와 과학기술부의 기능 중복과 협업 부족 문제는 결국 이명박 정부에서 과학기술부의 해체로 귀결됐다(이선우, 2008: 671).[14] 정보화정책 역시 정보화 추진체계의 중첩 및 부처별 다기화의 문제를 드러냈다. 정부혁신이 강조되면서 전자정부와 관련된 행정자치부의 역할이 강화되고, 이에 따라 정보통신부와 역할 중복이 발생했다. 또한 과학기술정책이 중시되면서 과학기술부가 관장하는 과학기술진흥기금과 정보통신부가 관장하는 정보화촉진기금 간의 중복과 경쟁도 발생했다(한세억, 2008: 422-429).[15]

4. 외교, 통일, 국방 분야

노무현 정부는 김대중 정부의 외교정책 방향을 계승해 미국 중심의 국제 질서에 적

14) 교육인적자원부 또한 조직개편의 대상이 돼, 초·중등교육 기능은 지방교육청으로 이관됐고, 대학 관련 기능 다수도 대학교육협의회에서 수행하게 됐다(이선우, 2008: 671).

15) 정보통신부 역시 이명박 정부의 정부조직 개편을 통해 해체됐다.

극적으로 편승하기보다는 일정 정도의 거리를 유지하려 했다. 이는 동아시아에서 진행되는 미국과 중국 간의 경쟁 및 한국 경제에서 차지하는 중국의 중요성을 반영하려는 노력이었다.[16] 노무현 정부는 미국과의 협력을 통한 생존 모색을 지속하면서도 미국과 중국 간의 경쟁에서 '균형자'의 역할을 수행하려 했다. 특히 북핵 위기를 관리함에 있어 노무현 정부는 중국을 끌어들여 미국 주도의 문제 해결 방식에 제동을 걸려고 하는 등 독자적 활동공간을 만들고자 노력했다. 또한 2차 걸프전쟁에 한국군을 파병할 때도 미국의 요청보다 축소된 규모로 비전투 지역을 담당하고 중동권 국가의 양해를 구하는 등 미국과 중동권 입장을 동시에 배려하는 모습을 보였다. 그러나 이러한 정부의 자세는 한미 간의 갈등은 물론 국내 세력들 – 미국 중심 질서로의 편승을 요구하는 세력과 미국 중심 질서로부터 벗어나야 한다는 세력 – 간에 심각한 갈등을 초래했다. 양 세력 간의 갈등은 일상화됐고, 전통적으로 초당파적 협력이 필요하다고 여겨졌던 외교정책이 정쟁의 대상이 되는 현상이 나타났다(하용출 · 조동준, 2008: 52-53). 이에 대해 일부 평자는 노무현 정부의 '동북아지역 중심자 역할론'은 그 목표를 달성하지 못한 반면, 오히려 국가이익의 훼손과 정체성의 혼란을 야기했다고 평가했다(유호열, 2007).

앞서 논의했던 대로, 노무현 정부의 대북정책은 '평화번영정책'이었다. 이 정책은 평화 공존과 화해 협력의 남북관계 정착을 토대로 남북 교류협력의 성과가 군사적 신뢰 구축과 긴장 완화로 이어지는 것을 목표로 했다(박광기, 2008: 25-26). 한편, 국방정책 부문에서 노무현 정부는 국방개혁을 추진하고자 했다. 특히 국방부의 문민화를 추진해서 국방부 본부 내 민군 엘리트의 전문성 확보 및 그들간의 균형적 조화를 통해 합리적인 국방정책의 수립 · 시행을 모색했다. 전체적으로 노무현 정부는 민군 관계 발전의 새로운 기틀을 마련한 것으로 평가된다(민진, 2008: 92-93). 국방정책의 내용 면에서는, 남 · 북한 간 군사적 긴장을 완화하고 신뢰를 구축하기 위해 남 · 북 군사당국자 간 회담 및 남 · 북 국방장관 간 회담을 추진했으나, 긴장 완화 노력 속에서도 북한의 군사적 위협에 대비하기 위해 한국군 단독훈련 또는 한 · 미 연합훈련을 계속했다(민 진, 2008: 87).

그러나 북한에 대한 화해 · 협력을 우선시하고 중국과의 관계를 강화하면서 대미 관계가 소원해졌고 국내 세력들 간의 갈등이 심화됐다는 점은 위에서 살펴본 바와 같다. 특히 보수 · 혁신세력 간 이념적 충돌로 인해 이른바 '남남갈등'이 크게 부각됐다(박광기, 2008: 25). 이 밖에도 노무현 정부의 안보정책은 북한이 대량 살상무기를 개발하는 것을

16) 2004년 이후 중국은 한국의 최대 교역국이 됐고, 대한 직접 투자에서도 2대 투자국이었다(하용출 · 조동준, 2008: 52).

저지하려는 노력이 부족했고, 북한에 대한 부적절한 이해를 확산해서 국민들의 안보의식을 약화시켰다는 등의 비판을 받는다(김태우, 2007).

노무현 정부는 정치 및 정책 과정에서 시민 참여를 강조하고 민주주의의 발전에 기여했으나 주요 정책의 결정과 시행에서는 여전히 정부가 주도하는 모습을 보였으며, 사회통합의 중요성을 호소했으나 오히려 기득권을 지키려는 기존 주류 세력과의 갈등 확대를 야기했다. 또한 이념적 좌파의 입장에서 사회적 형평과 사회복지의 확대를 내세우는 것으로 이해됐으나, 주요 경제 및 사회정책에서 시장경제 체제의 발전과 경제 성장 지속의 논리를 지지하는 모습을 보이기도 했다. 이처럼 노무현 정부는 상충적인 가치와 사회 세력들 사이에서 혼란스러운 모습을 보였으며, 이러한 혼란은 정부의 정책문제 인식과 그 해결 역량에 부정적인 영향을 미친 것으로 보인다. 그러나 이러한 한계에도 불구하고, 노무현 정부는 이전 정부들이 상대적으로 소홀하게 여겼던 쟁점들을 정부의 주요 의제로 채택하고 이에 대한 시민들의 인식과 이해를 제고하는 데 기여했다는 점이 인정된다.[17)]

아래의 제2편에서는 이 장에서 검토했던 다양한 정책 중 노무현 정부의 특성을 가장 잘 보여주는 주요 정책 및 국책사업으로서 신행정수도 이전 및 국가균형 발전정책, 지방분권정책, 부동산정책, 동북아시아 구상정책, 복지정책에 대해 좀 더 자세하게 살펴본다. 이어서 제3편에서는 노무현 정부에서 특히 강조됐던 정부개혁의 배경・방향・내용에 대해 검토한다.

참고 문헌

강원택・장덕진(2011). 노무현 정부의 실험: 미완의 개혁. 강원택・장덕진 엮음. 서울: 한울아카데미.

강현수(2011). 참여정부 지역균형발전 정책의 성과와 한계. 강원택・장덕진 엮음, 노무현 정부의 실험: 미완의 개혁, 서울: 한울아카데미: 185-214.

구인회(2011). 복지 개혁: 복지국가 이상과 발전주의 유산 사이에서. 강원택・장덕진 엮음, 노무현 정부의 실험: 미완의 개혁, 서울: 한울아카데미: 215-245.

국정홍보처 편(2008). 참여정부 국정운영백서1: 총론, 대통령발언록. 서울: 국정홍보처.

김광동(2010). 보편가치와 민족가치에 벗어난 대북정책. 김광동 외, 노무현과 포퓰리즘 시대, 서울:

17) 노무현 정부의 이러한 특성을 강조할 수 있었던 데는 초고에 대한 박재창 교수님의 논평에 힘입은 바 크다.

기파랑: 239-279.
김광동 · 김세중 · 김영호 · 박효종 · 윤창현 · 이규식 (2010). 노무현과 포퓰리즘 시대. 서울: 기파랑.
김근식 (2011). 노무현 정부의 대북 정책: 평가와 쟁점. 강원택 · 장덕진 엮음, 노무현 정부의 실험: 미완의 개혁. 서울: 한울아카데미: 338-367.
김미경 (2008). 성평등 · 가족정책. 한국행정연구원 편, 한국행정 60년, 1948-2008, 제3권(공공정책), 파주: 법문사: 521-549.
김석우 (2011). FTA 정책: 미래를 위한 필연의 선택? 강원택 · 장덕진 엮음, 노무현 정부의 실험: 미완의 개혁, 서울: 한울아카데미: 93-120.
김성배 (2008). 건설 · 교통정책. 한국행정연구원 편, 한국행정 60년, 1948-2008, 제3권(공공정책), 파주: 법문사: 434-458.
김신복 (2008). 교육정책. 한국행정연구원 편, 한국행정 60년, 1948-2008, 제3권(공공정책), 파주: 법문사: 607-639.
김용창 (2011). 부동산 정책: 포위된 부동산 혁명? 요란한 해프닝? 강원택 · 장덕진 엮음, 노무현 정부의 실험: 미완의 개혁, 서울: 한울아카데미: 149-181.
김진방 (2011). "재벌 개혁"의 내용과 성과. 강원택 · 장덕진 엮음, 노무현 정부의 실험: 미완의 개혁, 서울: 한울아카데미: 121-148.
김진영 (2007). 참여정부 교육정책에 대한 평가와 전망. 바른사회시민회의 편, 혼란과 좌절, 그 4년의 기록, 서울: 해남: 237-266.
김창수 (2008). 해양 · 수산정책. 한국행정연구원 편, 한국행정 60년, 1948-2008, 제3권(공공정책), 파주: 법문사: 321-346.
김태우 (2007). 국민의 정부 및 참여정부의 안보 · 북핵정책. 바른사회시민회의 편, 혼란과 좌절, 그 4년의 기록, 서울: 해남: 191-194.
김태일 · 김혜선 (2008). 노동정책. 한국행정연구원 편, 한국행정 60년, 1948-2008, 제3권(공공정책), 파주: 법문사: 488-520.
문태훈 (2008). 환경정책. 한국행정연구원 편, 한국행정 60년, 1948-2008, 제3권(공공정책), 파주: 법문사: 578-604.
민 진 (2008). 국방 · 정보정책. 한국행정연구원 편, 한국행정 60년, 1948-2008, 제3권(공공정책), 파주: 법문사: 68-98.
바른사회시민회의 편 (2007). 혼란과 좌절, 그 4년의 기록. 서울: 해남.
박광국 (2008). 문화정책. 한국행정연구원 편, 한국행정 60년, 1948-2008, 제3권(공공정책), 파주: 법문사: 700-727.
박광기 (2008). 통일 · 대북정책. 한국행정연구원 편, 한국행정 60년, 1948-2008, 제3권(공공정책), 파주: 법문사: 13-38.
박상인 (2008). 경쟁정책. 한국행정연구원 편, 한국행정 60년, 1948-2008, 제3권(공공정책), 파주: 법문

사: 251-266.

배득종 (2008). 재정정책. 한국행정연구원 편, 한국행정 60년, 1948-2008, 제3권(공공정책), 파주: 법문사: 207-224.

백승기 (2008). 농림정책. 한국행정연구원 편, 한국행정 60년, 1948-2008, 제3권(공공정책), 파주: 법문사: 295-320.

안종범 (2007). 노무현 정부 복지정책의 평가와 개선과제. 바른사회시민회의 편, 혼란과 좌절, 그 4년의 기록, 서울: 해남: 269-296.

양재진 (2008). 복지정책. 한국행정연구원 편, 한국행정 60년, 1948-2008, 제3권(공공정책), 파주: 법문사: 461-487.

유호열 (2007). 자주에 올인한 4년의 성적표: B-학점. 바른사회시민회의 편, 혼란과 좌절, 그 4년의 기록, 서울: 해남: 213-219.

윤영진 · 조갑제 (2008). 금융통화정책. 한국행정연구원 편, 한국행정 60년, 1948-2008, 제3권(공공정책), 파주: 법문사: 225-250.

윤창현 (2010). 균형발전과 혁신정책의 우울한 경제학. 김광동 외, 노무현과 포퓰리즘 시대, 서울: 기파랑: 119-156.

이병훈 (2011). 사회 통합적 노동 개혁, 진보의 좌절과 현실 타협. 강원택 · 장덕진 엮음, 노무현 정부의 실험: 미완의 개혁, 서울: 한울아카데미: 279-310.

이선우 (2008). 인적자원정책. 한국행정연구원 편, 한국행정 60년, 1948-2008, 제3권(공공정책), 파주: 법문사: 640-672.

이종열 (2008). 재난관리정책. 한국행정연구원 편, 한국행정60년, 1948-2008, 제3권(공공정책), 파주: 법문사: 165-204.

이창기 (2008). 에너지 · 자원정책. 한국행정연구원 편, 한국행정 60년, 1948-2008, 제3권(공공정책), 파주: 법문사: 368-387.

장덕진 (2011). 4대 개혁입법의 실패와 개혁 동력의 상실. 강원택 · 장덕진 엮음, 노무현 정부의 실험: 미완의 개혁, 서울: 한울아카데미: 40-64.

정광호 (2008). 보건정책. 한국행정연구원 편, 한국행정 60년, 1948-2008, 제3권(공공정책), 파주: 법문사: 550-577.

정인교 (2007). 참여정부 4년 평가: FTA. 바른사회시민회의 편, 혼란과 좌절, 그 4년의 기록, 서울: 해남: 101-106.

제16대 대통령직인수위원회 편 (2003). 대화: 제16대 대통령직인수위원회 백서. 서울: 제16대 대통령직인수위원회.

조동근 (2007). 참여정부 경제부문 4년 평가. 바른사회시민회의 편, 혼란과 좌절, 그 4년의 기록, 서울: 해남: 21-73.

조희문 (2007). 참여정부의 문화예술정책 4년에 대한 평가. 바른사회시민회의 편, 혼란과 좌절, 그 4년의 기록, 서울: 해남: 299-320.

하용출・조동준(2008). 외교・통상정책. 한국행정연구원 편, 한국행정60년, 1948-2008, 제3권(공공정책), 파주: 법문사: 39-67.

한국행정연구원 편(2008). 한국행정 60년, 1948-2008, 제3권(공공정책). 파주: 법문사.

한세억(2008). 정보통신정책. 한국행정연구원 편, 한국행정 60년, 1948-2008, 제3권(공공정책), 파주: 법문사: 416-433.

현진권(2007). 서장. 바른사회시민회의 편, 혼란과 좌절, 그 4년의 기록, 서울: 해남: 3-16.

http://media.daum.net/economic/others/newsview?newsid=20130125145919715, 2014.7.30.

http://daily.hankooki.com/lpage/society/201406/dh20140617020149137780.htm, 2014.7.30.

제 2 편

노무현 정부의 주요 정책 및 국책사업

제 1 장 신행정수도 이전 및 국가균형발전정책
제 2 장 참여정부의 지방분권정책
제 3 장 동북아시대 구상정책
제 4 장 부동산정책
제 5 장 복지정책

제 1 장

신행정수도 이전 및 국가균형발전정책

성경륭
한림대학교

제 1 절 정책의 추진 배경

1987년 민주화 이후 15년이 지난 시점에서 출범한 참여정부는 민주정부의 국정 성과를 향상시키고 대한민국의 질적 전환을 이뤄야 한다는 판단에 따라 민주주의의 심화·발전, 경제사회적 불균형의 해소, 남북관계의 개선, 동북아 평화와 공동 번영의 달성이라는 시대적 과제를 국정의 최우선 과제로 설정했다. 이를 실현하기 위해 ① 국민과 함께하는 민주주의, ② 더불어 사는 균형발전 사회, ③ 평화와 번영의 동북아 시대라는 세 가지 국정목표를 설정하고 다양한 국가혁신 프로젝트를 추진했다.

참여정부가 추진한 다수의 국가혁신 프로젝트 중에서 지방분권과 국가균형 발전은 단연 비중이 가장 큰 국가 과제였다. 그 이유는 박정희 정부 이래 장기간 집권한 보수정부들이 40년 가까이 추진한 불균형 발전전략으로 인해 계층 불균형과 더불어 지역 불균형의 폐해가 심화됐고, 지방의 자생적 발전 기반을 새롭게 구축하지 않는 한 지역갈등을 해소하고 새로운 국가 발전 동력을 확충하는 것이 불가능하다고 인식했기 때문이다.

그러나 [그림 2-1-1]에서 보듯 강력한 중앙집권국가에 의해 추진된 허쉬만(Hirschman, 1958)류의 불균형 발전전략으로 인해 수도권과 지방의 격차는 시간이 갈수록 확대됐으며, 그 결과 수도권과 일부 영남권을 제외한 대부분의 지방은 심각한 경제사회적 정체 상태에 빠지게 됐다.[1] 따라서 이런 상태를 방치하는 한 지속적인 경제 도약과 사회적 발전을 도모할 수 없는 것이 분명하게 드러나고 있었다. 이런 점에 주목해, 참여정부는 '지방을 살려서 국가를 살린다'는 국가균형 발전의 비전 아래 지방의 자치권과 자립적 경제 기반을 강화하기 위한 다양한 미래 기획을 추진했다.

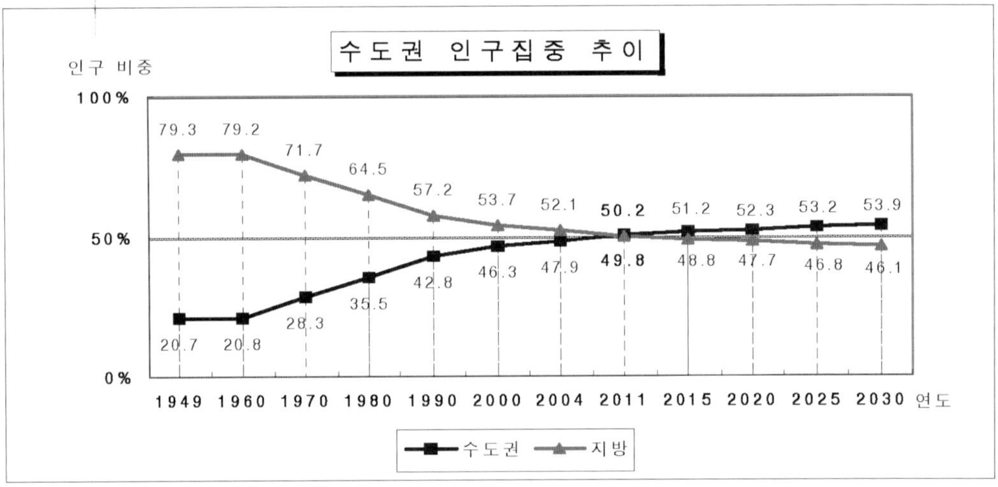

그림 2-1-1 **수도권과 지방의 인구 비중 추이**

자료: 정책기획위원회(2008b).

참여정부가 추진한 여러가지 국가균형 발전정책 가운데서도 가장 강력한 프로젝트는 신행정수도 이전과 공공기관의 지방 이전을 통한 국토 공간구조의 재편이었다. 사실 이 정책들은 해방 이후 수도권의 과잉 집중을 해소하고 전국적인 균형 발전을 위해 추진된 정책 중에서 가장 획기적인 정책이었다. 국가의 중앙행정기관 100%와 공공기관 85% 등 국가기관과 공공기관의 수도권 집중이 대기업 본사, 제조업체, 금융기관, 유통

1) [그림 2-1-1]에 제시된 그래프는 두 종류의 자료를 기초로 하고 있다. 하나는 2005년 시점까지의 실제 인구 통계이고, 다른 하나는 그 시기까지의 인구 증가 추세를 토대로 작성된 예측 자료다. 따라서 수도권의 인구 비중이 2011년에 지방의 인구 비중을 상회할 것으로 예측된 것은 현실과는 다소 차이가 있다. 2013년 말 현재의 수도권 인구 비중은 49.6%로서 아직 50% 선은 넘어서지 않은 것으로 확인되고 있다(통계청 e-나라지표, http://www.index.go.kr/potal/main/EachDtlPageDetail.do?idx_cd=1007).

시설, 교육기관, 의료기관 등 민간부문의 지속적인 집중을 초래했기 때문에 참여정부는 이 악순환의 고리를 끊기 위해 중앙행정기관과 다수의 공공기관부터 지방으로 재배치하는 고강도 정책을 추진하게 된 것이다.[2] 이 정책들은 당시 야당인 한나라당과 수도권의 수많은 기득권 집단으로부터 강력한 저항에 직면했으나, 오랜 토론과 협상 끝에 모두 여야 합의, 지역 간 합의, 정부와 이익단체(공공부문 노조 등) 간의 합의를 통해 합법적으로 추진됐다.

그런데 매우 역설적이게도, 참여정부가 추진한 신행정수도 이전과 공공기관 이전을 비롯한 강력한 균형발전정책은 박정희 정부가 추진한 임시행정수도 건설 정책 및 공공기관 이전 정책과 시대를 뛰어넘어 서로 긴밀히 맞닿아 있다는 사실을 확인할 수 있다. 주지하듯, 박정희 정부는 대한민국 사회 전체가 빈곤했던 시기에 빠른 성장을 추진해 총량적 경제 성장을 달성했으나, 다른 한편으로 지역 간·계층 간 불균형을 급속히 확대시켜왔다. 그의 집권 기간 동안 수도권과 영남권으로의 산업 집중, 경제력 집중, 인구 집중은 한국 역사에서 전무후무한 것이었다.

그러나 박정희 정부가 이런 지역집중 현상을 외면하거나 무시한 것은 아니었다. 정반대로, 박정희 정부는 자신이 추진하는 불균형 발전전략에 의해 너무나 빠른 속도로 진행되는 지역집중 가운데 특히 수도권 집중문제에 대해 심각하게 우려했던 것으로 알려지고 있다(오원철, 2006). 그 이유는 수도권 집중이 수도권과 비수도권 지역 사이의 불균형 심화, 수도권 도시 개발 및 관리비용의 확대, 교통 혼잡, 환경오염, 안보상의 위험 등 여러가지 중대한 문제를 초래했기 때문이다. 이런 문제의식에 입각해 박정희 대통령은 1964년부터 '대도시 인구집중 방지책'을 입안·추진하기 시작했고, 1975년 8월에는 '임시행정수도' 건설 의사를 공식적으로 표명하기에 이르렀다(정책기획위원회, 2008a).[3] 또한 경제 성장전략의 효율성을 극대화하기 위해 수도권과 영남권에 편중된 불균형 발전전략을 추진했지만, 다른 한편으로 사회간접자본 시설과 산업단지 등을 각 지역에 순

2) 수도권은 11.8%의 면적 비중을 가지고 있지만, 인구 비중은 2013년 말 현재 49.6%이며, 경제력 비중은 대략 70% 수준으로 추정된다. 그러나 국가의 중앙행정기관 100%, 그리고 공공기관의 85%가 수도권에 집중 배치돼 있다. 따라서 헨더슨(Henderson, 1968)이 지적했던 것처럼 국가 권력의 중앙집중과 중앙정부 및 산하 공공기관들의 과도한 수도권 밀집이 수도권으로의 인구집중과 산업집중을 가져오는 가장 강력한 정치 권력적 요인으로 작용했다고 이해할 수 있다.

3) 실제로 행정수도 이전이 정책공약으로 최초로 제시된 것은 김대중 후보에 의해서였다. 그는 1971년 대통령선거에서 수도권 과밀문제를 해소하기 위해 행정수도를 대전으로 이전하겠다는 파격적 공약을 제안했다(정책기획위원회, 2008a). 그 뒤를 이어, 박정희 대통령은 1975년 8월 2일 진해에 있는 하계 휴양지에서 기자들과 만나 "수도권 인구분산 정책의 획기적인 방안은 수도를 옮기는 것밖에 없다"며 임시행정수도 건설 구상을 최초로 공식화했다.

차적으로 확충하는 정책을 추진한 것도 사실이다. 그러나 불균형 발전과 병행해 균형 발전을 위한 최소한의 조건을 마련하고자 한 이러한 노력들은 10·26 사태와 같은 정치적 요인과 불충분한 정책적 노력 등 여러 요인으로 인해 당대는 물론 그 이후에도 큰 성과를 거두지 못하고 말았다.

조속한 경제 성장을 위해 불균형 발전전략을 채택했지만 그것이 가져올 극심한 지역 불균형의 문제를 해결하지 않으면 큰 정치사회적 위기가 발생할 수도 있다는 박정희 대통령의 절박한 고민은 놀랍게도 20년을 건너뛰어 전혀 다른 정책노선을 추구했던 노무현 대통령에 의해 실현됐다고 볼 수 있다. 노 대통령은 박정희 정부 이래 장기간 지속되고 축적된 지역 불균형과 수도권 집중이 계속 방치될 경우 수도권의 과밀화는 물론 지역 간 정치적 대립, 국민통합의 저해, 지속적 경제 발전의 제약 등 일련의 중대한 문제가 발생할 수 있다는 문제의식 하에 신행정수도 이전을 핵심적 국정과제로 설정해 국토구조의 전면적 재편을 추구하는 균형 발전정책을 추진했던 것이다.

노무현 정부가 집권한 2003년의 시점에서 보았을 때, 박정희 정부가 추진한 불균형 발전전략은 최종적으로 수도권이 인구와 경제력을 거의 독점하는 '파멸적 비대화(catastrophic agglomeration)'의 상태에 도달했다고 판단된다(Baldwin et.al, 2003; Dimou, 2008; 성경륭, 2013). 즉 이 시기를 전후해 수도권은 전체 인구의 1/2, 전체 국가경제력의 2/3, 전체 국세의 3/4을 차지하게 됨으로써 한국 사회의 파멸적 비대화가 회복 불가능한 수준으로 악화되기에 이르렀던 것이다(김용웅·강현수·차미숙, 2011). 결국 1960년대 초부터 시작된 불균형 발전으로의 질주가 되돌리기 힘든 수도권 일극집중의 심화라는 파멸적 결과를 가져오고 말았다.

노무현 정부는 바로 이 문제를 직시해 수도권 과밀의 해소, 지역의 자립적 발전 기반 구축, 혁신주도형 지역 발전을 통한 국가경쟁력의 확보, 국민통합의 증진 등을 목적으로 강력한 국가균형발전정책을 추진했다고 이해할 수 있다. 한 걸음 더 나아가, 국가 균형 발전을 향한 노무현 정부의 이 같은 노력은 단순히 지역 간 균형을 회복해 다음 단계의 경제 발전을 촉진한다는 '기능적' 목적을 넘어서서 우리 헌법 123조 3항에 규정된 바와 같이 "국가는 지역 간의 균형 있는 발전을 위하여 지역경제를 육성할 의무를 진다"는 국가의 본원적 의무를 수행함으로써 한국 사회를 국토 정의(國土正義, territorial justice)에 기초한 정치공동체로 발전시킨다는 '정치적' 목적도 지향한 것이었다고 보아야 할 것이다.

제2절 정책의 추진체계

불균형 발전을 추진하는 가운데 수도권 집중과 지역 불균형의 과잉을 염려해 임시행정수도의 건설과 사회간접자본시설 및 산업단지의 지방분산 배치를 '부차적' 정책으로 추진한 박정희 정부와 국가 균형발전을 새로운 국가 발전전략의 '핵심적' 정책으로 설정하고 체계적 국정관리 시스템을 구축한 노무현 정부를 비교하면 정책 목표, 정책형성, 정책집행, 정책 성과의 여러 측면에서 중요한 차이점을 뚜렷하게 확인할 수 있다.

우선, 박정희 정부가 불균형 발전전략의 추진과 병행해 대도시 인구집중 억제, 사회간접자본시설과 산업단지의 지방분산 배치, 임시행정수도의 건설 등과 같은 균형발전정책을 추진한 것은 나름대로 중요한 의미를 갖는다. 불균형의 확산을 교정하기 위해 상당히 많은 정책적 노력을 기울였기 때문이다. 그러나 이러한 정책은 빠른 속도의 경제 성장과 이것에 의해 뒷받침되는 굳건한 안보라는 당시의 중핵적 정책 목표와 비교할 때 정책 우선순위가 매우 떨어지는 부차적 수준의 정책이었다. 다시 말해, 불균형 발전전략을 통해 빠른 시간 내에 달성되는 부국강병이야말로 박정희 정부가 추구한 최대의 정책 목표였던 것이다.

이와 함께, 박정희 시대에는 균형발전정책을 추진하는 체계와 방식도 강력한 집행력과 지속적 효과를 발휘하기가 어려운 구조를 가지고 있었다. 1964년에 입안된 '대도시 인구집중 방지책'의 경우 대통령이 건설부에 지시해 건설부 단독으로 수립한 것이고, 정부산하기관의 지방 배치를 위해 1972년에 만들어진 '대도시인구 분산시책'은 대통령의 지시에 의해 청와대 비서실이 작성한 것이었다(김태환 · 진영환, 2007). 1979년 10월에 성안된 '임시행정수도 건설' 계획은 대통령이 청와대 제2경제수석실에 지시해 전문가들로 구성된 특별작업팀(중화학공업기획단)이 비밀리에 작업해 완성된 것이었다(정책기획위원회, 2008a). 이것을 보면, 박정희 정부의 경우 균형발전정책의 추진체계는 대통령을 정점으로 하여 대통령 비서실과 정부부처가 수직적으로 연결되는 폐쇄형 · 지시형 · 통치형 정부구조(closed, one-way, government-type structure)로 구성돼 있었다는 것을 알 수 있다.

이러한 추진체계는 일견 대통령의 지시에 의해 정책 수립과 추진이 일사불란하게 이뤄질 수 있는 것으로 보인다. 그러나 이런 체계는 실제로는 민간으로부터의 다양한 의견 수렴, 갈등의제의 사전적 발견과 해결 방안 모색, 부처 간 이견의 조정과 공동 정책 수립 등 개방형·협치형 정책형성 체계가 가지고 있는 중요한 장점을 결여하고 있기 때문에 심각한 구조적 취약성을 내포하고 있었다고 보아야 한다. 박정희 정부 시기에 일부 사회간접자본시설과 산업공단 등이 지방에 분산 배치된 것을 제외하면 대도시 인구집중 방지책, 공공기관 지방 배치, 임시행정수도의 기획과 집행 등과 같이 여러 부처가 관련되는 범정부적 과제의 추진이 별 효과를 거두지 못하고 끝난 것은 결국 권위주의 시기의 정책결정자 1인에 의해 지배되는 폐쇄적·분절적·수직적 정책 추진체계에 내재된 구조적 제약에 기인한 바가 크다고 이해할 수 있다.

이에 반해, 노무현 정부의 경우 국가균형발전정책은 다른 어떤 정책에 앞서 최우선적 국가정책의 위상을 가지고 있었고, 동시에 대통령을 중심으로 부처와 국정과제위원회가 종횡으로 연결되는 개방형·통합형·협치형·매트릭스형 정부구조(open, integrative, governance- and matrix-type structure)를 가지고 있었다고 볼 수 있다(한국미래발전연구원, 2011).

무엇보다도 신행정수도 건설과 국가균형발전정책의 수립과 집행에서 가장 핵심적인 추진기구는 신행정수도건설추진위원회[4]와 국가균형발전위원회라는 두 개의 국정과제위원회였는데, 이 위원회들은 모두 민관 협동의 개방적·협치적 매트릭스 정부구조를 가지고 있었다. 즉, 이 기구는 대통령과 청와대 정책실이 정책의 기본 방향을 제시하되 신행정수도 건설과 균형발전정책의 추진에 관련되는 여러 분야의 정부부처 장관들이 당연직 위원으로 참여하고, 여기에 시민사회 영역에서 다수의 민간 전문가가 본위원 및 전문위원으로 참여하는 구조를 채택함으로써 정부와 시민사회 영역의 의사소통은 물론 정부 부처 간에도 충분한 정보 교류와 쟁점 협의를 통해 주요 국정과제의 공동 기획을 가능하게 했다.

이상의 논의를 요약해 신행정수도 건설과 국가 균형발전을 위해 노무현 정부가 채택한 추진체계를 〈표 2-1-1〉과 같이 정리해볼 수 있다. 이 표에서 알 수 있는 바와 같이 노무현 정부가 채택한 국정과제위원회 체제는 대체로 다음의 세 가지 강점을 가지고 있었던 것으로 판단된다(정책기획위원회, 2008c). 첫째, 민간의 참여를 활성화하는 개방형·협치형 체제를 가지고 있었으므로 시민사회로부터 다양한 의견과 제안을 받아들일 수 있고 다양한 쟁점 사안에 대해서도 활발한 토론을 통해 갈등의 발생과 확산을 예방할 수 있는 강점이 있었다. 둘째, 정책입안 단계에서부터 관련되는 정부 부처가 모두 참여

4) 이 기구는 2004년 위헌 판결 후 행정중심복합도시건설위원회로 변경됐다.

하는 통합적 매트릭스 구조를 가지고 있었으므로, 범부처적·범정부적 국정과제의 기획에 용이했고, 또 정책형성 과정에서 부처 간 이견을 충분히 해소함으로써 정책결정과 집행의 효율성을 증진하는 강점을 가지고 있었다. 셋째, 민관의 공동 참여와 범부처적 정책조정을 통해 형성된 정책대안을 중심으로 대통령이 월 1회 주재하는 국정과제회의를 통해 최종 정책결정이 이뤄졌기 때문에 범부처적 정책조정과 정책집행의 효과성을 크게 증진하는 강점을 가지고 있었다.

신행정수도 건설과 균형발전정책은 정책 자체의 '재분배적' 성격에서 기인하는 엄청난 갈등을 내포하고 있었다. 또 실제로 이로 인해 임기 내내 수도권을 비롯한 전국 모든 지역으로부터 다양한 형태의 도전과 갈등에 직면했다. 그럼에도 불구하고 임기 5년의 노무현 정부가 짧은 기간에 여론 수렴, 정책의제 설정, 정책형성, 정책결정, 정책집행의 모든 단계를 거쳐 행정수도 건설정책과 175개 공공기관의 지방이전 정책을 추진하는

표 2-1-1 노무현 정부의 정책 추진체계: 신행정수도건설추진위원회와 국가균형발전위원회

구분	신행정수도건설추진위원회 (2005.3 이후 행정중심복합도시건설추진위원회로 변경)	국가균형발전위원회
구성	• 법적 기반: 신행정수도건설특별법(2003. 12 제정), 위헌 결정 이후 행정중심복합도시건설특별법(2005.3 제정) • 위원장: 총리와 민간의 공동위원장 • 정부위원: 재경부 장관, 교육부 장관, 건교부 장관, 기획예산처 장관, 환경부 장관 등 13인 • 민간위원: 17인	• 법적 기반: 국가균형발전특별법(2003.12 제정) • 위원장: 민간위원장 • 정부위원: 재경부 장관, 교육부 장관, 과학기술부 장관, 산자부 장관, 건교부 장관, 기획예산처 장관, 청와대 정책실장 등 11인 • 민간위원: 12인
주요 특징	• 민관합동의 개방형·협치형·매트릭스형 구조 • 정책형성 과정: 각 위원회 산하에 설치된 기획단과 분야별 전문위원회의 지원을 받아 정책 초안을 작성하고 이것을 기초로 긴밀한 부처간 협의를 진행, 부처 간 합의가 이뤄진 내용을 본위원회 회의에 회부해 최종 정책대안 마련 • 정책결정: 이렇게 형성된 주요 정책대안을 대통령 주재의 정례, 국정과제회의에서 보고하고 정책토론을 거쳐 대통령의 판단과 선택으로 최종 정책결정 • 정책집행: 정책 내용별로 주무부처가 담당(신행정수도건설 및 공공기관 이전정책은 건교부, 지역산업정책은 산자부, 지방대학 육성정책은 교육부, 낙후지역 육성정책은 행자부와 농림부 등이 담당)	

자료: 정책기획위원회(2008a, 2008b).

대역사를 이룬 것은[5] 바로 노무현 대통령의 강력하고 일관된 정책 추진 의지와 노무현 정부 시기에 채택된 독특한 협치형·매트릭스형 국정과제위원회 제도의 특성에 기인한다고 보아도 과언은 아니다.

제3절 정책의 추진 과정 및 내용

1. 정책 추진 과정

신행정수도 이전과 공공기관 이전, 그리고 그 외의 대다수 국가균형발전정책은 본질적으로 재분배적 성격을 갖는 정책들이다. 신행정수도와 공공기관 이전의 경우 서울과 수도권에 소재한 기관들을 충청권과 여타 비수도권 지역으로 분산 배치하는 정책들이고, 다른 정책들도 국가재정의 재조정을 통해 지방과 낙후지역에 대한 재정투자를 더 늘이는 것이기 때문이다.

이런 이유로 인해, 노무현 정부에서 추진된 신행정수도 건설과 국가균형발전정책은 그 추진 과정에서 극심한 지역갈등과 정치적 소용돌이에 휘말리게 됐다. 특히 신행정수도 건설정책의 경우, 2002년 9월 30일 노무현 후보가 민주당 선거대책위원회 출범식에서 청와대와 중앙행정부처를 충청권으로 이전하겠다는 공약을 제시한 이후부터 수도권 지역의 정치권, 지방자치단체, 이익단체, 언론기관, 전문가집단 등으로부터 지속적으로 강력한 저항에 직면했다. 잘 알려져 있는 것처럼, 이 공약은 대선 과정에서 격렬한 논쟁을 불러일으켰고, 정부 출범 이후 2003년 12월에 신행정수도건설특별법이 제정된[6] 뒤에

5) 18년 동안 재임한 박정희 정부의 경우 대통령이 1975년에 임시행정수도 건설 방안을 마련하라는 지시를 내린 이후 4년이 지난 1979년 10월에 겨우 최종 계획이 수립되는 단계에 머물렀다. 그 이후 10·26 사건이 발생하면서 이 계획은 집행되지 못하는 도상계획으로 종결되고 말았다. 이런 점을 고려할 때, 임기가 5년밖에 되지 않는 노무현 정부가 민주주의 제도에서 비롯되는 온갖 종류의 저항과 갈등을 무릅쓰고 법률 제정, 기구 형성, 정책형성, 정책결정, 정책집행의 모든 과정을 마무리지었다는 것은 실로 놀라운 일이라고 보지 않을 수 없다. 이렇게 짧은 기간 동안 신행정수도 이전과 공공기관 이전과 같은 대규모의 국책 프로젝트를 성사시킨 것은 대통령의 확고한 정책 추진 의지 외에 협치형·매트릭스형 구조를 가지고 있는 독특한 국정과제위원회 제도의 힘이 컸다고 평가할 수 있다(정책기획위원회, 2008c).

6) 이 법안을 둘러싸고 지역 간 갈등과 여야 간 대결이 고조됐다. 그러나 실제로 법안은 출석 의원 194명 중 167명이 찬성해 86%의 높은 지지율로 통과됐다. 이것을 보면 당시 여야가 큰 대립을 겪은 것은 사실이지만 결국 여야 간 타협과 합의로 이 법안이 통과됐음을 확인할 수 있다.

는 기존 질서와 기득권의 유지를 주장하는 수도권 내 보수적 정치사회 세력의 연합으로부터 위헌 소송에 휘말려 헌법재판소에 의해 2004년 10월 21일 위헌 판결을 받아 정책 추진 자체가 좌초될 수도 있는 심각한 법적·정치적 위기에 봉착하기도 했다.

보수적 정치 세력과 시민사회 세력에 의해 제기된 위헌소송이 헌법재판소에 의해 '불문헌법' 위반이라는 이해하기 힘든 논리로 받아들여지자 노무현 정부는 곧바로 대안 모색에 들어갔다. 당시에 검토된 대안들은 〈표 2-1-2〉에 제시된 바와 같이 모두 세 개가 있었는데, 정부와 여당, 정부와 시민사회, 정부와 지역사회, 그리고 정부여당과 야당 사이의 다차원적 협의를 통해 최종적으로 두 번째 대안으로 논의가 수렴됐다. 청와대와 외교·안보 부처 등 일부 부처를 제외한 대다수의 부처가 충청권으로 이전하는 이 두 번째 대안을 중심으로 논의가 좁혀지자 정부와 여당은 「행정중심복합도시건설특별법」이라는 새로운 법률을 국회에 제출했고, 이 법안은 재석의원 177명 중 158명이 찬성해(89.3% 지지) 여야 합의를 통해 2005년 3월 2일 다시 통과됐다.

그러나 이 축소된 법률마저도 수용하기를 거부한 보수 세력은 재차 위헌소송을 제기해 지리한 법적·정치적 논쟁이 2005년 연말까지 지속됐다. 이런 과정을 거쳐 헌법재판소가 2005년 11월 24일 보수진영의 2차 위헌 소송에 대해 기각 결정을 내림으로써 신행정수도 이전과 관련된 모든 법적 논쟁은 종결됐다. 그리하여 2002년 대선 시기부

표 2-1-2 신행정수도를 대체하기 위해 검토된 주요 대안

구분	이전 내용	이전 기관	공무원 수	이전 비용	평가
유력대안Ⅰ (행정특별시)	청와대를 제외한 모든 중앙행정기관 이전	18부 4처 3청	16,500명	2.7조 원	• 균형발전 선도 효과의 극대화 가능 • 헌재 결정 취지를 훼손한다는 비판의 소지
유력대안Ⅱ (행정중심도시)	청와대 및 외교 안보 등 제외한 대부분의 중앙행정기관 이전	15부 4처 3청	14,000명	2.3조 원	• 균형발전 선도 역할 가능 • 자족성 확보를 위해 교육·연구 등 일부 기능 보완 필요
유력대안Ⅲ (교육과학 연구도시	교육과학 등 일부 부처 선별 이전	7부	3,300명	0.6조 원	• 균형발전 선도 효과 미흡 • 자족성 확보를 위해 대규모 대학·기업 등 다른 기능 유치 필요

자료: 정책기획위원회(2008a: 122).

터 정치적 갈등에 휘말려 왔던 신행정수도 건설정책은 비로소 법적 · 정치적 소용돌이에서 벗어나 안정적 추진 단계에 접어들게 됐다.

신행정수도 건설정책이 극심한 정치적 대결과 지역갈등으로 점철돼 온 데 반해, 국가균형발전정책은 상대적으로 지역 간 대립이 훨씬 적었다. 2006년 2월에 전 국민을 대상으로 시행된 한 조사연구에 의하면(초의수, 2008: 273), 국가균형발전정책의 중요성에 대한 응답자들의 긍정적 의견은 거주지에 따라 약간의 차이는 있었지만 모두 매우 높게 나타났다. 즉, 7점 척도에서 수도권 응답자들은 5.26점의 동의를 보였고, 호남권 응답자들은 6.11점의 높은 긍정적 답변을 제시했다. 여타 지역의 응답자들도 평균 5.5~5.6점 내외의 높은 점수를 보였다. 이것을 보면 대다수 국민이 국가균형발전정책의 중요성에 대해 폭넓게 공감하고 있었던 것을 발견할 수 있다.

그러나 그렇다고 해서 국가균형발전정책의 입안과 추진 과정에서 갈등이 전혀 없었던 것은 아니다. 다양한 국가균형발전정책 중에서도 특히 공공기관 이전 정책과 수도권 규제 완화정책 분야는 실제로 지역 간에 많은 이견과 갈등이 존재했던 분야였다. 수도권의 정치 세력, 지자체, 그리고 이익집단들은 신행정수도 이전 정책을 원천적으로 반대한 것은 물론 수도권에 대해 강한 입지규제가 존재하고 있는 상태에서 수도권 소재의 많은 공공기관을 지방으로 이전하고자 한 노무현 정부의 공공기관 이전 정책에 대해서도 강력한 반대를 제기했다. 동시에 이들은 1982년 전두환 정부 때부터 시행된 「수도권정비계획법」에 의한 수도권 규제 체제를 대폭 완화하거나 폐지할 것을 요구했다.

이처럼 정책의 자율적 공간이 협소한 상황에서 노무현 정부는 신행정수도 이전과 공공기관 이전과 같은 강도 높은 국가균형발전정책의 추진이 자칫 수도권의 정치적 반발과 수도권-지방의 갈등을 촉발시킬 수 있다는 점에 주목해 다음의 두 가지 갈등 조정 방안을 치밀하게 추진했다. 첫째는 공공기관 이전으로 초래될 수 있는 갈등을 예방하기 위한 '3협전략'이다(정책기획위원회, 2008c). 이 갈등관리 전략은 주요 갈등 당사자를 모두 정책형성과 추진 과정에 참여시키는 '협치(governance)' 전략, 주요 쟁점에 대해 모든 당사자의 의견을 최대한 폭넓게 듣고 그것을 정책결정에 반영하는 '협의(consultation)' 전략, 마지막으로 정부와 당사자 사이에 합의된 사항을 정책협약으로 공식화해 공동으로 추진하는 '협약(pact)' 전략으로 구성됐다. 이 세 가지 전략의 활용을 통해 수도권, 지방, 정치권, 정부부처, 공공기관 노조 등 다양한 갈래에서 제기된 수많은 쟁점과 갈등 사안을 사전에 조율 · 조정함으로써 주요 갈등을 거의 완벽히 해소하는 큰 정책적 성과를 거둘 수 있었다.

그리하여 공공기관 이전 정책이 〈표 2-1-3〉과 같은 일정으로 진행돼 2005년 6월 24일 국무회의에서 의결 절차를 거치고 뒤이어 6월 28일 국회 건교위에 곧바로 보고됨으로써 노무현 정부는 공공기관 지방 이전이라는 '판도라 상자'의 개봉으로 정치적 붕괴에 직면할 수도 있다는 우려에서 완전히 벗어날 수 있었다.[7] 나아가 이처럼 갈등 사안을 주요 당사자가 모두 참여한 가운데 사전에 충분히 협의하고 협약을 체결함으로써 그 이후 정책집행 과정의 효과성까지 극대화할 수 있는 긍정적 정책 결과를 얻게 됐다.

표 2-1-3 공공기관 지방 이전 관련 주요 일정

일시	주요 일정
2005. 5. 27	정부-시·도 간 공공기관 지방 이전 기본협약 체결
2005. 6. 21	공공노련과 노·정협약 체결
2005. 6. 21	전국금융산업노조와 노·정협약 체결
2005. 6. 22	국가균형발전위원회 산하 공공기관지방이전특별위원회 제9차 회의 개최
2005. 6. 23	공공연맹과 노·정협약 체결
2005. 6. 23	국가균형발전위원회 본회의에서 공공기관 지방이전계획(안) 심의
2005. 6. 24	국무회의에서 공공기관 지방이전계획(안) 심의·의결
2005. 6. 28	국회 건교위에서 공공기관 지방이전계획 보고
2005. 6. 30	총리 주재 시·도지사 간담회 개최(이전계획 수용 합의)

자료: 정책기획위원회(2008b).

갈등 해결을 위해 노무현 정부가 채택한 두 번째 전략은 수도권 지역을 위해 수도권 규제 시스템을 탄력적으로 적용한 것이다. 본래 수도권 규제는 기업, 대학, 대규모 관광시설, 그리고 대규모 유통시설 등의 입지 규제를 다루는 민감한 영역이다. 따라서 이 문제를 잘못 다루면 수도권이나 지역, 또는 양 권역에서 모두 강력한 반발이 제기될 가능성이 매우 높았다. 이런 상황에서 노무현 정부는 신행정수도 이전이나 공공기관 이전

7) 이 과정에서 결정적으로 중요한 협약 체결은 2005년 5월 27일 정부와 시도지사 사이에 이뤄진 기본협약 체결이었다 (정책기획위원회, 2008c). 이 협약에 포함된 주요한 내용은 다음의 네 가지였다. ① 수도권에 소재한 공공기관을 최대한 지방으로 이전한다. ② 공공기관의 배치는 시·도별 지역 발전 정도와 지역전략산업과 공공기관의 기능적 연계성 등을 감안해 결정한다. ③ 공공기관 중 가장 규모가 큰 한국전력공사의 경우 한국전력공사 외에 이 공사와 업무적 연관이 있는 2개 기관만 배치한다. ④ 지역으로 이전하는 공공기관은 하나의 단일 공간(즉 혁신도시)에 집합적으로 배치하며, 그 위치는 시·도에서 결정한다. 정부가 제시한 이 원칙에 모든 광역시·도가 동의하여 체결된 기본협약은 정부와 시·도 사이에 신뢰를 형성하고 그 이후 공공기관 이전정책의 공동 추진을 가능하게 해준 일종의 맹약과도 같은 것이었다. 동일한 원리가 정부와 공공기관 노조들 사이에 적용돼 상호 합의에 의해 기본협약이 체결됨으로써 공공기관 이전 정책의 순조로운 집행을 촉진했다.

을 추진한다고 해서 수도권의 규제를 대폭 완화할 수도 없고, 그렇다고 수도권 측의 규제 완화 요구를 외면할 수도 없는 진퇴양난에 빠지게 됐다. 이 어려운 상황을 타개하기 위해 노무현 정부는 수도권 규제의 기본 틀은 유지하면서도 첨단산업 분야에 한정해 국가경제를 위해 수도권 입지의 필요성이 인정되는 경우에 한해 규제를 사안별로 완화하는 엄격한 '제한적' 규제 개선 조치를 취했다. 이에 더해, 노무현 정부는 수도권 지역의 글로벌 발전전략과 질적 발전전략을 가미함으로써 균형발전정책이 수도권을 일방적으로 배제하는 정책이 아니라 한국 사회의 상생 발전은 물론 국가 전체의 새로운 도약을 위한 신국가 발전전략이 될 수 있도록 다양한 접근을 시도했다(국가균형발전위원회, 2006).

노무현 정부는 3협전략과 제한적 규제 개선 조치를 통해 국가균형발전정책의 추진으로 인해 지역 간 갈등이 증폭될 있는 가능성을 사전에 최소화하는 데 심혈을 기울였다. 그 결과, 신행정수도 이전 정책과 달리 국가균형발전정책의 경우 노무현 정부의 전 기간 동안 높은 수준의 국민적 동의를 유지하면서 큰 마찰 없이 안정적으로 정책을 추진할 수 있었다.

2. 주요 정책 내용

1) 신행정수도

위에서 설명한 것처럼, 노무현 정부가 추진한 신행정수도는 여러 차례의 정치적 격변을 거치는 사이에 법률명과 그 내용이 바뀐 것은 물론 이전 대상 기관의 범위, 도시개발의 범위, 도시의 성격 등에 중대한 변화가 발생했다. 이런 점을 감안해, 최종적으로 확정된 신행정수도의 규모와 성격을 〈표 2-1-4〉와 같이 정리해볼 수 있다.

〈표 2-1-4〉에 의하면, 가장 큰 변화를 겪은 것은 이전 대상기관의 숫자다. 노무현 정부 출범 직후 설립된 신행정수도건설추진위원회는 2003년 12월에 제정된「신행정수도건설특별법」에 의거해 청와대와 총리실을 비롯한 73개의 전 국가기관을 신행정수도로 이전해 명실상부한 정치·행정수도를 건설하고자 했다. 그러나 이 법이 위헌 판결을 받고「신행정수도건설특별법」이 폐지되자 새롭게「행정중심복합도시건설특별법」이 법제화됐고, 이 법에 따라 이전 기관의 수는 청와대, 외교부, 국방부 등과 그 소속기관들을 제외한 49개 기관으로 대폭 축소됐다. 동시에 정치와 행정의 신수도 건설이라는 신행정

표 2-1-4 신행정수도(세종특별자치시)의 범위와 내용

이전기관	36개 기관 (최초 73개 기관, 위헌 판결 이후 49개 기관으로 축소, 이명박 정부의 정부조직개편에 따라 최종적으로 36개 기관으로 축소)
사업 기간	2005. 5. 24~2030. 12. 31
규모(면적, 인구)	464.8km^2(2,205만 평), 80만 명(2030년까지)
위치	서울로부터 120㎞ 거리, 대전과 청주로부터 10㎞ 거리, 중심부에 원수산과 전월산이 있으며 금강과 미호천이 합류하는 지점(충남 연기군과 조치원 일원)
재정투자	8.5조 원(2030년까지)
도시의 이념	국민통합, 국가균형발전, 동북아경제 중심을 지향하는 '상생과 도약'
도시의 미래상	• 국민통합과 균형 발전을 선도하는 행정중심복합도시 • 자연과 인간이 어우러지는 쾌적한 친환경도시 • 편리성과 안전성을 함께 갖춘 살고 싶은 인간중심도시 • 문화와 첨단기술이 조화되는 문화·정보도시

자료: 정책기획위원회 (2008a)

수도의 성격도 행정중심 복합도시로 좁혀졌다. 뒤이어 2008년에 출범한 이명박 정부가 정부조직의 통폐합 작업을 추진하면서 이전 기관의 수는 최종적으로 36개로 축소되고 말았다(〈표 2-1-5〉 참조).

이런 변화에도 불구하고, 신행정수도(세종시)[8] 건설사업은 2005년 5월 24일부터 2030년 12월 31일까지 26년 동안 초장기 국책사업으로 추진되도록 결정됐다. 나아가 이 사업은 464.8km^{2}의 면적을 대상으로 2030년까지 최대 80만 명을[9] 수용하며, 8.5조 원의 국가재정이 투입되는 대형 과제로 발전했다.

한편 신행정수도(세종특별자치시)는 노무현 정부가 추구한 국민통합, 국가균형발전, 동북아경제중심 건설이라는 세 가지 국정목표를 실현하기 위해 '상생과 도약'이라는 도시 이념을 지향했다. 이런 미래 지향적 이념 속에서 신행정수도는 ① 국민통합과 균형발전을 선도하는 행정중심복합도시, ② 자연과 인간이 어우러지는 쾌적한 친환경도시, ③ 편리성과 안전성을 함께 갖춘 살고 싶은 인간중심도시, ④ 문화와 첨단기술이 조화

8) 신행정수도의 명칭이 '세종시'로 결정된 것은 노무현 정부의 후반기인 2006년 12월 21일이었다. 이어 이명박 정부에 들어와 신행정수도 폐지 방안이 무산되고 행정중심복합도시 건설을 원안대로 추진하기로 결정된 이후인 2012년 7월 1일 세종시는 '세종특별자치시'로 정식 출범했다.

9) 노무현 정부시기에 세종시는 2030년까지 최대 50만 명을 수용하는 것을 목표로 했으나, 박근혜 정부가 2014년 초에 '세종도시기본계획'을 확정하면서 최대 80만 명을 수용하는 것으로 목표를 수정했다.

되는 문화 · 정보도시의 비전을 추구하고 있다.

표 2-1-5 세종특별자치시로 이전하는 국가기관과 단계별 이전계획

구분		중앙행정기관	소속기관
36개 기관		16개 기관 (9부, 2처, 2청, 1실, 2위원회)	20개 기관
1단계 2012년 이전	중심 관리	국무총리실	조세심판원
		기획재정부	복권위원회
		공정거래위원회	-
	국토 관리	국토해양부	중앙토지수용위원회, 항공철도사고조사위원회, 중앙해양안전심판원
		환경부	중앙환경분쟁조정위원회
	농림 해수	농림수산식품부	-
2단계 2013년 이전	교육 문화	교육부	교원소청심사위원회
		문화체육관광부	해외문화홍보원
	산업 과학	지식경제부	무역위원회, 전기위원회, 광업등록사무소, 경제자유구역기획단, 지역특화발전특구기획단, 연구개발특구기획단
	사회 복지	보건복지부	-
		고용노동부	중앙노동위원회, 최저임금위원회, 산업재해보상보험재심사위원회
		국가보훈처	보훈심사위원회
3단계 2014년 이전	중심 관리	법제처	-
		국민권익위원회	-
	독립 배치	국세청	-
		소방방재청	-
		-	한국정책방송원
		-	우정사업본부

자료: http://ko.wikipedia.org/wiki/세종특별자치시.

2) 국가균형발전

노무현 정부는 국토의 극심한 불균형 발전과 이에 따른 '파멸적 비대화(catastrophic agglomeration)'[10]의 위험을 극복하고 전국 각 지역의 균형적 발전과 국가 전체의 발전 잠재력을 극대화하기 위해 신행정수도 건설정책과 더불어 다양한 국가균형발전정책을 추진했다.

〈표 2-1-6〉은 노무현 정부가 추진한 정책을 요약하고 있는데, 이 표에 따르면 노무현 정부는 대략 세 가지 유형의 국가균형발전정책을 추진한 것을 알 수 있다. 첫째, '교정적 균형' 정책은 오랫동안 누적된 지역 간 불균형을 적극적으로 시정하기 위한 것으로서 경제 발전 수준이 낮은 낙후지역에 대해 다양한 지원과 우대 조치를 취하는 정책

표 2-1-6 노무현 정부의 국가균형발전정책

3대 정책 분야		주요 정책 내용
교정적 균형	공간재배치정책	• 중앙정부 부처이전과 세종시 건설(행정수도) • 공공기관 지방 이전과 혁신도시 건설 • 기업도시 건설
	지역균형정책	• 균형발전특별회계 설치 • 낙후지역 재정지원 확대 • 낙후지역 대상의 신활력사업
역동적 균형	지역혁신정책	• 지역혁신체계(regional innovation system) 구축 • 지역연구개발 투자 확대 • 지방대학의 혁신역량 강화 및 지역인재 육성
	지역산업정책	• 지역전략산업 육성 • 혁신클러스터 조성: 대덕연구개발특구, 7개 산업단지의 클러스터 전환
통합적 균형	수도권의 질적 발전	• 수도권 규제체제 유지 및 부분적 조정 • 도시 어메니티 확충(환경, 생활, 문화) • 지식산업 클러스터 육성 • 국제 기능 강화(세계도시)
	초광역경제권 구축	• 지역전략산업의 지역 간 연계 • 5+2 초광역경제권 육성

자료: 성경륭(2013).

10) 이 개념은 지역불균형이 극단적 수준으로 진행돼 특정 지역에 인구, 경제력, 정치 권력이 모두 집중하고 타 지역은 과소화·황폐화돼 국가 전체적으로 파멸적 결과가 초래되는 현상을 의미한다. 좀 더 자세한 내용은 볼드윈 외(Baldwin et. al., 2003)를 참고할 것.

을 포함한다. 이 분야의 정책 중 노무현 정부가 실행했던 가장 대표적이고 강력한 정책은 앞서 살펴본 것처럼 수도권에 밀집된 정부의 중앙행정기관과 다수의 공공기관을 지방으로 이전하는 공간 재배치 정책이었다. 이 정책은 12,000여명 규모의 중앙행정기관과 32,000여명에 달하는 공공기관의 직원을 지방으로 이주하게 하여 수도권 집중을 해소하는 한편 지역으로 우수한 인적 자원을 이동시켜 지역의 혁신 역량을 강화하는 정책 목적을 추구했다. 좀 더 거시적 측면에서는 수도권에 집중된 행정 권력을 분산시켜 수도권 일극집중형 사회를 지방분산형 다극 발전사회로 전환시키는 목적도 가지고 있었다. 교정적 균형정책의 다른 하나는 경제력과 재정력이 취약한 낙후지역의 복지 수요와 산업적 수요를 충족시키기 위해 연간 5~7조 규모의 균형발전특별회계를 설치한 것이다.

두 번째 유형의 균형발전정책은 '역동적 균형' 정책이다. 이 정책은 각 지역 내부의 혁신 역량을 강화하고 지역의 비교 우위에 기초한 전략산업을 육성함으로써 개별 지역의 역동적 발전과 내생적 발전을 도모하는 목적을 추구했다. 이러한 목적을 달성하기 위해 두 가지 핵심적 정책이 추진됐다. 하나는 지역혁신 체계의 구축, 지역 연구개발 투자의 확대, 지방대학의 혁신 역량 강화와 인재 육성을 포함하는 지역혁신 정책이었다. 다른 하나는 지역 전략산업 육성과 혁신 클러스터 구축 사업을 중심으로 하는 지역산업 정책이었다.

세 번째 유형의 균형발전정책은 '통합적 균형' 정책이다. 이 정책에는 신행정수도 건설과 공공기관 이전으로 인해 인구의 양적 축소가 발생할 수 있는 수도권 지역에 대해 질적 발전정책을 추진함으로써 수도권과 지방의 공생적 관계를 회복하는 것이 중심적 과제다. 그 외에 시와 도의 행정 경계를 넘어 확산되는 경제활동에 효과적으로 대응하기 위해 초광역경제권을 구축하고, 이를 통해 광역지방자치단체 사이의 상호 협력을 증진하는 정책이 포함된다(국가균형발전위원회, 2007b).[11)]

노무현 정부가 추진한 국가균형발전정책 분야의 경우 가장 핵심적인 프로젝트는 역시 신행정수도 건설과 공공기관의 지방 이전이었다. 사실 이 정책들은 해방 이후 수도권의 과잉 집중을 해소하고 전국적인 균형 발전을 위해 추진된 정책 중에서 가장 강력

11) 5+2 초광역경제권 구상은 노무현 정부 후반기인 2007년 9월에 공식적으로 제시됐다. 기본적인 문제 의식은 자동차, 조선, 정보통신 등 여러 산업은 광역행정 경계를 넘어 발전하고 있는 데 반해, 행정은 기존의 경계 속에서 이뤄지고 있기 때문에 초광역적 조정과 지원이 매우 어렵다는 것이었다. 이런 점을 고려해 노무현 정부는 수도권, 충청권, 호남권, 동남권(부산 · 울산 · 경남), 대구 · 경북권 등 5대 초광역경제권과 강원 및 제주의 2대 지역경제권으로 구분되는 5+2 초광역경제권 거버넌스를 제안했다. 이명박 정부는 전임 정부가 제안한 새로운 정책 구상에 대해서는 아무런 언급도 없이 5+2 광역경제권정책이라는 이름으로 이 정책을 도용했으나 인위적 관리체계 도입, 권역 내 사업 나눠먹기 등으로 정책 추진에 실패하고 말았다.

하고 혁명적인 정책이었다. 권력의 중앙집중과 자원의 수도권 집중이 지난 수백 년 동안 지속적으로 상호작용해 파멸적 비대화를 초래하는 상황에서 산업정책을 비롯한 여타의 정책에만 매달리는 한 지역 간 균형 발전은 불가능한 것이었다. 따라서 노무현 정부는 임시행정수도를 건설해 지역 불균형을 해소하고자 한 박정희 정부의 고민과 기본 구상을 이어받아 국가기관과 산하 공공기관의 강도 높은 재배치 정책을 추진하게 됐다. 이런 점에서 신행정수도 건설과 공공기관 지방 이전은 노무현 정부가 기획한 대한민국 공간구조 재설계의 핵심 정책이었고, 나아가 한반도 전체의 공간구조 재설계의 기초 작업이었다고 볼 수 있다.

신행정수도의 규모와 도시의 성격 등에 대해서는 위에서 자세히 서술했으므로, 아래에서는 노무현 정부에서 공공기관의 지방 이전과 혁신도시 건설정책이 어떻게 추진됐는가에 대해 주요 내용을 요약하고자 한다. 이 정책은 중앙행정기관과 공무원을 대거 세종시로 이전해 수도권의 과잉 집중을 해소하고 새로운 국가 발전의 지역거점을 구축하고자 한 신행정수도와 정책 목표를 공유하고 있다. 그러나 공공기관 이전과 혁신도시 건설정책은 다음 두 가지 측면에서 신행정수도 건설정책과 구별되는 노무현 정부의 매우 독보적인 정책이라고 평가할 수 있다.

첫째, 이 정책의 추진을 위해 노무현 정부는 175개의 이전 대상 공공기관을 기능적·산업적 기준에 따라 10개 기능군으로 분류하고, 이 기능군과 11개 광역시·도의[12] 전략산업군 사이의 최적 조합을 고려해 이전 배치안을 결정했다. 다시 말하면, 중앙정부의 공공기관 지방이전 정책이 광역시·도가 추진하고 있는 지역전략산업 육성을 적극적으로 뒷받침할 수 있도록 기획한 것이다. 둘째, 각 지역에 10~13개 정도의 공공기관을 배치하되 이것을 분산 배치하지 않고 혁신도시(city of innovation)라는 중소 규모의 신도시에 집단적으로 배치해 지방으로 이전하는 공공기관과 전문인력들이 지방 소재 대학 및 산업체와 산학연 협력 체계를 구축할 수 있도록 하고, 궁극적으로는 이 협력 체계가 미국의 실리콘밸리와 같이 신기술과 신산업을 육성하는 역동적 혁신 클러스터(dynamic innovative cluster)로 발전할 수 있도록 했다.

이런 관점에서 최종적으로 결정된 공공기관 배치안과 혁신도시 건설안을 정리해보

---

12) 2005년 당시 16개의 광역시·도 중 수도권 3개 지역(서울시, 경기도, 인천시), 정부종합청사 및 대덕 연구단지를 보유하고 있는 대전시, 그리고 한전 산하 다수의 발전 자회사와 기타 다수의 공공기관이 배치된 충남은 공공기관 이전 정책에서 배제됐다. 이런 가운데 전남과 광주시가 공동 혁신도시를 건설하기로 합의했기 때문에 이전 공공기관의 기능군을 10개로 설정했다.

면 〈표 2-1-7〉과 같이 정리해볼 수 있다.

표 2-1-7 공공기관 배치안과 혁신도시 건설안

지역 (사업 시행자)	위치	면적 (천m²)	인구 (만 명)	이전기관	도시 콘셉트
부산 (부산도시 개발공사)	영도구 해운대구 남구	959	0.6	한국해양연구원, 한국자산관리공사 등 13개	21세기 동북아시대 해양수도 남부 경제권의 중추도시 세계자유무역 거점도시
대구 (토지공사)	동구	4,216	2.7	신용보증기금, 한국학술진흥재단, 한국가스공사 등 12개	Brain City(지식창조) 학원 중심의 Edu-City 에너지 절약형 Solar City
광주 · 전남 (토지공사, 광주도시공사, 전남개발공사	나주시	7,295	5.0	한국전력공사, 농업기반공사, 한국문화예술진흥원 등 18개	Agro-Energypia 신재생에너지 및 농업, 생물 산업 중심도시
울산 (토지공사)	중구	2,797	2.0	한국석유공사, 근로복지공단, 국립방재연구소 등 11개	경관 중심의 그린에너지 폴리스 에너지 절약형 도시 환경친화형 도시
강원 (토지공사)	원주시	3,458	2.5	대한광업진흥공사, 국민건강보험공단, 한국관광공사 등 13개	Vitamin City 건강도시(well-doing) 참살이 도시(well-being)
충북 (주택공사)	진천군 음성군	6,914	4.2	한국소프트웨어진흥원, 한국교육개발원, 한국가스안전공사 등 13개	교육 · 문화 이노벨리 IT, BT 벤처도시 연수도시 문화 · 정보 · 환경도시
전북 (토지공사, 전북개발공사)	전주시 완주군	9,260	2.9	한국토지공사, 농업과학기술원, 한국전기안전공사 등 13개	Agricon City 농생명 과학도시 친수공간형 전원도시
경북 (토지공사, 경북개발공사)	김천시	3,803	2.5	한국도로공사, 국립농산물품질관리원, 대한법률구조공단 등 13개	경북 Dream-Valley IT · BT(농업)벤처도시 교육 · 문화 · 환경도시
경남 (주택공사, 진주시)	진주시	4,176	4.0	대한주택공사, 중소기업진흥공단, 국민연금관리공단 등 12개	경남 Inno-River City 기업지원 거점도시 녹색친수도시
제주 (주택공사)	서귀포	1,145	0.5	한국국제교류재단, 건설교통인재개발원, 한국정보문화진흥원 등 9개	국제교류 · 연수 폴리스 국제교류 거점도시 연수휴양 · 관광도시

자료: 정책기획위원회(2008b).

제4절 성과 및 평가

1. 신행정수도 건설정책

노무현 정부가 추진한 신행정수도 건설정책의 최대 성과는 수도권에 소재하는 36개의 중앙행정기관과 11,200명 정도의 공무원을 세종시로 이전시킴으로써 수도권 집중을 해소하고 지역균형 발전의 토대를 구축했다는 것이다. 중앙행정기관의 이전 작업이 아직 진행 중에 있으므로 현 단계에서 이 정책의 효과를 정확하게 측정하는 것은 어렵다. 그러나 인구의 두 측면, 즉 상주인구(stock)와 유동인구(flow)라는 면에서 볼 때, 앞으로 세종시의 상주인구는 이주하는 공무원이 지속적으로 늘어나고 또 세종시에서 학업이나 사업을 하고자 하는 사람들이 늘어나면서 현재 12만 명 수준인 인구가 2030년까지 최대 50만~80만 명까지 확대될 수도 있을 것으로 예측되고 있다.

그런데 이런 상주인구의 변화만큼이나 또는 그보다 더 중요한 것은 공적 업무 또는 사적 업무로 전국 각 지역에서 세종시를 방문하는 유동인구가 기하급수적으로 늘어날 것이라는 점이다. 36개의 국가 기관이 세종시에 입지하는 만큼 이 기관들과 긴밀히 업무 협조를 해야 하는 산하기관과 민간기관이 세종시로 동반 이전할 가능성이 높고, 나아가 다양한 유형의 민원인이 세종시를 빈번하게 방문할 가능성이 높기 때문이다. 세종시 인근에는 이미 KTX 오송역이 개통됐고 주변에는 경부고속도로와 서해안고속도로 등 다수의 고속도로망이 개통돼 있다. 따라서 사람들의 이동을 촉진하는 행정적 · 권력적 요인(즉, 최고 권력기관인 중앙정부 다수 부처의 세종시 이전)과 사회간접자본 요인은 모두 충족돼 있다고 볼 수 있다. 이런 점을 고려할 때, 세종시는 앞으로 상주인구보다 최소한 10배 이상의 유동인구를 확보할 수 있을 것으로 예상할 수 있다.

신행정수도의 건설과 세종시 시대의 개막이 가져오는 효과는 국가기관의 이전에 따른 세종시의 인구 증가와 수도권의 과밀 해소에만 그치지 않는다. [그림 2-1-2]이 보여주는 것처럼, 경제지리학(economic geography)의 관점에서 볼 때(MacKinnon & Cumbers, 2007; Candelaria, Daly, & Hale, 2010) 세종시는 대전 지역의 대덕연구단지, 충남 천안 · 아산지역의 전자산업단지, 충북 오송 · 오창 지역의 첨단 의료 · 전자산업단지(BT, IT, NT) 등 인근 지역을 유기적으로 연결해 신기술과 신산업을 육성하는 역동적 국가 혁신 클러스터로 발돋움할 수 있는 위치에 자리 잡고 있다.

다시 말해, 대전·충남·충북을 연결하는 세종시는 행정중심도시로서의 기능 외에 새로운 미래 첨단 기술산업을 중심으로 대한민국의 새로운 창조혁신 경제 시대를 이끌어갈 '황금의 삼각지대(golden triangle)'로 발돋움할 수도 있을 것이다. 이렇게 되면, 현재 대한민국의 양대 경제권인 서울과 수도권의 글로벌·금융·지식·법률·의료·디자인·문화 등 지식금융 경제권과 부산·대구·울산 등 영남권의 자동차·조선·석유화학·기계산업 등 중공업 경제권을 넘어서서 IT·BT·NT·ET·ST 등 고도의 첨단기술에 기반한 창조혁신산업 경제권을 구축하게 될 것이다. 이렇게 볼 때, 노무현 정부가 추진한 신행정수도 건설정책은 국가행정 기능의 이원화를 통해 수도권 일극 집중을 해소하는 것은 물론 궁극적으로 수도권과 영남권을 중심으로 구축돼 있는 한국의 양대 경제권을 미래 신기술과 신산업을 중심으로 3대 경제권으로 재편하는 중요한 계기를 만들었다고 평가할 수 있다.

그림 1-1-10 세종시와 황금의 삼각지대: 새로운 행정 및 산업 거점

자료: 국가균형발전위원회(2008d).

2. 국가균형발전

노무현 정부가 역점적으로 추진한 국가균형발전정책의 중요한 성과는 공공기관 이전 정책과 지역산업 육성정책을 통해 전국 각 지역별로 자립적 발전 역량이 강화된 것이다. 그 결과, 〈표 2-1-8〉에 정리된 것처럼, 노무현 정부가 집권한 5년이라는 짧은 기간 동안에도 수도권 대비 지방의 GRDP 비중, 국가 R&D 비중, 제조업 부가가치 비중, 수출 비중, 지방 이전 기업의 수 등에서 상당히 의미 있는 변화가 나타났다.[13)]

표 2-1-8 노무현 정부 시기의 국가균형발전정책 성과

주요 분야	2002	2006/07
수도권 대비 지방의 GRDP 비중	51.3%	52.6%
수도권 대비 지방의 1인당 GRDP 비중	95%	101%
수도권 대비 지방의 국가 R&D 비중	27%	40%
수도권 대비 지방의 제조업 부가가치 비중	166%	198%
수도권 대비 지방의 도소매업 부가가치 비중	59%	64%
수도권 대비 지방의 수출액 비중	156%	213%
수도권 기업의 지방 이전 수	162개	267개
지방소재 혁신형 중소기업 수	2,293개	6,500개

자료: 성경륭(2013).

[그림 2-1-3]은 균형발전정책의 성과를 '수도권 대비 비수도권 지역의 GRDP 비중'이라는 하나의 지표로 살펴본 것이다. 이 그래프에 의하면, 비수도권 지역의 GRDP 비중은 김대중 정부 시기 동안 0.9에 불과했으나 국가 균형발전을 핵심적 국정과제의 하나로 추진한 노무현 정부에 들어와 급증하기 시작해 2005년에는 1을 돌파하고 2007년에는 1.01을 넘어선 것을 보여준다. 그러나 이 수치는 급격한 수도권 규제 완화와 지방 경시 정책을 추진한 이명박 정부에 들어와 빠르게 하락해 2010년에는 0.98까지 떨어졌음을 보여준다.[14)]

종합적으로 볼 때, 노무현 정부가 추진한 신행정수도 건설과 국가균형발전정책은 '절반의 성공'과 '절반의 실패'로 평가할 수 있다고 본다. 우선 절반의 성공은 신행정수도

---

13) 김형빈(2008)도 비슷한 분석 결과를 제시하고 있다.

14) 2008년에 이 수치가 1.04까지 증가한 것은 2007년까지 누적된 노무현 정부의 정책 효과로 보아야 할 것이다. 실제로 이명박 정부는 2008년 하반기에 수도권 규제 완화를 위한 제도 변화를 대대적으로 추진했기 때문에 이런 정책조정은 비수도권의 2008년도 GRDP 비중을 떨어뜨리는 요인으로 작용할 수 없었다. 따라서 이 수치가 2008년도에 높게 나타난 것은 노무현 정부의 누적된 정책 노력의 결과로 이해된다.

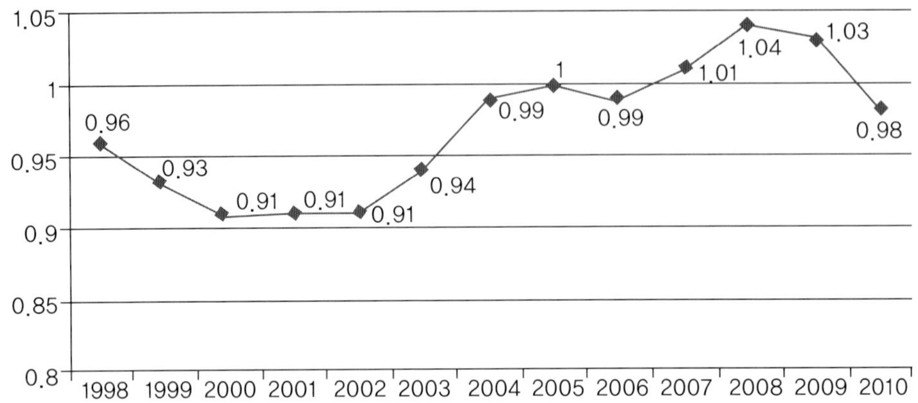

그림 1-1-10 수도권 대비 비수도권 지역의 GRDP 비중 변화

자료: 성경륭(2013).

건설과 공공기관 이전, 지역혁신역량 강화와 지역전략산업 육성 등에서 거둔 성공이다. 그러나 절반의 실패는 본질적으로 신행정수도 건설과 공공기관 이전정책 등이 가지고 있는 '재분배적' 성격과 이로 인해 발생한 정치적 갈등으로 말미암아 정책 자체가 불완전성을 내재하게 된 데 따른 것이다.

바로 이 불완전성 때문에 신행정수도 이전정책의 본래 계획과는 달리 청와대를 비롯한 다수의 국가기관이 서울에 잔류하게 됐고, 뒤 이어 등장한 이명박 정부는 정책의 불완전성을 문제 삼아 신행정수도 건설정책을 폐기하고 교육・과학・기업도시를 중심으로 이것을 대체하려는 시도까지 추진했다. 그 결과, 노무현 정부 시기에 여러가지 정치적 갈등과 우여곡절을 겪으면서도 최종적으로 여야 합의로 추진된 신행정수도 건설정책은 후임 정부의 상이한 정책노선으로 말미암아 국가적 갈등이 다시 폭발하는 어려운 시기를 맞이하기도 했다.

이명박 정부의 후반기까지 내연과 폭발을 반복하던 이 갈등은 2010년 지방선거에서 여권이 패배하자 빠르게 진정됐다. 즉, 지방선거 직후 야권은 물론 박근혜 의원 진영이 신행정수도를 대체하고자 한 이명박 정부의 세종시 수정 대안을 강력히 반대함으로써 행정중심복합도시가 본래 계획대로 추진될 수 있게 됐기 때문이다.

그러나 행정수도가 서울과 세종시로 분리돼 있는 데서 오는 불편함과 비효율은 현실적으로 존재하는 매우 중요한 문제로 남아 있다. 따라서 앞으로 이 문제는 두 가지 방안, 즉 헌법을 개정하여 세종시를 완전한 행정수도로 발전시키는 방안과 다양한 보완책[15]을 마련해 현재의 이원 체제가 지니고 있는 문제를 최소화하는 방안 중 어느 하나를 국민과 정부, 그리고 정치권이 선택함으로써 해결돼야 할 것이다. 단기적으로는 국민들이 민주적 토론을 통해 세종시에 단일의 행정수도를 건설하자는 방안에 합의를 이루고 또 헌법을 개정하는 것이 용이하지 않으므로, 일단은 현재의 이원 체제가 가지고 있는 비효율을 최소화하는 방안을 적극적으로 모색해야 할 것이다.[16]

이런 단기적 관점을 넘어서서 30년 이후를 조망하는 장기적 관점에서 볼 때, 행정수도의 분절화 문제보다 더욱 심각한 문제는 향후의 지속적 인구 감소 추세다. 〈표 2-1-9〉에 의하면, 통계청이 2040년까지를 대상으로 추정한 지역별 인구 변동 추세는 우리에게 많은 고민을 던져준다. 무엇보다도 수도권과 중부권(충청권)의 인구는 지속적으로 증가하지만, 호남권과 영남권의 인구는 2015년 이후 일관되게 감소하는 것으로 예측되기 때문이다.

〈표 2-1-9〉의 자료를 종합하면, 다음과 같은 암울한 전망을 내릴 수밖에 없다. 즉, 수도권과 중부권은 지리적으로 인접해 있을 뿐 아니라 두 권역이 기업의 입지와 경제활동 면에서도 상호 유기적으로 연결돼 있다. 이런 상황에서 향후 2040년까지 한국 사회의 인구 증가는 수도권과 중부권에 집중될 것으로 예상되고 있으며, 이렇게 되면 두 권

표 2-1-9 지역별 장기 인구 추세

지역	인구(천 명)								
	2010년	2015년	2020년	2025년	2030년	2035년	2040년	2010년 대비 2040년	
								증감	증가율(%)
수도권	24,339	25,228	25,957	26,465	26,691	26,620	26,259	1,919	7.9
중부권	6,595	6,828	6,986	7,122	7,224	7,271	7,242	647	9.8
호남권	5,608	5,640	5,623	5,605	5,591	5,556	5,477	-131	-2.3
영남권	12,869	12,921	12,870	12,781	12,654	12,441	12,114	-755	-5.9

자료: 통계청(2012).

15) 여기에는 화상회의와 전자결재 등 첨단 정보통신기술을 폭넓게 활용하는 방안, 국무회의를 서울과 세종시에서 교대로 개최하는 방안(적어도 한 달에 한 번은 세종시에서 개최), 국회 상임위와 정부 부처 사이의 회의에도 화상회의를 적극적으로 도입하는 방안, 국회 상임위의 일부 회의를 세종시 청사에서 개최하는 방안, 행정부처의 실무자도 국회의 주요 회의에 참석해 답변하도록 하는 방안 등이 포함될 수 있다.

16) 독일의 수도는 베를린(다수 행정부처, 연방의회), 본(일부 행정부처), 칼스루에(연방헌법재판소)로 삼원화돼 있고, 남아프리카공화국도 케이프타운(입법부), 프리토리아(행정부), 블룸폰테인(사법부)으로 삼원화돼 있다. 이들 나라에서는 모두 정보통신기술의 활용 등 다양한 방법으로 수도 분산에 따른 문제들에 유기적으로 대응하고 있다.

역은 KTX와 고속도로 등 초고속교통망으로 연결돼 결국 두 권역이 직사각형의 초거대지역(super-region)으로 연담화되는 결과가 나타날 수도 있을 것이다. 그리하여 인구, 기업 활동, 고급 연구개발 활동, 경제력, 행정력 등이 이 초거대지역에 집중돼 그 어떤 정책적 노력으로도 '파멸적 비대화'의 힘을 제어하기 힘든 상황이 초래되고, 그에 따라 호남, 영남, 강원, 제주 등 여타 지역은 인구와 경제력 면에서 서서히 위축되는 결과가 나타날 것이다.[17)]

미래 전망을 2100년까지 확대해 보면 상황은 더욱 악화될 것으로 예상된다. 2013년의 출산율 1.2를 적용할 경우 2100년에 한국의 총인구는 2,222만 명 선으로 급격히 줄어들고, 65세 이상의 노인 인구 비율은 48.2% 수준에 도달할 것으로 예측되고 있기 때문이다(한국보건사회연구원, 2014). 이런 가운데 수도권과 중부권 이외의 지역은 저출산・고령화의 영향을 훨씬 많이 받을 것으로 예측되고 있다. 한국 사회의 미래가 이렇게 변화할 때, 노무현 정부가 해결하고자 했던 수도권 일극집중의 문제는 해결 불가능한 문제가 될지도 모른다. 수도권과 중부권으로의 파멸적 연담화와 인구 집중(특히 젊은 층)의 문제가 발생할 것이며, 여기에 저출산・고령화・인구 감소라는 난마처럼 얽힌 문제가 더해지는 탓이다.

그러나 이러한 문제들이 국가균형발전정책의 대의와 창조혁신산업 중심의 새로운 지역발전 전략의 정당성을 약화시키는 것이 아님을 알아야 한다. 오히려 이 새로운 문제들은 지역정책을 소홀히 할 경우 머지않아 수도권과 중부권을 제외한 전국의 대다수 지역이 황폐화될 수 있음을 예고한다. 따라서 현 정부와 미래의 정부는 박정희 정부가 발의하고 노무현 정부가 실천한 행정수도 이전과 국가균형발전정책의 대의를 일관되게 견지하는 한편 지속 가능한 국가 발전과 지역 발전을 위해 저출산・고령화・인구 감소・지역 격차라는 현 시기의 복합적 과제를 적극적으로 해결해야 할 것이다. 현재와 미래의 정부가 이 정책기조에서 벗어날 경우 한국 사회의 미래는 매우 참담하게 될 것이 분명하다. 노무현 정부가 추진한 신행정수도 건설과 국가균형발전정책은 이런 관점에서 다시 한 번 적극적으로 재조명돼야 한다.

---

17) 이런 흐름 속에서 볼 때, 노무현 정부의 신행정수도 건설정책이 수도권의 인구 집중을 해소하고 전국적 균형 발전을 촉진하고자 했던 초기의 정책 목적과는 달리 신행정수도 이전이 역으로 수도권과 충청권의 초거대지역화를 초래한 것이 아닌가 하는 의문을 갖게 한다. 현재 진행되고 있는 큰 추세는 그러한 의문이 서서히 현실화될 수 있는 가능성을 높여주고 있는 것으로 보인다. 그러나 이 추세에는 신행정수도 이전 외에도 KTX의 개통, 고속통신망 체계의 구축, 수도권 규제 체제의 존재, 주요 대학과 신산업의 수도권 및 충청권 입지 등 다른 여러가지 요인도 함께 작용하고 있다. 따라서 수도권과 충청권의 연담화 과정을 이해하기 위해서는 이 모든 요인을 동시에 고려해야만 하며, 이런 점에서 신행정수도 건설은 하나의 기여 요인이라고 보아야 할 것이다.

참고 문헌

국가균형발전위원회 (2006). 살기 좋은 지역 만들기: 한국 사회의 질적 발전을 위한 구상. 제이플러스애드.
______(2007a). 참여정부의 지방분권과 국가균형발전 정책: 성과와 향후과제. 내부 보고서.
______(2007b). 참여정부의 지방분권과 국가균형발전 정책: 성과와 향후과제. 내부 보고서.
______(2008). 21세기 새로운 국가발전 전략: 국가균형발전, 내부 보고서.
김용웅 · 강현수 · 차미숙 (2011). 신지역발전론. 서울: 한울출판사.
김태환 · 진영환 (2007). 한국의 공공기관 지방이전 추진계획과 국제비교. 지역경제 3호: 64-94.
김형빈 (2008). 참여정부 국가균형발전 성과분석. 한국행정학보, 42(3): 313-332.
성경륭 (2013). 균형사회와 분권국가의 전망. 서울: 한울출판사.
오원철 (2006). 박정희는 어떻게 경제강국 만들었나: 불굴의 도전 한강의 기적. 서울: 동화문화사.
정책기획위원회 (2008a). 국가균형발전을 선도하는 행정중심복합도시 건설. 참여정부 정책보고서.
______(2008b). 공공기관 지방이전과 혁신도시 건설, 참여정부 정책보고서.
______(2008c). 국정과제위원회의 설치와 운용. 참여정부 정책보고서.
______(2008d). 21세기 새로운 국가발전전략 '국가균형발전', 참여정부 정책보고서.
초의수 (2008). 참여정부 국가균형발전정책에 대한 평가 연구: 국민인식조사를 중심으로, 지방정부연구, 12(3): 261-287.
통계청 (2012). 장래인구 추계: 시도편, 2010-2040.
한국미래발전연구원 (2011). 진보와 권력: 정부운영편.
한국보건사회연구원 (2014). 초저출산율과 향후 인구동향. 연구보고서.

Baldwin, R. et.al. (2003). *Economic Geography and Public Policy*. Princeton: Princeton University Press.
Candelaria, C., M. Daly, & G. Hale (2010). *Beyond Kuznets: Persistent Regional Inequality in China*, Federal Reserve Bank of San Francisco, Working Paper 2009-07.
Dimou, M. (2008). *Urbanisation, Agglomeration Effects and Regional Inequality: An Introduction*. Région et Développement, 27: 7-12.
Henderson, G. (1968). *Korea and the Politics of the Vortex*. Boston: Harvard University Press.
Hirschman, A.O. (1958). *The Strategy of Development*. New Haven, CN: Yale University Press.
MacKinnon, D. & A. Cumbers (2007). *An Introduction to Economic Geography: Globalization, Uneven Development, and Place*. Essex: Pearson Education Ltd.

통계청 e-나라지표, 2015.
http://www.index.go.kr/potal/main/EachDtlPageDetail.do?idx_cd=1007
위키백과 http://ko.wikipedia.org/wiki/세종특별자치시.

제 2 장

참여정부의 지방분권정책

안성호
대전대학교

제 1 절 정책의 추진 배경

1. 왜 참여정부의 지방분권정책인가?

세계 최대의 국제지방정부연합체인 UCLG(United Cities & Local Governments)는 2008년 글로벌 보고서(Global Report)를 작성하기 위해 실시한 설문조사를 통해 지방분권이 지난 20여 년 동안 대다수 국가에서 진행된 범지구적 현상이었음을 확인했다. 그동안 지방분권은 중국의 시장경제 도입, 동유럽의 탈공산화, 아시아 · 아프리카 · 라틴아메리카의 조용한 민주주의 혁명으로 인한 정부구조 변동, 그리고 개도국과 선진국의 국민통합과 국가 발전을 위한 정책 수단으로서 다양한 양태로 전개됐다.

범지구적 지방분권 동향에 때맞춰 UN-HABITAT은 2007년 「지방분권 및 지방자치단체 강화에 관한 국제지침(International Guidelines on Decentralization and the Strengthening of Local Authorities)」을 채택했다. 이 지침은 46개 유럽회의(Council of Europe) 회원국이

비준한 유럽지방자치헌장(European Charter of Local-Self Government)을 참고하고 10년 이상 전문가의 연구와 자문, 각국 실무자와 국민의 의견 수렴을 거쳐 작성된 지방분권에 관한 준(準)국제법 규범이다. 이 지침은 대의민주주의와 참여민주주의의 적절한 결합, 보충성 원칙에 입각한 정부간 관계(IGR) 확립, 과세자치권과 지방세입 확충 등 정부가 지속 가능 발전을 위해 준행해야 할 지방분권의 기본 원리를 규정하고 있다.

한국의 지방분권 개혁은 1970~80년대 민주화운동의 결실로 쟁취한 1988년 대통령직선제 부활에 이어 1991년 30년 만에 지방의회가 복원되면서 시작됐다. 역대 정부는 지방의회 재생 이후 지방자치 활성화의 명분으로 지방분권정책을 국정과제로 추진해왔다.

그러나 그동안 한국 지방분권정책의 성과는 지방 대의민주주의의 부활과 제주특별자치제도의 출범과 같은 공적에도 불구하고 전반적으로 실망스러웠다. 지난 23년 동안 중앙 권한의 지방이양 작업이 진행됐지만 아직도 전체 행정사무 중 국가사무가 80%가량 차지하고 있다. 국세 대 지방세의 비율도 여전히 8:2 수준에 고착돼 있다. 심지어 지방재정자립도는 1992년 69.6%에서 2013년 44.8%로 무려 24.6%나 급락했다. 설상가상으로 국회는 시・군 합병과 대도시 자치구(군) 폐지를 위주로 한 중앙집권적 지방자치체제 개편을 획책해 왔다. 한국 정치를 사회의 거의 모든 중요한 가치가 중앙 권력을 향해 휘몰아치는 '소용돌이 정치'로 규정했던 헨더슨(Henderson, 1968)의 40여 년 전 진단은 여전히 유효하다.

왜 지난 23년의 지방분권정책이 이처럼 실망스런 결과를 초래했는가? 이 글은 이 의문을 풀기 위해 역대 정부 중 지방분권 개혁에 가장 적극적이었던 참여정부(2003. 2.-2008. 2.) 지방분권정책의 사례분석을 시도한다. 훗날 '지방분권 대통령'으로 기억되고 싶다던 대통령이 이끈 참여정부에서조차 지방분권정책이 성공적으로 추진되지 못한 까닭은 무엇인가? 또 참여정부가 이룩한 성취와 이를 촉진한 요인은 무엇인가? 이런 연구문제를 참여정부의 지방분권정책 사례분석을 통해 천착하는 것은 지방분권정책의 이론과 실무의 발전을 위해 긴요한 일일 것이다.

이 글의 목적은 참여정부의 지방분권정책 사례를 분석함으로써 향후 지방분권정책의 성공적 추진을 위한 교훈을 얻는 것이다. 이를 위해 먼저 참여정부 지방분권정책의 추진체계와 추진 배경 및 내용을 살펴본다. 이어 참여정부의 지방분권정책에 대한 국회의 저항과 중앙집권화 반격을 검토한 후 참여정부 지방분권정책의 성과를 평가하고 향후 지방분권정책을 추진할 때 참고할 참여정부 지방분권정책의 교훈을 논의한다.

2. 참여정부 지방분권정책의 추진 배경

참여정부가 지방분권 개혁을 핵심 국정과제로 설정하고 적극적으로 추진하도록 만든 배경 요인으로는 지식정보사회의 굿 거버넌스(good governance) 요구, 국민의 정부 지방분권정책에 대한 실망, 지방분권 시민운동의 전개, 그리고 노무현 대통령의 남다른 지방분권 마인드를 들 수 있다.

1) 지식정보사회의 굿 거버넌스 요구

2003년 2월 출범한 참여정부는 21세기 지식정보사회의 굿 거버넌스 요구에 부응해야 했다. 경제적 세계화의 심화로 국가 간 경쟁이 치열해지는 상황에서 단기적이고 대증적인 경기부양책만으로 국가경쟁력을 높일 수 없다는 비판이 제기됐다. 1990년대 말 IMF 환란의 깊은 상처가 아직 아물지 않은 상태에서 경제위기를 초래한 권위주의적 중앙집권 체제를 극복하고 지식정보사회에 부응한 유연하고 창의적인 제3물결의 정치 체제로 전환해야 한다는 인식이 많은 국민의 공감을 얻고 있었다.

더욱이 최초로 평화적 정권 교체를 이룬 김대중 정부조차 대통령 측근과 권력기관의 권력형 비리로 임기를 마치는 참담한 현실은 권위주의적 중앙집권 체제에 대한 불신을 더욱 증폭시켰다. 각종 비리에 대한 검찰수사가 축소·은폐됐고 청와대와 국정원 등 권력기관이 비리에 연루된 사실이 폭로된 와중에 치러진 2002년 12월 대선의 뜨거운 쟁점은 권력형 부정부패의 척결이었다. 후보들은 지방분권 개혁을 권력형 부정부패 척결을 위한 정부개혁의 주요 정책 수단으로 제시했다. 대통령 취임 직후 고위공직자들과 가진 워크숍에서 노무현 대통령은 "공기가 잘 통하고 햇볕이 잘 들면 곰팡이가 저절로 사라지는 것과 같이 투명성이 우리 사회의 부패를 줄이는 지름길입니다. 지방분권 개혁은 권력의 투명성을 높이는 유력한 방안입니다"라고 피력했다.

2) 국민의 정부 지방분권정책에 대한 실망

1991년 김대중 야당 총재는 지방의회 의원선거의 법정 기일을 번번이 어긴 여당에 항의해 단식투쟁을 감행해 지방선거를 부활시켰다. 게다가 1997년 12월 대선에서 김대중 후보는 IMF 환란의 주범으로 중앙집권 체제를 지목하고 획기적 지방분권 개혁을 공약했다. 집권 후 김 대통령은 지방분권을 100대 국정과제로 설정하고 중앙행정 권한의 지방이양촉진법을 제정을 서둘렀다. 그리고 종래 총무처와 내무부를 통합해 행정자치부를 출범시켰다.

그러나 국민의 정부 5년의 지방분권정책의 성과는 실망스러웠다. 지방이양이 확정된 중앙사무는 1,090개였지만 관련 법령의 개정을 통해 실제 이양 완료된 사무는 고작 240개에 불과했다. 중앙 엘리트들의 반대와 저항을 우려해 주요 대선공약이었던 지방자치경찰제 도입, 특별지방행정기관의 정비 등 핵심 지방분권 과제를 다루지 못한 채 일부 지엽적 중앙사무를 지방에 이양하는 것조차 힘겨웠다. 이런 상황에서 일부 중앙부처는 지방이양위원회의 결정을 번복할 수 있는 절차를 만들어야 한다고 주장했고, 일부 국회의원은 기초자치단체장 임명제, 자치구제 폐지, 시・군 합병, 단체장 징계제 등을 규정한 중앙집권화 법률안을 국회에 발의했다.

2002년 12월 대선에서 노무현 후보는 지난 정부의 실패한 지방분권정책을 교훈삼아 선진국 수준의 지방분권 시대를 실현하겠다고 공약했다. 참여정부는 지방분권정책에 관한 한 국민의 정부의 실패를 결코 답습하지 않겠다는 다짐으로 집권 직후 정부혁신지방분권위원회를 설치해 지방분권 로드맵을 작성하고 지방분권특별법 제정을 서둘렀다.

3) 지방분권 시민운동의 전개

1991년 한국지방자치학회는 지방자치법에 정해진 지방의회 의원선거 일정을 번번이 무시한 노태우 정부를 상대로 헌법재판소에 지방자치 실시 연기에 대한 위헌소송을 제기했다. 시민단체들은 1991년 지방의회 의원선거가 부활된 이후 공명선거 감시단과 의정감시단 등을 구성해 지방자치 감시운동을 전개하며 지방자치단체장선거의 부활을 촉구했다. 2001년 3월 26일 청주에서 35개 시민단체와 지방자치 연구자들은 일부 국회의원과 행정자치부의 단체장 임명제 부활 획책에 대응해 '자치헌장 제정을 위한 시민네트워크'를 결성하고 주민자치 원칙, 주민의 권리와 의무, 시민사회와 지방자치단체의 저항권이 규정된 지방자치헌장을 선포했다.

2000년대 초부터 시민단체들은 지방자치 감시뿐만 아니라 자치권 강화가 필요하다는 사실을 깨닫고 지방분권 시민운동을 전개하기 시작했다. 전국적 조직을 갖춘 경제정의실천연합, 참여자치시민연대, YMCA, 지방분권 국민운동의 지방분권 시민운동은 두드러졌다. 특히 2002년 12월 대통령선거 몇 개월 전 일부 지방자치 연구자들과 시민운동가들이 연대해 결성한 지방분권 국민운동은 지방분권을 단일 의제의 시민운동으로 전개하는 최초의 시민단체로서 대선 과정에서 '지방분권과 지역균형발전'에 대한 공약 실천을 다짐하는 이른바 지방분권 협약식을 이회창・노무현 후보와 각각 체결했다.

1990년대 지방선거의 부활과 지방자치 감시를 위한 시민운동과 2000년대 초부터 시작된 자치권 강화 시민운동은 참여정부의 지방분권정책을 추동하고 지원하는 중요한 토대가 됐다(Bae, 2009).

4) 노무현 대통령의 남다른 지방분권 마인드

참여정부 지방분권정책은 노무현 대통령의 남다른 지방분권 마인드와 분리해서 생각할 수 없다. 김대중 대통령이 야당 총재 시절 단식 투쟁을 감행해 1991년 지방의회의원선거를 실현시켰고, 김영삼 대통령은 '시기상조'라며 연기를 간언했던 내무부 관료들과 청와대 참모들을 꾸짖고 1995년 민선단체장을 부활시켰다면, 노무현 대통령은 지방분권을 대통령 의제로 격상시키고 지방분권 정책 과정을 진두지휘했던 최초의 대통령이었다.

노무현 대통령은 기회 있을 때마다 "박정희 대통령이 경제 발전에, 김대중 대통령이 민주화에 기여한 대통령으로 기억되듯이" 자신은 역사적으로 '지방분권 대통령'으로 기억되기를 원한다고 토로했다. 그는 퇴임 후에 역대 대통령 중 최초로 고향인 경남 김해시 봉화마을로 내려갔다. 그는 인권변호사로서 소외된 사람들에 관심을 집중했듯이 고질화된 '중앙존(尊)-지방비(卑)'를 타파하기 위해 지방분권에 지대한 관심을 기울였다. 1993년 사설 지방자치연구소를 설립해 지방자치와 지역균형발전을 연구하는 학자들과 교분을 쌓았고 집권 후에는 이들을 중용했다.

제 2 절 정책의 추진체계

1. 참여정부 지방분권정책 추진체계의 개관

참여정부는 대통령 직속으로 설치된 정부혁신지방분권위원회를 중심으로 청와대 혁신관리수석실과 행정자치부 정부혁신본부와 협력해 지방분권을 정부혁신과 연결해 추진했다.

정부혁신지방분권위원회는 지방분권과 정부혁신의 과제를 발굴하고 점검・평가하는 중추적 역할을 수행했다. 정부혁신지방분권위원회는 산하에 전문위원회와 분야별 TF협의회를 두었다. 그리고 정부혁신지방분권위원회와는 별도로 기존의 지방이양추진위원회를 존치시켜 중앙정부 사무의 지방이양 업무를 전담하도록 했다.

2003년 4월 구성된 정부혁신지방분권위원회는 산하에 6개 분야(행정개혁 · 인사개혁 · 지방분권 · 재정세제 · 전자정부 · 기록관리 · 혁신관리)에 각각 전문위원회를 설치했다. 각 전문위원회별로 작업이 진행돼 2003년 7월 참여정부 5년 동안 추진될 지방분권 로드맵이 발표됐다.

2003년 12월 지방분권특별법이 제정됐다. 지방분권특별법은 정부혁신지방분권위원회에 "국정 전반에 걸친 혁신을 통해 국가 발전을 도모하기 위한 정부혁신에 관한 사항과 지방분권특별법의 규정에 의한 지방분권 추진에 관한 사항을 종합적 · 체계적으로 심의하는" 대통령위원회의 역할을 부여하고 지방분권 개혁의 원칙 등을 천명했다.

2004년 5월 정부혁신지방분권위원회는 이미 작성된 지방분권 로드맵의 집행을 확실히 담보하기 위해 로드맵에 기초해 작성된 지방분권 5개년 종합실행계획을 확정 · 발표했다.

2004년 9월부터는 대통령이 주재하는 '정부혁신추진회의와 혁신장관협의회를 운영해 범정부 차원에서 정부혁신을 가로막는 장애 요인을 제거하고 정부혁신을 촉진하는 유인 방안을 강구했다.

2004년 11월 행정자치부는 참여정부 출범과 함께 발족된 행정혁신본부를 모태로 해서 정부혁신본부를 설치했다. 정부혁신본부는 정부혁신지방분권위원회에서 심의된 사항을 중심으로 "정부혁신에 관한 종합계획을 수립 및 총괄 조정, 혁신에 관한 법령의 제 · 개정 및 제도의 연구 개선 등 혁신 추진을 위한 전반적 사항"을 담당했다.

2005년 4월 청와대는 지방분권과 정부혁신을 총괄 조정하고 대통령을 보좌하기 위해 산하에 혁신관리수석실을 설치했다. 혁신관리수석실은 매주 혁신실무회의 또는 혁신실무확대회의를 열어 정부혁신지방분권과 관련해 발생하는 제반 문제를 심의하고 관리했다.

2. 정부혁신지방분권위원회의 변화

제1기 정부혁신지방분권위원회(2003. 4-2005. 5)는 위원장과 7명의 당연직 위원(재정경제부 장관 · 행정자치부 장관 · 정보통신부 장관 · 기획예산처 장관 · 국무조정실장 · 중앙인사위원회위원장 · 청와대정책실장)과 4명의 지방4협의체 추천위원, 20명의 위촉위원으로 구성됐다. 정부혁신지방분권위원회는 산하에 6개 전문위원회와 간사협의회를 두었다. 위원장과 6개 전문위원회 간사 및 기획운영실장으로 구성된 간사협의회는 전문위원회 간 의견 조정을 조정할 필요가 있거나 본회의에서 논의된 사항의 추진 방법 등에 관한 의견을 조정했다. 아울러 정부혁신지방분권위원회는 핵심 지방분권 과제를 수행하기 위해 특별위원회를 두었다. 2004년 9월 제주특별자치도지원특별위원회가 설치됐다. 제주특별자치도지원특별위원회와 산하 실무지원단은 제주특별자치도 출범을 뒷받침할 특별법안을 작성했다. 뒤이어 정부혁신지방분권위원회 산하에 자치경찰특별위원회, 교육자치특별위원회 및 조세개혁특별위원회가 각각 구성됐다.

제2기 정부혁신지방분권위원회(2005. 5~2006. 7)는 위원장을 포함한 18명의 위촉직 위원과 당연직 7명으로 구성됐다. 로드맵 과제의 집행이 어느 정도 진척됨에 따라 로드맵 과제의 관리와 평가를 이원화해 분담할 필요가 생겼다. 그래서 2005년 6월 제2기 정부혁신지방분권위원회는 6개 전문위원회를 혁신분권기획전문위원회로 통합하고 혁신분권평가전문위원회를 신설해 2개 전문위원회 체제로 개편됐다. 혁신분권기획전문위원회는 제1기 6개 전문위원회 간의 장벽을 없애고 과제를 통합적으로 관리하기 위해 각 분야별 T/F협의회를 구성해 운영했다. 분야별 T/F협의회는 담당운영위원, 전문위원회 위원, 관리팀장 및 과제 T/F 등으로 구성되며 담당운영위원이 총괄하도록 했다. 또 제2기에는 제1기의 간사협의회를 위원장과 T/F협의회 운영위원과 혁신분권평가전문위원회 및 혁신분권기획실장으로 구성되는 운영위원회가 설치됐다. 더불어 정부혁신지방분권위원회 산하에 전자정부특별위원회가 추가적으로 설치됐다.

제3기 정부혁신지방분권위원회(2006. 7~2007. 2)는 4명의 신임 위원을 제외하고는 제2기 위원들이 다시 위촉됐다. 2006년 8월 제3기 정부혁신지방분권위원회는 로드맵 과제를 철저히 관리하기 위해 혁신기획전문위원회를 제1기와 같이 6개 분야별 전문위원회 체제로 다시 개편했다. 여기에 혁신평가전문위원회를 신설해 7개 전문위원회 체제를 갖췄다. 다만 전자정부전문위원회는 전자정부특별위원회가 전문위원회의 역할을 수행했다.

제1기부터 제3기까지 정부혁신지방분권위원회는 위원회 운영을 보좌하는 사무기구로 혁신분권기획실을 두었다. 혁신분권기획실은 2003년 6대 분야별 관리팀으로 구성됐다. 2005년 6월에는 정책홍보실과 혁신분권평가국이 혁신분권기획실에 추가됐다. 이후 혁신분권기획실은 다시 정책홍보팀, 기획총무팀, 정책관리팀 및 분야별 관리국(지방분권/재정세제국, 전자정부/기록관리국, 혁신분권평가국)으로 개편됐다.

제3절 정책의 추진 과정 및 내용

노무현 대통령은 취임사에서 국정좌표를 '분권과 자율'로 삼고 '국민이 주인이 되는 정치'를 수행하겠다고 다짐했다. 참여정부의 지방분권정책이 지향하는 궁극적 목표는 지방분권을 통해 시민사회의 자율성을 확대하고 시민 참여를 강화하는 것이었다. 참여정부는 새 정부의 별칭을 '참여정부'로 명명하고 정부정책의 목적과 추진 과정에서 시민참여의 중요성을 강조했다. 지방분권정책을 비롯한 모든 정부정책의 추진 과정에서 역대 어느 정부보다 많은 전문가와 시민단체 대표를 참여시켰다.

1. 지방분권정책의 추진 과정

노무현 후보는 대선 기간 중 '새로운 대한민국'을 국가 비전으로 제시하고, 이 비전을 달성하기 위해 20대 정책 목표와 150대 핵심 과제를 실천하겠다고 공약했다. 이어 대통령직인수위원회는 이를 재정리해 정부혁신과 지방분권, 국가균형발전, 동북아 경제중심국가 건설 등 12대 국정과제로 압축했다.

노무현 대통령은 임기 5년 동안 열린 총 83회의 국정과제 회의를 단 두 번을 제외하고 모두 직접 주재했다(김병섭, 2007: 24). 국정과제 회의는 집권 후 2004년 7월까지 1년 6개월 동안 50회나 열렸다. 집권 초반 국정과제의 관리에 대통령의 관심과 시간이 집중했음을 알 수 있다. 대통령 프로젝트 중에서도 지방분권은 대통령의 가장 큰 관심사였다. 최초의 국정과제 회의 주제가 정부혁신 지방분권 과제였을 뿐만 아니라 총 83회의 국정과제 회의 중 가장 많은 18회를 정부혁신 지방분권 과제에 할당했다. 국가균형발전 과제와 동북아경제중심국가 건설 과제는 각각 13회로 그 다음이었다.

참여정부의 국정운영 시스템은 대통령·국정과제위원회·부처의 삼각구도로 이뤄졌다(김병섭, 2007: 25). 대통령이 국정 방향을 제시하면, 국정과제위원회에서 대통령의 국정 방향을 구체적 국정과제로 전환해 중장기계획을 수립하고, 각 부처가 단기 과제와 정책 현안을 집행했다.

이런 국정운영 시스템 속에서 정부혁신지방분권위원회는 대통령 프로젝트를 추진하는 핵심적 역할을 수행했다. 지난 정부 지방분권정책의 실패를 교훈 삼아 종래의 대통령위원회보다 훨씬 높은 위상과 강한 권한을 갖는 대통령직속 정부혁신지방분권위원회를 설치하고 이를 법률적으로 뒷받침하기 위해 지방분권특별법을 제정했다.

제1기 정부혁신지방분권위원회는 2년 동안 본위원회 회의 50회와 6개 전문위원회 회의 351회를 개최해 로드맵과 대통령 지시과제 등을 논의했다. 과제의 기획과 세부 방안을 마련하기 위해 본위원회와 전문위원회 위원 및 외부 전문가 등이 참여하는 63개에 달하는 과제 TF를 구성하여 총 700여 차례의 회의를 개최했다. 그리고 일반국민과 관련 전문가 및 관계 부처 등의 의견을 수렴하기 위해 공청회와 토론회 28회, 워크숍 34회를 개최했다. 제2기와 제3기 정부혁신지방분권위원회는 제1기에 작성된 로드맵 과제를 점검 · 평가했다.

2. 지방분권특별법의 3대 지방분권 원칙

지방분권특별법은 지방분권정책의 강력한 추진을 뒷받침할 3대 지방분권 원칙을 천명했다. 참여정부가 제시한 3대 지방분권 원칙은 ① 주민의 생활과 밀접한 권한을 주민에게 가까운 정부에 이양하는 보충성 원칙, ② 권한이 이양 후 지방자치단체의 수권 역량을 강화하는 선(先)분권 후(後)보완 원칙, ③ 중 · 대 단위의 사무를 포괄적으로 이양하는 포괄성 원칙이다.

1) 보충성 원칙

지방분권특별법은 민간과 정부 간 및 정부 간 기능 배분의 원칙으로서 보충성 원칙을 채택했다. 보충성 원칙은 민간이 처리할 수 있는 기능을 정부가 관여해서는 안 되며, 주민과 근접한 기초지방자치단체가 처리할 수 있는 기능을 광역지방정부나 중앙정부가 수행해서는 안 된다는 기능 배분의 원칙이다. 종래 지방자치법에 기초지방자치단체와 광역지방자치단체가 동일한 사무를 놓고 경합을 벌이는 경우에 기초지방정부의 우선권을 인정한 '기초지방자치단체 우선의 원칙'이 민간과 정부 간 및 정부 간 기능 배분의 일반 원칙으로 확대된 것이다.

보충성 원칙은 기능 관할권을 입증할 책임의 전환을 요구했다. 과거에는 모든 공공기능은 중앙정부의 소관이므로 지방자치단체가 중앙정부로부터 기능을 이양받기 위해 합당한 이유를 제시해야 했다. 그러나 보충성 원칙의 채택으로 모든 공공 기능은 원칙적으로 기초지방자치단체 소관으로 간주됐다. 이제 광역지방자치단체나 중앙정부가 자신의 기능을 주장하기 위해 집권의 합당한 이유를 일일이 제시해야 했다.

2) 선(先)분권 후(後)보완 원칙

참여정부는 지방자치단체의 수권 능력 부족이 더 이상 지방분권을 지연시키는 빌미로 악용하지 못하도록 선분권 후보완 원칙을 제시했다. 선분권 후보완 원칙은 "인간은 기회가 주어지면 자치할 수 있는 존재"(Bryan, 2004: 296)라는 인간에 대한 신뢰에 근거했다. 참여정부는 지방자치단체와 시민사회의 자치 역량을 강화하는 지름길은 상당한 자치권을 직접 체험하는 과정에서 다소의 시행착오를 거쳐 형성되는 체험학습의 결과로 간주했다.

3) 포괄성 원칙

참여정부는 이전 정부처럼 수만 개로 분할된 단위사무를 개별적으로 이양하는 단편적이고 파편화된 사무이양 방식으로는 지방분권국가를 이룰 수 없다고 판단하고 관련 사무를 한 덩어리로 묶어서 포괄적으로 이양해야 한다는 포괄성 원칙을 지방분권정책의 3대 원칙 중 하나로 설정했다.

3. 지방분권 로드맵

참여정부는 지방분권의 비전으로서 주민과 함께하는 가까운 정부, 아래로부터의 지속적인 자기혁신이 가능한 정부, 지방의 창의성과 다양성이 존중되는 사회, 자율과 책임 및 공동체정신을 바탕으로 '지방의 활력을 통한 분권형 선진국가' 건설로 설정했다(정부혁신지방분권위원회, 2008: 75-76). 이 비전을 실현하기 위해 중앙 권한의 획기적 이양, 지방정부의 자치 역량 강화, 시민사회 활성화 등 7대 목표와 20개 의제 및 40개 세부과제를 제시한 지방분권 로드맵을 발표했다.

지방분권 로드맵에 제시된 참여정부 지방분권정책의 7대 목표를 중심으로 참여정부의 지방분권정책의 내용을 약술하면 다음과 같다(정부혁신지방분권위원회, 2005: 97-99).

1) 중앙-지방정부 간 권한의 재배분

지방분권특별법 제정을 위시한 지방분권 개혁의 추진 기반을 강화한다. 제주특별자치제를 도입하고 중앙 권한의 획기적 지방이양을 추진한다. 지방교육 사무에 대한 주민

표 2-2-1 참여정부 지방분권 로드맵 과제

7대 목표	20개 의제	40개 세부과제
1. 중앙-지방정부 간 권한 재배분	1) 지방분권 추진 기반 강화 2) 획기적 중앙권한지방이양 3) 지방교육자치제도 개선 4) 지방자치경찰제도 도입 5) 특별지방행정기관 정비	(1) 사무 구분 체계 개선
		(2) 중앙행정 권한의 지방이양
		(3) 대도시특례제도 강화
		(4) 제주특별자치도 추진
		(5) 교육자치제도 개선
		(6) 자치경찰제도 도입
		(7) 특별지방행정기관 기능 조정
		(8) 지방분권지표 개발, 분권 수준 측정
		(9) 지방자치단체 관할구역 합리적 조정
		(10) 지방분권특별법 제정
2. 획기적인 지방분권 추진	6) 지방재정력 확충과 불균형 완화 7) 지방재정제도 개선 8) 지방재정의 자율성 강화 9) 지방재정 투명성과 건전성 강화	(11) 중앙기능과 재원의 지방이양
		(12) 국가균형발전특별회계 신설
		(13) 국고보조금 정비
		(14) 지방재정 운영의 자율성 확대
		(15) 지방양여금제도 개선
		(16) 지방교부세제도 개선
		(17) 지방재정 운영 책임성 강화
3. 지방정부 자치역량 강화	10) 지방자치권 강화 11) 지방정부 내부혁신과 공무원 역량 강화	(18) 자치입법권 확대
		(19) 자치조직권 강화
		(20) 분권형 도시계획 체제 구축
		(21) 지방자치단체 자체 혁신 체제 구축
		(22) 지방공무원 교육훈련 혁신
		(23) 지방공무원 인사제도 개선
		(24) 지방자치단체 인사 공정성 제고
		(25) 중앙-지방 간 인사교류 활성화
4. 지방의정 진작, 선거제도 개선	12) 지방의정의 활성화 13) 지방선거제도 개선	(26) 지방의정활동 기반 강화
		(27) 지방선거제도 개선
5. 지방정부 책임 강화	14) 지방정부의 민주통제 체제 확립 15) 지방정부에 대한 평가제도 개선	(28) 지방자치단체에 대한 감사 체계 개선
		(29) 주민감사청구제도 활성화
		(30) 주민소송제도 도입
		(31) 지방자치단체에 대한 평가제도 개선
		(32) 주민소환제도 도입

6. 시민사회 진작	16) 다양한 주민참여제도 도입 17) 시민사회의 활성화 기반 강화	(33) 조제재정개폐청구제도 개선
		(34) 주민자치제도 개선
		(35) 자원봉사활동 장려 지원
		(36) 지역 내 전문가의 정책 과정 참여 확대
		(37) 주민투표제도 도입
7. 협력적 정부 간 관계 정립	18) 중앙-지방정부 간 협력 강화 19) 지방정부 간 협력 체제 강화 20) 정부 간 분쟁조정 기능 강화	(38) 중앙-지방정부 간 협력 체제 강화
		(39) 지방정부 간 협력 체제 강화
		(40) 정부 간 분쟁조정 기능 강화

자료: 정부혁신지방분권위원회(2008: 78-79, 82)의 〈표 3-8〉과 〈표 3-9〉에서 발췌함.

참여를 활성화하도록 지방교육자치제를 개선하고, 지역 특성에 맞는 선진 치안행정의 실현을 위한 지방자치경찰제를 도입한다. 그리고 지방행정의 종합적 수행과 민주적 책임성 강화를 도모하기 위해 중앙정부 소속 특별지방행정기관을 정비한다.

2) 재정분권의 추진

참여정부는 중앙정부 권한의 지방이양에 상응한 재정분권을 달성하기 위해 지방교부세 법정률 인상과 국가균형발전특별회계 신설 등을 통한 지방재정력 확충과 지방정부 간 재정력의 불균형을 완화하고, 지역개발세 신설 등으로 지방세정제도를 개선한다. 아울러 국고보조금제도과 지방양금제도의 개선 등을 통해 지방재정의 자율성을 강화하고, 지방재정 운영의 투명성과 책임성을 확보하기 위한 재정분권을 도모한다.

3) 지방정부의 자치행정 역량 강화

참여정부는 지방정부가 확대된 자치권을 제대로 사용할 수 있는 역량을 강화하기 위해 자치입법권과 자치조직권의 확대를 비롯해 분권형 도시계획 체제와 자체혁신 유인체계의 구축, 능력 발전 기회와 여건 확대를 통한 지방공무원의 인사 및 교육훈련제도의 혁신 등을 도모한다.

4) 지방의정 활성화와 선거제도 개선

참여정부는 지방정부의 2원대표제의 한 축을 이루는 지방의회의 역량을 강화하기 위해 지방의회의 심의의결권 확대 등을 통해 지방의회의 권한을 강화하고 지방선거의 공영제 강화와 투표제도 개선 등을 통해 지방선거제도를 개선한다.

5) 지방정부의 책임성 강화

참여정부는 권한이 강화된 지방정부의 자율성과 책임성을 확보하기 위해 중앙정부의 중복 감사를 해소 및 행정정보공개제도의 개선 등을 통해 지방정부에 대한 민주적 통제제도를 확충하고 지방분권에 부응해 지방정부 평가 체계를 새롭게 구축한다.

6) 시민사회의 활성화

참여정부는 지방정부의 자율성과 책임성 강화를 뒷받침하는 시민사회를 활성화하기 위해 주민투표제, 주민소환제, 주민소송제 등을 도입하기도 했다. 그리고 주민발의제도인 기존의 조례제정개폐청구제도를 개선하고, 비영리민간단체 육성지원법 등을 개선해 주민자원봉사를 진작한다.

7) 협력적 정부간 관계(IGR) 정립

참여정부는 지방분권을 촉진하고 확대된 자치권에 따른 중앙-지방정부 간 및 지방정부 간 갈등을 해소하기 위해 협력적 정부 간 관계 정립을 도모하기로 했다. 이를 위해 대통령과 지방자치단체장 대표와 정례회의를 개최해 중앙-중앙정부 간 협력을 꾀하는 한편, 특별지방자치단체와 정부 간 분쟁조정 기능을 확충한다.

제 4 절 성과 및 평가

호사다마(好事多魔)인가. 참여정부에 의해 유례없이 강력한 지방분권 개혁 드라이브가 걸리자, 중앙 엘리트의 반격이 시작됐다. 참여정부 지방분권정책을 평가하기 전 먼저 행정부의 지방분권정책에 대한 국회의 저항과 중앙집권화 반격을 살펴보기로 한다.

1. 국회의 저항과 중앙집권화 반격

중앙과 지방 간 권력 이동을 의미하는 지방분권(중앙집권)은 본질적으로 "정치 세력들 간 이익갈등의 산물"이다(Smith, 1985: 201). 따라서 지방분권정책은 기존의 중앙집권 체제에서 기득권을 누려온 중앙 엘리트들의 저항과 반대에 부딪히기 마련이다. 참여정부 시절 국회의원들은 행정부의 강력한 지방분권화 드라이브에 대항해 지방분권을 방해하고 심지어 지방분권정책을 무력화시키는 반격을 시도했다. 여・야 국회의원들은 기상천외한 중앙집권적 지방자치 체제 개편 방안에 합의하고 전격적인 입법화를 추진했는가 하면, 전문가들과 다수 국민이 반대하는 기초선거 정당공천제 반대에 아랑곳하지 않고 오히려 기초의회 의원까지 정당공천제에 포함시키는 오만한 입법 행태를 보였다. 국회는 몇 년 동안의 지방이양 작업을 통해 작성한 지방이양일괄법안을 심의할 관련 상임위원회가 없다는 이유로 접수를 거부했고, 대선공약 준수를 명분으로 기초정부 수준의 경미한 지방자치경찰제법안을 심의하지 않다가 회기 종료로 폐기했다.

1) 중앙집권적 지방행정 체제 개편 여야 합의

정치권의 지방자치체제 개편 논의는 참여정부의 지방분권 개혁이 조금씩 가시화되기 시작한 무렵인 2005년부터 본격적으로 재개됐다.[1] 당시 노무현 대통령이 지역할거주의 정당의 극복과 지역감정 완화 방안으로 중・대선거구제 도입을 제안하자, 한나라당은 "지방행정 체제 개편이 지역갈등 해소 방안으로 더 효과적"이라고 응수했다. 2005년 4월 여・야 대표들은 여의도 모 식당에 모여 2010년 지방선거부터 적용될 새로운 지방행정체제법을 2005년 12월 이내에 제정하기로 전격 합의했다. 2005년 12월 초 국회 지방행정체제개편특별위원회가 마련한 지방행정체제개편법안에 대한 공청회가 개최됐다. 이 공청회에 공술인으로 참여한 대다수 전문가는 이 법안을 지방자치를 파괴하는 중앙집권화 법안으로 비판하고 철회를 요구했다. 공술인들과 국회 특위위원들 사이에 험악한 말이 오갈 정도로 공청회의 분위기는 심각했다. 결국 국회 지방행정체제특별위원회는 당장 입법을 강행하는 것이 무리라고 판단하고 입법을 일단 유보했다.

국회의원들을 비롯한 합병론자들은 시・군・구 자치구역의 소규모로 인한 불경제, 시・군・구의 행정중심지와 생활권의 불일치, 자치계층 간 행정 기능의 중복으로 인한 낭비와 비효율, 도(道) 경계로 갈려진 뿌리 깊은 지역 감정 등으로 인한 지방 및 국가경쟁력 저하를 시・군・구 통합과 광역시・도 폐지의 논거로 내세웠다.

---

1) 지방자치단체의 구역개편 논의는 1980년대부터 정치권과 학계에서 간헐적으로 제기돼 왔다. 1994년 내무부가 중심이 돼 도 폐지를 추진한 적이 있으나 여론의 반대로 실패했다. 2001년 당시 여당이었던 민주당이 서울특별시의 25개 자치구를 5~9개의 시로 통폐합하는 등 기초자치단체를 130~160개로 줄이는 방안을 제시했으나 이뤄지지 않았다.

그러나 대다수 전문가는 자치구역 광역화와 자치계층의 단층화는 오히려 행정 효율을 떨어뜨리며, 지금까지 어렵게 쌓아올린 지방자치의 기틀을 송두리째 무너뜨린다는 비판을 면키 어렵다고 지적했다. 주민 가까이에서 생활 서비스를 제공하는 데 전념해야 할 기초자치단체로서 지금도 너무 커서 문제가 있다고 지적되는 시 · 군의 규모를 더 키워서 주민으로부터 더 멀리 떨어지게 만드는 것은 행정 효율과 지방민주주의의 관점에서 개혁이 아니라 개악이라고 비판했다. 게다가 국경을 넘어 지역과 지역 간의 경쟁이 치열하게 전개되는 세계시장에서 지역의 능동적 역할을 요구하는 세방(世邦)시대에 도(道)자치정부를 폐지하고 국가광역행정청을 설치하는 것은 중앙집권적 관치행정으로 회귀하려는 것이라고 비판했다.[2)]

지방자치체제를 전면 개편하려는 정치권의 움직임 역시 행정 효율과 국제경쟁력을 개편의 명분으로 내세우지만 실은 잠재적 경쟁자들인 시장 · 군수 · 구청장과 시 · 도지사를 제거하려는 의도에서 비롯된 것이라는 해석이 일반적이다.[3)] 국회의원직을 역임한 당시 김문수 경기도지사는 2008년 10월 17일 엔파람 인터넷 신문과의 회견에서 지방자치 체제 개편에 집착하는 정치권의 숨은 동기를 지적했다. 김 지사는 국회의원들이 시 · 군 · 구 통합을 원하는 근본적 이유를 "하루 종일 돌아다니며 주민을 만나는 시장 · 군수 · 구청장과 국회의원선거에서 경쟁하는 것을 두려워하기 때문"이며, 특히 민주당 의원들의 경우에는 "호남당의 굴레를 벗어나기 위해서 행정구역 개편과 연계해 중대선거구를 도입하고 싶어한다"고 진단했다.

2) 기초의회 의원 정당공천제 확대

2005년 기초의원 후보의 정당공천제 도입을 규정한 공직선거법 개정은 중앙 엘리트가 지방의 자율성과 권한을 강화하는 데 강한 거부감을 가지고 있음을 극명하게 보여줬다.[4)] 국회의원은 정당정치의 육성을 위해 기초의원 정당공천제 도입이 필요하다는 명분

---

2) 2005년 이후 정치권이 추진해온 지방자치 체제 개편의 논리와 문제점에 관한 필자의 연구(안성호, 2010: 7-35; 안성호, 2011: 59-89)를 참고할 것.

3) 다른 사안에 대해서는 사사건건 의견을 대립해온 한나라당과 민주당 국회의원들이 대다수 전문가가 반대하는 이 사안에 대해서는 일치된 입장을 보이는 까닭은 통합광역시 설치와 도 폐지로 정치적 경쟁자들인 시장 · 군수 · 구청장의 수를 일거에 4분의 1로 줄이고 시 · 도지사들을 제거함으로써 자신들의 정치적 위상과 영향력을 강화하려는 데 있다. 지방자치체제 개편에 관한 국회의원들의 숨겨진 의도에 관한 논의와 관련 자료는 최창수(2014: 53-74)를 참고할 것.

4) 정당공천제는 지방의원만 선출한 1991년 지방선거에서 여야 공방 끝에 '광역의원 인정, 기초의원 배제'로 절충됐다. 1995년 지방선거 직전 여당인 신한국당이 기초 단위에서의 정당공천 배제를 주장하자, 야당인 민주당이 반대했다. 결국 기초단체장은 정당 공천을 유지하되, 기초의원은 정당 공천을 배제하는 타협에 이르렀다(박태욱,

을 내세웠다. 그러나 국회의원의 속셈은 기초의원을 자신의 지역구 각 동(洞)에 정치적 심복으로 만들고 싶었다. 5·31지방선거를 전후해 국회의원이 광역, 기초의회의원 및 기초단체장으로부터 공천 대가로 상당한 금액의 후원금을 받은 이른바 '충성서약서' 사건은 정당공천제의 폐해를 여실히 보여주었다.[5)]

2005년 6월 국회는 지방자치 전문가들과 대다수 시민단체가 반대하고 무엇보다 국민의 60~70%가 반대하는 기초선거 정당공천제를 종래 기초단체장에게만 적용되던 것을 기초의원에게까지 확대하는 공직선거법 개정안을 통과시켰다. 공직선거법 개정의 명분은 기초의회 선거후보자의 정당 표방을 금지한 공직선거법 조항에 대해 "국민의 알 권리와 평등 원칙을 침해"한다는 2003년 1월 헌법재판소의 위헌 판결이었다. 그러나 2003년 헌법재판소의 위헌 결정은 사실상 직접적으로 정당 공천 폐지 자체를 대상으로 한 것이 아니라 정당 공천을 받지 못하는 기초의원이 정당 표방을 할 경우에 이에 대한 위헌 여부를 심판한 것이므로 정당공천제 위헌 여부와는 직접적 관계가 없다.[6)]

기초의회 선거후보자에 대한 정당공천제 확대 조치는 당시 기초의회선거까지 정당공천제를 도입하려는 한나라당과 기초의원 소선거구제를 중선거구제로 바꾸려는 열린우리당 간 타협의 결과였다. 이로써 한나라당은 지방의원들을 국회의원의 수하에 거느리는 현역 프리미엄을 지켰고, 열린우리당은 선거구제 개편으로 3,496명이었던 기초의원 정수를 2,922명으로 줄이면서 기초의회에서 지분을 확대하는 이득을 챙겼다.

3) 지방이양일괄법안의 접수 거부

국회의 지방분권에 대한 저항은 지방이양일괄법의 접수 거부를 통해서도 드러났다. 참여정부 시절 국회는 지방이양위원회가 수년에 걸쳐 작업해 마련한 지방이양일괄법안을 다룰 적당한 상임위원회가 없다는 이유로 접수하지 않았다. 국회법상 상임위원회 소관주의에 위배된다는 것이 법안 접수 거부의 논거였다.

2014: 30).

5) 현직 구청장이 폭로한 충성서약서에는 "첫째, 의원님의 차기 총선은 확실하게 제가 책임지고 치를 것입니다. 둘째, 향후 4년간 의원님 사무실 운영은 재정을 포함하여 전부 책임지겠습니다. 셋째, 구정(區政)에 관해 의원님께 주 1회 보고하겠습니다. 넷째, 여성단체연합회를 확실히 의원님 휘하에 두며 어떤 조치도 따르겠습니다. 다섯째, 향후 어떤 경우에도 의원님 허락 없이 조직화사업을 하지 않겠습니다"라는 내용이 적혀 있었다(조선일보. 2006. 6. 14).

6) 이 위헌 결정에 대해 두 가지 해석이 가능하다. 하나는 정당공천제 폐지가 위헌이라고 단정할 근거가 없다는 것이다. 다른 하나는 만일 정당공천제를 폐지해도 후보자 스스로 지지 정당을 표방하는 것을 막을 수 없다는 것이다. 정당 및 국회의원의 지원을 홍보해 당선된 지방단체장과 지방의원은 여전히 정당의 영향력 아래 놓일 수밖에 없다(박태욱, 2014: 30).

그동안 지방이양위원회가 중앙부처와 지방자치단체 공무원들의 의견을 수렴해 지방에 이양하기로 확정한 중앙 권한이 일일이 개별 법령을 개정하는 일이 매우 번거로울 뿐만 아니라 중앙관료들의 소극적인 자세로 중앙 권한의 지방이양이 지연되는 폐단이 있었다. 따라서 이런 폐단을 없애기 위해 일정 기간에 지방이양이 확정된 중앙 권한을 소관 부처에 상관없이 하나의 일괄법안으로 작성해 국회에 발의해 국회가 일괄해서 심의해 의결하도록 했던 것이다.

지방이양일괄법의 효용성은 이미 1980년대 초 이후 대대적인 지방분권 개혁을 추진해 성공을 거둔 프랑스와 약 5년여 동안 작업해 2000년 기관위임사무의 폐지를 포함한 획기적 지방분권 개혁에 성공한 일본에서 입증된 바 있다. 국회가 지방이양일괄법안을 심의할 상임위원회가 없다고 판단한다면 프랑스와 일본처럼 이 법안을 다룰 특별위원회를 별도로 구성하면 됐을 일을 소관 상임위원회가 없어 법안 접수를 거부한 것은 지방분권에 대한 저항과 방해로 해석될 수밖에 없다.

4) 자치경찰법안의 심의 거부

참여정부 시절 국회 소관 상임위원회의 자치경찰법안 심의 거부를 통해서도 지방분권에 대한 국회의 부정적 입법 태도를 엿볼 수 있다. 자치경찰제 도입은 노 대통령의 구체적 공약 사항으로서 2004년 1월 제정된 지방분권특별법 제10조에 명시된 지방분권 과제였지만 국회의 심의 거부로 결국 무산되고 말았다.

참여정부는 지난 정부의 실패를 교훈삼아 정부혁신지방분권위원회 산하에 자치경찰 태스크포스(T/F)에 이어 자치경찰특별위원회를 구성해 수년 동안 관련 기관의 의견 수렴, 해외 현지조사, 공청회 등을 거쳐 경찰자치법안을 마련했다. 정부혁신위원회의 자치경찰제법안은 정관계 인사들의 우려를 감안해 기초지방자치단체 수준의 경미한 자치경찰제였다. 참여정부가 시·군·자치구의 부속기관으로 제시한 자치경찰은 기초자치단체의 기존 법집행사무와 특별사법경찰사무, 그리고 국가경찰이 수행하던 국민생활에 밀착된 방범·순찰·교통단속·시설경비 등 경미한 경찰사무를 이양받아 처리하도록 했다. 반면 국가경찰은 범죄수사를 비롯한 사법 및 행정경찰사무를 맡으며, 국가경찰의 경찰서와 파출소 조직도 그대로 유지하기로 했다. 따라서 정부가 발의한 자치경찰제법안이 입법되더라도 주민은 범죄를 당한 경우 국가경찰에 신고해야 했다.

2005년 11월 이런 내용을 담은 자치경찰제법안이 국회에 발의됐다. 이어 다음 달 유기준 의원이 발의한 자치경찰제법안이 접수됐다. 그러나 국회 행정자치위원회는 관련

기관들 간 의견이 분분하고 국민 여론이 제대로 수렴되지 않았다는 이유로 법안을 심의하지 않다가 회기 종료로 폐기시켜 버렸다.

2. 참여정부 지방분권정책의 성과평가

참여정부는 제주특별자치제와 주민직접참정제의 도입과 같은 괄목할 만한 성과를 거뒀다. 그러나 헌법의 제약과 저항 및 보수적 판단으로 당초 기대에 부응하지 못한 제도가 도입된 데다 제도의 운용도 크게 미흡했다. 당초 역점을 두고 추진했던 재정분권은 재정경제부를 비롯한 중앙부처의 완강한 저항으로 소기의 성과를 거두지 못했다. 중앙 권한의 지방이양 작업 등 다른 지방분권정책의 성과도 미미했다.

1) '호랑이를 그리려다 고양이를 그린' 지방분권정책

참여정부의 지방분권정책을 용두사미였다고 평가하는 연구자들이 적지 않다. 필자는 참여정부의 지방분권정책이 전반적으로 실망스럽지만 개혁의 진정성, 과감한 시도, 정책형성 및 결정 과정에서의 경험 학습, 국회의 입법 절벽 등을 종합적으로 평가할 때 한마디로 화호묘묘(畵虎描猫), 즉 '호랑이를 그리려다 고양이를 그렸다'고 평가하는 것이 적절할 것이다.

참여정부는 역대 어느 정부보다 지방분권 개혁에 많은 관심과 노력을 기울였다. 그 결과, 제주특별자치도 출범과 주민투표제·주민소환제의 도입 등의 성과를 거뒀다. 자치조직권도 어느 정도 신장됐다. 기구 및 정원 책정에 관한 다수의 승인권 이양과 총액인건비제의 도입으로 자치조직권의 강화가 다소 이뤄졌다. 지방재정 측면에서도 지방교부세 법정률을 인상해 지방재정의 확충을 꾀하는 한편, 지방양여금 폐지와 국고보조금 정비를 통한 국가균형발전특별회계의 신설, 지방예산편성지침의 폐지, 지방채 발행 총액한도제도의 도입 등으로 지방재정의 자율성 제고를 도모했다.

그러나 지방교육자치제의 개선 등과 같이 관련 이익단체들의 극심한 반대에 부딪혀 당초 계획이 다소 수정된 형태로 추진된 과제들이 많다. 특별지방행정기관 정비, 지방자치경찰제 도입 및 국세의 지방세 이양과 과세자치권 신장을 비롯한 핵심적 재정분권 추진 등과 같이 논의는 무성했지만 관련 부처의 소극적 태도와 저항 및 국회의 입법 거부 등으로 소기의 성과를 거두지 못한 과제들이 적지 않다. 참여정부 5년 동안 중앙 권한의 지방이양 작업이 추진됐지만 전체 국가사무에서 지방사무가 차지하는 백분비는 2002년

28.2%에서 2007년 27.0%로 오히려 감소했다. 이런 실망스러운 결과는 새로 만들어진 국가사무가 지방에 이양된 국가사무 수를 능가했기 때문인 것으로 추정된다. 이런 상황에서 중앙 권한의 지방이양 협상 과정에서 지방이 원하는 핵심적 사무의 이양 거부와 사무 이양에 따른 적절한 인력 · 재정의 지원 결여로 지방에서 느끼는 사무 이양의 효능감은 훨씬 더 낮았다.

2) 혼혈연방제로 가는 제주특별자치도 출범

참여정부 지방분권정책의 가장 두드러진 성과는 제주특별자치제의 도입이다. 보통 '특별자치'는 소수를 보호하고 갈등을 해결하는 수단으로 여러 나라에서 활용돼 왔다. 그러나 제주도에는 이런 일반적 용례와 다른 동기에서 특별자치가 도입됐다. 제주특별자치도의 출범은 종래 외부자원에 의존한 외생적 발전전략에서 내부의 자치역량 강화를 통한 내생적 발전전략으로의 일대 전환을 의미했다.

참여정부 이전의 정부들은 1991년에 제정된 제주도개발법과 2001년에 제정된 국제자유도시특별법과 같이 중앙정부가 주도하는 하향식 전략으로 제주를 발전시키려고 시도했다. 그러나 참여정부는 이런 외생적 발전전략의 실패와 한계를 교훈삼아 제주지역정부 주도의 상향적 발전을 도모해 "연방국가 수준의 지방분권적 자치제도를 구축"하고자 했다. 국제자유도시의 모델도시로 홍콩과 싱가포르와 분권 · 참여 자치제도의 모델국가로 스위스를 참고했다. 특히 역사적으로 중앙집권성이 강한 포르투갈의 마데이라 섬의 특별자치 성공 사례를 주요 벤치마킹 대상으로 삼았다(Ahn, 2008: 157-187).

제주특별자치제는 적어도 세 가지 점에서 여느 지방분권정책과 다르다. 첫째, 제주특별자치제는 다른 지역에는 인정하지 않는 특별자치권을 제주지역에 이관했다. 참여정부는 당초 외교와 국방 및 사법을 제외한, 연방국가의 주정부가 누리는 광범위한 자치권을 제주도로 이관하고자 했다(정부혁신지방분권위원회, 2008: 98-207). 물론 헌법의 제약과 획기적 지방분권에 대한 우려와 저항 등으로 당초 의도한 만큼 많은 특별자치권이 제주도에 주어지지 않았지만 일국양제(一國兩制)의 혼혈연방제(hybrid federalism)로 가는 첫걸음을 뗀 지방분권 개혁으로 평가될 수 있다.

둘째, 제주특별자치제는 '지방분권을 통한 제주 발전'이라는 내생적 발전철학의 수용일 뿐만 아니라 선진 통일 한국의 융화상생의 헌정 체제(안성호, 2013: 15-20, 28-31, 192)를 지향하는 선도적 지방분권정책이다. 참여정부는 그동안 전국적 지방분권 개혁이 지지부진함을 면치 못한 상황에서 먼저 제주도를 특별자치지역으로 선정해 시범적으로 강도 높은 지방분권을 감행했다.

셋째, 그동안 다섯 차례에 걸쳐 여느 지방정부보다 3,879건의 자치권을 더 인정받은 제주특별자치도의 긍정적 효과의 조짐이 나타나고 있다(안성호, 2014a: 7-8). 2013년 7월 한국개발연구원(KDI) 연구팀은 제주특별자치제 시행 7년 동안 인구증가율과 고용률, 지역총생산(GRDP) 등 총괄지표에서 전국 평균을 상회한 까닭이 국세의 세목 이양과 자치도세 신설 등 제주의 특별자치권에 기인한다고 평가했다.[7)]

(1) 특별자치권의 효과

참여정부는 제주특별자치도의 출범을 법률적으로 뒷받침하기 위해 2006년 2월 9일 「제주특별자치도 설치 및 국제자유도시 조성을 위한 특별법」이 제정됐다. 이 특별법의 제정으로 144개 분야 1,340건의 특별자치권이 제주도로 이양됐다. 이 중에서 835건은 중앙정부에서 제주도에 직접 이양됐고, 나머지 505건은 도조례에 위임됐다. 아울러 제주도에는 국무총리실 제주특별자치도지원위원회에 추가적 특별자치권을 요구할 수 있는 권한이 부여됐다.

2006년 7월 1일 제주특별자치도의 출범으로 중앙정부에 소속된 7개 특별지방행정기관의 지방 이관이 전국 최초로 제주도에서 실현됐다. 중앙부처에 소속됐던 국토관리청(3과1실), 중소기업청(2과1팀), 해양수산청(7과1사무소), 보훈지청(2과), 환경출장소, 노동위원회(사무국), 노동사무소(3과1센터)의 인원 314명과 예산 1,856억 원이 제주특별자치도로 이관된 것이다(제주특별자치도, 2007: 189). 그동안 논의는 무성했지만 단 한 건도 성사되지 못했던 중앙정부 특별지방행정기관의 지방이양이 제주특별자치제의 도입으로 실현된 사실의 역사적 의의는 결코 과소평가될 수 없다.

그러나 특별지방행정기관의 제주 이관은 불완전했다. 보충성 및 포괄적 이양 원칙에 따라 이관된 기관은 국토관리청·보훈청·노동위원회뿐이었다. 나머지 네 기관은 부실하게 이관됐다. 필요한 권한이양은 없이 재정 및 사무 부담만 가중시켰다는 비판이 제기됐다(양영철, 2009: 78-80). 심지어 중앙부처가 이관된 특별지방행정기관의 사무 처리에

7) KDI 연구팀은 제주특별자치도가 출범한 2006년부터 연평균 9.7% 수준으로 관광객 수가 증가했고, 교육산업도 3개 국제학교 개교로 조기유학 수요를 흡수하는 등 괄목할 만한 성과를 낸 것으로 보았다. 그동안 관광시설을 중심으로 총 1조 5천억 원의 내국인 투자와 3천억 원의 외국인 투자를 유치했고, 2004년부터 2012년까지 국내 기업 33개가 이전해 1,542개의 일자리가 창출됐다고 분석했다. 특히 이 보고서는 중국인 비자 면제, 내국인 면세점 허용, 국제학교 설립 및 운영에 관한 규제를 개선하는 등 각종 규제완화정책이 제주도 경제 성장에 직접적인 효과를 발휘했으며, "중앙정부 주도의 일괄적 재정보조사업보다 지역 특성을 고려한 지방자치단체 주도의 규제완화정책이 더 효과적"임을 강조하고 규제정책의 지방분권화를 제안했다(이호준·최석준·최용석, 2013: 23).

비협조적 태도를 보여 제주특별자치도가 업무 수행에 애로를 겪어왔다. 실제로 제주특별자치도는 권한에 비해 재정 부담이 과도한 제주지방 국도관리청을 환수해줄 것을 중앙정부에 요청하고 있다.

제주특별자치도의 출범과 함께 제주 자치경찰제가 도입됐다. 제주특별자치도에 교통·방범·경비 및 특사경 업무 중심의 경찰사무만 담당하는 자치경찰제를 도입했다. 제주 자치경찰제는 제주자치경찰단 산하에는 제주시 자치경찰대와 서귀포시 자치경찰대를 두고 자치경찰 공무원 82명과 일반직 공무원 66명으로 출범했다. 제주자치경찰은 제주지역에 근무하는 국가경찰 수의 10분의 1에도 미달하는 인력으로 국가경찰을 보조하는 역할을 담당해 왔다.

제주 자치경찰제의 도입은 오직 국가 경찰로만 이뤄진 한국의 경찰제도에 자치경찰을 접목시킨 획기적 제도개혁이었다. 그러나 그동안 제주 자치경찰제의 경험은 극히 제한된 영역에서 경미한 권한을 갖는 소규모 자치경찰제로는 경찰 서비스 경쟁 유도, 주민발언권 강화를 통한 경찰 서비스의 대응성 제고, 민경 공동생산의 촉진, 공공기업가 정신의 앙양과 같은 민주적 자치경찰제의 장점이 제대로 살아날 수 없음을 확인시켜줬다.

참여정부는 감사조직의 독립성과 전문성을 강화하고 번잡한 중복 감사의 폐단을 해소하기 위해 제주특별자치도에 자치감사조직으로 감사위원회를 설치했다. 제주특별자치도에 도입된 감사위원회의 성과는 대체로 긍정적이지만 기구의 독립성은 다소 미흡하다.

참여정부는 제주도를 기업하기 좋은 국제자유도시로 조성하기 위해 제주도에 한해 무사증 입국허가 대상 국가를 169개국에서 180개 확대하고 외국인 근로자 체류 기한을 1~3년에서 4~5년으로 연장했다. 아울러 자율학교와 국제고의 설립과 국내 대학 내 외국대학 교육과정의 설치를 허용하는 등 교육·의료·관광·첨단산업에 대한 규제를 완화해 외국인 투자환경을 조성했다.

(2) 시·군자치제 폐지의 후유증

참여정부는 제주특별자치제를 시행하면서 4개 시·군 기초지방자치단체를 2개 하급행정기관으로 강등시켰다. 이 조치는 2005년 이후 정치권과 정부가 추진하려던 지방자치 제제 단층화 개편안에 부합되는 것이었다. 논의 과정에서 필자를 비롯한 전문가들은 제주특별자치도의 단일자치계층화에 반대했지만 주민투표를 통해 결정하자는 행정자치부와 제주특별자치도의 제안에 물러서지 않을 수 없었다.

문제는 주민투표 과정에서 의도적으로 시·군자치제 폐지를 유도했을 뿐만 아니라 주민투표 결과도 자의적으로 해석했다는 점이다. 이를테면 주민투표 운동 과정에서 시·군자치의 폐지를 '혁신안'으로, 존치를 '점진안'으로 호칭하는 방식 등으로 시·군자치제 폐지를 조직적으로 유도했다. 더욱이 4개 시·군자치제 폐지에 대한 전체 주민투표의 결과는 57%로 찬성이 많았다. 서귀포시와 남제주군에서는 반대가 우세했지만, 정부와 제주도청은 주민투표 결과를 4개 시·군의 폐지로 결론지었다. 이에 대해 서귀포시와 남제주군 주민이 대법원에 소송을 제기했다. 그러나 대법원 판사들은 정부와 제주도청의 손을 들어주었다. 해당 지방자치단체 주민의 다수가 반대하는 지방자치단체 법인격의 박탈 사태가 벌어진 것이다.

제주특별자치도의 시·군자치제 폐지로 인한 폐단으로 주민의 불만이 거지면서 지난 2006년 6·2지방선거에서는 시·군자치제 부활이 주요 선거 쟁점이었다. 기초자치 부활을 핵심 공약으로 대걸고 당선된 우근민 전임지사는 특별위원회를 구성해 공약 이행을 위한 대안 개발을 주문했다. 특별위원회는 2년 넘게 활동한 끝에 시·군 자치 부활이 시·군 합병과 자치구 폐지를 추진해온 정치권의 의도에 역행하기 때문에 법제화되기 어렵다는 이유로 행정시장 주민직선제안을 건의했다.

3) 직접참정제도의 확대

직접참정제도의 확대는 참여정부의 지방분권정책이 이룩한 또 하나의 귀중한 성과이다.[8] 참여정부는 별칭을 '참여정부'로 설정할 만큼 국정운영 과정에서 시민 참여의 활성화에 많은 관심을 쏟아왔다. 정부의 정보를 적극 공개하고, 정부혁신지방분권위원회를 비롯한 정부위원회에 전문가와 시민의 참여를 늘렸다. 특히 지방자치단체 수준의 직접참정제도 도입에 힘썼다.

참여정부는 주민의 직접참정권으로서 주민투표제를 인정하고 구체적 법률을 따로 정하도록 규정한 지방자치법 제14조의 규정에도 불구하고 거의 10년의 입법 지체를 종식하고 2004년 1월 주민투표법을 제정했다. 2005년 주민참여예산제도를 도입해 지방자치단체 예산편성 과정에 주민이 참여할 수 있는 절차를 마련하고 구체적인 사항은 지방자치단체 조례로 정하도록 했다. 2005년 11월 주민감사청구제도의 활성화를 위해 청구 연령을 20세에서 19세로 줄이고 청구주민 수를 조정했다. 2006년 1월에는 지방자치법

8) 참여정부 이전에도 2000년부터 지방 수준에서 직접민주제도가 도입되기 시작했다. 2000년 지방자치법 개정으로 한국형 주민발의제도인 조례제정개폐청구제(제15조)와 주민감사청구제(제16조)가 도입됐다.

개정으로 주민소송제(제17조)를 도입해 지방자치단체의 위법한 재무회계 행위에 대해 주민이 시정을 법원에 청구할 수 있도록 했고, 같은 해 5월에는 주민소환법을 제정해 지방자치단체의 선출직 공직자의 주민에 대한 책임성을 제고하고자 했다.

그러나 이처럼 다양한 제도가 도입됐지만 직접민주주의의 장점을 살릴 만큼 충실한 내용을 갖춘 제도는 잘 눈에 띄지 않는다. 무엇보다 핵심적 직접민주제인 조례제정개폐청구제와 주민투표제는 부실하기 이를 데 없다. 청구자의 수, 청구 기간과 대상, 주민투표운동 기간 등 직접민주제 활용 요건이 지나치게 폐쇄적으로 설계돼 있다. 그 결과, 주민 직접참정의 새로운 전기를 가져올 것이라고 홍보됐던 주민투표제도는 발효된 지 10년이 지나도록 중앙정부의 요구로 실시된 주민투표 이외에 주민이 청구해 실시된 주민투표는 단 한 건도 없다. 더욱이 조례제정 개폐청구제도는 지방의회가 주민발의 안건에 대한 최종 결정권을 행사함으로써 의회가 수정 가결 또는 부결, 심지어 심의를 거부해도 주민은 속수무책일 뿐이다. 지금까지 이 제도가 발효된 이후 발의된 130여 안건 중 대다수가 수정 가결·부결 또는 심의 거부로 폐기되고 말았다. 무늬만 주민발안인 셈이다.

스위스와 미국의 직접민주제 활용 경험은 주민투표제와 조례제정 개폐청구제의 '직접민주적 개방성'을 획기적으로 확대할 필요가 있음을 시사한다. 주민투표의 대상을 확대하고, 주민투표 청구 요건을 완화하며, 의무적 주민투표제를 도입해야 한다. 주민투표운동의 제한을 완화하고, 직접참정을 위축시키는 유권자 '1/3 이상' 유효투표율 제한을 철폐해야 한다. 주민투표를 선거와 함께 실시할 수 있도록 허용하고, 선거관리위원회의 과다한 투표개표 관리경비를 대폭 줄이는 방안을 강구해야 한다. 조례제정 개폐청구제도 주민발의 대상과 청구 요건을 대폭 완화하고, 주민이 발의한 조례안이 지방의회에서 부결되거나 일정 기간 동안 심의되지 않는 경우 주민투표에 회부해 확정하는 방향으로 개정돼야 한다. 주민소환제도 유권자 '1/3 이상' 유효투표율 제한을 철폐해야 한다. 아울러 심의민주적 절차를 확충함으로써 필요한 정보의 공유, 심사숙고, 진지한 토의를 유도하는 방향으로 직접민주제를 다시 설계해야 한다. 나아가 국가 수준의 국민발안제와 국민투표제의 도입도 적극 검토할 필요가 있다.

4) 소중하지만 부실한 재정분권

참여정부는 역대 정부 중 지방재정 확충과 지방재정 운영의 자율성 강화에 신경을 가장 많이 쓴 정부였다. 지방교부세 법정률의 인상, 지방세인 재산세의 과세표준 현실화, 국고보조금 정비, 지방채 발행 총액한도제 도입 등 나름대로 의미 있는 재정분권 개혁을 추진했다. 그러나 참여정부는 재정분권의 핵심인 자체세입의 확충, 특히 국세의 지방세 이양과 자치권의 정수인 과세자치권의 지방이양을 전혀 추진하지 못했다.

참여정부는 지방재정의 어려움을 해소해주기 위해 지방교부세 법정률을 종래 내국세의 15%에서 2005년 18.13%, 2006년 다시 19.24%로 인상했다. 지방재정의 자율성을 제약하는 의존재원으로 비판받던 지방양여금을 폐지하고 국고보조금을 정비해 지방으로 이양해 국가균형발전특별회계를 신설했다. 국가균형발전특별회계의 재원은 2005년 5.5조 원에서 2007년 6.8조 원으로 증가했다. 종합부동산세 전액을 부동산교부세로 전환하여 지방자치단체에 지원하고, 원전지역개발세를 신설해 지방세를 확충했다. 그 결과, 중앙 대 지방의 가용재원 비율이 국민의 정부 시절 43 : 57에서 참여정부 시절 41 : 59로 약간 호전됐다(정부혁신지방분권위원회, 2008: 187-188).

참여정부는 지방재정 운영의 자율성을 신장시키기 위해 중앙정부의 지방예산편성지침과 지방채 발행 개별승인제를 폐지하는 대신 지방채 발행 총액한도제를 도입했다. 아울러 지방재정의 책임성의 높이기 위해 지방재정분석 및 진단제도를 강화하고 복식부기제도를 도입했다.

참여정부는 이와 같은 재정분권 노력에도 불구하고 자율과 책임이 맞물린 자치재정의 장점을 살리기 위해 반드시 실현해야 할 국세의 지방세 이양에 대해서는 재정경제부 고위관료 등의 완강한 저항 때문에 전혀 손을 대지 못했다. 참여정부에서도 국세 대 지방세의 비율은 8 : 2로 요지부동이었다. 더욱이 참여정부는 지방자치 성공의 열쇠로 증명된 지방의 과세자치권 보장을 위한 아무런 조치도 취하지 못했다. 지방분권국가의 건설을 외친 참여정부조차 지방세의 세목 · 세율 · 과표 결정권에 대한 지방의 권리 신장에 전혀 관심을 기울이지 않은 것은 유감스러운 일이다.

5) 아직 갈 길이 먼 자치조직권

참여정부는 조직인사에 대한 지방자치단체의 자율성을 높이기 위해 두 가지 중요한 개혁 조치를 단행했다(금창호, 2009: 15). 첫째는 지방자치단체의 기구와 인력에 관한 중앙정부의 승인권을 폐지한 것이고, 둘째는 지방자치단체가 기구와 인력 운영에 수반되는 인건비 총액을 기준으로 기구와 정원을 자율적으로 관리하도록 한 총액인건비제도를 도입한 것이다.[9)]

참여정부는 2004년부터 지방자치단체의 조직운영 기준에 관한 권한 중에서 본청기구 설치 기준과 직급별·직종별 정원 책정 기준을 폐지하고, 기술직렬 조정승인권, 한시기구·합의제 기관·자문기관·직속기관·출장소·사업소 설치승인권 등 13개 승인 권한을 폐지했다. 그리고 2007년 총액인건비제도를 전면 도입했다.

참여정부가 역대 어느 정부보다 지방자치단체의 자치조직권 신장에 더 많은 노력을 기울였다. 그러나 여전히 지방자치단체는 중앙정부의 부단체장의 정수와 직급 기준, 보조·보좌기관 등의 직급 기준 등에 의해 규제되고 있다. 더욱이 지방자치단체는 중앙정부의 조직운영지침에 따라 언제라도 중앙정부의 통제를 받게 된다. 이런 상황에서 지방자치단체의 획일적인 인사조직 운영은 불가피하다. 지방자치단체의 공공기업가적 창의행정을 북돋우기 위해서는 지방자치단체에게 공무원의 정원·보수·직제 등 인사조직 운영에 관한 광범위한 자치권과 나아가 지방정부 형태의 선택권을 인정하는 획기적 자치조직권 강화가 필요하다.

6) 기대에 어긋난 사무 이양

참여정부는 '중앙 권한의 획기적 지방이양'의 목표를 달성하기 위해 개별법의 개정을 통한 사무 이양의 한계를 극복하기 위해 지방이양위원회에서 수년 동안의 작업을 거쳐 지방에 이양하기로 확정한 중앙 권한을 한데 모은 지방이양일괄법안을 국회에 발의했으나 법안의 접수 거부로 무산됐다. 결국 참여정부 5년 동안 973개의 국가사무를 개별법령의 개정을 통해 지방에 이양하는 데 그쳤다.

2007년 현재 전체 국가사무 30,240개 중 937개가 지방에 이양된 것을 저조한 실적으로 평가하기는 어려운 측면이 있다. 그러나 국가사무 대 지방사무의 비율이 2002년 72 : 28에서 2007년 73 : 27로 하락했다. 이는 참여정부의 사무 이양 실적이 집권 초 세웠던 국가사무 대 지방사무의 비율을 60 : 40으로 끌어올리겠다는 목표에 턱없이 미달한 것이었다. 중앙 권한의 지방이양을 위한 참여정부의 노력에도 불구하고 중앙집권화가 진행됐음을 보여준다. 이런 의외의 결과가 초래된 근본 원인은 중앙정부가 법령을 제정 또는 개정해 지방에 이양된 국가사무보다 더 많은 새로운 국가사무를 양산했기 때문이다.

---

9) 역대 정부는 지방자치단체의 조직인사권에 대한 다양한 중앙통제제도를 활용해 왔다(금창호·권오철, 2007: 16-26). 제6공 정부는 지방자치 실시 이전의 '개별승인제'를 '기준정원제'로 전환했고, 문민정부는 '총정원제'와 이를 보완하는 '표준정원제'를 실시했다. 국민의 정부는 다시 '개별승인제'로 했으며, 참여정부는 '총액인건비제'를 도입했다.

3. 참여정부 지방분권정책의 교훈

참여정부 시절 정부혁신지방분권위원회 위원과 산하 지방분권전문위원회 위원으로 참여해 겪은 경험과 이 연구를 통해 얻은 몇 가지 교훈은 다음과 같다.

1) 엘리트의 기득권을 위협하는 지방분권

2005년 4월 여 · 야 대표들은 여의도 모 식당에 모여 전국을 70개 내외의 단층 광역시 체제로 전환하는 방향으로 연말까지 입법을 끝내기로 합의했다. 사사건건 대립을 보이던 여 · 야가 이 사안에 대해서는 별 논의도 없이 전격 합의한 배경에는 지방분권으로 인한 기득권 침해 위협이라는 일치된 이해관계가 있었다. 전문가와 시민단체의 강한 반발로 이 기상천외한 중앙집권 법안의 그해 연말 입법은 일단 유보됐다. 그러나 국회는 이 법안의 기본 구상을 관철하려고 수년 간 시도하다가 지방행정체제개편특별법과 지방자치발전특별법에 담아 시 · 군 합병 및 대도시 자치구(군) 폐지를 마치 지방분권 과제인 양 위장시켜 중앙집권을 획책하고 지방분권정책을 혼돈과 무력증에 빠뜨려 왔다.

국회의 반격은 계속됐다. 2005년 국회는 국민의 60~70%가 반대하는 기초선거 정당공천제를 기초의원 후보까지 확대시키는 법안을 통과시켰고, 지방이양위원회가 수년 간 전문가와 실무자의 논의와 협상을 거쳐 마련한 지방이양일괄법안을 국회법상 상임위원회 소관주의에 위배된다는 이유로 법안조차 접수하지 않았다. 게다가 정부혁신지방분권위원회가 역시 수년의 연구와 해외 답사 및 논의를 거쳐 마련한 기초지방자치단체 수준의 경미한 자치경찰법안조차 심의를 미루다가 회기 만료로 자동 폐기시켰다.

참여정부의 지방분권정책은 심지어 고위관료의 소극적 태도와 반발을 완전히 극복하지 못했다. 대통령의 강한 지방분권 의지도 관료사회의 반(反)지방분권적 분위기를 완화시키는 데 기여했지만 관료사회를 적극적 지방분권 지원 세력으로 전환시키는 어려웠다. 일부 경제 부처의 현상 고수 입장은 완강했다. 특히 국세의 지방세 이양과 과세자치권 신장 등 세입분권에 대한 재정경제부 고위관료의 현실 경제의 논리와 위력은 대통령의 의지도 뚫을 수 없는 난공불락의 철옹성이었다.

2) 국회를 지방분권의 우군으로 만드는 개헌

참여정부 지방분권정책은 흔히 지방분권을 지연시키고 중앙집권을 시도하는 국회를 지방분권 개혁에 동참하게 만들려면 개헌이 필요하다는 점을 새삼 확인시켜 주었다. 첫째, 국회의 입법 독점을 제한하는 국민발의제와 국민투표제를 도입하는 개헌을 단행함으로써 국회를 지방분권의 우군으로 만들 수 있다. 법률에 대한 국민발의제와 국민투표제는 엘리트의 기득권과 엘리트 카르텔을 제어하고 대표성 실패를 예방·교정하는 근본적 해법이다. 다수 국민이 지지하는 지방분권이 입법되지 않거나 국회에서 통과된 법률이 다수 국민의 의사와 다른 경우 국민이 직접 법안을 발의하고 국민투표로 입법을 확정짓는 직접참정제도를 헌정화함으로써 "대한민국의 권력은 국민에게 있고, 모든 권력은 국민으로부터 나온다"는 헌법 제1조의 민주공화 정신을 구현할 수 있다.

둘째, 지역대표형 상원의 창설은 국회를 지방분권을 촉진하는 주체로 만드는 가장 확실한 방법이다. 지역을 대표하는 상원의원은 지방분권으로 기득권 침해 위협을 느끼지 않는다. 지역을 대표하는 상원의원은 지방분권을 촉진함으로써 오히려 자신의 존재이유를 증명하고 정치적 지지 기반을 확장할 수 있다. 1980년대부터 획기적 지방분권 개혁을 성공적으로 추진해온 프랑스가 마침내 2003년 지방분권 개헌까지 단행할 수 있었던 배경에는 지방정부를 대표하는 상원의 숨은 역할이 있었다(안성호, 2013: 109-117).

셋째, 정치권에서 거론돼 온 이원정부제나 내각제 개헌도 지방분권에 대한 국회의 정치적 책임을 강화한다. 대통령이 외교·안보·통일에 전념하고 국회가 선출한 총리가 내치를 분담하는 이원정부제나 내각제로 전환하는 개헌은 총선에서 승리한 다수당이 국민에게 약속한 지방분권 공약을 현 대통령제에서처럼 함부로 번복하기 어렵게 만들 것이다. 예컨대 내각제 국가인 일본은 1990년대 초반 지방분권 개혁을 공약한 정당이 집권 후 수년 간 준비한 지방이양일괄법안을 2000년 법제화함으로써 메이지유신(明治維新)에 버금가는 획기적 지방분권 개혁을 단행할 수 있었다.

3) 지방분권을 가로막는 헌법

참여정부는 집권 초기 '지방분권국가 건설을 위한 획기적 지방분권' 공약을 이행하기 위해 지방분권정책을 구체화하는 과정에서 헌법의 제약에 직면했다. 특히 "연방국가에 버금가는 특별자치권을 제주도에 주겠다"는 공약을 이행하는 데 헌법이 일차적 장애 요인이었다. 예컨대 지방자치단체의 입법권을 '법률'이 아니라 '법령'으로 제한하는 헌법 제117조, 조세의 종목과 세율을 오직 국회가 정한 법률로만 정하도록 편협한 조세법률주의를 규정한 헌법 제59조는 제주특별자치도 자치권 확충을 차단하는 주범이었다. 좀 참신한 지방분권 아이디어다 싶으면 거의 어김없이 담당 공무원은 "위헌의 소지가 있다"고 난색을 보였다.

현행 '1987년 헌법은 전체 130개 조항 중 단 두 조항만 지방자치를 규정한다. 그나마 두 조항마저 지방자치의 거의 모든 중요한 사항을 법률에 위임함으로써 헌법의 지방자치 보호 기능과 향도 기능을 방기해 왔다. 그동안 대화아카데미와 지방분권 국민운동 등 시민단체들이 시민 참여와 지방분권을 강화하는 지방분권 개헌안을 제시하고 지방분권개헌운동을 전개해온 까닭은 바로 이 때문이다. 실로 지방분권 개헌은 지방분권 개혁의 절실하고 시급한 현안이다.

4) 제주 시 · 군자치제 폐지는 뼈아픈 실책

제주특별자치도의 출범이 우리에게 주는 뼈아픈 교훈은 시 · 군자치제 폐지가 민주주의를 후퇴시키고 민주적 효율성마저 떨어뜨린다는 것이다. 제주도청은 참여정부 초기 중앙정부에 특별자치를 요구하면서 도정(道政)의 일사불란과 효율성 제고를 위해 시 · 군자치제를 폐지해야 한다고 주장했다. 당시 행정자치부와 청와대는 이를 적극 수용해 시 · 군자치제 폐지를 제주특별자치도 도입의 전제조건으로 삼았다. 정부혁신지방분권위원회 산하 특별위원회 회의에서 제주지역의 시 · 군자치제 폐지에 관한 논의 과정에서 여러 위원이 시 · 군자치제 폐지의 폐단을 지적했지만 결국 주민투표로 시 · 군자치제 폐지 여부를 결정하기로 타협됐다. 주민투표 결과, 전체 제주지역에서는 폐지 찬성이 57%로 높았지만 서귀포시와 남제주군에서는 폐지 반대 의견이 더 많았다. 그러나 정부와 제주도청은 투표 결과를 4개 시 · 군자치제 폐지 요구로 해석했다. 이에 대해 서귀포시와 남제주군 주민이 대법원에 시 · 군자치제 폐지 무효 소송을 제기했지만, 대법원 판사들은 정부와 제주도의 손을 들어주었다. 해당 지방자치단체 주민의 다수가 반대하는 지방자치단체 법인격 박탈 사태가 발생한 것이다.

제주지역 시 · 군자치제의 폐지는 단순히 주민투표 결과 해석의 법리문제에 그치지 않았다. 제주특별자치도 출범으로 시 · 군자치제가 폐지되면서 주민참여 제약, 도지사 업무 부담 가중, 과소지역의 발전 활력 저하, 기존 제주시의 집중 심화 등으로 주민의 불만의 고조됐다. 이에 따라 시 · 군자치제 부활이 2010년 6 · 2지방선거의 핵심 쟁점으로 부각됐다. 시 · 군자치제 부활을 공약한 지사가 당선돼 대안을 모색했지만 시 · 군 합병과 자치구 폐지를 추진하는 중앙정부의 지방행정 체제 개편 방향과 상치되어 국회입법이 어려울 것이란 판단에서 지방의회 없는 시장 직선제 부활을 대안으로 제시했다.

5) 엘리트 카르텔을 예방 · 교정하는 직접참정 확충

노무현 정부는 자신의 별칭을 '참여정부'로 설정할 만큼 국정운영 전반에 걸쳐 시민참여를 확대했다. 아울러 주민 참여를 결여한 지방분권의 폐해, 즉 토호들에 의한 지방정부 포획, 지방의 독재, 공공 서비스의 질 저하, 지역 간 불균형 심화 등을 예방 · 교정하는 지방의 직접 참정 확충을 위해 노력했다. 10년 이상 지연됐던 주민투표법을 제정하고 주민소환 · 주민소송 · 주민참여예산 등의 직접참정제도를 도입했다.

그러나 한국의 직접참정제도는 외화내빈이라는 평가를 면치 못하고 있다. 중요한 직접참정제도가 거의 망라해서 도입됐지만 대의민주제의 한계를 보완하는 효과적 직접참정제도는 찾아보기 어렵다. 현행 집정참정제가 부실하다는 구체적 증거는 중앙정치와 지방대의제에 대한 신뢰가 땅에 떨어진 것이다. 국회의원 수를 100명이나 줄이자는 대선공약에 다수 국민이 환호하고, 대도시 자치구(군)의회 74개를 폐지하려는 정치권과 지방자치발전위원회의 움직임에도 지방대의제 파괴를 걱정하는 국민을 찾기 어려운 실정이다. 대의민주주의의 위기가 아닐 수 없다.

대의민주주의의 위기를 극복하는 지름길은 직접참정제도를 확충하는 것이다. 그러나 국회 입법 과정에서 시민의 직접참정 기회는 봉쇄돼 있는 데다 지방자치단체 수준의 직접참정제도는 외화내빈이다. 특히 폐쇄적으로 설계된 주민투표제도와 조례재정개폐청구제도는 지방의 엘리트 카르텔과 대표성 실패를 예방 · 교정해야 할 직접참정제의 기능을 제대로 수행하지 못하고 있다.

주민투표법안에 관한 공청회에서 제안자들은 주민투표제의 폐쇄성 지적에 대해 저급한 시민 역량 때문에 폐쇄적인 제도 도입이 불가피하다고 응답했다. 1~2세기 전부터 스위스와 미국에서 시행돼 온 개방적 직접민주제를 한국 사회가 21세기에도 수용할 수 없다면, 도대체 언제 한국의 시민 역량은 제대로 설계된 직접민주제를 시행할 만큼 갖춰질 것인가? 시민 역량은 책을 읽고 강의를 듣는 것만으로 강화되지 않는다. 시민 역량은 주로 체험학습을 통해 서서히 형성되는 시민 품격이기 때문이다.

6) 특정 정권과 대통령 임기를 넘어선 헌정 리더십

지방분권정책은 지방분권 과제의 법제화로 끝나지 않는다. 지방분권정책은 법제화된 이후 정책집행을 통해 의도한 효과를 달성할 때 비로소 마무리된다. 따라서 지방분권정책 리더십은 지방분권 과제를 법제화하는 과정과 더불어 정책을 집행하고 평가하는 모든 과정을 포괄해야 한다.

지방분권정책의 성공은 무엇보다 제도 변경에 그치지 않고 구성원의 가치관과 태도 및 행동의 변화를 통해 공직자를 비롯한 전체 사회에 자율과 책임의 자치문화 정착을 요구한다. 이런 의미에서 지방분권정책은 장기적 사회학습 과정으로 설계돼야 하고, 지방분권정책 리더십은 10년 이상의 장기적 시계(時界)를 가지고 지속적으로 발휘돼야 한다.

더욱이 통일 한국의 헌정질서 구축을 위한 지방분권 개헌을 추진을 위해서는 특정 정당과 대통령 임기를 넘어선 헌정 리더십이 요구된다. 1980년대 이후 20여 년 동안 좌・우파 정권이 일관되게 지방분권 개혁을 추진해온 프랑스 사례는 향후 한국의 지방분권정책이 정당과 대통령 임기에 구애되지 않는 장기적 국가의제로 공론화돼야 할 것임을 시사한다.

참고 문헌

금창호(2009). 참여정부의 지방분권정책 평가와 향후 발전과제. 지방행정연구, 23(1): 3-25.

금창호・권오철(2007). 참여정부의 자치조직권 확대정책의 평가와 과제. 서울: 한국지방행정연구원.

김병섭(2007). 정부혁신지방분권위원회의 활동과 행정학자의 역할. 한국행정학보, 41(4): 23-44.

김순은(2005). 참여정부의 지방분권정책의 전반기 평가와 과제. 한국공간환경학회・한국지역사회학회 춘계심포지엄 자료.

박태욱(2014). 부산일보, 2(10): 30.

안성호(2014a). 제주특별자치 8년의 성과와 과제(미발간 논문).

______(2014b). 지방자치 부활 23년의 성과와 과제(미발간 논문).

______(2013). 양원제 개헌론: 지역대표형 상원 연구. 파주: 신광문화사.

______(2011). 다중심거버넌스와 지방자치체제의 발전 방향. 행정논총, 49(3): 59-89.

______(2010). 한국의 지방자치체제 개편과 방향: 정치권 지방자치체제 개편안의 문제점과 발전과제. 지방정부연구, 14(1): 7-35.

양영철(2009). 제주특별자치도 특별지방행정기관 통합의 성과와 과제. 지방행정연구, 23(2): 78-80.

이기우(2007). 참여정부의 지방분권: 성과와 과제를 중심으로. 서울행정학회 동계학술대회 발표논문집, 197-227.

이상용・하능식(2007). 참여정부의 재정분권 수준측정과 정책평가. 서울: 한국지방행정연구원.

이호준・최석준・최용석(2013). 제주특별자치도·제주국제자유도시 추진에 따른 경제적 성과분석. 서울: 한국개발연구원.

정부혁신지방분권위원회(2008). 참여정부의 혁신과 분권. 서울: 정부혁신지방분권위원회.

______(2005). 참여정부의 지방분권. 서울: 정부혁신지방분권위원회.
제주특별자치도(2007). 제주특별자치도 추진백서. 제주: 제주특별자치도.
최창수(2014). 시군통합정책의 합리성과 숨겨진 정책의도. 한국지방자치학회보, 26(1): 53-74.
허 훈(2008). 참여정부 지방분권의 추진과정 및 성과와 한계분석. 한국지방자치연구, 5: 1-20.

Ahn, S. H. (2008). Launching Jeju Special Self-Governing Province in Korea: Its theoretical constructs, historical overview, institutional features, early impacts and challenges. 한국지방자치학회보, 20(2): 157-187.
Bae, Yooil (2009). Decentralization and transformation of central state in South Korea: The role of local and civil society. Paper presented at the Korean Studies Association in Australia Bi-annual Conference, Sydney, Australia.
Breul, J. D. & J. M. Kamensky (2008). Federal government reform: Lessons from Clinton's "Reinventing Government" and Bush's "Management Agenda" initiatives. *Public Administration Review*, 68(6): 1009-1026.
Bryan, F. M. (2004). *Real Democracy*. Chicago: The University of Chicago Press.
Cohen, D. S. (2005). *The Heart of Change: Field Guide*. Boston: Harvard Business School Press.
Henderson, G. (박행웅・이종삼 역). (1968). 소용돌이의 한국정치. 서울: 한울아카데미.
Kotter, J. P. (1996). *Leading Change*. Boston: Harvard Business School Press.
______ (2007). Leading change: Why transformation efforts fail? *Harvard Business Review*, January (Special Issue): 96-103.
Kotter, J. P. & D. S. Cohen (2002). *The Heart of Change*. Boston: Harvard Business Review.
Smith, B. (1985). *Decentralization: The Territorial Dimension of the State*. London: George Allen and Unwin.
Tocqueville, Alexis de. Ed. by P. Bradley (1945). *Democracy in America*, 2 Volumes. New York: Alfred A. Knopf.
UCLG (2008). *Decentralization and Local Democracy in the World*. Barcelona, Spain: UCLG.
UN-HABITAT (2007). *International Guidelines on Decentralization and the Strengthening of Local* Authorities. Nairobi, Kenya: UN-HABITAT.

조선일보. 2006.06.14.

제 3 장

동북아시대 구상정책

이수훈
경남대학교

제 1 절 정책의 추진 배경

참여정부는 2003년 2월 말에 출범하면서 '국민과 함께 하는 민주주의', '골고루 사는 균형발전사회', '평화와 번영의 동북아시대'라는 3대 국정목표를 내걸었다. '민주주의'와 '균형발전사회'가 내치와 관련된 목표라고 한다면, '동북아시대'는 외치를 포괄하는 국정목표였다. 그런 만큼 '동북아시대'는 참여정부에서 차지하는 비중과 위상이 실로 높았고, 외교와 안보 영역뿐만 아니라 남북관계마저 포함하는 대외 분야의 총괄적 국정목표이자 비전이었다. '동북아시대 구상'이란 '평화와 번영의 동북아시대'라는 국정목표를 구현하기 위한 총체적 인식 체계 및 종합적 정책 체계라는 일차적 의미와 더불어 동북아에서 여러 분야의 협력을 확대하고 통합을 가속화·제도화함으로써 공존적 질서를 만들어가자는 의지를 담은 역내 미래 비전이자 중장기적 대외 국가전략으로서의 의미를 겸했다(박종철 외, 2006: 5; 동북아시대위원회, 2006a: 24).

'동북아시대 구상'이 추진된 배경에는 적어도 두 가지 요인이 있었다고 할 수 있다.

하나는 대통령 어젠다로서의 요인이었고, 다른 하나는 동북아시대의 도래라는 외부적 요인이었다.

첫째, 대통령 어젠다로서의 '동북아시대'란 노무현 대통령 자신이 평소부터 고민해 왔고 집권하면 꼭 추진해보고 싶었던 정책 이슈였다는 점에서다. 이 점은 노무현 대통령이 자신의 직속으로 '동북아시대위원회'를 두었다는 사실에서 잘 드러났다고 하겠다. 노무현 대통령의 동북아시대 구상에서 빈번하게 등장하는 '변방의 역사'라는 표현은 2001년 안동의 한 특강에서 이미 사용한 바가 있을 정도로 개인적 관심사였다(배기찬, 2008: 154). 그는 한반도가 동북아 강대국의 틈바구니에 위치한 나머지 역사적으로 강대국 정치에 휘둘려 수난을 당했던 역사를 극복하겠다는 의지를 강하게 가졌다. 그의 이 같은 의지는 취임사에서부터 피력됐는데, "한반도는 중국과 일본, 대륙과 해양을 연결하는 다리입니다. 이런 지정학적 위치가 지난날에는 우리에게 고통을 주었습니다. 그러나 오늘날에는 오히려 기회를 주고 있습니다. 21세기 동북아시대의 중심적 역할을 우리에게 요구하고 있습니다"(노무현, 2003a)라는 천명에서 잘 나타났다. 취임 6개월 8·15 경축사에서도 그 의지가 한층 강도 높게 재천명됐다. 즉, "다시는 강대국의 틈바구니에서 어느 쪽에 기댈 것인가를 놓고 편을 갈라서 싸우다가 치욕을 당하는 그런 역사를 다시는 반복하지 말아야" 하고, "새로운 질서 속에서 동북아시아가 더 이상 세계의 변방이 아니듯 한국도 더 이상 변방이 아닐 것"이라고 강조했다(노무현, 2003b). 이같은 구상을 관철시키기 위한 하위 정책들이 바로 '균형적 실용외교'와 '협력적 자주국방'이라고 할 수 있다. 외교를 대미일변도로 가져가지 않겠다는 점과 자위력을 높여야 한다는 생각을 반영한 정책들이며, 변방의 역사를 극복하는 데 기초가 되는 정책들인 것이다. 이렇듯 동북아시대 구상은 노무현 대통령 자신의 어젠다로서 성격이 강했던 셈이다.

둘째, 동북아시대의 도래에 대한 대응으로서의 배경 요인이 있었다. 참여정부의 운영백서나 동북아시대위원회의 여러 간행물들에 의하면, 노무현 대통령을 비롯해 정책입안자들이 중국의 급부상에 따라 동북아 지역이 세계 체제의 또 하나의 중심으로 떠올랐다는 객관적 현실을 주목했음을 알 수 있다(국정홍보처, 2008: 14-16; 동북아시대위원회, 2006a: 12-14). 이 새로운 환경을 어떻게 포착해 물류, 금융, 산업클러스터 등의 경제 발전에 플러스 요인으로 삼을 것인가 하는 문제의식이 참여정부 출범 초기의 '동북아 경제 중심' 구상이었던 것이다. '동북아 경제 중심' 구상은 초기의 여러 애로에 직면해 우여곡절 끝에 동북아시대 구상으로 수정됐다. 동북아 '경제 중심' 구상의 추진 여건이 우호적이지 못했던 데다가 노무현 대통령의 좀 더 깊은 고민은 당시 동북아에 새롭게 형성되고 있는 지정학에 어떻게 대응할 것인가 하는 전략적 관심이었던 탓으로 이같은 수정이 이뤄졌던 것이 아닐까 짐작된다. 동북아 역내 새로운 지정학이란 미국의 헤게모니가 퇴조(decline)하고 중국이 일종의 경쟁 권력으로 부상한 나머지 미·중 간 은근한 대립 관계가 형성되고 있었던 지역 질서 변화를 요체로 한다. 게다가 영토, 역사, 북핵문제 등의 이슈들이 가세해 중·일간 갈등 심화를 비롯한 동북아 정세 전반이 한반도 정세에 순탄하지 못했던 차원도 작용했다. 동북아에 새롭게 조성된 지정학적 위기를 어떤 전략적 선택을 통해 타개해 나갈 것인가라는 점이 '동북아시대 구상'의 명실상부한 과제가 됐던 것이다.

제 2 절 정책의 추진체계[1)]

1. 의미와 목표

앞서 밝힌 대로, 동북아시대 구상이란 일단 '평화와 번영의 동북아시대'라는 참여정부 국정목표 구현을 위한 총체적 인식 체계 및 종합적 정책 체계라고 의미를 규정할 수 있을 것이다. 이 구상은 동북아에서 여러 분야의 협력을 확대하고 통합을 가속화, 제도화함으로써 공존적 질서를 만들어가자는 목표를 담은 역내 미래 비전이자 중장기적 대외 국가전략이라고 할 수 있다. 동북아에서 오랜 경쟁, 대립, 갈등의 역사를 극복하고 다양한 분야의 협력 증대를 통해 통합으로 나아가자는 미래 비전이며, 그런 미래 비전이 실현될 때 우리의 중장기적 안위와 지속 가능한 발전이 담보된다는 취지를 담고 있다. 한반도의 평화 정착과 공동 번영은 동북아라는 상위 단위에서의 평화 및 공존적 질서와 불가분의 관계를 맺고 있다는 점도 동북아시대 구상의 중차대한 의미다(노무현, 2007).

이 구상은 상호 연계된 세 가지 층위의 전략으로서의 의미도 있다. 첫째, 동북아시대 구상은 역내 국가 간 교류와 협력을 촉진하고 좀 더 조화로운 지역 질서와 공동체 형성을 위한 제도적 토대를 구축함으로써 평화와 번영의 선순환 구조를 형성하기 위한 '지역 전략'이라고 할 수 있다. 둘째, 동북아시대 구상은 남북분단과 군사적 대치 상황이라는

1) 이 절의 내용은 동북아시대위원회(2006a: 24-35)에서 재인용했음.

민족적 비극을 극복하고, 나아가 동북아지역 평화와 공동 번영의 선결조건인 한반도의 영속적인 평화 체제를 구축하기 위한 '한반도전략'으로서의 의미도 갖는다. 셋째, 동북아시대 구상은 혁신과 개혁을 통해 국가적 역량과 국제 경쟁력을 강화하고 온 국민의 상호 협력과 단합을 고양함으로써 국민 복리를 증진시키기 위한 '국가전략'으로서의 의미도 내포하고 있다.

2. 추진 원칙

첫째, 협력 증진과 확대를 위한 동시 병행 연계 추진 원칙이다. 평화와 번영을 개별적 목표로 분리해 추진하거나 '선(先)번영, 후(後)평화' 식으로 순서를 두지 않고, 두 목표를 가급적 연계시켜 동시 병행 추진하는 것을 추진 원칙으로 삼는다. 그렇게 함으로써 공존적 질서 구성의 시너지 효과를 극대화시킬 수 있기 때문이다. 경제 협력의 확대·심화, 역내 다자안보협력의 제도화, 사회문화 교류협력의 확대·심화 등 여러 영역을 연계시켜 병행 추진한다는 원칙이다. 국민적 염원으로 보아 남북한 민족공동체 구축이 선행되고 이에 기초해 동북아 지역공동체가 실현되는 구도를 상정할 수 있지만, 한반도와 동북아의 불가분성을 감안할 때 이 둘을 연계해 쌍방향적 영향력을 높이는 쪽으로 추진한다는 원칙도 들어 있다.

둘째, 중층적 협력 원칙이다. 동북아시대 구상은 협력의 가능성을 극대화하기 위해 정부 당국 간의 협력은 물론 비정부 간 교류와 소통, 접촉과 협력도 적극 활용돼야 한다는 것이다. 중앙정부와 지방정부, 기업과 같은 민간 영역, 시민사회 등등 여러 행위 주체들이 중층적으로 협력을 확대 증진해야 한다는 것이다.

셋째, 개방적 지역주의 원칙이다. 동북아시대 구상은 '열린 동북아'를 동북아 미래상의 하나로 설정하고 있다. 따라서 이 구상을 지지하는 역내 외 모든 국가와 기관과의 협력을 기본 전제로 삼고 있다. 비차별주의, 호혜주의, 개방성이 동북아시대 구상의 추진 원칙이라 할 수 있다. 역외 국가들인 미국과 러시아가 이 구상에 중요한 주체로 참여해야 한다는 것도 바로 이 원칙에 부합된다.

마지막으로, 공동체 지향 원칙이다. 유럽의 통합 사례가 예시해 주고 있듯이 지역 공동체 구축은 그리 용이한 일이 아니다. 오랜 시간에 걸쳐 교류와 협력을 강화시켜 나가고 신뢰, 소통, 상생을 전제로 협력의 거버넌스를 구축하는 동시에 공동의 가치와 정체성을 공유할 때 비로소 지역공동체가 성립될 수 있다. '동북아시대' 구상 역시 유럽 통합의 사례를 교훈삼아, 점진적으로 역내 교류와 협력을 확대해 나가면서 동시에 통합의 거버넌스를 구축하고자 한다. 그리고 궁극적으로 이러한 노력들을 통해 한층 더 제도화된 지역 공동체를 구축하고자 한다.

3. 참고 사례: 유럽 통합

동북아시대위원회에서는 대표적 통합 사례로서 유럽의 통합 과정을 주목해 동북아에 갖는 함의를 2005년 9월 28일 대통령에게 보고하기도 했다.[2] 유럽연합은 가장 성공적인 지역통합체이며 유럽 각국은 평화와 번영의 공동체 구축을 통해 당시 유럽의 공동 현안을 극복했다. 이러한 유럽의 경험은 동북아의 지향점에 시사하는 바가 매우 크다.

유럽의 경우를 보면, 우선 평화에의 열망이 유럽 통합을 촉진했다. 두 번에 걸친 파괴적 전쟁을 치른 가운데 적대와 반목, 불신의 항구적 종식을 위한 대안으로서 유럽통합론이 대두됐으며 투명한 사회, 유럽 시민의 참여 확대, 유럽 내 세력 균형의 유지를 통한 '하나의 유럽'을 꿈꿨다. 이 꿈을 꾼 정치지도자들이 많았다는 점을 새겨볼 만하다. 다음으로, 지역 협력을 통한 공동 번영을 추구했다. 지역 통합의 가시적 형태이며, 유용하고 실용적인 수단으로서 경제 통합을 포착했다. 경제 통합 대열에의 참여가 수반하는 경제적 이익에 대한 개별국의 기대가 존재했으며 역내 평화 정착과 경제 통합 이익의 가시화에 따라 참여국 수가 증가됐다.

유럽 통합의 성공에는 다음과 같은 요인이 있었던 것으로 논의되고 있다.

첫째, 지역통합의 기본 조건이 충족된 점을 들 수 있다. 즉, 지리적 인접성, 경제적 상호의존성, 민주주의 이념과 가치 및 제도를 공유한 정치적 동질성을 구비하고 있었으며, 기독교를 골간으로 한 이념적 친화성과 사회문화적 유사성을 겸비하고 있었다.

둘째, 선명한 통합 이념과 비전, 그리고 철학을 공유하고 있었다. 유럽이 민족국가 단위로 분할돼 있는 한, 갈등과 전쟁은 불가피하다고 인식, 평화 구현을 위해 초국가적 공동체 구축을 시도한 것이다. 또한 1993년 소위 코펜하겐 기준인 민주주의, 인권, 법치 존중이라는 유럽연합이 추구하는 공동의 이념 가치를 추구해 신규 회원국 가입 조건을 명문화했다. 세계주의는 민주주의와 인권 존중에 기초한 '유럽적 거버넌스'의 세계적 확산을 지향했다.

2) "유럽통합이 동북아공동체 형성에 주는 시사점"(동북아시대위원회, 2008: 59).

셋째, 기능주의 통합과 제도화를 들 수 있다. 유럽 통합 과정은 부문 통합에서 출발해 점차 확산시켜 나가는 점진적 기능주의 방식을 채택했다. 아울러 개별국의 이해관계로부터 자유로운 초국가적 집행기구의 출범 및 권한 강화도 통합을 촉진했다. 즉, 개별 국가의 주권을 일정 부분 이양했던 것이다. 이러한 제도 및 기구는 개별국 간 이해 조정과 시장 실패 방지를 위한 기제로 작용했고, 통합에의 참여 유인을 제공했다.

넷째, 개별국의 이익과 합치되는 협력과 통합을 전개했다. 프랑스는 독일과의 수많은 전쟁을 치렀으며, 특히 보불전쟁, 1, 2차 대전 등의 대규모 전쟁에서 계속 패퇴한 역사적 경험 속에서 '독일의 유럽화'를 통해 독일의 전쟁 능력 봉쇄를 추진했다. '유럽석탄철강공동체(ECSC)'의 추진은 자국 기간산업의 안정적 발전 도모라는 경제적 목적에도 부합했다. 서독의 경우, 유럽 통합을 통한 독일의 유럽화는 전범국가로서의 외교적 고립을 탈피하는 방안으로 인식했다. 유럽 통합의 강력한 지지자가 됨으로써 경제력을 강화하고 독일 통일의 역내 외 지지 기반을 확보했던 것이다. 유럽 소국인 벨기에, 네덜란드, 룩셈부르크 등은 부존자원의 한계로 국제무역에의 의존도가 지대해 유럽 통합을 시장 확대와 무역 증진의 호기로 인식했다. 영국은 공동체 건설 과업의 참여에 소극적이었으나 1960년대 중반부터 참여로 선회했다.

다섯째, 독일과 프랑스가 주도적으로 통합의 가교 역할을 수행했다. 프랑스는 1920년대부터 국가정책으로 유럽 통합을 추진했는데, 이는 프랑스가 역사적으로 빈번한 유럽 전쟁의 가장 큰 피해 국가이며, 일찍이 유럽 통합을 항구적 평화 정착의 유일한 방안으로 인식했기 때문이다. 또한 서독을 유럽 통합정책의 최적의 협력자로 선정, 파트너십을 증진시켜 나갔으며 '대서양주의'에 맞서는 '유럽주의' 기치를 올려 역내 국가들의 단합을 도모했다. 제2차 세계대전 이후 구체적 통합 방안을 마련, 본격적인 외교력을 발휘했다.

독일은 과거사 청산 노력과 통합의 리더십을 발휘했다. 제2차 세계대전 직후 프랑스 주도의 유럽 통합 움직임을 국제사회 복귀 기회로 인식하고, 적극적으로 참여했다. 또한 프랑스와 역사교과서협의회 운영(1950~1967년) 등 교육을 통한 과거 반성 노력을 지속하는 가운데, 1960년대 서독 사회의 대대적 과거 성찰 운동을 전개했다. 1970년 브란트(Wily Bradt)는 바르샤바 게토 기념비 앞에서 무릎 꿇고 사죄하는 등 독일 지도자들의 반복적이고 진지한 제2차 세계대전 죄과에 대한 사과를 지속했으며 라인강의 기적으로 획득한 경제력을 유럽 통합에 필요한 지역 공공재 창출 및 유지를 위해 사용했다. 마르크화는 역내 안정 통화로서의 기능을 수행했으며 역내국 사회 통합 유지를 위한 유럽구

조기금에 가장 많은 출연을 했다.

프랑스와 독일 지도자들은 긴밀한 협조 체제를 유지했는데, ECSC를 포함한 모네 구상은 독일 수상 아데나워(Konrad Adenauer)와 프랑스 외무장관 슈망(Robert Schuman)의 의기투합으로 현실화가 가능했다. 아데나워와 드골(Charles de Gaulle)의 우정이 1963년 독·불 우호조약 체결로 연결됐으며, 양국 간 협력이 제도화되는 계기가 마련됐다. 또한 1982년부터 1992년 사이 미테랑(François Mitterrand)과 콜(Helmut Kohl)이 만난 횟수는 무려 115회로 두 수상 간의 협조는 양국에 특수 관계로 정립됐다. 1980년대 초, 침체에 빠진 유럽통합운동의 부흥을 위해 독·불 간에는 긴밀한 협조 체제가 유지됐다. 양국은 행정부, 각 부처별로 다양한 수준에서 상호 긴밀한 연락 체제를 가동했으며, 초국가적 성격의 강화를 위한 EU의 제도개혁을 주도했다. 유럽 통합 과정에서 독·불은 통합의 쌍두마차 체제를 형성했는데, 독·불 협조 체제가 원활히 작동할 때는 통합의 발전이 순조롭게 진행되는 반면, 마찰이 생길 때는 통합 과정에 제동이 걸리는 현상이 발생했다.

여섯째, 유럽 통합을 위해 내적 구심적 역할을 하는 역내 정치 지도자의 미래 지향적 역할이 있었다. 모네(Jean Monnet)의 유럽 통합 구상을 담은 1950년의 '슈망 플랜', EEC와 Euratom 설립을 가능케 한 「스파크 보고서」, 독일 통일의 가능성을 유럽 통합에서 도출한 '아데나워 구상', 1992년 유럽 단일시장의 완성을 목표로 제시한 '1992 프로젝트', 유럽 통화 통합의 추진전략을 제시한 「베르너 보고서」와 「들로르 보고서」 등 유럽 통합의 비전과 청사진을 통해 추진전략을 제시했다. 또한 엘리트 및 시민에 대한 공감대를 구축하는 작업을 적극적으로 수행했다. 모네는 '유럽합중국 결성을 위한 활동위원회'를 조직하고 엘리트를 동원했다. 스파크(Paul H. Spaak)는 초국적 엘리트 단체인 '유럽운동'을 운영했으며, 들로르는 지속적인 유럽 정상 외교를 추진하는 가운데 유럽 사용자 및 노동조합 대상의 '사회적 대화' 모임을 정례화했다. 아데나워는 유럽통합운동이 독일통일운동이라며 국민의 지지를 호소했다. 이러한 정치 지도자의 의지가 유럽 통합에 크게 이바지했음은 동북아 지도자들에게 시사하는 바가 크다.

4. 한국의 역할

동북아시대 구상에서 또 하나의 중요한 쟁점은 한국의 위상 혹은 역할에 관련된 것이다. 참여정부 출범 초기 '동북아 경제 중심' 구상을 제기했을 때부터 안팎으로 반대와 비판이 적지 않았다. 내부로부터의 비판은 주로 정치적 반대의 성격이 짙었는 바, "한국이 언제부터 동북아 중심 운운하게 되었나?"라면서 냉소적 태도가 표출됐다. 외부로부터는 중국이나 일본이 노골적으로 반대 의사를 표하기도 했다. '중심'이라는 표현 자체가 시비거리가 되기도 했다. 예컨대, 공존과 통합을 제안하면서 자신이 '중심(center)'이 되겠다는 것이 자가당착 아니냐는 것이었다. 이는 business hub로서의 '경제 중심'을 오해한 데서 기인했지만 노무현 대통령 자신이 비친 '중심'에 대한 용법은 그리 간단치 않았음을 알 수 있다.

노무현 대통령은 우리 속에 은근하게 자리 잡고 있는 변방의식 혹은 약소국 의식에 대해 강한 알레르기적 인식을 보였다. 한·미동맹의 조정에 대한 노무현 대통령의 의지나 2005년에 제기한 '동북아균형자론'을 미뤄볼 때 그 인식은 더욱 선명했다. 그는 한국이 동북아 정세의 수동적 객체가 아니라 능동적 주체가 될 수 있다는 인식의 전환을 강조했고, 한국이 정세의 변수가 돼 끌려다니지 않을 전략을 모색하고 전술을 구사할 필요성을 강조했다(노무현, 2005).

그렇다고 해서 한국이 강대국이 돼야 한다는 접근을 모색하지도 않았다. 오히려 유럽 통합 과정에서 상대적으로 작은 국가들의 선택이 영향력을 발휘했다는 점을 강조했다(노무현, 2005). 따라서 한국도 동북아의 분열 구도 속에서, 해양과 대륙 간 대립의 최전선에서 그 지리적 특성을 살려 가교 역할, 촉매 역할을 할 수 있다고 보았다. 중국이나 일본이 이같은 역할을 하기가 구조적으로 불가능한 반면 한국은 지리적으로나 지정학적 위상으로 볼 때 중간자적 역할을 할 수 있다고 보았던 것이다.

5. 위원회 거버넌스

대통령 어젠다인 동북아시대 구상을 실현하기 위해 대통령 직속의 위원회가 설치됐다. 참여정부는 '위원회 공화국'이라는 비판이 있었을 정도로 핵심 정책과제를 대통령 직속의 위원회를 통해 관장했는데 동북아시대 구상 업무는 '동북아시대위원회'를 통해 관장하게 됐다.

2003년 정부 출범 초기에는 '동북아경제중심추진위원회'로 설립됐지만 1년 뒤인 2004년 '동북아시대위원회'로 개편됐다. 동북아경제중심추진위원회는 동북아 구상의 개념 정리에서 출발해 구상 실현을 위한 기본 전략을 수립함으로써 동북아시대 구상을 현실화하기 위한 정책적 토대를 구축하고 정부 관계 부처가 추진해야 할 구체적 과제 제시에 중점을 두고 운영됐다. 배순훈 당시 KAIST 교수가 위원장을 맡았고, 나머지 정부

위원과 민간위원 구성은 〈표 2-3-1〉과 같다.

표 2-3-1 '동북아경제중심추진위원회' 구성

구분	성명	소속
위원장	배순훈	KAIST 테크노대학원 교수
정부위원	김진표	재정경제부 장관
	정세현	통일부 장관
	윤영관	외교통상부 장관
	이창동	문화관광부 장관
	윤진식	산업자원부 장관
	진대제	정보통신부 장관
	최종찬	건설교통부 장관
	허성관	해양수산부 장관
	박봉흠	기획예산처 장관
	이영탁	국무조정실장
	이정우	대통령비서실 정책실장
민간위원	김국웅	우리로 광통신 회장
	김명자	전 환경부 장관
	김수룡	미국 메리디엔파트너즈 그룹 회장
	김중수	KDI 원장
	안충영	KIEP 원장
	양수길	법무법인 김&장 고문
	유종일	KDI 국제대학원 교수
	이재희	유니레버코리아 회장
	임계순	한양대학교 교수
	최명주	한국 IBM부사장
	한민구	서울대학교 교수
	황호선	부경대학교 교수
	현명관	전경련 부회장

자료: 동북아시대위원회 (2008: 204).

개편된 '동북아시대위원회'는 제1기와 2기로 나눠 살펴볼 수 있는데, 2004년 6월부터 2005년 3월까지 활동한 제1기에서는 동북아시대 구상의 추진전략, 원칙, 과제 등을 새롭게 설정하고 경제자유구역에 대한 외자 유치, 제주 평화거점화사업 지원, 동북아 금융허브, 물류 중심 사업들을 추진했다. 제1기 동북아시대위원회 위원장은 연세대학교 문정인 교수가 맡았다. 2005년 3월부터 참여정부 말기까지의 제2기에서는 활동 분야를 외교안보, 남북협력, 동북아 경제협력, 동북아 사회문화 교류협력 등 넷으로 구분했다. 이 구분에 따라 네 개의 전문위원회를 두었고 전문위원회를 중심으로 동북아 협력을 위한 대외전략 수립, 남북관계 발전전략, 국가 간의 경제협력 추진, 동북아 사회문화공동체 구축 등을 위해 활동했다(동북아시대위원회, 2008: 23). 기왕의 허브전략과제, 즉 금융·물류·외자 유치 등은 국민경제자문회의 내에 분과위원회를 설치해 이관했다. 특별위원회도 '제주특별위원회'만 남기고 모두 폐지했다. 제주특위는 고충석 제주대학교 총장을 위원장으로 하여 평화거점도시 관련 전략과 업무를 추진했는데, 제주평화연구원 설립을 주도했다.

위원회는 대통령령에 따라 위원장 1인을 포함한 25인 이내의 위원으로 구성됐다. 위원들은 정부위원과 민간위원으로 위촉됐고, 대개 반반 정도로 꾸려졌다. 정부위원은 유관 부처의 장관 및 국무조정실장, 청와대 정책실장이 포함됐고, 민간위원은 민간 분야의 전문가들로 위촉했다(동북아시대위원회, 2008: 246). 위원회의 업무를 지원하기 위해 사무국 격인 기획조정실을 설치했는데, 대통령 비서관이 기획조정실장을 맡았다. 대통령과의 유기적 소통을 입증하는 인적 배치라고 하겠다. 또한 기획조정실에는 통일부, 외교통상부, 국방부, 재정경제부 등등의 유관 부처 공무원들이 파견돼 위원회 업무와 활동을 지원했다. 국책 연구기관으로부터 전문가들도 파견됐다. 2005년 8월부터 이수훈 경남대학교 교수가 위원장으로 임명돼 참여정부 임기 말까지 동북아시대위원회를 이끌었다. 2005년 8월 당시 위원회 구성은 〈표 2-3-2〉와 같다.

위원회의 활동 가운데 두드러진 것이 대통령이 직접 참석하는 '국정과제회의'였다. '국정과제회의'는 대통령의 지시 사항을 이행하기 위한 보고의 성격을 띠기도 했고, 위원회의 중대한 과제 성과를 대통령에게 보고하는 성격을 갖기도 했다. '국정과제회의'는 대통령 회의였던 만큼 그 중요도와 파급력이 컸다. 위원회 위원들 외에도 민간 분야의 전문가들이 초청돼 토론에 참여했고, 정부에서도 관련된 책임자들이 토론자로 참석했다. 이 회의를 통해 수많은 하위 지시가 나오고 부처에서 챙겨야 할 정책과제들이 파생됐다.

표 2-3-2 '동북아시대위원회' 구성

구분	성명	소속
위원장	이수훈	경남대학교 교수
정부위원	한덕수	재정경제부 장관
	정동영	통일부 장관
	반기문	외교통상부 장관
	정동채	문화관광부 장관
	이희범	산업자원부 장관
	진대제	정보통신부 장관
	추병직	건설교통부 장관
	오거돈	해양수산부 장관
	변양균	기획예산처 장관
	조영택	국무조정실장
	김병준	대통령비서실 정책실장
민간위원	강교자	YWCA연합회 부회장
	고충석	제주대학교 교수
	목연수	부경대학교 교수
	박영규	통일연구원 원장
	백영서	연세대학교 교수
	백종천	세종연구소 소장
	서영진	(사)맥지청소년 사회교육원 원장
	이경태	대외경제정책연구원 원장
	이덕훈	금융통화위원회 위원
	이신화	고려대학교 교수
	이영욱	한국문화관광정책연구원 원장
	정희선	덕성여자대학교 교수
	한태규	외교안보연구원장

자료: 동북아시대위원회(2008: 206).

제3절 정책의 추진 과정 및 내용

1. 동북아 경제 중심에서 동북아시대 구상으로

어떤 정책 구상이든 애초의 내용이 아무 변화 없이 추진되는 경우란 없다. 추진 과정에서 나타나는 여러 현실적 문제로 인해 시행착오도 겪고 수정되는 것이 불가피하다. 참여정부의 '동북아시대' 구상도 예외가 아니었는바, 구체화되는 과정에서 그 강조점이 달라지기도 했고 큰 변화를 겪기도 했다.

'평화와 번영의 동북아시대'라는 국정목표는 두 마리 토끼를 동시에 잡겠다는 의도를 담고 있다. 애초 구상을 제기했을 때에는 평화와 번영이 선순환적 관계를 갖고 병행 추진할 수 있을 것으로 보았다. 하지만 동북아와 한반도의 현실은 외교안보적 영역과 경제적 영역이 동떨어진 채로 헛돌았다. 요즘 논의되고 있는 '아시아 패러독스'가 입증해 주듯이 참여정부 임기 기간에도 유사한 딜레마가 엄존했다.

출범 초기 '동북아 경제 중심' 구상이 약 1년 만에 약화 및 소멸의 운명을 맞게 됐다. 노무현 대통령은 취임사와 광복절 경축사에서까지 동북아시대 구상이 경제 중심 구상이며, 동북아경제중심추진위원회는 동북아시대 구상이 "우리 국가의 경제 활로를 모색하기 위해 수립된 국가전략"이라고 정의내렸다(동북아경제중심추진위원회, 2003). 이때까지만 하더라도 동북아시대 구상은 경제발전전략으로서의 성격이 강했다. 불과 1년 만에 경제발전전략으로서의 성격이 급격히 퇴조하고 외교안보전략으로 성격 변화를 겪게 됐는데, 이에는 노무현 대통령이 고민해온 동북아 지정학의 대변화 속에서 한국의 대외전략이 무엇이어야 하는가라는 관심사가 작용했다고 할 수 있다. 대통령이 직접 나서서 개념을 재정립하고, 위원회 명칭도 '동북아시대위원회'로 재편하게 됐던 것이다.

2. 내부의 문제 제기

'동북아시대' 구상에 대해 학계와 언론에서 다각적인 비판과 문제 제기가 있었다. 정치적 저항의 성격을 띤 비판이 아니라 문제 제기로서 정당한 대응을 해야 마땅한 이슈도 없지 않았다. 왜 동북아냐, 무엇이 동북아냐, 이런 질문을 시작으로 해서, 동남아는 어떻게 되느냐, 동아시아가 더 적절하지 않은가, 미국은 배제되느냐 등등의 문제 제기가 있었다. 이런 문제 제기는 다분히 학술적인 각도의 성격이 짙지만, 정책적인 함축이 담겨 있기도 하기 때문에 매우 중요한 지적들이라고 할 수 있다.

우선 왜 동북아인가, 즉 동북아시대를 내건 동기가 무엇인가라는 문제다. 노무현 대통령은 취임사에서 '변방역사 극복론'을 제시한 바 있으며(노무현, 2003a), 2003년 8월 15일 경축사에서 동북아시대 구상과 관련해 다음과 같이 밝힌 바 있다. 즉, 동북아시대라는 관념을 내건 주된 동기는 자신의 운명과 역사는 가능한 한 자신이 알아서 짊어지고 꾸려가자는 것이다. 의존적 사고에서 자주적 사고, 타율에서 자율, 무력감에서 자신감으로 나아가자는 것이며, 위협이 오면 편가르기와 이분법적 사고로 분열하는 인습에서 벗어나자는 것이다. 경축사에서 명기된 대로 통합에 대한 동기도 강하다고 볼 수 있다.

동시에 나타나고 있는 동기가 먼 미래 방향 설정이다. 동북아시대는 현재에 그치고 마는 관념이 아니라 먼 미래에 관련돼 있다는 것이다. 동북아시대가 방향성을 갖고 있다고 한다면, 그 방향성은 5년 정도의 시간대가 아니라 20년 30년 정도의 시간대를 염두에 두고 있다. 동북아시대는 그래서 단기적 시기, 국면적 시간대에 관련된 관념이 아니라 중장기적이고 구조적인 시간대와 연관된 관념인 것이다.

그럼 이 같은 동기를 왜 하필 '동북아'라는 지역 단위를 통해 추구하려고 하느냐, 이런 문제 제기도 많았다. 동북아는 우리가 속해 있는 가장 전략적 지역이자 한반도와 관련된 지정학이 직접 작동하는 공간이다. 우리 운명을 결정하는 공간 단위를 좀 더 넓게 잡아야 한다는 동기가 있다면 그것은 당연히 동북아일 수밖에 없다. 실제 우리 국가 운영의 무대와 지평을 넓혀야 할 뿐더러, 우리의 인식도 그런 방향으로 바뀌어야 한다. 탈냉전 과정에서 이는 너무나 당연한 관심사이며, 세계화와 개방화 시대에 능동적으로 대응하는 일이기도 하다. 적어도 동북아 정도의 공간 단위를 염두에 두고 국가 운영을 하자는 것이며, 그 공간의 성격을 형성하는 데 정책적 강조점을 부여하자는 의지가 동북아시대 관념에 포함돼 있다.

왜 동북아인가 하는 문제 제기에는 왜 한반도가 아니냐는 항의가 내포돼 있기도 했다. 노무현 대통령은 이 문제에 대해 양자 간의 불가분성을 다음과 같이 피력한 바 있다.

> 한반도의 분단과 전쟁은 냉전 체제의 산물이었습니다. 그런데 세계적인 냉전 체제는 해체되었지만, 아직도 한반도는 분단의 굴레를 벗지 못하고 있습니다. 그것은 동북아의 냉전체제가 아직 완전히 해소되지 않고 있기 때문입니다. 동북아의 냉전체제가 아직도 해소되

지 않고 있는 것은 동북아의 냉전구도가 보다 뿌리가 깊은 동북아의 대결구도와 결합되어 있기 때문입니다.

동북아의 대결구도는 냉전 체제보다 그 역사가 오래된 것입니다. 400년 전 임진왜란 이래 동북아의 해양 세력과 대륙 세력은 지속적인 대립과 충돌을 반복해 왔습니다. 청·일 전쟁, 러·일 전쟁이 그 대표적인 사례입니다. 한반도의 분단은 그때부터 씨앗이 뿌려졌습니다. 그리고 그 상처는 아직도 아물지 않고 있습니다.

이처럼 한반도의 갈등과 대립은 한반도만의 문제가 아닙니다. 오랜 역사를 가진 동북아 대결구도의 일부이고, 그것에 의해 규정받아 왔습니다. 한반도에 평화가 정착되기 위해서는 동북아에 남아 있는 역사적·이념적 갈등이 해소되고 새로운 협력의 질서가 만들어져야 합니다. 그래서 우리는 동북아 평화를 말하는 것입니다(노무현, 2007).

게다가 전통적으로 동아시아라는 범주가 있는데 굳이 동북아로 좁힐 이유가 뭐냐, 왜 동남아를 외교 전략적으로 배제시키느냐라는 문제 제기도 있었다. 이 문제 제기에 대해서도 노 대통령은 같은 연설문에서 다음과 같이 설명한 바 있다.

현재 동남아시아는 아세안을 중심으로 새로운 협력 질서를 형성해가고 있습니다. 잘 가고 있습니다. 그에 반해 동북아는 앞서 말씀드린 바와 같이 아직도 대결의 질서를 해소하지 못하고 있습니다. 경제적으로 군사적으로 압도적인 역량을 가진 동북아 3국이 화해와 협력의 질서를 형성하는 데 성공하기 전에는 아세안에서 한·중·일 간의 각축은 심화될 것이고, 이는 결국 동아시아 전체의 불안 요인이 될 수도 있습니다. 그런 점에서, 동북아공동체를 전제하지 않고 동아시아공동체를 말하는 것은 좀 공허하다 싶습니다. 따라서 동아시아공동체가 성공하려면 동북아공동체가 먼저 성공하거나, 적어도 병행하여 추진되어야 한다는 것입니다. 그것이 동아시아 전체의 번영과 결속에 기여하는 길이 될 것입니다(노무현, 2007).

마지막으로, 미국 문제가 있다. '미국은 배제되느냐', '미국을 버리고 중국으로 가자는 말이냐' 이런 문제 제기가 있었다. 우선 참여정부의 동북아 개념에는 미국이 당연히 포함된다. 미국이 배제되는 외교안보정책은 없으며, 다른 분야 정책도 마찬가지다. 한국 안보의 토대로서 한·미동맹을 중시하며, 한국과 미국 정부의 공통적 이해관계에 따라 미국이 포함되는 '동북아다자안보협력회의'를 만들어 안보의 보완재로 삼겠다는 것이 참여정부였다. 미국 정부도 한국의 이 같은 안보 구상과 구체적 정책에 대해 아무런 이견이 없었다. 동북아 역내에는 전통적 위협만 있는 것이 아니라 다양한 비전통적 위협 요인들이 존재한다. 해상재난, 자연재해, 사스(SARS)와 같은 전염병, 황사문제, 테러, 마약 등등의 위협 요인이 상존하며, 그 밖에도 양자관계나 동맹을 통해 해결할 수 없는 안보 이슈들이 많다. 이런 안보 위협들에 대해 협의하고 협력할 수 있는 틀이 동북아 지역에는 없다. 이 틀을 만들어내야만 하며, 이 점에서 역내 국가들, 특히 한국과 미국은 이해가 일치한다. 2005년 가을 부시 대통령의 방한 때 한·미동맹과 동북아다자안보협력체는 상충되지 않으며 병행이 가능하다는 입장을 분명히 한 바가 있다(노무현·조지 W. 부시, 2005).

우리 사회에는 참여정부 당시 동북아시대 구상에서 미국이 배제되는 것 아닌가 하는 문제 제기도 있었지만, 동시에 미국이 한국을 버리는 것 아닌가 하는 우려도 팽배해 있었다. 특히 한·미동맹을 조정하는 과정에서 이런 우려가 표출되기도 했다. 하지만 동맹이 조정을 받는다고 해서 한쪽이 상대방을 버릴 것이라고 생각하는 발상부터가 문제였다. 참여정부에서 한·미동맹은 초기의 불협화음을 딛고 앞서의 경주선언을 통해 "역동적, 호혜적, 포괄적 동반자 관계"로 업그레이드됐다.

3. 동북아시대 구상 추진의 대외적 장애물

동북아시대 구상은 앞서 논의한 내적 비판과 문제 제기에 더해 대외적 장애물 때문에 숱한 어려움을 겪어야 했다. 역내 국가들과의 협력 확장과 심화를 토대로 삼아 통합으로까지 나아가겠다는 포부는 바로 그 국가들과의 다양한 갈등 탓으로 난관을 겪을 수밖에 없었던 것이다. 이와 같은 장애물들로 갈등적 한·일 관계, 중국과의 역사문제, 북핵문제 등을 꼽을 수 있다.

첫째, 독도 영유권과 관련된 영토문제라는 구조적 요인에다가 일본 보수 정치지도자들의 야스쿠니신사 참배로 인한 갈등이 협력 구상인 동북아시대 구상의 발목을 잡았다. 사실 참여정부는 '조용한 외교'를 한·일 외교의 기조로 삼고 영토문제가 수면 위로 부각되지 않도록 하자는 전략적 사고를 갖고 있었다. 출범 초기만 하더라도 노무현 대통령은 한·일 관계를 순탄하게 가져가기 위해 고이즈미(小泉純一郎) 총리와 '셔틀외교'를 구사할 정도로 한·일간 긴밀한 관계 발전을 추구했다. 한·일FTA도 적극 추진했다. 하지만 이같은 노력과 기조는 2005년 3월 시마네현이 '다케시마의 날' 조례를 제정하면서 변화를 겪지 않을 수 없었다. 영토문제는 폭발력이 너무나 강해서 한국 국민을 자극한 나머지 정부와 대통령도 강경 대응을 불가피하게 만드는 성격을 갖고 있다. 이런 가운데 엎친 데 덮친 격으로 고이즈미 총리가 2005년 10월 야스쿠니신사 참배를 강행하자

한・일 관계는 급냉하게 됐다. 이듬해 4월 일본이 독도 인근에 탐사선 파견을 추진하자 동해에서의 무력 충돌도 마다하지 않을 강경한 입장이 노 대통령으로부터 나왔다. 노 대통령은 대국민특별담화를 발표하고 일본의 잘못을 바로잡는 데 모든 외교적 노력을 기울일 것이라고 밝히게 됐다(노무현, 2006).

둘째, 한・중 관계도 유사한 이슈로 인해 참여정부 초기에 갈등이 없지 않았다. 바로 중국 사회과학원이 소위 '동북공정'이라 불리는 고구려사 편입 프로젝트를 추진한 데서 비롯됐다. 중국은 역사문제를 정치화시켜서는 안 되며, 동북공정은 지방정부 차원의 고구려사 관련 기술 문제임을 주장했다. 그러나 한국 사회에서는 중국에 대한 고래의 경계심과 결부돼 일반 국민들로부터 격앙된 반응을 야기했다. 이런 상황임에도 불구하고 한・중 양국 지도부는 한・중 관계를 격상시켜 나갈 필요성에 유의한 나머지 2004년 8월 이 문제에 대한 포괄적 해결책으로 5개 항의 구두양해 합의를 채택했다.

영토와 역사문제로 인해 빚어진 한・일 및 한・중 갈등 관계를 좀 더 체계적이고 중장기적으로 대응하고 관리해나가기 위해 참여정부는 '동북아역사재단'을 설립했다. 기존의 '고구려재단'을 발전적으로 해체하고 공동의 역사를 지향하면서도 역사외교에 진력할 제도를 구축하고자 했다. 2006년 9월에 출범한 '동북아역사재단'의 초기 조직 및 운영은 동북아시대위원회가 감독과 조정 역을 수행했다(동북아시대위원회, 2008: 141-142). 그 밖에 일국주의와 보편주의의 충돌 문제를 어떻게 해소할 것인가를 연구하는 프로젝트를 대통령의 관심 속에 동북아시대위원회 주관으로 수행하기도 했다(동북아시대위원회, 2006b).

셋째, 2002년 10월 불거진 제2차 북핵 위기의 결과인 북핵문제 역시 동북아시대 구상에 요구되는 협력에 결정적 장애물로서 참여정부 내내 골칫거리가 됐다. 동북아시대 구상의 하위정책인 '평화번영정책'의 원활한 실행에도 부정적 요인으로 작용했다. 남북정상회담도 임기 말인 2007년 10월이 아니라 좀 더 빠른 시기에 열렸어야 마땅했지만 북핵문제 해결의 지지부진한 진전으로 인해 개최의 환경이 만들어질 수 없었다.

미국으로부터의 동조와 협조가 중요했던 동북아시대 구상이기에 북핵문제는 항상 참여정부의 부담이었다. 2006년 10월 북한이 제1차 핵실험을 감행했을 때 그 부담은 최고조에 달하게 됐다. 아이러니컬하게도 미국의 부시 행정부는 이즈음부터 네오콘들을 퇴출시키고 대북정책에 미세한 조정을 기했다는 점이다. 핵실험하면 침공할 것 같은 기세를 보여 왔던 부시 행정부였기에 더더욱 아이러니라고 하겠다. 국내에서도 북한 핵무기 개발을 지원한 정권이라는 비난이 나왔다. 이런 비난이 적절한 근거가 있느냐를 떠나 북핵문제가 동북아시대 구상에 부정적 장애물이 됐던 것은 이론의 여지가 없다.

4. 구상의 주요 내용[3)]

1) 중장기 대외전략 수립

동북아지역에는 양자 간 동맹에 기초한 전략적 협력 체제가 매우 공고하게 구축돼 있는 반면, 다자주의적 제도 구축은 아주 미흡한 실정이다. 그리고 북한 핵문제, 양안문제, 영유권 분쟁 등이 안보 불안 조성 요인으로 엄존한다. 따라서 향후 우리의 중장기 안보전략은 네 가지 분야에 집중돼야 한다고 본다.

첫째, 자주국방을 통해 자강(自彊)을 달성해야 하며, 이를 위해 자주적 군사력 건설과 국방개혁을 조기에 완수해야 한다. 둘째, 균형적 실용외교를 통해 균세(均勢)를 달성해야 하며, 이를 수행하기 위해 외교 역량 강화를 통한 선진 외교 체제를 구축해야 한다. 셋째, 자주국방과 균형적 실용외교를 실현하기 위한 공통적 기반으로서 미래 한・미동맹을 발전시켜야 한다. 넷째, 예방외교와 신뢰 구축을 통해 다양한 비전통적 위협에 대처할 수 있는 동북아 다자안보협력을 실현해 안보의 보완재로 삼아야 할 것이다. 이 같은 종합적인 외교안보 체계를 통해 당면한 안보 현안뿐만 아니라 중장기적 미래 안위를 확보한다는 것이 동북아시대 구상의 일환이다.

자주국방은 미래 한・미동맹 발전과 연계해, 한반도 전쟁 재발을 억제하고 평화 체제 구축을 뒷받침하며, 나아가 동북아 평화와 안정에 기여할 수 있는 능력과 체제를 구축하는 것을 의미한다. 이를 달성하기 위해서는 자주적 군사력 건설과 국방개혁을 조기에 완성해 효율적인 선진 국방 체제를 달성해야 한다. 자주적 군사력 건설은 전쟁 억제 능력을 조기에 확충하고 한・미 군사지휘 관계를 조정해 새로운 군사협력 체제를 발전시킴으로써 달성될 수 있다. 그리고 국방개혁은 3군 통합전력 발휘가 가능하도록 국군을 정예화하고 무기 획득 제도를 개혁하며 획득관리 체제를 개선함으로써 달성될 수 있다.

균형적 실용외교란 국익 추구와 균형을 기조로 하는 외교전략을 추구하는 한편, 국력 발전에 상응한 국제적 위상을 제고하고 역할을 증대하는 것을 의미한다. 즉, 동맹과 지역협력, 경쟁과 협력, 정체성과 세계화 등 상호 충돌 가능성이 있는 요소들 간의 조화

3) 이 절은 동북아시대위원회(2006a: 45-72)를 원용.

와 균형을 추구하고 이를 통해 분쟁과 갈등, 그리고 위협이 현실화하는 것을 사전에 방지하는 예방외교를 수행하는 한편, 국제 평화와 역내 공동 번영을 위한 실질적인 기여 활동을 강화하고, 이를 통해 평화국가, 국제 공헌국가로서의 대외적 이미지를 고양하는 것이다.

이를 달성하기 위해서는 범세계적 차원에서 국제적 공헌을 확대해 국격(國格)을 제고해야 한다. 즉, 국가 위상에 상응하게 대외 무상원조를 대폭 확대하고 원조 결과에 대한 체계적인 모니터링 체제를 구축해야 하며, PKO 등 국제평화활동 및 국제적 분쟁 해결 논의에 대한 참여와 기여를 확대해야 한다. 나아가 민주주의, 인권, 테러, 환경 등 범세계적 문제에 대한 참여와 기여를 강화하고, 국제사회의 공동 관심사와 바람직한 세계 미래상에 대한 입장을 적극적으로 천명하고 역할을 제고해야 한다. 국내적 차원에서는 외교역량 강화를 위해 선진 외교 체제를 구축할 필요가 있는 바, 외교정책 수립과 이행 체계의 효율성을 제고하고, 급변하는 국제정세 속에서 다양한 외교 수요를 충분히 충족시킬 수 있는 유연성 있는 조직을 구축하고 운영하는 등의 조치가 필요하다.

한・미동맹은 미국의 세계 군사전략 변화와 한국의 대북정책 변화, 그리고 동북아지역의 안보환경 변화 등 다양한 변화 상황을 감안해, 앞으로 단순한 군사동맹을 넘어서 포괄적, 역동적, 호혜적 동맹으로 발전시켜야 한다. 즉, 북한을 군사적으로 억제하는 것뿐 아니라, 민주주의와 시장경제, 그리고 국제 보편적 가치 수호를 포괄하는 동맹관계를 추구해야 하며, 협력적 자주국방에 기초해 상호 보완적 관계를 구축해야 한다. 그리고 동맹 내외의 도전 요소에 대처하기 위한 사전협의 및 조정을 중시하는 예방적 차원의 안보협력 체제를 확립해야 한다.

이러한 목표를 달성하기 위해서는 남북 화해협력과 한반도 평화 정착 과정에서 파생되는 마찰과 이견을 슬기롭게 해소해야 한다. 즉, 북한의 군사적 위협에 대한 대처문제와 남북관계 개선의 이중성에 대한 이해 차이를 극복해야 하고, 정전협정 및 유엔사 문제를 포함해 미래 한・미동맹의 성격과 역할에 대한 다양한 논의를 추진할 필요가 있다. 또한 주한미군 재배치, 10대 군사 임무 전환, 연합군사령부의 능력 향상, 전시작전통제권 문제 등 쟁점 현안을 긴밀한 협의를 통해 추진해야 하며, 주한미군의 전략적 유연성과 관련해 사전 협의 체제를 강화할 필요가 있다. 요컨대, 양국간 전통적 신뢰 관계를 훼손시키지 않는 범위 내에서 미래 지향적이고 좀 더 성숙하고 건강한 동맹 관계로의 발전을 모색해야 한다.

2) 남북관계 순화전략[4)]

참여정부는 김대중 정부의 대북 포용정책을 계승하되 화해협력을 한 단계 끌어올려 평화 번영 단계로 나아가고자 했다. 게다가 포용정책이 한・미・일의 공조를 중시한 가운데 추진됐던 데 비해, 참여정부의 평화번영정책은 '동북아시대' 구상이라는 큰 국정목표의 하위정책으로 이행됐다. 즉, 남북관계를 규정하는 외적 환경을 동북아라는 한층 넓은 지역으로 설정하고, 그 질서의 성격을 평화와 공동 번영의 질서로 바꾸고자 했던 것이다. 한반도와 동북아 지역이 긴밀하게 상호작용한다는 인식을 바탕으로 동북아의 지정학적 구조가 남북관계에 영향을 주고 역으로 남북관계의 성격이 동북아 지역 전체 구도에 중대한 변수로 작용한다고 보았던 것이다. 전 세계적 냉전 종식에도 불구하고 한반도의 분단이 해소되지 않는 것은 남북관계 차원의 요인들이 작용하지만 그 상위의 동북아 지역구조에 냉전적 경쟁, 대립과 긴장이 해결되지 않았기 때문이라는 인식이었던 것이다.

'동북아시대' 구상은 대북정책을 펼치되 동북아라는 상위 질서의 성격에 변화가 오지 않으면 이렇다 할 결실을 얻지 못한다고 판단하고 그 점에 천착하자는 의도를 담고 있다. 노무현 대통령은 2003년 2월 취임사에서 한반도 평화와 자신의 '동북아시대' 구상이 상호의존적으로 연관돼 있다는 점을 천명했고, 북핵문제와 남북관계가 동북아의 협력적 질서를 만드는 데 걸림돌로 작용하고 있음을 강조했다. 아울러 동북아의 다양한 갈등 요인과 대립구조가 해소돼야 비로소 한반도에 제도적 평화 정착이 가능하다는 문제의식을 보여주었다. 그리고 한반도 문제가 동북아 대립구조를 만드는 빌미가 될 수 있다는 점을 강조하면서 그런 구조의 등장을 예방하고자 했다.

실제 참여정부가 출범할 때 제2차 북핵 위기가 본격화되고 있었다. 미국의 부시 행정부는 북한을 이란 및 이라크와 더불어 '악의 축'이라고 명명하고 노골적인 압박과 봉쇄정책을 펼치고 있었다. 이른바 '네오콘'이 주도한 이같은 대북정책 탓에 북미관계는 최악의 상황에 빠져 있었으며, 굳건한 한・미동맹을 내세운 참여정부는 자신의 대북 평화번영정책을 추진하기 위해 미국과 긴밀한 공조가 필요했다. 그러나 워싱턴 정책당국자들이 가진 강경 태세는 한국 정부의 설득을 받아들일 만한 융통성이 없었다. 적어도 2006년 가을 네오콘들이 물러나고 그 결과 부시 대통령이 대북정책을 수정할 때까지 그랬다. 한・미간 대북정책 기조가 완전 불일치 상태를 보이는 가운데 미국을 무시하고

---

4) 이 부분은 이수훈(2011)에서 재인용.

대북정책을 펼칠 수는 없는 노릇이었다. 미국에게 핵문제는 그만큼 엄중했고, 한국에게도 중대한 사안이기는 마찬가지였다. 대북정책 추진의 외적 환경이 아주 나빴던 것이다.

북핵문제를 해결하기 위해 형성된 대화 틀인 6자회담은 참여정부의 '동북아시대' 구상과 관련해 매우 뜻깊은 의미를 갖는다. 6자회담은 북핵문제의 평화적 해결, 대화를 통한 해결이라는 대원칙을 초기에 만들어냄으로써 '동북아시대' 구상의 문제의식을 일정 부분 담아내는 성과를 보였다. 특히 북핵문제로 인해 남북 간 양자 대화나 접촉이 쉽지 않았던 정황에 비춰볼 때, 이같은 불리한 남북관계의 외적 환경을 순화시키기 위해 동북아 국가들과의 협력과 정책 조율이 필요했는데 6자회담 틀이 이 역할을 상당 부분 담당했던 것이다.

6자회담은 다자대화 틀이 일반적으로 갖는 비효율성에도 불구하고 북핵문제를 포함한 북한문제에 대해 동북아 상위의 단위에서 접근해갈 수 있는 여러 합의를 도출해내는데 성공했다. 앞서 언급한 바대로 2005년에 나온 '9・19공동성명'은 한반도를 포함해 동북아 역내 포괄적 평화헌장이라고 해도 족할 정도로 북핵문제 해결을 위시해 동북아와 한반도에서의 공생적 질서를 만드는 기초가 됐다. 이 공동성명에는 북핵문제 해결, 북한 경제 재건을 위한 에너지 및 경제 지원, 북일 및 북미 간 관계 정상화, 동북아 평화안보 체제 구축, 한반도 평화 체제 구축을 위한 별도의 논의 포럼 구성 등의 포괄적인 내용이 들어 있다(국가정보원, 2008: 545-547). 물론 이 공동성명은 곧장 미국의 금융제재 조치의 일환으로 가해진 '방코 델타 아시아(BDA)' 사태로 인해 상당 기간 이행되지 못하고 난항을 겪었다. 그러다가 결국 2007년 '2・13이행합의'로 귀결돼 북핵문제 해결을 위한 3단계 로드맵을 도출하기에 이르렀다. 6자회담의 이같은 결실은 참여정부 '동북아시대' 구상에 부합한다. '9・19공동성명'이 산고 끝에 가능했던 것은 참여정부의 포괄적인 구상에 따른 적극적이고 창의적인 우리 외교의 역할이 크게 작용했기 때문에 가능했다.

북핵문제로 인해 남북관계가 순조롭게 진전되기도 어려웠고 특히 미국의 부시 행정부가 취한 대북 압박 고사정책으로 인해 한・미 간 조율도 쉽지 않은 상황에서 '동북아시대' 구상을 통해 거대한 협력 정책들을 제안함으로써 중국과 러시아를 끌어들이고 미국도 이 큰 흐름에 편승하도록 만들었다. 이는 '동북아시대'라는 거대 담론을 통해 미시적 쟁점들을 무력화시키는 한편, 역내 주요 국가들이 협력을 통해 북핵문제와 같은 핵심 이슈를 접근하고 후에 비용도 같이 분담한다는 공감대가 있었기에 가능했다.

김대중 정부의 대북정책은 '퍼주기'라는 정치적 저항에 직면했다. 일반적으로 보수층에서 '잃어버린 10년'이라는 수사를 통해 김대중 정부와 참여정부의 대북정책이 다를 게

없다는 비판을 하지만, 실제 두 정부 간에 대북 인식과 접근이 미세하나마 달랐음을 알 수 있다. 김대중 정부가 햇볕정책을 펼치면서 미국과의 공조를 강조한 반면, 참여정부는 맥락을 훨씬 넓혀 동북아 역내 주요 국가들이 모두 참여한 가운데 각자의 전략적 이해관계, 치러야 할 부담, 국가들 간의 상호작용을 감안하는 접근법을 택했던 것이다.

참여정부는 김대중 정부의 대북정책을 계승한 만큼 남북정상회담에 대한 국내적 압력을 상당하게 겪었다. 출범 초기부터 대북송금 특검을 대통령이 수용함으로써 지지층 내부에서 상당한 혼란이 발생했다. 노무현 대통령은 북핵문제의 의미 있는 진전이 없을 경우 동북아 현실을 냉철하게 따져보았을 때 남북 간에 상당한 공감대가 있다고 하더라도 남북정상회담을 추진하는 것은 현실적으로 어렵다고 보았다. 그래서 '2 · 13이행합의'가 나오고 난 이후에 비로소 남북정상회담에 대한 본격적인 개최 준비를 했다. 남북정상회담 개최 직전인 2007년 9월에 열린 시드니 APEC회의에서 부시 대통령과의 한 · 미 정상회담에서도 부시 대통령 자신은 한반도에서 전쟁을 공식적으로 끝내고 평화 체제 구축 단계로 진입하는 데 아무런 반대가 없음을 확인했다. 이런 한 · 미 간의 조율 끝에 2007년 10월 평양에서 열린 남북정상회담에서 '10 · 4정상선언'을 채택하고 제4항에 "남과 북은 현 정전 체제를 종식시키고 항구적인 평화 체제를 구축해 나가야 한다는 데 인식을 같이하고 직접 관련된 3자 혹은 4자 정상들이 한반도 지역에서 만나 종전을 선언하는 문제를 추진하기로 합의했다"라는 내용을 포함시킨 바 있다. 남북관계가 독자적으로 작동하는 것이 아니라 동북아 지역 강대국들이 개입된 가운데 다뤄져야 한다는 인식을 담은 사례일 것이다.

이렇듯 남북관계의 발전이건 한반도 평화 체제 구축이건 그 과제를 추진하기 위해 상위의 동북아 차원에서 인식하고 실제 접근하는 것이 불가피하다는 문제의식을 '동북아시대' 구상은 담고 있다. 그리고 그런 취지 아래 실제 핵문제를 비롯한 남북관계의 주요 쟁점들이 다뤄졌다. 그럼에도 불구하고 반드시 지적돼야 할 점은 참여정부가 남북관계 개선을 위해 자신에게 주어진 자율적 영역에 대해서마저 소극적이지는 않았다는 사실이다. 남북관계와 동북아 역내 지정학이 긴밀하게 연동돼 있다는 인식을 갖고 있으면서도 남북관계라는 변수를 놓치지 않고 자신이 할 수 있는 주도적인 역할이 있다면 적극적으로 수행해야 한다는 자세로 임했다. 6자회담이 빈번하게 교착 상태에 직면해 진전이 없을 때 남북축을 가동해 북한을 설득한 사례도 있었다. 즉, 남북관계와 동북아 국가들로 구성된 다자틀이 선순환적 관계를 만들어 작동해야 한다는 인식이 뚜렷했다는 말이다.

3) 동북아 안보협력

다자안보협력은 셋 이상의 국가들이 전략적 차원의 정책 조율을 통해 상호 신뢰를 구축하고, 전통적 안보 위협이 분쟁으로 비화하는 것을 예방하는 동시에 비전통적 안보 위협에 공동 대처하는 것을 의미한다. 동북아 지역에서는 최근 전통적 안보 위협과 비전통적 안보 위협이 날로 증가하고 있으나, 이에 대한 적절한 공동 대응 메커니즘이 없는 실정이다.

현재 동북아에서 정부 차원의 동북아 다자안보협력이 추진되지 않고 있으며, Track-1.5 성격의 '동북아협력대화(Northeast Asia Cooperation Dialogue: NEACD)'가 명맥을 유지하고 있는 실정이다. NEACD는 비정부 차원의 안보 대화·협력기구로, 참가국의 정부 및 비정부 전문가들이 개인 자격으로 참여해 역내 안보 현안에 대해 의견을 교환하고 해결 방안을 모색하는 등의 활동을 추진하고 있다. 그러나 회의 결과가 정책에 반영되지 못하고 한반도 문제에 논의 의제가 집중되는 등의 한계점을 갖고 있다. 따라서 동북아 안보 구도의 안정성과 예측성을 강화하고, 기존 안보질서를 보완하기 위해 정부 차원의 다자안보협력을 추진할 필요가 있다.

우리나라의 역대 정부들도 동북아다자안보협력에 관심을 갖고 이를 공개적으로 제의하는 등 다양한 노력을 전개했으나, 관련국들의 소극적인 반응으로 구체적인 결실을 맺는 데 실패했다. 참여정부는 출범 초부터 동북아 다자안보협력을 외교안보정책의 지향점으로 삼고 추진 의지를 강력히 표명해 왔는바, 최근 동북아 다자안보협력 추진에 대해 역내 국가 간 공감대가 형성되는 추세에 있다. 2005년 9월 제4차 6자회담 공동성명에서 "6자가 동북아시아에서의 안보협력 증진을 위한 방안과 수단을 모색하기로 합의"한데 이어, 11월 17일 개최된 한·미 정상회담에서 "양국 정상은 역내 안보문제에 공동 대처하기 위해 지역다자안보대화 및 협력 메커니즘을 발전시키기 위해 공동 노력하기로 합의"했다.

따라서 현 시점에서 북핵문제로 인해 동북아 다자안보협력 추진 여건이 충분히 성숙되어 있다고 보기는 어려우나, 이에 대해 어느 정도 공감대가 형성돼 있는 만큼, 우리가 가능한 방안을 검토해 본격 추진할 필요가 있다고 본다. 동북아 다자안보협력 추진 방안은 대체로 세 가지 방안을 검토해 볼 수 있다. 첫째는 별도의 외무 장관급 '동북아 다자안보협력회의'를 창설해, 동북아 국가 간 인도적 구호 및 재난관리, 군사적 신뢰 구축, 해상교통로 보호 등 공동안보 관심사를 협의하는 것이다. 두 번째 방안은 NEACD를 격상시켜 활성화하는 것이다. 즉, 기존의 NEACD 주최 측 및 참가국들과 협조해 NEACD 격상 및 활성화 조치를 추진해 Track-1.5 차원의 NEACD가 장차 Track-1과 유사한 기능을 갖는 다자안보협력체로 발전될 수 있도록 유도하는 것이다. 세 번째 방안은 6자회담 내 '다자안보협력분과위'를 설치하는 것이다. 즉, '9·19공동성명' 4항에 근거해 6자회담 내에 '북핵문제분과위', '한반도평화체제분과위'와 함께, '다자안보협력분과위'를 설치해 병행 운용하는 것으로, '다자안보협력분과위'에서 북핵문제와 한반도 평화 체제 전환문제를 제외한 동북아 주요 안보 현안을 중점적으로 논의하는 것이다. 세 번째 방안은 6자회담이 작동한다는 전제가 있어야 성립한다는 내재적 한계가 있고, 두 번째 방안은 한번 기력이 빠진 제도를 되살린다는 것이 쉽지 않다는 한계가 있다. 우리로서는 첫 번째 방안을 추진하는 것이 적절하다고 판단되며 여건도 충분하다고 본다. 노무현 대통령이 2006년 9월 ASEM의 선도 발언에서 동북아다자안보협력 구상을 제안한 것은 한국 정부 정책 의지의 표현이었던 것이다.

동북아 다자안보협력은 동북아시대 구상을 실현하기 위한 필수 조건이다. 앞으로 동북아 다자안보협력을 구체적으로 어떻게 추진할 것인가 하는 문제는 관련국들 간의 협의를 통해 검토돼야 할 문제로, 지금부터 관련국의 의사를 타진하고 공감대를 형성하는 노력을 강화하는 것이 필요하다고 본다. 이 과제 역시 북핵문제가 현재로서는 가장 가시적인 장애물임이 분명하다. 북한을 참여시키지 않으면 동북아 다자안보협력의 의미가 약해질 수 있고, 북한이 참여하기에는 북핵이라는 걸림돌이 있어 딜레마다.

4) 동북아 경제협력

참여정부 당시 한·중·일 3국이 속해 있는 동북아 지역은 EU와 NAFTA와 더불어 세계 경제의 3대 축 가운데 하나로 자리매김하고 있으며, 2004년 기준으로 세계 인구의 32%, 세계 GDP의 19%, 세계 무역량의 20%를 차지하고 있었다. 이런 가운데 한·중·일 3국 간에는 최근 시장 주도적 통합이 급진전되고 있다. 동북아의 상호의존도는 아직 절대적 수준에서는 EU나 NAFTA에 못 미치나 증가 추세 측면에서는 가장 앞서가고 있다. 한·중·일 3국간 역내 교역 비중을 보면 1993년 16.1%에 불과하던 것이 2003년 23.7%로 크게 늘어났다. EU의 역내 교역 비중은 1993년 60.5%에서 2003년 60.4%로 큰 변화가 없었으며, NAFTA는 1993년 41%에서 2003년 44.9%로 다소 증가하는 수준에 머물렀다.

한·중·일 3국 간의 이러한 경제의존도 증가 추세에도 불구하고, 동북아 3국은 아직까지 어떠한 형태의 자유무역협정(FTA)도 체결하지 못한 제도적 통합의 변방지대로 남아 있다. 중국의 고도 성장 지속, 일본의 경제 회복세 확산, 우리나라의 안정적인 성장이 한・중・일 3국 간 시장 주도적 통합을 가속화시키고 있다. 그러나 동북아의 잠재력을 극대화할 수 있는 FTA 등 제도적 장치의 부재로 시너지 효과가 반감되고 있으며, 역내 경쟁 관계 심화와 같은 불안 요인의 해소에 어려움이 있다. 동북아 경제 통합에 대한 일본・중국의 입장을 살펴보면, 일본은 역내 주도권을 두고 경쟁을 치열하게 벌이고 있는 중국이 포함되는 한・중・일 FTA에 소극적인 입장이다. 최근 일본은 중국 주도의 동아시아 FTA 체결을 견제하기 위해 인도, 호주, 뉴질랜드를 포함한 16개국 간에 '동아시아 동반자협정(EPA)'을 2020년에 출범시키자고 제의했다. 반면 중국은 한・중・일 FTA에 비교적 적극적인 편이라 할 수 있다.

동북아 국가 간 협력할 사업은 우리가 어떻게 주변국과 협력하느냐에 따라 그 범위가 다양하고 광범위하게 된다. 현재 논의가 진행되고 있거나 우리가 역점을 두어 추진해야 할 주요 경제협력 중점 사업으로 FTA 외에도 에너지, 철도, 환경 분야 등의 협력을 들 수 있다.

동북아지역 에너지 협력사업은 공급과 수요, 두 측면에서 동시에 추진돼야 할 것이다. 공급 측면에서는 러시아와의 천연가스 파이프라인의 구축, 석유와 가스 등 에너지자원의 공동 탐사 및 공동 개발 등이 대표적 사업이라 할 수 있다. 사할린 천연가스 도입 사업은 이미 LNG 도입을 통해 현실화됐다. 이와 더불어 극동 러시아의 환경친화적 전력원 개발과 러시아-북한-한국을 연결하는 전력망 연계 및 전력 교환도 장기적으로 추진할 사업 분야다. 한편 수요 측면에서는 한국・중국・일본 등 역내 주요 에너지 수요국과 협력해 동북아 에너지 협의체를 구축하고 공동 구매, 공동 비축, 그리고 대체 에너지의 공동 개발 등을 통해 중동산 원유의 아시아 프리미엄을 해소하는 데 기여할 뿐 아니라 에너지 수급의 안정성을 도모해 나갈 수 있을 것이다.

동북아 철도 연결사업 또한 중요한 정책과제의 하나이다. 남북철도를 연결하고 이를 대륙철도와 연계시키는 것이야말로 평화와 번영의 동북아시대 실현을 선도할 수 있는 인프라를 구비하는 사업이라 할 수 있다. 한반도종단철도(TKR)가 대륙횡단철도-시베리아횡단철도(TSR), 중국횡단철도(TCR), 몽골횡단철도(TMGR), 만주횡단철도(TMR) 등과 연결된다면 냉전으로 단절됐던 동북아 공간이 복원될 것이며, 우리나라가 동북아의 물류 허브로 성장하는 데도 크게 기여할 것이다. 또한 남북한 및 동북아의 인적・물적 교류와 협력 공간을 넓히게 될 것이며, 나아가 한반도 평화 정착에도 기여하게 될 것이다.

남북철도와 대륙철도를 연계시키기 위해 한국은 국제철도협력기구(OSJD) 가입, 동북아 철도운영협의체 구성, 북한철도 현대화 등을 단계적으로 추진해 나가야 할 것이다.

동북아 환경협력 과제도 중요하며, 이 문제는 에너지 문제와 직결돼 있기도 하다. 현재 동북아지역은 산업공해, 황사, 산성비 등 초국가적 환경문제에 직면하고 있으며, 해양오염의 위협도 계속 증대되고 있다. 동북아지역 환경문제 협력 증진을 위한 동북아환경협력회의(NEAC), 동북아 환경협력 고위급회의(NEASPEC), 한・중・일 3국 환경장관회의(TEMM) 등 지역기구들이 다수 활동하고 있으나, 아직 뚜렷한 가시적 성과를 올리지 못하고 있다. 따라서 현존하는 제도적 장치들을 개선하고 지역 환경기구들의 기능을 강화하기 위한 노력이 필요하다.

5) 동북아 사회문화 교류협력

동북아 역내 국가 간 사회문화 교류협력의 증진과 활성화는 상호 신뢰와 정서적 유대감을 형성함으로써 경제・정치적 교류협력을 강화하고 그 한계를 보완하는 기능을 수행함은 물론, 역사에 대한 인식 차이 등 사회문화적 요인으로 인한 갈등을 해결하는 데 유용하다.

사회문화 교류협력의 목적은 사회문화 교류협력을 활성화해 동북아 문화시민으로서의 개인, 시민이 주도하는 문화사회, 창의적이고 열린 문화국가를 형성하도록 방향을 잡아가는 데 있다. 구체적으로, 우선 객관적인 역사 기술과 역사 인식 정착을 통한 역사 갈등 해소, 문화적 공감대를 형성하는 가운데 자문화 중심주의로부터의 탈피, 평화와 번영의 동북아 미래상을 공유하고 공동 번영하는 국가 이미지 정립, 동북아인으로서의 소속감과 정체성 형성을 들 수 있을 것이다.

동북아 사회문화 교류협력은 과제의 성격상 단기간에 해결될 수 있는 사안보다는 중장기적으로 단계별로 추진하는 것이 바람직하다고 보아 3단계로 설정했다. 1단계는 2010년까지 교류협력 기반을 조성하는 단계로 사회문화협력 기본전략을 완성하고 협력 선도사업과 교류 촉진에 중점을 두며 양자 관계 확대와 다자관계로 변화를 추진하는 단계로 했다. 2단계는 2020년까지 협력을 정착시키는 단계로 협력사업을 본격 시행하고 확장하는 한편, 동북아 가교국가로서의 위상을 정립하고 다자간 협의체를 구성하는 단계로, 3단계는 2020년 이후의 본격적인 문화공동체 형성 단계로 문화교류 협력의 일상화를 통해 동북아 시민으로서의 정체성을 확립하고 문화공동체로 발전하는 단계로 상정했다.

현재 동북아 역내 국가는 정치·외교안보 분야에서는 협력보다는 갈등의 여지가 많으나 경제와 사회문화 분야에서는 협력의 여지가 더 많은 것이 사실이다. 따라서 정치·외교안보 영역의 원심력을 줄이고 사회문화 영역의 구심력을 높이는 방향으로 협력하되, 분리 병행해 추진해야 한다고 본다. 과거의 역사를 딛고 희망의 미래를 지향하며, 일방적 진출에서 탈피해 수평적 쌍방 교류협력을 강화해 나가야 한다. 민간과 정부가 합심해 협력사업을 수행할 뿐더러, 시민단체와 기업 등 민간 영역은 네트워킹과 협력사업 수행에 중점을 두고, 정부와 지방자치단체는 이들 민간 영역의 사업을 지원하는 한편, 정부 간 협력 체계 구축과 선도 사업 수행에 중점을 두어야 할 것이다. 이 같은 전략에 따라 아래와 같은 핵심 과제를 수행할 필요가 있다.

첫째, 한·중·일 3국의 협력을 저해하는 바탕에는 역사 인식의 왜곡 문제가 깔려 있다. 왜곡된 역사 인식이라는 걸림돌을 제거하기 위해서는 무엇보다 역사 인식을 재정립하는 일이 필요하다. 이를 위해, 한·중·일 공동 역사 교재 발간 추진, 기존에 발행된 한·중·일 공동 역사 부교재의 활용도 제고, '동북아역사재단'을 동북아 역사외교 지원 중추기관으로 육성 및 국내외 유관 학술기관 및 민간단체 간 네트워크를 구축할 필요가 있다.

둘째, 배타적 민족주의를 열린 민족주의로 전환시켜 나가는 것도 중요한 과제다. 이를 위해 우선 동북아 역사 공동체험 사업 실시, 동북아 지방자치단체 간 협력 활성화로 국가 간 대립 구도를 완화하는 사업을 실시해야 한다. 2006년 9월 중순에 부산에서 열린 동북아 지방자치단체 국제 심포지엄은 지자체 수준의 자발적 행사라는 점에서 실질적인 의미가 있었다.

셋째, 협력이 서로에게 도움이 되는 방향으로 추진되기 위해 다원적인 쌍방 교류가 필요하다. 한류가 일방 통행이 돼서는 안 되고 횡단적 문화 교류가 필요하다. 그래야 한국의 문화산업이 살고, 동북아 문화 협력에도 이바지할 수 있다. 이를 위해 동북아 지역 내 문화예술 교류 촉진을 위한 다양한 문화예술 경연과 행사 등을 개최 지원할 수 있는 동북아 문화오픈 등 대회 창설, 양국 간 문화교류 행사를 활성화 및 이를 다자간으로 확대해 나가야 할 것이다.

사회문화 영역의 협력은 정치안보 분야보다 쉬운 측면이 있다. 그러나 사회문화 영역도 그 저변에는 쉽게 극복하기 힘든 나름대로의 내재된 장애물들이 잠복해 있기도 하다. 그러나 우리가 지향하는 평화와 번영의 동북아시대 구상을 실현하기 위해서는 반드시 극복해야 할 장애물들이다. 이를 위해 우리가 중점을 두고 추진해야 할 정책 방향은 동북아 국가들 간에 놓인 걸림돌을 제거하고 디딤돌을 더욱 굳건히 쌓는 일이다. 이에 대해 추진전략을 간단히 기술해 보고자 한다.

범정부적으로 사회문화 교류협력 활성화를 위한 기반 조성에 이바지하고 제도적 지원을 할 수 있는 방향으로 체계를 잡아나가야 할 것이다. 정부에는 대내적으로 사회문화 교류협력을 위한 법적·제도적 기반을 조성해 산발적으로 진행 중인 사회문화협력을 체계화하는 역할, 즉 조정 역할이 있다고 하겠다. 민간 차원의 사회문화 교류협력이 활성화되도록 적극 지원해야 할 것이다. 시민사회가 교류협력의 주체가 될 수 있도록 지원해 사회문화 교류의 저변을 확대해 나갈 필요가 있다. 더불어 지방자치단체 및 시민사회가 실시하는 사회문화 교류를 적극적으로 지원해, 정부-지방자치단체-민간섹터의 3자가 연계돼 시너지 효과를 발휘할 수 있도록 노력해야 할 것이다. 일선에 서 있는 문화 예술인·지식인은 물론, 여성·청소년·시민단체 등 사회문화 교류협력의 영역과 주체를 다변화해 상호 교류와 이해의 폭을 넓혀나가는 데도 정부가 간섭하는 것이 아니라 활동의 공간을 확대하는 데 지원자 역할을 다해야 할 것이다.

동북아 국가들 간에 서로 이익이 되는 윈윈(win-win) 게임의 차원에서 협력을 추진해야 한다. 문화산업을 적극 활용해 사회문화 교류협력을 추진하되, 영화, 방송 등의 공동제작 확대나 관광, 스포츠 교류 증진 등을 통해 상호 이익을 증대해 나갈 필요가 있다. 열린 지역문화 공동체 형성의 필요성에 대한 동북아 역내 국가 간의 사회적 합의를 도출해내는 것이다. 한국을 동북아에 알리고, 동북아를 한국에 알리는 상호 문화 교류를 통해 동북아 문화공동체 형성에 대한 동북아시아인들의 공감대를 구축해 나가야 할 것이다.

제4절 성과 및 평가

1. 성과

한 분석가는 참여정부의 국가안보 전략을 평가하면서 "대한민국 최초로 참여정부 들어와서 국가안보 전략을 공식 문서화해 발표하고 시행했다"며 "그 내용과 성과를 떠나 장차 한국의 국가안보 전략의 수립과 연구에 중요한 발전이요 의미를 지니는 사건"이라고 규정한 바 있다(신성호, 2008: 36). 냉정하게 평가하자면 그 이전까지 한국의 국가안보 전략은 동맹의존성을 강하게 띤 나머지 독자적 구상을 할 동기도 없었고 오랜 의존성으로 인해 전략 수립을 위한 국가 역량도 부족했다. 수많은 사람이 국가전략의 독자적 수립에 대한 목소리를 제기했지만, 의존성의 병폐는 잘 고쳐지지 않았다. 일종의 습성이 돼버린 탓도 있었다. 참여정부는 이런 한국 사회의 고질적 병폐로부터 벗어나야 한다는 지향이 있었다.

첫째, 무엇보다도 참여정부의 '동북아시대 구상'은 한 국가의 안위에 대한 전략적 사고를 자신의 이익에 부합되게 자신의 능력으로 해보자는 포부를 담았다는 점에서 의미가 예사롭지 않다. "우리의 머리로 사고하고 우리의 힘으로 전략적 위치를 점하자"(배기찬, 2008: 173)는 동기는 전략적 사고 부재의 타성을 혁파하고 국가대계의 근본을 세우고자 하는 발본적 의도를 내포했다는 점에서 더 높은 의의가 있다고 하겠다.

둘째, 중장기적 국가안보의 사활적 공간으로서 동북아를 인식했다는 점도 평가할 만한 부분이다. 남북관계, 한·미동맹, 급부상하는 중국 등 한국이 당면하고 있는 국가안보의 사활적 요인들을 종합적으로 내포한 동북아에 대한 구상이 필요하다는 문제의식은 구체적 성과 여부에 무관하게 평가받아야 마땅하다고 하겠다. 노무현 대통령은 '동북아'가 새로운 세계 질서에서 점차 중심적 위상을 점하는 데 따른 역내 지각 변동을 인식하고자 했고, 그에 대한 전략 겸 비전으로 '동북아시대' 구상을 상정했던 것이다.

셋째, '동북아시대' 구상은 급부상하는 중국에 대한 전략적 구상으로서 그 의미가 선구적이라고 하겠다.[5] 예컨대, 중국의 급부상에 따른 미·중간 대립 구도, 역내 중·일간 대립 구도를 예방하고자 하는 의도가 있었고, 냉전기와 같은 해양 세력 대 대륙 세력 간의 대결 구도의 등장을 경계했다. 그리고 그런 차원에서 한국의 역할과 외교안보적 전략에 대한 고민과 모색을 담고자 '동북아시대'론을 상정했다. 2005년 봄 즈음에 큰 논란을 불러왔던 '동북아 균형자' 개념도 결국 이런 고민과 모색의 결과였던 것이 아닌가 여겨진다. 즉, "강대국의 틈바구니에서 어디에 기댈 것인가를 놓고 편을 갈라 싸우는" 것이 아니라 우리가 중심을 잡자는 취지였고, "중국과 일본 어느 한쪽에 기대지 않고, 우리 힘으로 우리 길을 가는 것, 적어도 한국이 중심을 잡을 수준으로 가는 것"(노무현, 2005)이라는 취지를 담고 있었던 것이다. 중국의 부상에 대한 전략적 고민은 이제 상당히 보편화된 실정이지만, 참여정부 당시에만 하더라도 논쟁적인 이슈였음은 2005년에

5) 더 상세한 논의로, 이수훈(2011) 참조.

있었던 사회적 논쟁이 잘 반영해주고 있다.

마지막으로, 동북아시대 구상은 미래 준비 차원의 의미가 강했고, 동북아에 정착돼야 할 지역 비전으로서의 성격도 강했다. 그렇기 때문에 딱히 손에 잡히는 그림이 보이지 않는다, 좀 공허한 것 아닌가 이런 의문이 없지 않았다. 이는 '동북아시대'라는 개념 자체가 갖는 모호성과도 무관하지 않았다. 그리고 동북아 정세가 워낙 고르지 못했던 환경 속에서도 통합과 공동체라는 비전을 내세웠던 점 역시 논란의 소지를 보였다. 하지만 달리 생각해보면 환경이 부정적이기 때문에 더 더욱 긍정적 미래에 대한 비전이 돋보여야 한다는 평가도 가능하다고 본다. 비전은 현실부합성에서 의의를 찾아야 할 것이 아니라 그 도덕적이고 문화적인 우위에서 의미를 평가해주어야 할 것이다.

2. 평가

참여정부에 의해 '동북아시대' 구상이 제기된 지 어언 10년이 지났다. 묘하게도 박근혜 정부가 동북아시대 구상과 대동소이한 내용을 갖는 '동북아 평화협력 구상'을 제기했다. 보수와 진보를 떠나 동북아와 한반도의 평화 정착과 공동 번영을 바라는 이들에게는 쌍수를 들어 환영할 일이라고 하겠다. 박근혜 대통령의 동북아 평화협력 구상이 "동북아 지역에서 화해와 협력의 역내 질서를 정착시키기 위한 구상"(동북아 평화협력구상팀, 2014: 5)이란 점에서 참여정부의 '동북아시대' 구상을 새삼 떠올리게 된다. 참여정부 시기에 거센 비판과 정치적 성격의 저항에 직면했던 '동북아시대' 구상이 다시 복권되는 듯한 인상도 받게 된다. 어찌 보면 누가 집권하더라도 한국의 입장에서 동북아 협력 구상을 제기하지 않을 수 없도록 동북아 정세가 전개되고 있다는 반증이라는 지적이 더 적절할 지도 모르겠다. 박근혜 정부에 의해 '동북아 평화협력 구상'이 제기됐다는 사실 자체만으로도 참여정부의 '동북아시대' 구상에 대한 평가를 갈음할 수 있을 것이다.

한국의 외교안보 분야에는 세 가지 사활적 쟁점이 있다. 대상으로 말하자면 북한·미국·중국이 될 것이고, 관계 차원에서 말하자면 남북관계, 한·미동맹, 한·중관계로 표현할 수 있을 것이다. 필자는 참여정부 '동북아시대' 구상을 평가하는 동시에 향후 과제를 논의할 때 이 문제로 되돌아가야 한다고 본다. 즉 다시 말해서 '동북아시대' 구상의 전략적 함축을 재조명하는 과제다.

지금 남북관계에는 핵문제라는 고약한 요소가 침투해 있다. 아무리 남북관계를 진전시키고 싶은 동기가 강해도 북핵문제를 적절하게 해소해 가지 않으면 의미 있는 남북관계 진전이 어렵게 돼 있다. '동북아시대' 구상은 핵문제가 침투한 남북관계를 다룰 때 불가피한 접근이다. 역사적이고도 구조적으로 남북관계를 접근하지 않으면 이렇다 할 돌파구가 생기지 않는다는 점을 상기할 때, 남북관계에서 동북아 환경에 대한 접근은 이미 내재돼 있다고 말할 수도 있으리라. 미국과 중국이 포진된 동북아를 다뤄나가야 할 부담이 실로 거대한 만큼, 남북관계의 획기적이고 창의적인 돌파가 가져다줄 지역 차원의 함축 역시 실로 거창할 것이다. 부담이 분명하되 질 만한 부담이 된다.

다음으로 한・미동맹 이슈가 있다. 한・미동맹은 대북 억지력이라는 안보적 보완재를 넘어 한국 사회를 관통하는 하나의 절대적 가치 비슷하게 자리 잡은 측면이 없지 않다. 참여정부는 한・미동맹 재조정 정책을 적극적으로 폈다(이수훈, 2008). 그 때문에 노무현 대통령은 '반미주의자'라는 불필요한 오해를 사기도 했고 정치적 반대에 직면하기도 했다. 미국으로부터의 오해도 없지 않았다. 자주국방의 기치를 박정희 대통령 이후 처음으로 내걸었는데, 이 역시 매우 논쟁적인 정책이었다. 전시작전통제권 전환정책에 대한 반대가 두드러졌다. '동북아시대' 구상은 한・미동맹의 보완재로서, 한국 사회에 만연해 있는 한・미동맹에 대한 절대시 분위기에 대한 배려로서 그 전략적 의미가 적지 않다. 특히 동북아 안보협력체 구상을 적극 추진한 결과 2005년 채택된 9・19공동성명에서 "6자는 동북아에서의 안보 협력 증진을 위한 방안과 수단을 모색하기로 합의했다"(국가정보원, 2008: 547)는 조항을 담게 됐다. 한・미동맹에 대한 안보 의존을 점진적으로 감소시켜 나가는 것이 적절한 방향이라고 했을 때, 그 보완재로서 동북아 안보협력체 구상의 전략적 함축을 새겨볼 수 있다고 하겠다.

마지막으로 한・중 관계를 어떻게 가져갈 것인가의 이슈가 있다. 앞서 지적한 바대로 '동북아시대' 구상은 대(對)중국 구상으로서 그 의의가 크다. 중국의 부상을 괄목 상대해야 한다는 문제의식의 발로가 '동북아시대' 구상이었다. 참여정부는 균형외교를 내세우고 한・미동맹과 협력적 파트너 사이에서 치우치지 않기 위한 자세를 취했다. 중국과는 협력을 넓혀 나가면서 결국에는 '전략적 협력관계'로 발전시켜야 할 것으로 방향을 잡아갔던 것이다. 이명박 정부 첫 해인 2008년에 한・중 관계를 '전략적 협력동반자 관계'로 공식화시킬 수 있었던 데는 참여정부의 이런 노력이 토대로 작용했다.

참고 문헌

국가정보원(2008). 남북간 합의문 총람. 서울: 국가정보원.

국정홍보처(2008). 참여정부 국정운영백서 5권: 통일 · 외교 · 안보. 서울: 국정홍보처.

노무현(2003a). 제16대 노무현 대통령 취임사. 2월 25일.

______(2003b). 제58주년 광복절 경축사. 8월 15일.

______(2005). 통일외교안보 관련 자문위원 초청 간담회 발언록. 7월 22일.

______(2006). 한 · 일관계 관련 대국민 특별담화문. 4월 25일.

______(2007). 한겨레-부산 국제심포지엄 기조연설문. 11월 13일.

노무현 · 조지 W. 부시(2005). 한 · 미정상회담 경주선언문. 11월 17일.

동북아경제중심추진위원회(2003). 동북아경제중심의 비전과 과제. 서울: 동북아경제중심추진위원회.

동북아시대위원회(2006a). 참여정부의 동북아시대 구상. 서울: 동북아시대위원회.

______(2006b). 동북아시대 구현을 위한 사회문화협력 구상. 제79회 국정과제회의 보고서. 6월 15일.

______(2008). 동북아시대위원회 백서. 서울: 동북아시대위원회.

동북아 평화협력구상팀(2014). 동북아 평화협력구상. 서울: 오름.

박종철 외(2006). 한국의 동북아시대 구상: 이론적 기초와 체계. 서울: 오름.

배기찬(2008). 동북아시대 구상의 현실과 과제. 한국과 국제정치, 24(1): 147-179.

신성호(2008). 한국의 국가안보전략에 대한 소고: 참여정부의 평화번영정책. 국가전략, 14(1): 35-62.

이수훈(2008). 조정기의 한 · 미동맹. 서울: 경남대 극동문제연구소.

______(2011). 참여정부 '동북아시대 구상'에 대한 재조망. 국회 한반도 평화포럼 2011년 활동자료집.

제 4 장

부동산정책

변창흠
세종대학교

제 1 절 정책의 추진 배경

노무현 정부는 국가균형발전정책과 함께 부동산 시장 개혁정책을 정부의 핵심 과제로 채택해 강력하게 추진해 왔다. 집권 초기부터 IMF 경제위기 극복의 후유증으로 부동산 가격이 급등하면서 이 문제에 적극적으로 대처할 필요성이 있었을 뿐만 아니라, 부동산을 통한 계층 간, 지역 간 불균형을 해소하는 것이 정부의 국정운영 방향과도 일치했기 때문이다.

노무현 정부가 강력한 부동산제도 개편에 대한 의지에도 불구하고 노무현 정부의 부동산정책은 학계에서나 일반 국민들의 관점에서나 상반된 평가를 받고 있다. 부동산 시장에서 시장의 투명성을 제고할 수 있는 기반을 마련했을 뿐만 아니라 본격적으로 주거복지 향상과 부동산 시장 개혁을 위한 제도적 기반과 물적인 토대를 마련했다는 긍정적인 평가와 함께 각종 규제와 과도한 조세 부담으로 부동산 시장의 정상적인 작동을 방해했을 뿐만 아니라 목표로 내걸었던 부동산 가격 상승을 막지 못했다는 부정적인 평가가 공존한다.

어떤 정책도 정책 추진 주체나 정책 대상자들의 이해관계나 부처 간, 정당 간의 갈등으로부터 자유로울 수 없다. 노무현 정부의 부동산정책을 체계적으로 평가하기 위해서는 노무현 정부가 처했던 부동산 시장과 제도적 환경, 정책 추진 주체의 의지와 추진체계, 다른 정책과의 관계 등을 종합적으로 검토해야 한다.

1. 우리나라 부동산 시장과 제도의 유산

노무현 정부의 부동산정책은 당시의 부동산 시장 상황뿐만 아니라 부동산제도와 인식의 기반 위에서 도출됐다. 우선, 선진국에 비해 주거 여건이 여전히 열악한 상황인 반면, 무주택자의 주거 안정을 위한 국가나 지방자치단체의 지원제도는 부족했다. 2002년 말 전국의 주택보급률은 100%를 상회했지만, 자가주택 보유율은 60% 수준에 불과했고 전체 가구의 40%가 전월세 형태로 임차가구로 거주하고 있었다. 반면, 공공부문이 제공하는 장기 공공임대주택은 전체 주택의 2.5%에 불과해 주택문제는 철저히 개인이 해결해야 하는 상황이었다.

둘째, 부동산 가격은 대부분 가계의 자산 규모뿐만 아니라 노후 보장을 위한 연금의 크기를 결정해 왔다. 전체 가계자산에서 부동산이 차지하는 비중이 약 83%에 이르며 그중 주택이 69.7%를 차지하고 있었다. 국가에 의한 노령연금이 충분히 구축돼 있지 않은 상황에서 부동산은 자산 기반 복지의 한 축을 구성하고 있었다. 이런 상황에서 부동산 가격 상승은 자산보유 가구에게는 자산가치 증식과 노후연금 확대를 의미하는 것이 됐다.

셋째로 부동산 시장의 주기적인 변화와 부동산 정책 관행이 부동산에 대한 과도한 선호를 낳았다. 우리나라 부동산 시장은 1960년대 말, 1970년대 말, 1980년대 말에 걸쳐 10년을 주기로 집값이 폭등해 왔다. 그동안 정부의 부동산 정책도 투기 억제와 부동산 시장 활성화 대책을 반복해 왔다. 이에 따라 일반 국민들까지도 부동산 가격은 반드시 상승하며 부동산이 최적의 투자 수단이라는 부동산 불패 신화를 갖게 됐다(국정홍보처, 2008). 이러한 학습 효과로 인해 부동산 가격 상승에 대한 막연한 기대와 부동산 보유에 대한 열망을 낳게 됐다.

넷째, 부동산의 소유와 개발에서 발생하는 자본이익을 환수하는 제도적 기반이 잘 갖춰져 있지 않았기 때문에 부동산 가치 증가로 인한 이익은 사유화돼 왔다. 양도소득세와 같이 자본이익을 환수하는 장치가 경기 변화에 따라 세율과 부과 대상이 자주 변화했기 때문에 부동산 조세가 자본이익을 환수하는 데 미흡했다.

2. 부동산 시장을 둘러싼 외부적 환경

노무현 정부가 출범할 당시의 국내외 환경은 부동산정책 형성에서 중요한 제약 요인이 됐다. 우선, 세계적으로 경기 불황으로 저금리 기조를 지속적으로 유지함에 따라 풍부한 유동성이 부동산 시장으로 유입되고 있었다. 이로 인해 전 세계 대부분의 국가에서 부동산 가격이 폭등하는 상황이 나타나고 있었다.

둘째, 국민의 정부 당시 IMF 경제위기를 극복하는 과정에서 취해진 각종 조치가 부동산 시장과 제도에 큰 영향을 미쳤다. 부동산에 대한 대대적인 규제 완화와 경기활성화 정책 추진으로 부동산 개발이익을 환수하고 개발을 통제할 수 있는 시스템이 구축돼 있지 못했다. 분양가 전면자율화 및 분양권 전매 허용(1998년), 양도소득세 한시적 면제(1998년), 민영아파트 재당첨 제한 기간 폐지(1999년) 등이 대표적인 조치들로 부동산 투기를 허용하되 개발이익을 환수하지 않는 제도들이 마련돼 있었다.

아울러 경제 위기 극복과 경제활성화를 투입한 막대한 공적 자금 때문에 부동자금이 넘쳐나 상당 부분이 부동산으로 유입되고 있었다. 반면, 카드대란으로 발생한 300만에 이르는 신용불량자와 저금리에 기반한 주택담보대출 물량 때문에 저금리 구조를 변경할 여건이 되지 못했다.

셋째, IMF 경제위기 이후 경제사회가 급변하면서 새로운 주택 수요가 급등했다. 경제위기 극복 과정에서 부동산이나 주식 등을 통해 급성장한 고소득자들은 고급주택을 선호하는 반면, 구조조정으로 퇴출된 계층들을 위해 공공부문의 주거복지 수요가 급증했다. 그러나 경제위기 극복 기간 동안 주택 공급 문제를 소홀히 한 결과 공공부문이 확보한 택지량은 감소한 반면, 주택 공급 여력은 급격히 줄어들게 됐다.

넷째, 국민의 정부 말기에 시작된 부동산 가격 급등은 노무현 정부의 출범 이후 본격화되기 시작했다. 참여정부 출범 직전인 2001~2002년의 기간 동안 주택가격은 13.2%, 토지가격 5.2% 그리고 전세가격은 13.3%가 상승했다(국민경제자문회의, 2007: 561). 고급주택에 대한 수요 증가로 강남지역과 수도권 신도시의 주택가격이 급등했고, 지방의 대도시 등으로 확산되기 시작했다. 이에 따라 노무현 정부의 부동산정책은 서울의 강남지역과 같은 특정지역의 부동산 가격 인하를 최우선적인 목표로 설정할 수밖에 없게 됐다.

제 2 절 정책의 추진체계

1. 국정과제로 인식된 노무현 정부의 부동산정책

노무현 정부는 출범할 때부터 부동산 문제를 중요한 정책과제로 인식했다. 2000년대 초반부터 부동산 가격이 폭등해 사회적인 문제가 됐기 때문에 부동산 가격을 잡는 것이 시급한 과제였다. 부동산 가격의 폭등은 부동산 투기를 유발했고 이로 인한 불로소득이 새로운 사회적 격차를 낳았다. 이 문제가 지역문제와 겹치면서 특정 지역의 부동산 가격 상승은 사회적인 쟁점으로 부각됐다.

노무현 정부 출범 초기부터 '빈부격차·차별시정기획단'이 부동산 문제를 다뤘던 것은 부동산 문제가 불로소득을 사유화함으로써 사회적 격차를 더욱 확대시킬 수 있다는 인식이 있었기 때문이다. 부동산 정책은 청와대 정책실장이 주도하고 해당 비서관이 실무책임을 맡아서 전략과제를 검토하고 대통령 주재 국정과제회의에 보고했다. 이러한 과정을 거쳐 발표된 것이 2003년 5월 28일에 발표된 '참여정부 주거복지 로드맵'이었다(정책기획위원회, 2008: 29-30).

노무현 정부의 부동산정책을 가장 대표하는 8·31대책은 청와대가 주도했지만, 국무총리, 각 부처 장관, 국회와 집권 여당이 참여하는 집단적인 작업을 통해 완성됐다. 2003년 10·29 대책을 통해 부동산 시장이 안정됐지만, 2005년 들어 판교 신도시의 주택분양 계획을 계기로 다시 급등하기 시작하자 2005년 6월 17일 대통령 주재 부동산정책간담회를 통해 부동산정책 전반에 대해 종합적인 대응 방안을 마련하기로 결정했다.

8·31대책을 수립하는 과정에 핵심적인 의사결정 조율기구로 부동산정책 당정협의회가 구성됐다. 국무총리가 주재하는 부동산정책 당정협의회에는 당과 정부, 청와대 관련 고위직이 모두 참석하는 종합 의사결정기구였다. 이 협의회는 2005년 7월 6일부터 총 8회에 걸쳐 매주 수요일 정례회의를 통해 논의가 진행됐다. 이 협의회에서 논의된 과제로는 세제 개편, 주택 공급 및 개발이익 환수, 서민주거 안정대책, 주택공영 개발 확대 및 판교 개발, 토지시장 안정화 대책, 신규 택지 공급 확대 등 6개였다(정책기획위원회, 2008: 30).

8·31대책을 도출하는 과정에 주도적인 역할을 한 기구는 부동산정책 실무기획단이

표 2-4-1 부동산정책 당정협의회 구성

○ 열린우리당: 원내대표, 정책위 의장, 정책위 수석부의장, 건교부 위원장, 부동산기획단장, 부동산기획단 간사, 제3정조위원장, 제4정조위원장
○ 정부: 경제부총리, 건설교통부 장관, 행정자치부 장관, 국무조정실장, 금융감독위원장, 국정홍보처장
○ 청와대: 정책실장, 경제정책수석, 경제보좌관

출처: 정책기획위원회, 2008: 30.

었다. 부동산정책 실무기획단은 청와대 경제보좌관이 주재하며 국민경제비서관, 국무조정실 정책차장, 재정경제부 차관보, 건설교통부 정책홍보관리실장, 행정자치부 지방지원본부장, 기획예산처 재정정책기획관, 금융감독위원회 상임위원, 국세청 차장, 국정홍보처 차장 등 관련 부처의 1급 실무자들이 참여했다. 그 아래에 재경부 차관보가 주도하는 실무작업반이 꾸려졌다. 8·31대책을 마련하는 과정에서 부동산정책 실무기획단 회의는 매주 열렸으며, 여기에서 논의된 결과는 대통령에게 보고된 후 고위당정협의회와 관련 부처회의에서 조율됐다(정책기획위원회, 2008: 31).

부동산정책 실무기획단은 2006년 말까지 계속 운영됐으며, 2006년 하반기 부동산가격이 다시 상승하면서 청와대 정책실장이 주재해 2006년 11·15대책, 2007년 1·11대책을 준비했다. 2007년 이후 부동산 시장이 안정된 이후에도 부동산정책은 청와대 경제보좌관실에서 관장했다. 경제보좌관은 부동산대책반 등 관련 부처뿐만 아니라 한국은행, 금융연구원, 국제금융센터 등으로부터 의견을 수렴하고 매주 1회 금융 부동산 상황·의제 점검회의를 매주 개최했다(정책기획위원회, 2008: 32).

2. 다양한 의견 수렴 절차를 거친 부동산정책

노무현 정부의 부동산정책은 정책의 종합성뿐만 아니라 정책결정 과정에 다양한 주체의 참여를 통한 폭넓은 의견 수렴 절차 때문에 차별성을 지닌다. 우선, 부동산정책을 발표하기 전에 국민참여형 여론조사인 공론조사를 실시했다. 공론조사가 정책결정 과정에 활용된 것은 최초의 시도로 2005년 7월 21일부터 8월 24일까지 진행됐다. 공론조사는 1차 설문조사, 자료집 배포, 전체 토론, 2차 설문조사 등의 절차를 거쳐 진행됐다(정책기획위원회, 2008: 31).

둘째, 인터넷 포털 사이트인 다음(Daum)과 네이버(naver)에 부동산정책과 관련해 '부동산정책 희망의 백년대계 만들기'라는 주제로 토론방과 블로그를 개설해 정책 발표 전후에 네티즌 여론을 수렴했다(정책기획위원회, 2008: 31).

셋째, 부동산정책을 발표하기 전에 다양한 주체들의 의견을 수렴하기 위해 노력했다. 관련 부처인 재경부와 건교부, 부동산정책을 결정하는 핵심 주체인 국민경제자문회의, 집권당인 열린우리당은 각각 전문가 자문회의, 공청회 등을 통해 의견을 수렴했다.

제 3 절 정책의 추진 과정과 내용

1. 노무현 정부의 부동산정책 목표와 정책 체계

노무현 정부는 '집 걱정 없는 희망사회 구현'을 부동산정책의 비전으로 설정하고, 부동산 시장 안정과 주거복지 실현을 이를 실현하기 위한 정책 목표로 설정했다. 부동산 시장 안정을 최우선적인 정책 목표로 설정한 것은 노무현 정부가 출범할 당시부터 부동산 가격이 폭등하고 있었던 상황을 반영한 것이라고 보아야 하며, 주거복지 실현은 노무현 정부의 부동산정책의 진보적 가치를 반영하는 것으로 평가된다.

부동산 시장 안정을 위해 채택된 부동산 투기 억제, 시장투명성 확보, 안정적 주택 공급이라는 세 가지 정책 방향은 각각의 정책 수단을 통해 실현하고자 했다. 투기 수요 억제를 위한 정책 수단으로는 보유세 합리화, 양소소득세 강화, 재건축 초과이익 환수, 개발부담금 및 기반시설 부담금제 도입, 주택담보대출에 대한 규제 등이 활용됐다. 부동산 시장의 투명성 제고를 위한 정책 수단으로는 부동산 실거래가 신고 및 등기부 기재, 공시가격 현실화, 부동산 통계 선진화 등이 채택됐으며, 안정적인 주택 공급을 위한 정책 수단으로는 신도시 건설 등의 공급 확대, 주택공영 개발 추진, 강북 재개발 촉진, 주택・토지 공급 제도 개선 등이 채택됐다. 이 정책 수단들은 부동산정책을 종합적으로 개편하는 정책과제들로 엄청난 사회적 논란과 정치적인 저항을 초래했다.

노무현 정부가 부동산 시장 안정과 함께 설정한 또 하나의 정책 목표는 주거복지 실현이다. 주거복지 실현은 주로 주택시장 대응을 위한 주택 공급이나 투기 억제에 치중했던 기존 정부의 부동산정책과 노무현 정부의 부동산정책을 구분하는 가장 큰 특징은 정책 방향으로 서민・중산층의 주거 안정을 설정했고, 장기임대주택 확충, 맞춤형 복지

정책, 전월세 지원, 중산층 내집 마련 지원 등을 정책 수단으로 채택했다.

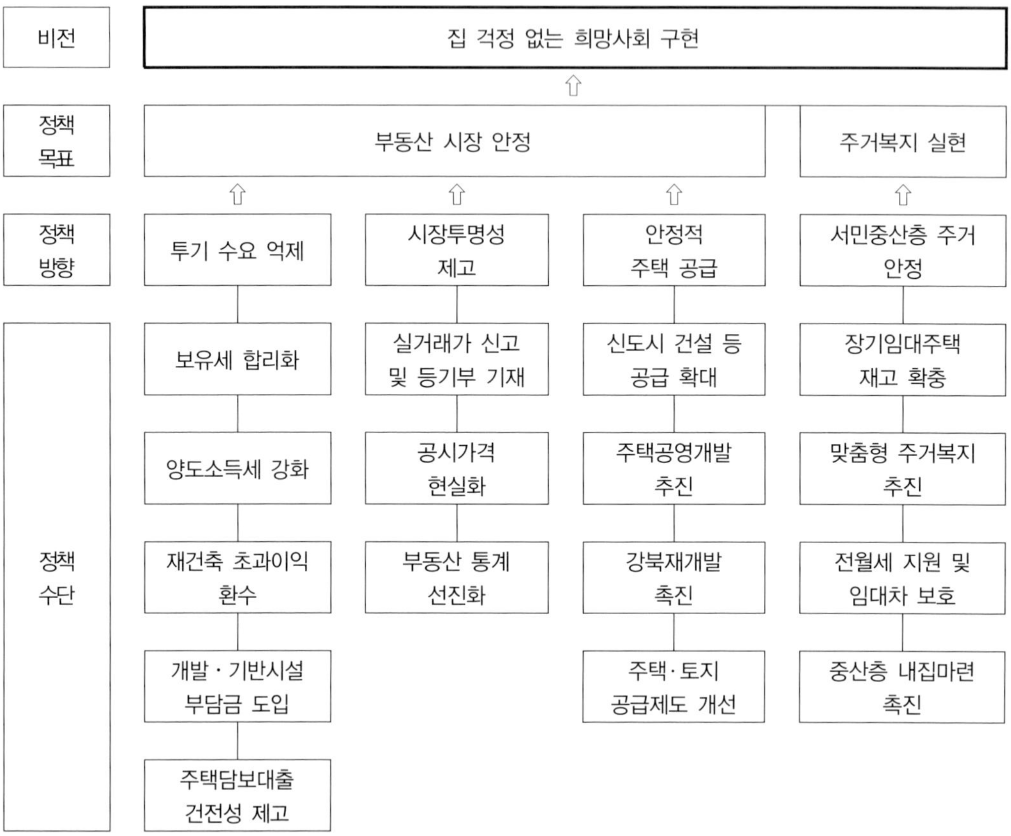

그림 2-4-1 노무현 정부 부동산정책의 비전과 정책 수단

출처: 국정홍보처(2008: 92), 정책기획위원회(2008: 33).

2. 노무현 정부의 주요 부동산정책 추진 과정[1)]

노무현 정부는 집권 기간 동안 30여 차례에 걸쳐 크고 작은 부동산정책을 발표해 왔다. 한편으로는 급등하는 주택가격을 안정화시키기 위한 대응 방안을 마련하면서 다른 한편으로는 장기적으로 주거 안정을 위한 부동산 정책의 체계를 새로 설정하는 과정이

1) 주요 부동산 정책의 추진 과정은 정책기획위원회(2008), 국정홍보처(2008), 국민경제자문회의(2007) 등을 참조해 정리했다.

었다. 노무현 정부의 첫 번째 부동산정책인 2003년 5 · 23대책은 주택가격 안정대책이었지만, 곧이어 주거복지 로드맵을 발표함으로써 주택시장을 안정화시키기 위한 단기 대책과 함께 장기적으로 서민 주거 안정을 위한 비전과 구상을 밝혔다.

이러한 정책 틀은 이후 노무현 정부의 핵심적인 부동산정책이라 할 수 있는 2003년의 10 · 29대책, 2004년의 9 · 15대책. 2005년의 8 · 31대책, 2006년의 3 · 30대책과 11 · 15대책, 2007년의 1 · 11대책과 1 · 31대책 등에서도 그대로 유지됐다. 이때 단기적인 부동산 시장 안정대책 외에 부동산정책의 구조를 근본적으로 혁신하기 위해 채택된 정책들은 노무현 정부 부동산정책의 주된 업적임과 동시에 비판의 대상이 됐다. 결국 이때 도입된 대부분의 정책은 이후 이명박 정부와 박근혜 정부가 부동산 시장 활성화와 정상화를 명분으로 규제 완화 정책을 추진하면서 폐기되거나 완화됐다.

1) 5 · 23대책과 주거복지 로드맵

노무현 정부가 출범 후 가장 먼저 발표한 부동산정책은 5 · 23대책이었다. 주택가격 안정대책으로 주택 담보대출의 비율을 낮추고 주상복합 분양권과 조합아파트 분양권의 전매를 금지하는 조치 등을 발표했다. 이 조치의 후속으로 5월 28일에는 계층별 주거복지 로드맵이 발표됐다. 주거복지 로드맵에서는 소득 1분위는 임대료 지불 능력 취약계층으로 보고 다가구 등 매입 임대주택, 소형 국민임대주택 등을 공급하고 주거급여를 확대하는 지원을 제시했으며, 소득 2-3분위는 자가주택 구입 능력 취약계층으로 보고 국민임대주택 집중 공급, 불량주택 정비 활성화, 전월세 자금 지원 등의 수단을 활용하기로 하겠다는 구상을 밝혔다.

2) 참여정부의 부동산정책의 틀을 제시한 10 · 29대책

2003년 하반기 들어서도 부동산 가격이 안정되지 않은 채 강남지역을 중심으로 상승한 부동산 가격이 수도권 지역으로 확산되기 시작했다. 이에 따라 개별적인 부동산정책이 아니라 부동산 부문에 대한 종합대책을 구상하기에 이르렀다. 10 · 29대책에서 발표된 내용은 주택 공급, 금융정책, 세제 개편, 주택제도, 시장 단속 등에 이르기까지 부동산 전 분야에 걸쳐 있었다. 10 · 29대책에서 가장 대표적인 정책은 강북 뉴타운 12~13개 지구를 추가로 선정한 주택 공급대책, 투기지역 아파트 주택담보 인정 비율을 50%에서 40%로 하향 조정한 금융정책, 종합부동산세 시행 시기를 당초의 2006년에서 2005년으로 앞당기고 1세대 3주택 이상 양도소득세를 60%로 인상한 세제정책, 20세대 이상

주상복합 아파트 분양권의 전매를 금지한 주택제도 등을 들 수 있다.

3) 10·29대책의 세제 부분을 강화한 5·4 대책

2005년에 발표된 5·4대책은 2003년에 발표된 10·29대책에서 세제정책을 부분적으로 보완한 것이다. 2005년 들어 부동산 가격이 재상승하게 되자, 10·29대책에서 당초 투기 억제 방안으로 논의됐던 정책들이 빠지거나 약화돼 발표돼 부동산 투기를 억제하는 데 효과적인 수단이 되지 못했다는 비판이 제기됐다. 5·4대책은 초기에 논의됐던 방향으로 부동산 세제와 부담금을 강화하는 방향으로 설정됐다. 부동산 보유세를 단계별로 더욱 강화하기로 했으며, 1가구 2주택자에 대해서도 양도소득세를 실거래가로 과세하기로 했다. 이와 함께 재개발·재건축·택지개발지구에서 기반시설부담금제도를 도입하기로 했다.

4) 노무현 정부의 대표적인 부동산 정책인 8·31대책

2003년에 발표된 10·29대책이 주택가격을 안정시켜 왔지만, 2005년 들어 판교 소형 주택 분양을 앞두고 주택가격 상승 조짐이 보이기 시작하자 근본적인 부동산 대책을 준비하게 됐다(국정홍보처, 2008: 95). 부동산정책 당정협의회와 부동산정책 실무기획단, 여론 수렴 과정을 거쳐 2005년 8월 31일 '서민주거 안정과 부동산 투기 억제를 위한 부동산 제도 개혁 방안'이 발표됐다.

8·31대책은 크게 부동산 시장의 투명성 제고정책, 서민주거 안정 정책, 주택 공급 확대정책, 토지시장 안정정책 등으로 구성됐다. 부동산 시장 투명성 제고정책으로는 실거래가격 신고 의무화 및 등기부 기재, 종합부동산세 세대별 합산 및 기준 금액 6억 원으로 상향 조정, 양도소득세 실거래가 과세 및 1가구 2주택 50% 중과 등이 포함됐다. 서민주거 안정정책은 주택구입 자금 지원, 생애 최초 주택 구입자금 지원 재개, 저소득층 전세자금 대출 금리 인하, 10년 장기 민간건설 임대주택 활성화 등이 채택됐다. 주택공급 확대정책으로는 송파 거여, 김포, 양주 옥정지구 등 신도시개발, 원가연동제 및 주택채권 입찰제 도입 등이 포함됐다. 토지시장 안정대책으로는 토지거래 허가 신청 시 자금 조달 내역 제출 의무화, 개발부담금 재부과 및 기반시설부담금제 도입, 비사업용 토지 종합부동산세 공시지가 6억 원에서 3억 원으로 확대 등이 채택됐다.

8·31대책은 노무현 정부의 부동산정책을 대표하는 대책으로 평가되고 있다. 이 대책은 청와대가 주도해 준비했을 뿐만 아니라 대책의 내용이 워낙 종합적이고, 혁신적인

내용들로 구성됐기 때문이다. 이후 정부의 노무현 정부 부동산정책 해체는 대부분 8·31대책에 초점이 맞춰져 있었다고 해도 과언이 아니었다.

5) 8·31대책을 더욱 강화하고 보완한 3·30대책

8·31대책이라는 초강도 부동산정책에도 불구하고 2006년 들어 강남지역의 재건축 아파트를 중심으로 주택가격 상승 조짐을 보이면서 새로운 부동산 대책이 필요하게 됐다. 2006년 3월에 발표된 3·30대책은 8·31대책에서 다루지 않았던 재건축제도와 주택금융규제제도를 포함하고 있다.

재건축사업의 안전진단을 강화하고 재건축사업에서 발생하는 초과 이익을 환수하는 재건축 초과이익 환수제도를 도입했다. 이와 함께 본격적으로 감리 감독을 강화한 금융규제로 투기지역에서 6억 원 초과 아파트 구입 시에 기존 담보 인정 비율(LTV)과 총부채상환 비율(DTI)을 적용하기로 했다.

6) 주택 공급 확대와 수요 억제를 결합한 11·15대책

2006년에 발표된 11·15대책은 주택 공급을 더욱 확대하고 주택금융 규제를 강화해 주택가격을 안정화하겠다는 의지를 보여주는 조치였다. 이 대책은 공급 확대정책과 수요 관리정책을 결합한 것으로 정부가 주택가격 안정을 위해 얼마나 심혈을 기울였는가를 잘 보여주고 있다.

주택 공급 대책으로는 공공택지 내 주택의 조기 공급, 개발밀도 상향을 통한 주택 추가 공급, 민간택지 내 주택 공급 확대 등이 포함됐다. 주택 공급가격을 인하시키기 위해 택지조성비와 중소형 주택용지 공급가격을 인하하는 방안을 채택했다. 수요관리정책으로 3·30대책에서 발표된 주택금융 규제를 더욱 강화했다. 담보인정 비율(LTV) 규제는 비은행권까지 확대하기로 했고, 총부채상환 비율(DTI) 규제는 수도권 투기과열지구까지 확대 적용하기로 했다.

7) 분양가 상한제와 원가 공개를 확대한 1·11대책

2007년에 발표된 1·11대책은 오랫동안 논란이 됐던 민간택지에 대해서도 분양가 상한제와 원가 공개를 확대해 적용하기로 한 주택 공급제도 개편이 핵심적인 내용이었다. 신규 공급 주택이 여전히 높은 분양가로 공급되면서 전체 주택가격 상승을 견인시킨다는 평가에 따라 분양가격의 인하를 통해 주택가격을 안정시키고 주택시장의 투명성을 제고하기 위한 정책이었다. 민간택지에서 주택분양가 공개를 둘러싼 오랜 논란이 마침내 종지부를 찍은 대책이었다.

이와 함께 유동성 관리 차원에서 주택담보대출 규제를 더욱 강화하고 채권보상제도를 확대하고 보상 기준 시점 조기화를 통해 토지 보상을 통한 투기시장 확대를 막기 위해 노력했다.

8) 장기임대주택 공급 비전을 제시한 1·31대책

2007년 들어 부동산 시장이 안정되자, 노무현 정부는 장기적으로 서민주거 안정을 위한 기반을 마련하기 위한 대책을 발표하게 됐다. 2007년 1·31대책은 장기임대주택의 비중을 2017년까지 총주택 수의 20%까지 확대하겠다는 엄청난 구상이었다.

이 사업을 위해 90조 원 규모의 임대주택 펀드를 설립하고, 공공부문의 분양주택 공급을 연간 5만 호 수준으로 확대하는 방안, 재건축 및 재개발사업에 공공부문의 참여를 확대하는 방안 등이 1·31대책에 포함됐다. 서민주거 안정을 위한 방안으로 장기 고정 모기지론 공급 활성화, 서민층 임차자금 보증 지원 확대, 국민임대주택 커뮤니티 조성 및 주택 바우처 제도 검토 등 최근 서민 주거 안정을 위해 실행되고 있는 대부분의 정책이 이때 제시된 것이다.

3. 노무현 정부 부동산정책의 성격과 대표적인 정책

1) 보유세 강화와 종합부동산세의 신설

노무현 정부는 부동산에 대한 조세를 통해 불로소득을 환수하고 보유비용을 증가시켜 부동산 투기를 억제하거나 부동산 가격 안정에 기여할 수 있다고 판단했다. 노무현 정부는 이 목적을 위해 국세인 양도소득세를 강화하고, 보유세인 재산세를 확대했으며, 새로운 보유세로 종합부동산세를 신설했다.

우선, 양도소득세는 부동산 거래 단계에 나타나는 불로소득을 환수하기 위한 세금이었다. 실제 거주 목적이 아닌 주택에 대해서는 정상적인 거주 목적의 주택에 비해 높은 세율을 적용함으로써 투기 목적의 주택 구입을 억제하자는 것이었다. 이와 함께 양도소득세의 과표를 종전의 공시가격이 아니라 실거래가격을 적용해 실효세율을 높였다.

2005년 8·31대책에서는 1세대 3주택 보유자에 대해 양도차익의 60%를 중과했고, 투기지역에서는 탄력세율까지 적용할 수 있기 때문에 최대 82.5%의 세율을 적용할 수

표 2-4-2 노무현 정부의 주요 부동산 대책 현황

구분	주요 내용
2003년 5 · 23대책	• 주거복지 로드맵 제시 • 주택담보대출 비율 하향 조정 • 주상복합 및 조합아파트 분양권 전매 금지 • 수도권 · 충청권 투기과열지구 확대 • 재건축아파트 후분양제
2003년 10 · 29대책	• 강북 뉴타운 12~13개 지구 추가 선정 • 종합부동산세 시행 시기 단축(2006 → 2005) • 개발이익환수제 도입, 3주택자 양도소득세 중과(60%) • 주택거래신고제 도입 • 주택담보대출 담보인정 비율 하향 조정(투기지역 40%)
2004년 2 · 4대책	• 주상복합아파트 분양권 전매 제한 • 주택거래신고제 시행 • 토지거래허가 요건 대폭 강화
2004년 9 · 15대책	• 보유세제 개편 기본방안 발표(토지와 건물의 통합평가, 통합 과세) • 종합부동산세법 제정(2005. 1. 5 시행)
2005년 5 · 4대책	• 보유세 단계별 강화 • 1가구 2주택자 양도소득세 실거래가 과세 • 재개발 · 재건축 · 택지개발지구 기반시설부담금제 도입
2005년 8 · 31대책	• 주거안정정책(주택구입자금 확대, 민간건설임대주택 활성화 등) • 주택거래 투명화 • 투기적 수요의 억제(종합부동산세 강화, 양도소득세 강화 등) • 주택 공급 확대(공공택지 개발 확대 및 송파신도시 개발 등)
2006년 3 · 30대책	• 서민 주거복지 강화(전세자금 확대, 매입임대주택 확대 등) • 주택 대출 규제 강화 • 재건축 안전진단 강화 및 재건축개발이익 환수제도 도입 등 • 주택거래 신고지역 주택취득 시 자금조달계획 신고 의무화
2006년 11 · 15대책	• 공급 확대(신도시, 국민임대, 개발밀도 상향 등) • 분양가 인하(택지조성비 절감, 주택용지 공급가격 인하) • 수요관리 강화(LTV 규제 강화 및 DTI 규제 확대) • 서민주거 안정(장기임대주택 확대 등)
2007년 1 · 11대책	• 분양가 상한제 실시 • 분양원가 공개 확대 • 주택담보대출 강화
2007년 1 · 31대책	• 장기임대주택 공급 확대(2017년까지 총주택 수 20%) • 임대주택 펀드 조성 • 공공분양주택 확대

자료: 국민경제자문회의(2007) 및 각 연도별 재정경제부, 건설교통부 등의 발표 자료를 참조해 작성.

표 2-4-3 노무현 정부 부동산정책의 개요

대책		부동산정책의 유형					
		시장 투명성 제고	수요관리			안정적 공급	서민중산층 주거 안정
			세제 · 부담금	금융	제도 개선		
2003	5. 23				• 재건축선분양 요건 강화		
	9. 3						• 주거복지로드맵 수립
	9. 5				• 재건축 소형의무 비율 상향 조정		
	10. 29	• 주택거래 신고제 도입	• 종부세 조기 시행 • 다주택양도세 강화	• LTV규제 강화		• 강북뉴타운및4대신도시 건설	• 재건축임대주택의무건설제도
2005	2. 17				• 공공택지 내 원가연동제, 택지채권입찰 도입		
	4. 27						• 매입및전세임대 확대
	5. 4					• 공공택지지정물량 확대	
	8. 31	• 실거래가 신고, 등기부 기재	• 종부세, 양도세 강화 • 양도세 실가과세 • 기반시설부담금 도입,개발부담금 재도입			• 공공택지지구 확대 • 기존 도심 광역 재개발	
2006	3. 30		• 재건축부담금 도입	• DTI규제			• 매입 및 전세임대 확대
	4. 25					• 12년까지 장기임대주택 15만 호 비축	
	8. 31						• 12년까지 장기임대 12% 확대
	11. 15			• LTV규제 강화		• 수도권주택 공급 로드맵 • 주택공급 조기화 • 물량 확대	

2007	1. 11			• 복수대출 규제 강화 • 토지보상 제도 개선			• 주택바우처 도입(/2008 이후)
	1. 31						• 임대주택재고비율 목표수립 • 금리우대 모기지론 공급 재개

자료: 직접 작성.

있었다. 2007년부터는 1세대 2주택 보유자에 대해서는 50% 단일세율을 적용했다.

노무현 정부의 보유세 개혁은 외국에 비해 보유세 비중이 낮고 거래세 비중이 지나치게 높은 조세구조를 개편하는 것이었다. 2003년 10월 종합부동산세를 당초 2006년에서 2005년으로 시행 시기를 앞당겼다. 종합부동산세는 지방세인 재산세의 부과 대상이었던 고가주택과 다주택 보유자에게 부과하는 고율의 국세다. 종합부동산세는 보유세를 강화해 투기적 수요를 억제하는 효과 외에도 징수된 세수를 지자체의 재정 수준(50%), 복지 수요(25%), 교육 수요(20%), 재산세 규모(5%)를 반영해 차등 배분함으로써 지역의 균형 발전에 기여했다.

당초 종합부동산세는 국세청의 기준시가로 가구당 6억 원 이상에 대해 부과하는 것이었으나, 여야 간, 당정 간 협의를 거치는 과정에서 인별 9억 원으로 완화됐다. 그러나 2005년 부동산 가격의 재폭등에 따른 종합대책으로 8·31대책을 발표하면서 부과기준액을 다시 6억 원 이상으로 강화하고 인별 합산이 아니라 세대별 합산으로, 세 부담 상한선도 당초의 50%에서 300%로 강화하기에 이르렀다. 이미 강남지역의 주택가격은 2003년 당시의 주택가격을 훨씬 뛰어넘는 수준으로 급등했음에도 불구하고 부과기준액을 과도하게 낮춤으로써 세 부담을 증가시킨 것은 강력한 조세 저항을 초래하게 됐다.

종합부동산세의 신설과 제도화 과정에서 고가주택 보유자나 다주택자를 징벌의 대상으로 규정함으로써 부과 대상자의 강력한 반발과 보수 언론의 집중적인 공격을 유발한 것도 종합부동산세에 대한 지지를 확보하는 데 장애 요소가 됐다.

2) 신도시를 통한 주택의 공급 확대

노무현 정부의 부동산정책에 대한 비판 중에는 수요 억제정책에 치우쳐 주택 공급

대책이 부족했다는 것이 많았지만, 실제 노무현 정부는 주택 공급 기반 확보를 위해 가장 애를 쓴 정부였다. 국민의 정부 기간 동안 IMF 금융위기를 극복하는 과정에 택지 공급과 주택 건설에 소홀히 하여 결과적으로 서울과 수도권의 주택가격을 상승시키는 원인이 됐다.

이에 노무현 정부는 공공부문을 중심으로 주택 공급 기반을 확충하기 위해 노력했다. 주택 공급 목표를 명확하게 제시하고 그 실천 방안을 구체화해 집행력을 제고했다(국민경제자문회의, 2007: 602). 2005년에 발표된 8・31대책에서는 수도권 신규 주택 및 택지 공급, 토지 비축, 판교 개발, 서울 강북 주거환경 개선을 목표로 제시했다. 2010년까지 주택을 연간 30만 호(5년간 150만 호) 건설하고, 택지는 연간 900만 평을 개발해 5년간 총 4,500만 평을 조성하기로 했다(재정경제부 외, 2005: 26-28). 주택 공급 계획은 2006년 11・15대책에서 더욱 구체적으로 나타나게 됐다. 2006년까지 문민정부의 120%, 국민의 정부의 151%에 달하는 택지를 공급해, 향후 수도권에서 연간 30~40만 호의 주택 공급이 가능하도록 택지를 확보했다.

표 2-1-3 노무현 정부의 주택 공급 확대 정책

발표 정책		주요 대책
2003	10. 29	- 강북 뉴타운 추가 건설 - 신행정수도 건설과 수도권 공공기관의 지방 이전
2005	8. 31	- 공공택지 공급 확대(연 300만평, 5년간 1,500만 평) - 기존 시가지 주택 공급 확대 - 주택공영개발 확대
2006	3. 30	- 수도건 공공택지 공급 확대 - 송파신도시 추진, 양주・김포신도시 규모 확대
	11. 15	- 신도시 및 국민임대주택단지의 밀도 상향 조정 및 사업 기간 단축 - 기존 도심의 광역재정비 활성화 - 다세대・다가구 주택과 주상복합・오피스텔 건축 규제 완화
2007	1. 11	- 토지임대부 및 환매조건부 분양제도 시범 실시 - 분양주택에 대한 전매 제한 기간 확대
	1. 31	- 장기임대주택 공급 확대(2007~2017년까지 총 260만 호)

자료: 국민경제자문회의(2007: 595).

3) 주거복지를 위한 공공임대주택의 공급 확대

노무현 정부는 역대 정부가 건설한 공공임대주택 전체 물량보다 훨씬 많은 공공임대주택을 건설하는 성과를 보였다. 그러나 저소득층의 주택문제를 단기간에 공공임대주택을 통해 해결하겠다는 정책은 그 의의에도 불구하고 많은 부작용을 낳았다. 지역별로 국민임대주택 공급 물량을 인위적으로 할당함에 따라 실제 국민임대주택이 필요로 하지 않은 지방에서도 51만 호의 국민임대주택을 건설할 수밖에 없었다. 단독주택이 중심이 된 지역에서 건설되는 아파트형의 국민임대주택은 해당 지역에서 가장 고급 주거지가 됐고, 임대료 수준도 해당 지역 임대주택의 100%를 넘는 곳도 많았다(빈부격차차별시정위원회, 2006: 6).

정부의 주거복지 예산이 한정된 상황에서 짧은 기간 동안 대량의 공공임대주택을 공급하는 역할은 주로 대한주택공사가 담당했다. 서울에서는 SH공사가 일부 국민임대주택의 공급을 책임졌지만 다른 지방에서는 지자체나 지방공사가 국민임대주택을 공급할 여력이 거의 없었기 때문에 주택공사에 대한 의존도가 클 수밖에 없었다. 그 결과 주택공사는 전체 국민임대주택의 55%를 책임지게 됐으며, 이를 완성하기 위해서는 주택공사가 62조 원의 막대한 부채로 이어지게 됐다.

국민임대주택에 대한 과도한 기대는 2006년 1·31대책에서 발표된 장기임대주택 공급계획을 통해 분명히 나타났다. 이 계획은 2017년까지 전체 주택 재고의 20%를 국민임대주택을 포함한 장기임대주택으로 공급하겠다는 야심찬 계획으로 당시 장기임대주택의 재고가 총주택의 약 3% 수준이고 2013년 기준으로 여전히 5.0% 수준인 점을 고려하면 얼마나 과도한 구상이었는지를 알 수 있다. 이 당시 장기임대주택이 100만 호에 불과했기 때문에 2017년까지 장기임대주택을 260만호를 추가로 공급해야 하는 사업이었다.

이미 주택보급률이 100%를 상회하고 민간임대주택이 전월세주택의 대부분을 차지하고 있는 상황에서 대규모의 공공임대주택은 주택 공급 과잉을 유발할 우려가 있는 계획이었다. 또한 정부는 복지 지출의 요구 증대로 재정적자의 부담이 크고 공급 주체인 LH와 같은 공기업은 부채 증가로 추가적인 부담이 어려운 상황에서 민간임대주택펀드 구상이 등장하게 됐다. 최근 공공임대주택 펀드가 제도화되면서 이 계획이 선구적인 역할을 담당했지만, 5년 후 분양을 전제로 하기 때문에 장기임대주택의 특성을 갖추지 못하고 있다.

표 2-1-3 노무현 정부의 서민 주거 안정 지원정책

발표 정책		주요 대책
2005	8. 31	- 생애최초 주택구입자금 부활 - 저소득층 전세자금 대출금리 인하(영세민 3.0→2.0%, 근로자 5.0→4.5%) - 저소득층 모기지론 우대(6.25%→5.25%)
2006	3. 30	- 영세민 전세자금 확대 - 다가구 매입·전세임대 확대 - 택지조성비 절감, 택지공급가격 인하, 분양가 검증 등을 통한 아파트 분양가 인하 - 공공부문 임대주택 비축 확대
	11. 15	- 장기임대주택 비축·공급 확대 - 국민주택기금 전세자금 확대 등 서민주택금융 지원 강화
2007	1. 11	- 서민주택 공급 확대 및 주거비 부담 완화 - 서민 주거단지의 주거환경 개선 - 이사철에 대비한 수도권 전월세 안정대책
	1. 31	- 비축용 임대주택 등 장기임대주택 공급 확대 - 분양주택공급 확대를 위한 공공부문의 역할 강화 - 수요자 중심의 임대정책 추진

자료: 국민경제자문회의(2007: 598).

4) 부동산 금융 규제

유동성 관리문제는 노무현 정부 초기부터 제시됐으나 적절히 대응하지 못하다가 임기 후반부에 정책 수단으로 등장했다. 2005년 6월 30일 금융위원회는 '주택담보대출 리스크 관리 강화 방안'을 통해 LTV를 강화했고 2006년 3·30대책을 통해 채무상환 능력을 종합적으로 평가할 수 있도록 총부채상환 비율(DTI) 제도를 도입했다. DTI 규제는 금융기관의 대출 부실을 방지하고 약탈적 대출을 억제하기 위해 대출자의 상환 능력을 평가하는 제도로 그동안 금융기관이 자율적으로 시행하던 것을 참여정부가 정부 정책 수단으로 활용해 강제적으로 시행하도록 했다.

이 제도는 2008년 서브프라임 모기지 사태가 발생되자 주택 대출의 건전성을 확보해 부동산 시장의 붕괴와 금융 시스템의 부실을 막았다는 평가를 받고 있다.

제 4 절 성과 및 평가

1. 노무현 정부 부동산정책의 성과

1) 부동산 시장의 투명성과 부동산정책의 정상화 성과

노무현 정부의 부동산정책에서 가장 큰 성과는 부동산정책의 선진화를 위한 기반을 마련했다는 점이다. 이러한 기반은 일찍이 헌법보다도 더 바꾸기 어려운 부동산정책을 만들겠다는 노무현 대통령의 강한 의지가 반영된 것이었다. 부동산정책의 선진화를 보여주는 가장 대표적인 정책이 부동산 실거래가 신고의무화와 등기부 기재, 부동산 정보망 구축 등을 들 수 있다. 부동산 보유세와 양도소득세 개편도 부동산정책의 선진화를 위한 기반으로 시작됐지만, 부동산 투기 억제와 부동산 가격 안정화라는 또 다른 목표를 위해 추진됐다.

부동산정책의 선진화 방안은 부동산 시장의 투명화정책이라 불리기도 했다. 이 정책들은 우리나라 부동산 시장의 전근대성을 극복하고 시장의 선진화와 합리화를 위해 당연히 수행돼야 할 과제였다. 노무현 정부의 부동산정책 중 관점과 무관하게 가장 긍정적인 평가를 받는 부분이 바로 시장의 투명화정책이라 할 수 있다.

다음으로 부동산 세제 정상화는 일부에서 과도한 조세 부담으로 인한 저항과 징벌적 조세라는 비난이 있는 것이 사실이지만 부동산 가격과 무관한 재산세 구조를 근본적으로 개편했다는 점에 대해서는 누구도 부인하지 못한 성과를 도출했다. 노무현 정부 스스로도 "참여정부의 부동산정책은 부동산 세제 정상화와 거래 투명화 등 부동산 시장의 제도적 인프라를 처음 구축했다는 역사적 성과를 올렸다"(국정브리핑 특별기획팀, 2007: 19)고 평가하고 있다. 그동안 지방세 전문가나 부동산 분야 전문가들이 수도 없이 제기해 왔던 부동산 세제의 개편 방향이었던 가치에 부합하는 조세 부담, 과표와 세율의 합리적인 조정, 이중계약서 관행의 철폐, 보유세의 강화와 거래세의 인하 등이 사실상 구현되었다.

과표현실화는 그동안 부동산 세제 개편의 오랜 희망이었지만 조세 저항을 우려한 해당 부처의 반대 때문에 실현되지 못했다. 특히 반대가 심했던 부처는 지방세를 담당하던 내무부였으며, 과표현실화 계획은 1988년과 1990년 노태우 정부 시절, 1993년과 1995

년 문민정부 시절 모두 조세 저항 때문에 성공하지 못했던 과표현실화를 실천에 옮겼다(국정브리핑 특별기획팀, 2007: 10-12).

부동산정책은 한편으로는 부동산가격의 안정화라는 목표를 설정하고 있지만 다른 한편으로는 건설 경기의 활성화를 통한 일자리 창출과 경기 부양이라는 또 다른 경제정책으로 인식돼 왔다. 노무현 정부는 인위적으로 부동산 경기부양책을 쓰지 않겠다고 약속한 이래 부동산 시장 활성화를 통해 경기불황 극복을 위한 수단으로 부동산정책을 활용하지 않은 최초의 정부였다고 할 수 있다. 부동산 경기 활성화를 위한 수단으로 주로 사용되는 것이 부동산 규제 완화와 세제 감면, 건설산업 활성화 정책 등이라 할 수 있다. 노무현 정부는 카드 대란과 북핵위기라는 내우외환 속에서도 경기 부양의 유혹을 이겨내고 부동산정책의 일관성을 유지해 왔다고 할 수 있다.

2) 주택 공급의 확대를 통한 주택시장 안정 기반 마련

노무현 정부는 역대 정부 중에서 가장 많은 주택을 공급한 정부였지만, 항상 투기억제 대책만 수립하고 공급대책은 부재했던 정부로 평가받고 있다. 노무현 정부는 8·31대책에서 주택법의 제정에 따라 수립한 주택종합계획(2003~2012)에 따라 매년 전국에서 50만 호, 수도권에서 30만 호의 주택 공급 목표를 설정했다. 주택 공급 확대정책은 곧 대규모 택지개발사업과 신도시 개발정책으로 나타나게 됐다. 부동산 가격의 폭등 우려와 투기 방지를 위해 재건축에 대한 규제를 강화함으로써 서울과 수도권에서는 주택 공급 목표를 달성하지 못했지만 전국적으로는 연평균 46만 호 이상의 주택 공급 실적을 낳았다. 그러나 노무현 정부가 채택한 총량 위주의 주택 공급 확대정책은 수도권에서는 신도시계획의 발표와 더불어 개발 예정지 부근의 부동산 가격 폭등을 낳았고, 지방에서는 2008년 이후 본격화된 과잉 공급으로 인한 미분양 문제를 잉태하게 됐다.

3) 주거복지정책의 기반 마련

참여정부 부동산정책의 또 하나의 성과는 공공임대주택 공급을 획기적으로 확대했다는 점이다. 공공임대주택은 부동산 임대시장의 불안정성을 보완할 뿐만 아니라 부동산 시장에서 자력으로 주택을 구입하기 힘든 계층들의 안정적인 주거를 위해 공공이 제공하는 최소한의 장치라 할 수 있다. 노무현 정부 기간 동안 공급된 서민용 장기임대주택은 50만 호가 넘어 역대 정부가 공급한 임대주택의 총량보다도 많은 주택을 공급했다.

공공임대주택은 참여정부의 의욕적인 확충 정책에도 불구하고 2002~2006년간 약

표 2-1-3 노무현 정부 기간 동안 임대주택 재고 변화

구분	2002년	2006년
계	1,021,477	1,330,204
영구임대	190,077(18.6%)	190,077(14.3%)
50년 공공임대 (재개발/주거환경 포함)	87,828(8.6%)	93,450(7.0%)
건설 임대(5년)	605,631(59.3%)	651,071(48.9%)
국민 임대	10,828(1.1%)	111,224(8.4%)
사원 임대	38,412(3.8%)	39,966(3.0%)
매입 임대(3년/5년)	88,701(8.7%)	235,624(17.7%)
전세 임대		8,792(0.7%)

자료: 국민경제자문회의(2007: 609).

31만 호 정도 늘어나는 데 그쳤다. 공공임대주택 중에서도 2002년에는 5년 건설임대주택이 전체 공공임대주택의 59.3%, 3년 혹은 5년 기간의 매입임대주택이 8.7%를 차지한 반면, 영구임대주택과 50년 공공임대주택, 30년 기간의 국민임대주택은 모두 합해 28.3%에 불과했다. 노무현 정부가 끝나가는 2006년에는 5년 건설임대주택과 매입임대주택이 총 66.6%, 영구임대주택과 50년 공공임대주택, 국민임대주택이 여전히 29.7%에 불과했다.

공공임대주택 중 가장 의의가 있는 정책은 다가구 매입임대주택을 공급했다는 점이다. 공공임대주택은 공공이 짓는 임대아파트를 의미해 왔다는 점에서 다가구 임대주택은 저소득층의 직주 근접을 실현했을 뿐만 아니라 독신가구, 결손가정, 노인가구, 탈북자 등을 위한 맞춤형 주택을 공급했다는 점에서 의의를 가진다.

2. 노무현 정부 부동산정책을 둘러싼 상반된 평가

1) 부동산제도의 근본적인 개혁 추진과 좌절

우리나라 부동산 가격은 그동안 주기적으로 등락을 반복해 왔다. 이에 맞춰 상승기에는 부동산 투기 억제 방안, 부동산 침체기에는 부동산 경기 활성화 방안이 번갈아 발

표돼 왔다. 부동산 가격 변화에 따라 부동산 정책의 내용과 성격이 변화하게 되면서 부동산정책은 언젠가는 변화한다는 인식을 갖게 돼 정책의 신뢰를 상실하는 계기가 됐다.

노무현 정부에서는 부동산제도 개혁을 주요 국정과제의 하나로 설정하고 근본적인 개편을 추진해 왔다는 점에서 역대 정부의 부동산정책과 분명한 차별성을 지닌다. 특히 부동산 시장 투명화 정책, 부동산 관련 조세의 원칙의 정립과 정상화, 주거 안정을 위한 주거복지제도의 본격적인 시행과 공공임대주택의 확충 등은 누구도 부정하기 힘든 성과라 할 수 있다.

그러나 부동산제도를 근본적으로 개편하기 위해서는 부동산 시장환경을 객관적으로 분석해 효과적인 정책 방안을 도출해야 할 뿐만 아니라 개혁 추진 과정에서 발생하는 많은 저항을 효과적으로 극복하기 위한 장단기 전략을 수립해야 한다. 무엇보다도 부동산 개혁정책이 성공하기 위해서는 이 정책의 수혜 계층의 지지를 광범위하게 이끌어내고 피해 계층의 저항을 최소화하는 노력이 필요하다. 그런데 노무현 정부는 부동산정책을 추진하고 홍보하는 과정에 특정 지역이나 고가 주택보유자, 다주택 보유자에 대해 적대적인 표현을 사용하여 조세 저항의 빌미를 제공했을 뿐만 아니라 언론과 대립각을 세우면서 부동산제도 개혁에 대한 지지 세력을 이끌어내는 데 성공하지 못했다. 이러한 문제점은 부동산 분야에서 그동안 진보적이고 근본적인 발전 방안에 대한 담론과 대안이 충분히 이뤄지지 못했기 때문에 불가피하게 나타날 수밖에 없는 한계였다고 할 수 있다.

이명박 정부가 경제위기 극복을 명분으로 노무현 정부의 부동산정책 기조를 쉽게 훼손하거나 폐지할 수 있었던 것은 부동산 시장에 대한 근본적인 개편에 대한 비전을 명확하게 설정하고 국민적인 합의를 도출해내어 지지 기반을 확보하는 데 성공하지 못한 것도 크게 작용했다.

2) 부동산 가격 안정화 효과

노무현 정부는 투기적 수요를 억제함으로써 부동산 시장을 안정시키고 부동산으로 인한 자본이익의 사유화를 방지하기 위해 가장 애쓴 정부였다고 할 수 있다. 그러나 수도권의 주택 공급 확대를 위한 신도시 건설, 강남북 불균형 해소와 노후주택 정비를 위한 뉴타운사업과 도시재정비사업의 추진, 지역균형 발전과 외자 유치 등의 목적으로 각종 특별법에 의한 개발사업의 추진 등을 연이어 발표함으로써 부동산 가격 상승의 원인을 제공하기도 했다. 그 결과 부동산가격 상승으로 인한 불로소득의 사유화는 오히려 더 커지게 되는 역설적인 현상이 나타나게 됐다.

노무현 정부는 국토균형발전정책을 국정과제로 채택해 수도권과 비수도권 간의 격차 해소를 위해 노력해 왔지만, 최소한 부동산에서는 수도권 시장과 지방 시장이 양극화된 것도 이 시기였다. 집권 기간 동안 토지가격과 주택가격은 각각 23.7%와 23.9%가 올랐다. 연평균으로 보면 토지가격은 4.35%, 주택가격은 4.39%에 불과하다. 물가상승률 3% 내외와 은행 금리 5% 내외를 고려하면 결코 많이 올랐다고 할 수도 없다. 그러나 노무현 정부 시절 부동산정책의 주된 대상이 됐고, 전국 주택가격의 상징이 된 서울의 아파트 가격은 연평균 8.9%의 상승률을 보여 집권 기간 내내 52.9% 올랐으며, 특히 강남구의 아파트 가격은 64.2%가 올라 연평균 상승률은 10.4%에 이르렀다.

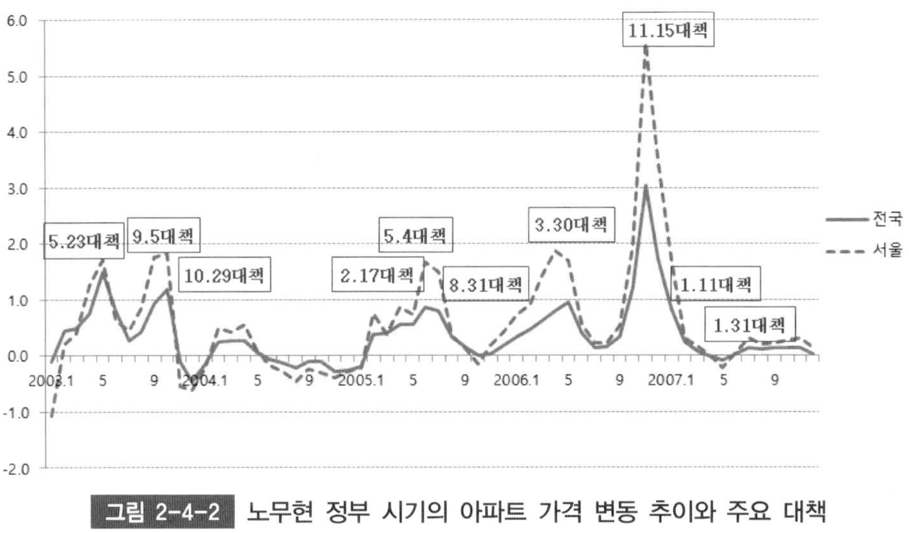

그림 2-4-2 노무현 정부 시기의 아파트 가격 변동 추이와 주요 대책

자료: KB부동산알리지(http://nland.kbstar.com/quics?page=rstar) 주택가격 시세 시계열.

전체적으로 보면 노무현 정부 기간 동안 부동산 가격은 결코 많이 올랐다고 할 수 없음에도 불구하고, 노무현 정부가 가장 역점을 두었고 가장 우선적으로 가격 상승을 막고자 했던 서울의 강남지역 부동산 가격이 가장 많이 올랐기 때문에 결국 노무현 정부는 부동산 가격을 잡지 못한 정부가 되고 말았다. 노무현 정부는 집권 기간 내내 이른바 버블세븐 아파트 중심의 부동산 '가격문제'가 부동산 쟁점의 대부분을 차지하게 되면서(김용창, 2011: 150), 가장 상징적인 지역에서 아파트 가격 문제를 해결하지 못했기 때문에 부동산 정책 자체를 실패한 정부로 낙인찍히는 근거가 되고 말았다. 노무현 정부의 주택가격 상승률은 전 세계적인 상승 국면에서 오히려 주요 선진국에 비해 낮은 편이고, 주택가격 상승을 배경으로 특단의 정책 개입을 한 자체가 잘못이라는 평가도 있다(김경환 · 김홍균, 2007: 241).

3) 부동산 금융 수단의 이해 부족과 실기

노무현 정부의 부동산정책이 최소한 특정 지역의 가격 상승을 억제하는 데 성공하지 못했다는 것이 일반적인 평가라 할 수 있다. 노무현 정부가 부동산 투기 수요를 억제하기 위해 세제를 강화하고 재건축 억제 정책 등 부동산에 대한 규제를 강화해 왔음에도 불구하고 가격 상승을 억제하지 못한 것은 부동산 가격 상승의 원인을 잘못 파악했거나 일부에 대해서만 원인으로 판단한 데에 기인한다.

주택가격 상승은 부동산의 수급 요인보다는 주택가격 상승으로 인한 심리적 효과, 저금리와 주택담보 대출 제도 등의 요인이 더 크게 작용한 결과다. 노무현 정부에서는 부동산 투기 억제 수단을 통해 주택가격 상승에 대한 기대감을 억제하기 위한 제도적 기반을 확충하기 위해 노력했지만, 과잉유동성 문제와 저금리, 주택담보대출과 같은 주택금융 부분에 대해서는 충분히 고려하지 못했다. 경기활성화를 위해 저금리 기조를 지속적으로 유지해 왔을 뿐만 아니라 유동성 관리를 위한 엄격한 대출규제 및 금융기관에 대한 건전성 감독을 본격화하지 못했다는 점은 부동산 가격 상승을 억제하지 못한 원인으로 지적되고 있다(김수현, 2009; 정준호, 2009).

노무현 정부는 부동산 시장의 투명화, 부동산 세제, 주거 복지와 같은 전통적인 부동산 개혁 과제에 대해서는 적극적인 제도 개선의 성과를 이뤘지만 부동산이 이미 금융시장의 주식처럼 매우 변동성이 높은 투자 수단이 됐던 상황을 제대로 이해하고 대처하지 못했다는 평가를 받을 수밖에 없게 됐다. 노무현 정부는 미시적인 부동산제도 개혁에는 성공했지만 부동산 시장이 거시경제 및 금융시장에서 작동하는 원리에 대한 이해가 늦어져 이 문제에 대해 안일하게 대처함에 따라 부동산 가격 폭등이라는 결과를 낳고 말았다.

집권 후반기에 금리 인상과 부동산 대출 규제를 구체화하는 조치를 취하긴 했지만 이미 너무 늦은 조치가 되고 말았다. 그러나 이명박 정부 들어 부동산 시장의 안정화가 지속됐을 뿐만 아니라 세계적인 금융위기 속에서도 서브프라임 모기지와 같은 주택금융 위기가 국내에서는 심각하지 않게 다가온 것은 이러한 제도적 기반을 마련한 덕분인 것으로 평가할 수 있다.

4) 원가 공개와 분양가 상한제 실시 유보와 뒤늦은 도입

주택원가 공개와 분양가 상한제는 노무현 정부의 집권 초기인 2003년부터 논의된 주제였다. 그러나 이 제도는 2006년의 부동산 대폭등을 겪은 2007년 1·11대책에서 비로소 도입됐다. 원가공개와 분양가 상한제에 대한 전문가들과 시민사회단체의 요구가 강력했음에도 불구하고, 노무현 대통령은 원가 공개가 시장 원리에 잘 맞지 않는다는 이유로 반대 입장을 밝혔다.

부동산분양가 제도개선위원회가 구성된 이후에도 건설교통부는 부정적인 입장을 일관되게 유지해 왔었다. 결국 위원들의 집단 사퇴 파문을 겪은 이후 노무현 대통령이 2006년 9월 원가 공개가 거역할 수 없는 흐름이라고 입장을 변경하면서 분양원가 공개제도가 제도화되기에 이르렀다. 그러나 당초 안에 비해서는 약화된 내용인 데다 이미 정권의 말기에 제도 시행이 예정돼 있었기 때문에 민간건설업체가 제도 시행 전 조기 분양을 감행함에 따라 주택시장에서 혼란만 유발하고 말았다.

3. 노무현 정부의 부동산정책의 한계와 향후 과제

1) 완성되지 못한 토지제도 개혁의 추진

노무현 정부는 한때 지역균형발전을 위해 토지정책의 방향을 어떻게 설정할 것인가에 대해 연구과제를 발주하고 근본적인 토지개혁 방안을 검토한 적이 있다. 그러나 여기에서 제안된 제도들은 수용되지 않았고, 정작 정부가 채택한 토지규제 개혁 방안은 사실상 토지 공급 확대와 토지 이용 규제 완화를 주된 내용으로 한 것이었다. 이를 기반으로 토지이용규제기본법이 제정돼 토지 이용의 중복에 따른 혼란과 절차의 간소화라는 성과가 있었지만, 토지 공급 확대와 이를 위한 규제 완화라는 방향은 노무현 정부의 토지 이용의 공공성 확대와는 거리가 있는 것이었다.

노무현 정부는 토지규제 개혁을 위해 개발권 공유제, 토지비축제도, 토지보상제도, 개발이익의 근본적인 환수제도 등에 대해 근본적인 개선 과제를 마련하지 못했다. 오히려 노무현 정부가 토지 이용 규제 개혁을 통해 토지 공급을 확대하겠다는 구상은 이명박 정부가 국가경쟁력강화위원회에서 2008년 10월에 발표한 '국가경쟁력 강화를 위한 토지이용규제 합리화 방안'에서 대부분이 수용돼 토지이용 규제 조정과 수도권 규제 완화정책으로 실행됐다.

2) 세입자 권리 보호를 위한 제도적 기반 마련

노무현 정부의 주거복지정책은 주로 공공임대주택 건설과 공급에 초점을 맞췄지만, 세입자의 권리를 제도적으로 보장하는 방안을 마련하는 데는 뚜렷한 성과를 내지 못했다. 전체 가구의 40% 이상이 임대주택에 거주하고 있고, 세입자들의 대부분이 비공식적인 민간임대주택에 거주하고 있는 현실을 고려하면 세입자의 권리를 원천적으로 보장할 수 있는 제도적 기반을 마련했어야 했다. 그러나 현재까지도 논란이 되고 있는 임대차 등록제, 세입자의 장기적 거주를 가능하게 하는 임대차 계약갱신 청구권, 임대료의 안정을 위한 임대료 상한제 등의 도입에 대해 적극적인 의지를 갖지 않았다.

3) 대안적 주택모형 개발 실패

반값아파트는 지난 2006년 지방자치단체장 선거를 앞두고 당시 서울시장에 출마했던 홍준표 의원이 본격적으로 제기하기 시작한 주택 유형이다. 곧이어 민주당 서울시장 후보로 출마했던 이계안 의원이 환매조건부 주택제도 도입을 주장함에 따라 이른바 반값 아파트 논쟁은 본격화되기 시작했다. 반값아파트의 핵심은 분양가격을 낮추는 데 있는 것이 아니라 저렴한 주거비로 안정적인 주거를 보장하되, 공공성을 띰으로써 주택소유를 통해 발생하는 개발이익 사유화를 최소화하겠다는 데 의의가 있었다.

노무현 정부는 공공부문이 공급하는 주택을 분양주택과 공공임대주택이라는 양분화된 형태에만 치중함에 따라 새로운 유형의 공공주택의 도입에 대해 적극적이지 못했다. 반값아파트는 분양가격을 시세보다 낮은 수준으로 공급하는 것이 핵심인데 분양가격을 낮출 수 있는 제도적 장치도 마련하지 않은 채 인기가 낮은 부곡지구에서 시범사업을 실시하게 된 것이다. 결국 노무현 정부의 의도적인 실패 유도로 인해 반값아파트는 무늬만 반값이라는 부정적인 평가를 남긴 채 역사의 뒤안길로 사라질 위기에 처하게 됐다.

반값아파트는 홍준표 의원의 토지임대부 주택이라는 인식이 워낙 깊었던 상황에서 노무현 정부가 서둘러 반값아파트 제도를 도입하기는 쉽지 않았을 것이다. 그러나 분양가를 떨어뜨리고 장기적인 거주를 가능하게 하며 개발이익을 환수해야 한다는 노무현 정부 부동산정책의 기조와의 일관성을 생각하면 토지임대부 주택과 환매조건부 주택제도를 대안적 주택 유형으로 적극적으로 추진할 필요가 있었다.

4) 공동체 중심의 도시재정비 모형 개발

노무현 정부가 신도시 건설을 주된 주택 공급 방식으로 채택함에 따라 재정비사업에 대해서는 적극적으로 제도 개선 방안을 강구하지 않았다. 오히려 주택 공급 확대를 위해 재건축이나 재개발사업에서 규제를 완화하는 경우 주택가격이 재상승할 수 있다는 우려 때문에 재정비사업에 대해서는 소극적인 대응을 해왔던 것이다. 반면, 서울시에서 추진해 온 뉴타운사업에 대해서는 이 사업이 본질적으로 전면 철거 방식을 채택하면서도 재개발사업에 대한 규제 완화와 정부 지원을 요구하는 사업임에도 불구하고 간접적인 지원함으로써 정책의 일관성을 갖지 못했다.

최근까지 지속되고 있는 대부분의 도시재정비사업에서의 문제점은 노무현 정부 이전부터 시작됐고 노무현 정부 때도 지속됐던 사안들이었다. 결국 노무현 정부는 재정비사업의 규제 완화는 부동산 가격 폭등을 유발할 것이라는 우려에 집착하는 바람에 재정비사업에 대한 종합적인 비전을 설정하고 바람직한 재정비를 위한 모형을 개발하는 데 성공하지 못했다. 지역공동체를 유지하면서 세입자를 포함한 주민이 공동으로 개발하는 모형, 단독주택 재건축제도와 같이 전면 철거 방식이 아니라 기존 주택의 존치를 통한 정비모형의 개발, 재정비사업 추진 과정에서 세입자나 영세상인의 권리 보호를 위한 방안 등에 대해 체계적인 제도 정비 방안을 마련하지 못한 점은 아쉽다.

참고 문헌

국민경제자문회의(2007). 참여정부 경제정책의 평가 및 향후 과제.
국정브리핑 특별기획팀(2007). 대한민국 부동산 40년. 서울: 한스미디어.
국정홍보처(2008). 참여정부 국정운영백서3: 경제. 국정홍보처.
김경숙 · 방경식(2010). 참여정부 주택정책 형성의 합리성 분석. 주거환경, 8(1).
김경환 · 김홍균(2007). 참여정부 주택정책의 시장친화성. 응용경제, 9(2).
김경환 · 신혜경(2008). 주택정책의 방향 전환을 위하여. 한반도선진화재단.
김수현(2009). 공존을 위한 부동산 정책의 길, 위기의 부동산: 시장만능주의를 넘어서, 서울: 후마니타스.
______(2008). 주택정책의 원칙과 쟁점: 시장주의를 넘어. 서울: 한울.
김용창(2011). 부동산정책: 포위된 부동산 혁명? 요란한 해프닝? 강원택 · 장덕진 엮음. 노무현 정부의 실험: 미완의 개혁. 서울: 한울아카데미.

______(2004). 한국의 토지주택 정책. 서울: 부연사.

강원택 · 장덕진 엮음(2011). 노무현 정부의 실험: 미완의 개혁. 서울: 한울아카데미.

변창흠(2013). 뉴타운 사업의 정책실패 악순환 구조 분석, 한국공간환경학회 공간과 사회, 23(2): 85-128.

______(2009). 부동산 시장 팽창주의와 이명박 정부 부동산 정책, 위기의 부동산: 시장만능주의를 넘어서, 서울: 후마니타스.

______(2006). 참여정부 부동산 정책의 이념과 형성과정 분석, 한국행정학회 추계학술대회 발표논문(2006.10.14).

빈부격차차별시정위원회(2006), 공공건설임대주택의 가구별 임대료 차등화 방안에 관한 정책대안 검토.

서울사회경제연구소(2003). 참여정부의 경제개혁 과제. 서울: 한울.

이정전 외(2006). 토지문제의 새로운 이해. 서울: 박영사.

장성수(2005). 부동산 시장, 무엇이 문제인가?: 참여정부 부동산 정책의 평가와 과제, 2005년 8월 국가경영전략 포럼 발표 원고.

재정경제부 외(2005). 서민주거 안정과 부동산 투기억제를 위한 부동산제도 개혁방안, 2005. 8.31.

정준호(2009). 시장 패러다임의 변화와 노무현 정부의 부동산 정책, 위기의 부동산: 시장만능주의를 넘어서. 서울: 후마니타스.

정책기획위원회(2008). 부동산시장 안정 및 주거복지. 참여정부 정책보고서. 2-01.

한국은행(2005). 8 · 31 부동산 종합정책이 우리 경제에 미치는 영향. 한국은행.

현대경제연구원(2005). 부동산 대책, 어떤 효과가 있을까? : 8 · 31 부동산 대책의 영향과 전망. 현대연 경제주평, 2005년 9월 5일.

제 5 장

복지정책

장혜경
한국여성정책연구원

제 1 절 정책의 추진 배경

1. 노인복지

노인복지와 관련해서는 기초노령연금제도와 노인장기요양보험제도, 그리고 노인일자리사업의 활성화 정책이 대표적이다. 기초노령연금제도의 도입은 노년층의 '소득 없는 장수'에 대비한 제도 마련이 절실한 요구에서 비롯됐다(대통령자문 정책기획위원회, 2008a: 15). 공적 노후소득 보장을 위해 국민연금의 급여-부담 불균형 구조를 개선해 재정안정화를 꾀하고 노년층 소득보장의 광범위한 사각지대를 해소할 필요가 있었고(석재은, 2007: 22; 신윤정, 2007: 43), 국민연금 가입자 중 납부예외자가 2006년 당시 500만 명에 달했고 월 3.5~5만 원 정도의 너무 적은 경로연금 금액으로 인해 전체적인 노후소득보장 체계의 재구축이 요구됐다(대통령자문 정책기획위원회, 2008a: 18). 그리고 공적연금을 보완하는 역할로서 경로연금이 국민연금제도의 성숙에 따라 점차 소멸되도록 설계돼 있어서(보건복지가족부, 2008: 171) 기초노령연금제도 마련의 필요성이 강조됐다.

노인장기요양보험제도의 도입은 일상생활 기능장애 노인이 급증하고 열악한 가족의 간병 수발환경, 개인 및 가족의 과중한 간병수발비용 부담, 노인의료비 증가로 인한 건강보험 재정의 불안정 등이 배경이 됐다. 75세 이상 초고령자가 급증하고 핵가족화, 여성의 사회활동 확대 등 가족 내 수발 여건이 악화돼 가족의 노인 간병수발 문제가 사회적으로 해결될 필요가 있었다. 특히 중산·서민계층의 노인수발 유료 서비스 이용에 따른 가계경제 부담이 컸으며 의료 수급자의 경우 장기간 입원 현상이 점차적으로 늘어나 건강보험과 의료보험 지출을 확대시키는 요인으로 작용하기도 했다(대통령자문 정책기획위원회, 2008a: 48-50).

노인일자리사업의 활성화는 지속 가능한 고령사회를 위한 노인일자리 창출의 필요성에 대한 사회적 공감대 확산에 힘입은 바가 크다(대통령자문 정책기획위원회, 2005: 35). 건강하고 능력 있는 노인인구 증가에 따른 사회 참여 욕구가 증대했는데 2006년 60세 이상 인구 중 노동 욕구가 있는 미취업자 수는 13.4%였으며 노인일자리사업 참여 동기로 생활비(48.1%) 또는 용돈(27.4%) 마련이 다수를 차지했다(한국노인인력개발원 노인일자리사업 만족도 조사, 2006, 대통령자문 정책기획위원회, 2008a: 84 재인용). 참여정부 이전에 노동정책 일환으로 단기적 공익형 일자리 중심사업이 있었으나 안정적 취업이 어려웠으며(대통령자문 정책기획위원회, 2005: 35) 수급자 가구의 취업 의사가 낮아 근로 의욕 저하 등의 결과로 나타나는 국가 부담이 고려됐다(대통령자문 정책기획위원회, 2008a: 85).

2. 장애인복지

장애인복지는 대표적으로 장애인 고용 지원, 장애인 소득보장, 장애인 차별 금지 및 사회 참여 촉진을 들 수 있다. 장애인 고용지원정책은 소득보장정책과 고용정책의 열악함에서 비롯됐는데 참여정부 출범 당시 장애인 소득보장 상황은 OECD 국가장애인의 경우 소득의 41.1%를 공적급여로 충당하는 반면 한국의 경우 13.6%만 정부가 제공하고 있었다. 그 결과, 우리나라 장애인은 취업에 의존해 소득을 벌어야 하는 상황이 발생했고 고용률에서는 OECD 국가 평균보다 약간 높지만, 높은 실업률, 취업 차별을 경험하고 충분한 근로소득을 얻을 수 없어 여전히 고용 상황이 열악했다. 2005년 장애인가구 중 가구소득이 최저생계비 이하인 가구가 29.7%로 나타났었다(남찬섭, 2008: 30). 또한 장애인 고용지원정책은 의무고용제도의 영향력이 낮으며 실업 장애인을 적절히 관리할 수 있는 전달 체계가 미비한데서도 연유한다(남찬섭, 2008: 30). 장애인을 보호, 복지, 시혜의 대상만이 아닌 생산성을 발휘할 수 있는 여건이 마련되도록 사회분위기 조성 차원에서도 추진됐다(보건복지가족부, 2008: 332).

장애인소득보장은 장애인의 경제적 부담 완화와 이동권을 보장하기 위해 지원됐던 LPG 충전제도에서 부정 수급자가 나타나고 국가재정 부담이 가중되면서(대통령자문 정책기획위원회, 2008b: 13) 2006년부터 단계적으로 보조금 지원을 중단하게 된 배경에서 비롯됐다(대통령자문 정책기획위원회, 2008b: 19). 이는 욕구와 자원을 적절히 연결해주는 서비스 전달 체계의 부재가 큰 원인으로 나타나(남찬섭, 2008: 29) 장애계의 의견을 반영해 LPG 보조금이 아닌 소득보장제도를 개선하는 방향으로 추진하도록 했다. 그리고 장애인 등록 인구가 증가함에도 불구하고 이들이 여전히 기본적 삶의 보장문제와 사회적 차별을 경험하고 있어 장애인종합지원대책의 필요성이 부각됐고, 장애인의 기본적 삶의 보장, 사회 참여 촉진 및 장애인 정책 추진 시스템 혁신을 위한 13개 과제를 중심으로 기본적 삶의 보장으로서의 소득 보장을 제시하게 됐다(남찬섭, 2008: 33; 대통령자문양극화・민생대책위원회 외, 2007: 131).

장애인 차별 금지 및 사회 참여 촉진은 장애인차별금지법 제정 및 법・제도 정비와 장애인활동보조지원사업을 중심으로 살펴볼 수 있다. 장차법 관련 배경은 장애인들의 권리의식 향상과 장애인구의 절대 규모 증가, 장애 인구 구성의 다양화 등으로 새로운 정책에 대한 필요성에서 그 추진 배경을 살펴볼 수 있다(남찬섭, 2008). 대부분의 장애 발생 원인이 사고나 질병 등 후천적인 원인이며 성인기에 주로 발생하는 일반적인 현상임에도 불구하고 장애인을 별개의 사람으로 치부하는 차별 관행이 빈번하게 일어나고 실질적인 대처도 미흡했으며, 복지시설이나 가정 등에서 차별과 폭력, 성폭행과 같은 인권 침해 사례가 심각한 수준에 있었기 때문이다(대통령자문 정책기획위원회, 2008b: 30-31).

장애인활동 보조지원사업은 장애인과 비장애인의 사회 통합적 인식에 따라 기능 향상을 위한 치료, 그리고 훈련의 재활모델에서 역량 강화 및 활동 지원 차원의 자립생활 모델로 장애인복지의 패러다임 전환이 필요한데서 연유한다(보건복지가족부, 2008: 343). 재가중증장애인이 자립적으로 활동할 수 있도록 지원해주는 제도가 미약해 장애인요양시설로 입소하는 경우가 많으며, 복지시설 역시 중증장애인의 사회활동 강화와 참여를 위한 서비스가 제한적이어서 결과적으로 사회 격리가 초래됐다(대통령양극화・민생대책위원회 외, 2007: 132). 재가중증장애인의 주체적인 일상생활 수행 능력, 개인선택권, 자기결정권 등을 존중하여 능동적으로 자립할 수 있는 서비스 도입이 필요했다(보건복지가족부, 2008: 343).

3. 보육정책

보육정책의 추진 배경은 우선 여성의 경제활동참가율을 높이기 위해 생산적 복지를 추구하던 김대중 정부의 정책의 연장선상에서 일·가정 양립 지원의 필요성을 인식하고 강조한 데 있다(백선희, 2009). 여성의 경제활동은 출산·육아로 인해 단절된 후 하향 재진입하는 M-curve 형태로 구조화돼 있었으며(여성가족부 보도자료, 2006: 6) 50%에 근접한 여성경제활동참가율(2002년 기준 48.6%)로 인해 일·가정 양립을 위한 국가적 개입의 필요성과 경제활동참가율 수치 자체를 끌어올릴 필요가 있었다(백선희, 2009: 106-107).

다음으로 저출산의 원인분석과 국가적 차원의 대책 마련이 시급한데서 연유했는데, 저출산이 조혼인율 감소 및 조이혼율의 증가, 소득과 고용의 불안정, 육아 지원 기능 미흡, 자녀 양육 부담 증가 등의 복합적 요인에 기인하는 것으로 파악됐던 것이다(대통령자문 정책기획위원회, 2008, 백선희, 2009: 105 재인용). 그리고 기존에 제공되고 있는 보육서비스의 수준과 다양성이 수요자의 욕구를 충족시키지 못했는데 2004년 보육실태조사에 따르면 보육시설을 이용 중인 보호자의 51.5%가 서비스 수준이 낮다고 평가했고, 선택할 수 있는 보육시설이 불충분하다는 의견도 52.3%로 나타났다(여성가족부 보도자료, 2006: 6).

마지막으로 시민의 인적자본 축적의 근간이 되는 인지 능력이 영유아시절에 형성된다는 논의가 확산되고 지식기반사회를 맞이하는 한국에서 보편적 공적 아동보육시설 확대를 중요한 과제로 삼게 되면서(윤홍식, 2008: 38) 보육정책은 큰 전환기를 맞게 됐다.

4. 여성정책

여성 분야에서 참여정부의 주요 정책은 여성 인적자원 개발 및 경제활동참가율 제고와 여성의 권익 증진이 대표적이다.

여성 인적자원 개발 및 경제활동참가율 제고의 추진 배경은 먼저 낮은 여성인력 활용도였는데 여성의 경제활동참가율이 OECD 국가들(평균 59.6%)에 비해 양적(53.4%)·질적으로 낮은 편에 있었다. 이는 경력단절 여성 증가 현상과 고학력 여성인력 활용 미비를 의미했는데 2003년 당시 대졸 이상 여성의 경제활동 참가율은 OECD 회원국 평균보다 6.8%p 낮으며, 대졸 이상 고학력 여성은 20.8%의 낮은 수준이었다(여성가족부, 2007b: 1). 또한 성별 직종 분리 현상 및 정책결정 지위에서의 여성의 대표성 미흡 현상 타파도 필요했다. 생산직 여성은 감소한 반면 판매서비스직 여성은 증가하고 유리천정(glass ceiling)으로 인한 관리직 · 전문직 여성 비율은 매우 저조했다(여성가족부, 2007b: 6).

여성의 권익 증진은 성매매 · 성폭력 · 가정폭력 근절과 피해자 보호 차원과 이주여성정책으로 구분해 볼 수 있다. 여성 관련 폭력 근절과 피해자 보호 차원은 성매매산업의 무분별한 팽창으로 성적 착취와 인신매매 등 사회문제가 심화된 데에서 연유한다(여성가족부, 2007a(2): 3). 2000년 9월에 발생했던 전북 군산시 성매매업소 집결지 화재로 성매매 인권 유린 실태가 드러나 성매매 여성의 인권 보호에 대한 국민적 관심이 촉발됐으며(여성가족부, 2007a(2): 4) 전국 기혼가구 6가구 중 1가구가 부부간 신체 폭력을 경험한 것으로 나타난 연구 결과를 바탕으로, 가정 내 폭력행위는 국가적 개입을 통해 예방 규제해야 하는 사회적 범죄라는 문제의식이 확산된 배경에 있다(대통령자문양극화 · 민생대책위원회 외, 2007: 150).

이주여성과 관련해서는 이주여성 노동자(당시 전체 이주노동자의 약 25%를 구성), 국제결혼 이주여성(2005년 당시 전체 국민 결혼의 8쌍 중 한 쌍), 성매매업소 종사 이주여성(약 6천 명) 등이 차별과 인권문제 등이 복합적으로 나타난데 있다. 참여정부 초기 이주여성 또는 국제결혼에 대한 문제 제기나 정책이 따로 존재하지는 않았으나, 이주문제와 관련된 노무현 대통령 공약 사항으로 빈부 차별과 관련한 5대 차별 철폐(성, 학벌, 장애인, 비정규직, 외국인 근로자)가 저출산 · 고령화 시대를 대비한 외국인 인력 도입 정책 추진의 맥락을 제공했다. 또한 베이징(北京) 세계여성대회 10년을 앞둔 2004년 한국이주여성인권센터가 주축이 돼 베이징 행동강령 전략 목표와 행동 부문에 대한 정책과제를 제시한 바 있다(한국염, 2007: 1).

제 2 절 정책의 추진체계

1. 노인복지

기초노령연금제도는 보건복지부[1]를 통해 국민연금공단의 '기초노령연금 지원센터'

에 의해 추진됐는데, 주로 기초노령연금 신청자의 상담과 자산조사를 위한 자료의 제공, 기록의 유지관리 및 사후관리를 위한 기초자료 생산 기능을 담당했다. 시 · 군 · 구와 읍 · 면 · 동에서는 기초노령연금 지원센터에서 제공되는 자료를 토대로 상담을 진행하며, 자료 내용에 의의가 있는 경우 증빙서류를 확인하고 금융자산조사에 필요한 금융정보 등 제공 동의서를 징구하고 신청을 접수하도록 했다(보건복지가족부, 2008: 179).

노인장기요양보험제도의 추진 주체는 보건복지부이며, 관리운영기관을 국민건강보험공단으로 하되, 수발인정 방문조사, 수발 등급 판정, 수발계획서 작성 등은 별도의 기관인 노인수발평가관리원을 설치해 담당하는 것으로 제시했다(대통령자문 정책기획위원회, 2008a: 69).

노인일자리사업의 추진 주체는 보건복지부로 중앙에서 정책 방향 설정, 법령 및 제도 개선, 국고 지원 업무를 담당하는 역할을 하고, 지방자치단체는 지역 내 사업을 총괄, 시니어클럽, 노인복지회관, 대한노인회, 노인복지센터, 사회복지관, 지방자치단체에서 참여자 모집 및 관리 등 사업을 직접 수행한다. 노인일자리사업에 관한 정책 지원, 일자리 개발, 보급, 교육, 홍보, 평가, 조사연구 등의 업무는 노인일자리사업 전담 관리기구

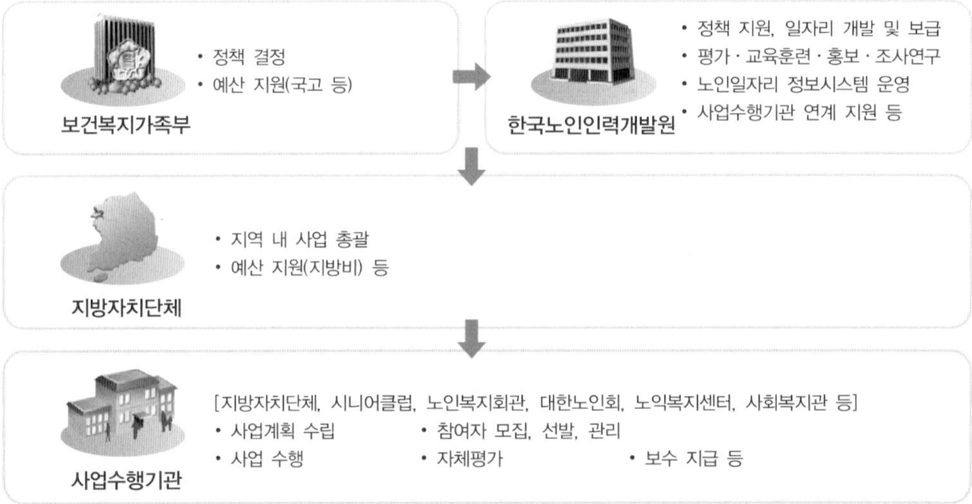

그림 2-5-1 노인일자리사업의 추진체계도

자료: 보건복지가족부(2008: 183).

1) 2008년 2월 29일을 기점으로 보건복지부 폐지 및 보건복지가족부 신설.

인 한국노인인력개발원이 담당했다(대통령자문 정책기획위원회, 2008a: 92-93). 노인 일자리사업 추진 체계도는 [그림 2-5-1]과 같다(보건복지가족부, 2008: 183).

2. 장애인복지

장애인고용지원정책의 주무부처는 노동부이며, 보건복지부와 노동부가 공동 주관하는 사례관리 지원 체계는 고용과 복지가 통합, 연계되는 고용 및 복지 서비스 전달체계의 역할을 한다(남찬섭, 2008: 34; 대통령자문 정책기획위원회, 2008b: 70). 제2차 장애인지원종합대책 사례관리 지원 체계 모형은 [그림 2-5-2]와 같다(보건복지부 외, 2007: 29).

장애인 소득보장의 추진 주체는 보건복지부, 지방자치단체이며 장차법과 관련해서는 추진 주체가 민・관공동기획단(대통령자문 정책기획위원회, 2008b: 41)이며, 시정기구로는 국가인권위원회 내 장애인차별시정소위원회였다(대통령자문 정책기획위원회, 2008b: 50). 활동보조지원사업의 추진 주체는 보건복지부이며 전달 체계로 시・군・구가 지정한 사업기관, 사회서비스 관리센터가 있다.

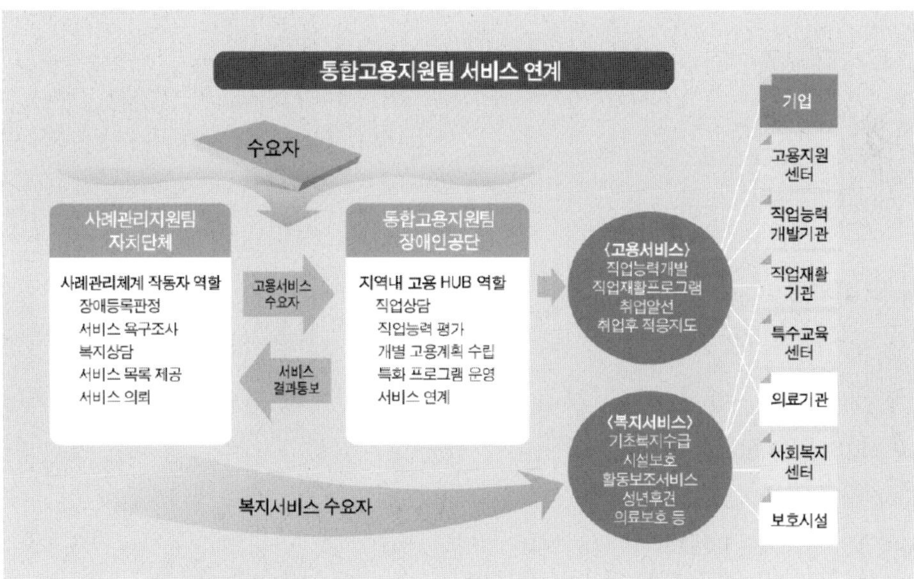

그림 2-5-2 제2차 장애인종합대책 사례관리 지원 체계

자료: 보건복지부 외(2007: 29).

3. 보육정책

보육정책의 추진 주체는 여성가족부이며, 추진 체계는 [그림 2-5-3]과 같다(여성가족부 보도자료, 2006: 13).

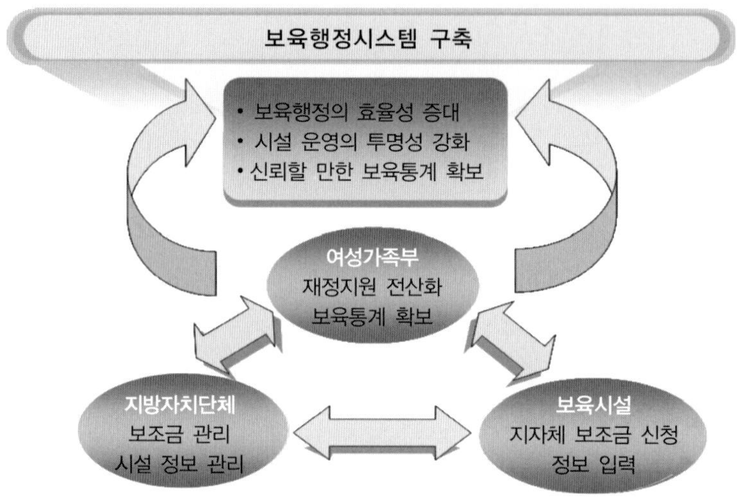

그림 2-5-3 보육정책의 추진체계

자료: 여성가족부 보도 자료(2006: 13).

4. 여성정책

여성 인적자원 개발 및 경제활동참가율 제고를 위한 추진체계는 여성부와 노동부, 그리고 국가인원위원회 중심으로 부처별 이행 방법에 따라 이뤄졌다. 여성부는 여성의 대표성 제고, 공공기관에서의 남녀 차별 금지, 정책에 대한 성별영향 분석평가 등을 내용으로 정부기관 평가 시 지표로 활용하는 방법을 사용했다. 노동부는 모성보호, 민간기업의 고용상 차별에 대한 포괄적 금지를 내용으로 사업장 지도 및 감독과 신고사건의 경우 시정 지시 후 미처리 시 사법처리, 고용평등위원회 설치 운영으로 이행했다. 국가인권위원회는 시정 권고의 방법으로 고용 차별을 포함해 인권을 침해하는 18종의 차별 행위를 금지했다(여성가족부, 2007b: 13).

여성 권익 증진은 여성가족부를 추진 주체로 하여 폭력 관련은 여성인권중앙지원센터와 여성폭력 원스톱(one-stop) 지원센터 등의 전달 체계를 통해 이뤄졌으며(여성가족부, 2007a(2): 5, 12), 이주여성은 결혼이민자 가족지원센터(국제결혼 이주자의 경우)를 통해 국제결혼 당사자의 보호, 언어와 문화 이해 교육, 가족의 생활 정착 지원, 가정폭력 피해자 지원, 사회적 인식 개선 등의 기능 등이 수행됐다(한국염, 2007: 8).

제3절 정책의 추진 과정 및 내용

1. 노인복지

1) 기초노령연금제도

기초노령연금제도는 2004년 2월 '노후소득보장 사각지대 해소 대책위원회' 발족을 시작으로 동 대책위원회의 '노후소득보장 사각지대 해소 대책 전문위원회'에서 9개 연구과제 수행을 통해 현 세대 노인의 소득보장을 위해 공공부조를 확대하고, 미래의 사각지대 예방을 위한 제도를 내실화한다는 입장을 공식적으로 채택했다(대통령자문 정책기획위원회, 2008a: 20-21). 그리고 기초노령연금법안에 대한 다양한 논쟁과 의견 조율 끝에 2007년 4월에는 개정 국민연금법안이 통과되고 「기초노령연금법」이 공포됐다(대통령자문 정책기획위원회, 2008a; 석재은, 2007). 주요 내용은 다음과 같다(보건복지가족부, 2008: 176-178).

- 목적: 생활이 어려운 노인의 생활 안정 지원으로 복지 증진
- 대상: 2008년 기준 65세 이상 전체 노인 중 생활이 어려운 소득인정액 하위 60%에 해당하는 노인층까지 포함하고, 2009년까지 노인의 70%까지 대상을 확대하는 계획 수립(보건복지가족부, 2010: 126)
- 단위: 배우자의 유무에 따라 노인 단독가구와 노인 부부가구로 구분 적용
- 선정기준액[2]: 노인 단독가구의 경우 월소득 인정액 40만 원 이하, 노인 부부가구의 경우에는 64만 원 이하
- 급여 수준: 국민연금 가입자 평균소득월액의 5%(즉, 8.4만 원 수준)[3]를 지급하며 국민

2) 선정기준액은 매년 바뀌며, 매 해 9월에 고시돼 그 다음해 4월부터 그다음 다음해 3월까지 적용됨(보건복지가족부, 「2007년 보건복지가족백서」 2008: 177).

소득 변동과 연동돼 설계
- 소요재원: 국비와 지방비 등 조세로 충당되지만 시・군・구의 재정자립도와 노인인구 비율에 따라 차등적으로 보조

2) 노인장기요양보험제도

2000년 1월 노인장기요양보호정책기획단 설치, 2003년 3월 공적노인요양보장추진기획단 설치, 2004년 3월 공적노인요양보장제도 실행위원회 설치, 2005년 7월 노인장기요양보험제도 1차 시범사업 실시, 2006년 4월 노인장기요양보험제도 2차 시범사업 실시, 2007년 4월 노인장기요양보험법 제정, 2007년 5월 노인장기요양보험제도 3차 시범사업 실시 등의 과정을 거쳐 2008년 7월 노인장기요양보험제도가 도입됐다(대통령자문 정책기획위원회a, 2008). 이 제도의 주요 내용은 다음과 같다(보건복지가족부, 2008: 190).

- 대상: 65세 이상 노인 및 노인성 질환을 가진 65세 미만 국민으로 6개월 이상 혼자 일상생활이 어려운 자로서 장기요양등급판정위원회의 등급 판정을 받은 자
- 등급판정: 1차적으로 건강보험공단의 방문조사, 1차 판정 결과와 특기 사항 및 의사 소견서, 기타 자료 등을 종합해 최종 결정
- 급여종류: 시설급여(요양시설과 소규모 형태의 노인요양공동생활시설), 재가급여(방문요양, 방문목욕, 방문간호, 주・야간보호, 단기보호, 복지용구 대여 등), 현금급여(가족요양비, 특례요양비 및 요양 병원 간병비 지급)
- 보험료: 국민건강보험료액에 장기요양보험료율을 곱해 산정, 국민건강보험료와 구분해 통합 징수하되 각각 독립회계로 관리 운영
- 재원: 장기요양보험료, 국가 지원, 본인 일부 부담

3) 노인일자리사업[4)]

2003년 10월 대통령정책실 고령사회대책 및 사회통합기획단 인구고령사회대책팀을 발족해 저출산・고령사회 대응을 위한 국가실천전략(Korea 2008 Action Plan)을 제출해 현안 및 토의 과제로 '노인일자리 30만 개 창출 방안' 이 구상됐다(주요 정책 방안으로 고령자 고용정책 수단의 법제화 및 내실화, 다양한 일자리 관련 기관 연계 및 전국적으로 확산 가능한 전략직종 선정과 추진, 노인일자리박람회 정례화가 있음).

---

3) 노인 단독가구의 경우를 의미하며, 부부가구의 경우에는 연금액의 80%를 수령하게 돼 2008년의 경우 최대 134,160원임(보건복지가족부, 「2007년 보건복지가족백서」, 2008: 178).
4) 대통령자문 정책기획위원회, 「참여정부 정책보고서」, 정책기획위원회(2008a: 86-103)을 중심으로 작성함.

2004년 2월 대통령정책실 고령사회대책 및 사회통합기획단이 고령화 및 미래사회위원회로 승격·개편해 '새로마지플랜 2010'에서 고령사회 삶의 질 향상 기반 구축이라는 과제를 달성하기 위한 세부 추진 과제로 노인일자리사업이 제시됐다. 단순노무 위주의 공익형 일자리 축소 및 노노케어 복지형 일자리 확대 방향에 따라 2006년부터 2010년까지 노인일자리사업 예산으로 총 4,788억 원이 반영됐다. 2007년 2월에는 '전국 일하는 노인전진대회'를 실시해 노인을 일할 수 있는 사회구성원으로서의 인식을 전환하는 노인의 정치 역량 강화를 강조하며 노인일자리사업 정책이 형성됐다. 다음으로 노인일자리사업의 주요 내용은 아래와 같다.

- 2009년까지 30만 개 이상의 일자리 마련: 정부일자리와 민간일자리 알선사업으로 구분, 사업 수행 체계 설정(중앙, 지자체, 지역복지센터), 노인일자리사업 전담 관리기구 설립(국민연금공단 내 노인인력운영센터에서 한국노인인력개발원으로 분리 운영)
- 은퇴 없는 노년인생 지원: 공익형, 교육형, 복지형, 자립지원형(시장형, 인력파견형)으로 분류
- 민간 분야 일자리 알선: 노인일자리 박람회 개최(2006년의 경우 총 16개 시 · 도에 약 17억의 예산이 투입돼 3,149업체와 22,164명의 인원 채용), 대한노인회 취업지원센터(노인취업알선센터에서 노인취업지원센터로 명칭 변경 후 전국 248개소에 확대 설치), 시니어클럽(2003년까지는 수익형 일자리 위주였으나 2004년부터는 지자체 위탁으로 인건비가 지원되는 사업과 함께 추진, 2005년부터는 지자체 자율 방식으로 변경함)
- 수요자 중심적인 노인적합 일자리 개발(예: 시험 감독관과 주유원): 노인시험감독관(인원과 비용 면에서 효율성을 인정받아 2004년 노인일자리사업 현상 공모전 수상), 노인주유원(인력난을 겪는 주유원 일자리에 정부-기업-민관이 공동으로 노인 적합형 일자리를 창출)

2. 장애인복지

1) 장애인 고용지원정책

2004년 1월 「장애인고용 촉진 및 직업재활법」이 개정돼 의무고용 적용사업장 확대(기존 300인 이상 사업장에서 50인 이상 사업장으로)되고 업종별 적용제외제도 폐지됐다. 정부기관의 장애인 고용률이 2%에 달할 때까지 신규채용 7급 · 9급 장애인 공무원 채용 비율을 5%로 설정했으며 장애인 고용장려금 단가 인하 및 장애 정도와 성별에 따른 장

려금 차등화가 축소됐다(남찬섭, 2008: 31).

2006년 6월에는 제1차 장애인지원 종합대책 수립이 수립됐고, 2007년 4월 제2차 장애인지원 종합대책이 발표됐다. 이 대책의 주요 내용은 장애 정도와 근로 능력, 직업적 능력에 기반을 둔 차별화된 고용 서비스 제공, 복지와 고용이 통합되는 원스톱(one-stop) 서비스 전달체계 구축(장애인 고용 서비스와 복지 서비스를 연계하는 사례관리 지원 체계: 통합고용지원팀+사례관리지원팀으로 구성, 기존 4단계로 구성된 장애인직업재활시설을 근로 및 보호작업시설 두 종류로 단순화 등), 중증장애인 고용모델 개발이다. 이는 2007년 7월「장애인고용 촉진 및 직업재활법」개정으로 자회사형 표준사업장 설립 지원이 계획됐다(대통령자문 정책기획위원회, 2008b: 67-78).

2) 장애인 소득보장

장애인 소득보장은 2006년 8월 LPG 지원제도 폐지, 2007년 장애수당 및 장애아동수당 지원 대상과 지급 범위 확대로 이어졌다(남찬섭, 2008: 33). 장애수당은 저소득 장애인 대상 중증 월 7만 원, 경증 월 2만 원에서 차상위계층 등록 장애인까지 확대해 중증 월 13만 원, 차상위 계층 월 12만 원, 경증 월 3만 원씩(신설) 지급됐다. 장애아동부양수당은 저소득가구의 중증 장애아동 부양자 대상 7만 원에서 차상위 계층 및 모든 재가등록 장애아동보호자로 확대해 기초생활수급 중증장애인 월 20만 원, 차상위 계층 중증장애인 월 15만 원, 기초 및 차상위 경증장애인 월 10만 원으로 인상됐다. 그 외 장애인 자녀 교육비 지원, 장애인 의료비 지원 및 세금 감면 시책 등이 있었다(보건복지가족부, 2008: 346-347).

3) 장애인 차별 금지 및 사회 참여 촉진

장애인차별금지법 제정 및 관련법 제도 정비는 2001년 2월 장애인차별금지법 제정운동을 시작으로 2007년 4월「장애인 차별금지 및 권리구제 등에 관한 법률」이 공포됐다(대통령자문 정책기획위원회, 2008b: 33). 장애인차별금지법의 주요 내용은 차별의 범위 규정(직접 차별, 간접 차별, 정당한 편의 제공 거부, 광고를 통한 차별(네 가지 차별), 장애인 관련자와 보조견 및 재활보조 기구에 관련된 차별행위 포함), 차별 영역(고용, 교육, 재화와 용역의 제공 및 이용, 사법・행정절차 및 서비스와 참정권, 모・부성권 등, 가정・복지시설 및 건강권 등 여섯 가지 영역과 여성 및 장애아동 등에 대한 차별 금지와 권리구제도 별도로 규정함), 차별시정기구(국가인권위원회 내 장애인차별시정소위원회 설치), 벌칙(차별행위 위반 시 3년 이하의 징역 또는 3천만 원 이하의 벌금) 등이다(대통령자문 정책기획위원회, 2008b: 51-52). 이 외 장애인을 위한 사회통합적 법·제도 정비가 있었는데, 교통약자의 이동편의에 관한 법률 개정(2005. 1), 정보격차 해소에 관한 법률 개정(2006. 10), 특수교육진흥법 개정(2005. 3) 및 장애인 등에 관한 특수교육법 제정(2007. 5), 장애인복지법 개정(2007. 4) 등이 대표적이다(보건복지가족부, 2010: 152).

장애인활동보조사업은 2007년 4월 활동보조 지원사업 시행으로 추진됐다. 사업의 목적은 신체적·정신적 이유로 원활한 일상생활과 사회활동이 어려운 장애인에게 활동보조 서비스를 제공함으로써 장애인의 자립생활과 사회 참여 증진이다. 대상은 소득 수준 및 장애 유형에 제한 없이 1급 장애인을 대상으로 일상생활 수행 능력(ADL)과 수단적 일상생활 수행 능력(IADL)을 평가 후 일정 점수 이상인 자로서 점수에 따라 제공 시간(월 20~80시간)을 달리한다. 제공 방법은 지역복지관 및 자활센터에 고용된 활동보조인이 장애인 가구에 방문해 신변 처리, 가사, 일상생활 지원 및 커뮤니케이션과 이동보조 서비스를 제공하며, 장애인들은 정부지원금과 본인부담금으로 구성된 전자 바우처를 지급받아 이용 시간만큼 결제하는 시스템으로 이뤄졌다(보건복지가족부, 2008: 343).

3. 보육정책[5)]

참여정부의 보육정책 추진 과정은 2004년 「영유아보육법」 전면 개정으로 시작됐다. 모든 아동을 대상으로 하는 보편적 보육정책의 길을 마련했다. 2004년 6월 '제1차 육아지원 정책 방안'이 발표됐는데 미래인력 양성 및 여성의 경제활동 참여 확대를 비전으로 출산력 제고 및 우수한 아동 육성, 육아비용 경감, 여성 취업률 제고, 일자리 창출 등을 주요 내용으로 했다(대통령자문 고령화 및 미래사회위원회, 2004, 백선희, 2009: 113 재인용). 이는 정부의 육아 지원사업에 통합적인 접근을 한 계획안으로 여성부, 노동부, 교육부, 복지부 간의 부처 통합적이며 유기적인 육아문제 해결 방식을 도모했고, 공급자인 정책부서 중심에서 연령별로 지원 방안을 고려하는 생애주기별 수요자 중심으로의 정책 전환으로 평가됐다.

2005년 5월 '제2차 육아지원 정책 방안'을 마련했으며 육아지원시설 이용기회 확대로 접근성 제고, 육아비용의 가계 부담 경감, 육아 서비스의 질적 수준 제고, 수요자 중심의

5) 추진 과정은 백선희, "김대중, 노무현 정부 10년의 보육정책 평가: 국가계획을 중심으로", 「상황과 복지」 제28권, 2009. pp.95-141를 중심으로 작성했음.

다양한 서비스 제공을 목표로 영아보육에 대한 기본보조금 제도 정착을 위한 민간보육시설에 대한 보편적 운영비 지원정책으로서 이후 새싹플랜의 기초가 됐다. 2006년 7월 '제1차 저출산·고령사회기본계획: 새로마지플랜 2010'에 보육정책 내용이 포함됐다. 출산율을 높이고 양육에 유리한 환경 조성, 고령사회를 맞아 삶의 질을 향상시키기 위한 기반을 구축, 미래 성장 동력 확보를 위한 70대 이행 과제 제시(대한민국정부, 2006, 백선희, 2009: 115 재인용)해 육아 지원정책이 저출산·고령화 문제에 대응하는 중요한 국가적 과제라는 것을 범사회적으로 인식시켜주는 계기가 됐다.

2006년 7월 '제1차 중장기 보육계획(2006~2010): 새싹플랜'은 보육시설과 관련 예산의 지속적인 증가에도 불구하고 서비스의 다양성과 그 수준에서 이용자들이 만족하는 시설부족, 부모의 높은 경제적 부담과 보육교사의 처우가 열악함을 보완하고 공공성을 확보하고자 했다. 2006년 8월 '함께 가는 희망한국 비전 2030' 수립으로 정부·민간합동작업단의 국가 장기종합전략으로서 보육 서비스 확대가 포함됐으며, 제1차 중장기보육계획의 주요 내용은 다음과 같다(여성가족부 보도자료, 2006: 8-13).

- 공보육 기반조성: 중장기 수급계획에 따른 보육시설 확충: 보육시설 이용 아동 기준 30%까지 확충, 국공립 보육시설의 수를 2010년까지 2배로 확충, 민간보육시설의 서비스 개선을 위한 기본보조금 제도 도입
- 부모 육아 부담 경감: 보육비용 지원 확대(차등보육료 지원 대상으로 중산층까지 확대), 영아보육 활성화(가정보육시설의 소규모화와 국공립 보육시설에 영아반 구성 비율을 높임), 취업 부모에 대한 우선 지원 강화
- 다양한 보육 서비스 제공: 보육시설 이용 시간 다양화: 시간 연장형 보육교사 확대 및 시간제 보육시설 도입 검토, 취약 보육 지원(장애아·농어촌·방과 후 보육 서비스/프로그램 활성화), 포괄적 보육 서비스 실시(아동을 위한 보육 프로그램 외 부모와 지역사회 주민의 참여를 유도할 수 있는 교육 서비스 시행)
- 아동 중심의 보육환경 조성: 취약지역 보육시설 환경 개선, 건강·영양·안전관리 강화(지역사회 보육시설, 보건소 및 인근 병원과 연계 시스템 구축), 보육인력 전문성 제고 및 처우 개선(대학 내 보육교사 양성교과목 학점 상향 조정, 시설장 국가자격증 제도 시행, 기본보조금과 보육교사 보수 수준 연계로 급여 인상 유도), 표준보육과정 개발·보급
- 보육 서비스 관리 체계 강화: 보육시설 평가인증 시스템 구축(2008년까지 모든 보육시설에 1차 평가 인증 시행), 보육행정 시스템 구축 및 지자체 보육정책 활성화((여성가족부(재정 지원 전산화 및 보육통계 확보), 지자체(보조금 및 시설정보 관리), 보육시

설(지자체 보조금 신청과 정보 입력)), 지역사회 참여 및 시설 운영 투명성 제고(보육시설운영위원회 설치 의무화 및 지자체 부모 모니터링단 전국적 활성화), 보육사업 추진 관련 인프라 확충(전문적 보육 업무 추진, 보육시설 안전관리 및 종사자 경력관리 등을 위한 보육관리재단 설치 검토)

4. 여성정책

1) 여성의 인적자원 개발 및 경제활동참가율 제고

2001~2005년 제1차 국가인적자원 개발 기본계획을 수립하고 교육인적자원부에서 여성 인적자원의 활용도 제고 계획 및 과제를 매년 점검 평가했다. 2003~2007년 제2차 여성정책기본계획 수립으로 여성 인적자원의 개발과 활용 및 남녀 고용평등과 여성의 경제활동 참여 제고를 추진했으며 2006~2010년 여성인력개발종합계획으로 여성경제활동참가율 제고 및 일자리 확대 추진전략 및 일·가정 양립지원제도를 강화했다(여성가족부, 2007a(1): 13). 여성인력 개발 주요 내용은 다음과 같다(여성가족부, 2007a(1): 14-21).

- '여성인력개발종합계획: Dynamic Women Korea 2010' 수립: 여성인적자원 인프라 구축, 직장과 가정 양립 기반 조성, 종합적 정책 추진체계 구축 등 5개 부문, 15대 중점과제, 140개 세부 과제로 여성경제활동참가율 55% 달성 및 여성일자리 60만 개 창출을 목표로 경력 단절 현상 완화 및 고학력 여성인력 활용을 통해 선진국형 여성근로 생애주기를 정착하고자 했다.
- 양성 평등한 고용환경 조성: 남녀고용평등법 개정(2005.12) 및 '적극적 고용개선 조치(Affirmative Action)'[6] 도입, 모성보호비용 사회 분담화((육아휴직 급여 인상[7] 및 육아휴직 대체인력 지원제도 신설(2004), 산전후 휴가 기간 90일 중 60일 비용이 사업주 부담에서 90일 전액 고용보험에서 지원 및 유·사산휴가를 법제화(2005. 5)), 양성평등채용목표제(공무원 채용 시 어느 한 성의 합격자 비율이 30% 미만일 경우 해당 성의 응시자를 추가 합격, 5급 이상인 관리자급 여성 공무원 비율이 전체의 10% 이상이

---

6) 여성고용에서 차별적 원인을 찾아 기업 스스로 개선해나가는 제도로서(대통령자문 양극화·민생대책위원회 외, 2007.「국민과 함께 보는 참여정부 사회정책 돋보기」, p144), 인사노무 관리 능력이 있는 직원 수 1,000명 이상인 기업과 사회적 책임이 요구되는 정부투자기관, 정부산하기관을 우선 적용 대상으로 하여 매년 5월 31일까지 직종, 직급별 '남녀근로자 현황'을 노동부에 보고하도록 함. 우수기업은 인센티브를 부여함(여성가족부, 2007a(1). "여성의 힘, 깨어나다: 여성정책·여성인력 개발", 「2003-2006 참여정부 여성·가족정책」, p.15).

7) 2001년 월 20만 원에서 2003년 30만 원, 2004년 40만 원, 2007년 50만 원으로 증액(윤홍식, 2008. "참여정부 복지정책 평가: 가족여성정책", 「2003-2006 참여정부 여성·가족정책」, p.38).

되도록 지원하는 제도)(여성가족부, 2007b: 22)

- 여성농업인의 복지 증진과 전문인력 양성: 여성농업인정책 기본계획(2001~2005)을 기반으로 여성농업인 출산 시 대체인력을 지원하는 농가도우미제도(2003) 확대 시행, 농어가 농업인 영유아 양육비 지원, 농업인 자녀 학자금지원제도 확대, 여성농업인센터 및 프로그램 확대 및 내실화
- 여성과학기술인 채용 확대 및 지원 인프라 구축: 제1차 여성과학기술인 육성・지원기본계획(2004~2008)에 따라 99개 연구기관 여성채용 목표 비율 재설정 및 전국여성과학기술인지원센터 설치, WISE사업 전국 10개 지역 확대
- 지역사회 함께 참여 '여성희망일터' 프로젝트: 중소기업 밀집지역에 여성희망일터지원본부를 설치해 취업상담, 교육, 연계까지 원스톱(one-stop) 체계 마련, 지역 단위별・훈련과정별 여성희망일터지원단 운영
- 취업지원사업 추진: 전국 50개 지역에 여성인력개발센터를 설치해, 여성취업훈련 프로그램 제공, 지역사회 맞춤형 취업지원사업(2003~2006), 사회서비스 분야 여성취업지원사업(2005~2006), 전업주부 재취업지원사업(2002~2006) 추진
- 여대생 커리어 개발 지원 사 2005년 전국 5개 대학에서 2006년 27개 대학에 설치, 지역별・학년별 맞춤형 커리어 개발 프로그램 마련 및 상담-교육-취업까지 원스톱(one-stop) 지원
- 여성대상 창업지원사업: 전문기술을 보유한 여성에게 저금리 창업자금 지원(매년 100억 원 조성), 저소득층 여성 가장을 위한 창업자금 지원(매년 30억 원 조성으로 해마다 150여명 이상의 고용 효과 창출)

2) 여성 권익 증진: 성매매성폭력・가정폭력 근절과 피해자 보호[8)]

여성 관련 폭력 근절과 피해자 보호의 추진 과정과 내용은 다음과 같다. 2003년 6월 국무총리 산하의 '성매매방지기획단'을 발족하고 이를 '성매매 방지대책 추진점검단'으로 전환해 14개 부처 간 정기적(총 18회) 정책협의를 통해 범정부적 공감대를 형성했다. 2004년 3월 '성매매방지종합대책' 수립 및 성매매방지법을 공포해 3개 분야 18개 과제 73개 시책으로 구성해 관계 부처 합동 성매매 방지 종합대책 수립 및 추진 실적을 점검하도록 했다(보건복지가족부, 2010: 439).

2004년 9월 '성매매방지법(성매매 알선행위의 처벌에 관한 법률, 성매매 방지 및 피해자

8) 여성가족부, 2007a(2). "여성, 사회와 포옹하다: 권익증진정책", 「2003-2006 참여정부 여성・가족정책」, pp.2-14를 중심으로 작성했음.

보호 등에 관한 법률)'을 시행해 성매매 및 성매매 피해자의 새로운 개념 도입과 여성에 대한 도덕적 낙인을 전제로 한 '윤락'의 개념에서 재산상의 이익 또는 쾌락을 위해 성을 사고파는 행위를 지칭하는 '성매매' 개념의 도입, 그리고 양자 관계로 보았던 성매매를 알선행위가 존재하는 3자 관계로 규정해 여성을 착취·인신매매하는 성매매 알선행위자를 중점 처벌하는 근거 마련과 처벌 기준을 대폭 강화했다.

성매매 피해자 지원 체계 구축 및 종합 서비스 제공은 2004년 11월 여성가족부의 국정현안조정회의를 통해 여성발전기금으로 자활지원사업 추진으로 이뤄졌고 성매매 개연성이 높은 성매매 집결지에 상담과 의료·법률·직업훈련 지원이 가능한 집결지 현장지원센터 설치와 전문상담원 양성교육, 일반·청소년·외국인 지원센터를 별도로 운영, 자활지원센터, 그룹홈 운영 등이 이뤄졌다. 여성인권중앙지원센터 설립으로 성매매 피해자 지원 시설 간 네트워크가 구축됐는데 2004년 1월 「복권 및 복권기금법」에 따라 탈(脫)성매매 여성의 구조·지원이 확대됐으며 성매매 방지를 위한 국민의식 개선이 추진됐다. 대국민 홍보와 캠페인 실시로 '성매매는 불법'이라는 인식 확산을 위해 여론 주도층을 대상으로 PCRM 발송, 20~30대 남성 대상으로 화이트타이 캠페인, 옥내외 광고, 시민감시단 등을 통한 다각적 활동이 이뤄졌다.

2006년 7월 '성폭력 방지 및 피해자 보호 종합대책' 마련으로 성폭력을 5대 폭력에 포함 및 성폭력 방지를 위한 국무총리 주재 정부합동 추진체계가 구축됐다. 주요 내용은 성폭력 근절 및 피해자 보호를 위한 5개년계획 수립, 아동성폭력 추방의 날 지정 및 범국민적 추방운동 전개, 각급 학교 성폭력 예방교육 및 성교육 강화, 청소년 성범죄에 대한 신상공개제도 신설 등이다. 2006년 10월 「가정폭력 방지 및 피해자 보호 등에 관한 법령」이 개정돼 가정폭력 피해자 범위를 가족구성원 전체로 확대 및 가정폭력 피해자의 동반 아동 등도 상담 및 보호시설 이용을 지원하도록 했다. 주요 내용은 피해자 치료비 국가와 지자체 선(先) 지급 의무화, 여성가족부 장관은 3년마다 가정폭력 실태조사 실시, 각 학교의 장은 가정폭력 예방교육 실시, 피해자 아동 주소지 이외 지역 취학 지원, 가정폭력 상담소 및 보호시설 장의 자격 기준과 교육훈련시설 설치신고제 신설 등이다.

폭력 피해자 보호 및 지원 서비스 확대 및 다양화가 이뤄졌는데 전문 상담소 및 보호시설 확충, 장애여성 피해자 보호, 의료비·직업훈련비 지원, 무료법률구조, 피해자 치유·회복 프로그램 제공(대통령자문 양극화·민생대책위원회 외, 2007: 148; 보건복지가족부, 2010: 440) 등이다. 2005년 8월 폭력 피해자에 대한 통합적인 '원스톱지원센터'를 설치해 여성가족부 · 경찰청 · 병원의 3자 공동협약으로 전국 14개소 운영과 원스톱지원센터를 통해 상담, 의료, 법률, 수사 서비스를 365일 24시간 한 번에 받을 수 있게 되고 16개의 광역권에 여성긴급전화 1366센터를 설치해 긴급 상황 시 피해자를 원스톱센터에 연계함으로써 과거 시설 중심의 개별 서비스에서 수요자 중심의 통합 서비스 제공(보건복지가족부, 2010: 441)을 도모했다.

2004년 6월 '아동성폭력전담센터(해바라기아동센터)'가 설립돼 13세 미만 성폭력 피해 아동 및 정신지체 장애인의 신체적 · 정신적 피해에 대해 연령별 발달 과정 및 행동양식 등을 고려한 종합적 서비스 지원과 아동 특성을 감안해 병원에서 5분 이내의 거리에 위치, 임상심리 전문가 및 상담원, 자문변호사를 두고 있어 필요 시 즉시 지원 가능하도록 했으며 2005년 당시 전국 3개소 설치 · 운영 중이며, 2009년까지 2개소씩 추가했다. 건전한 직장문화를 조성하기 위해 2006년 1월 '성희롱예방 종합관리시스템' 도입으로 공공기관 연 1회 이상 성희롱 예방교육 실시 및 성희롱 방지 조치 추진 실적을 전산으로 입력 · 관리하고 성희롱 예방교육 자료 지원 및 고충상담원 · 전문 강사를 양성했다(보건복지가족부, 2010: 441).

2) 여성 권익 증진: 이주여성정책[9)]

고용허가제(2004)에 의한 합법적인 외국인 인력 도입, 단기순환, 동포우대주의(2007. 3)에 기반을 둔 외국인 인력 도입정책이 있었으나 이주여성 노동자에 대한 정책은 특별히 존재하지 않았다. 국제결혼 이주자는 2004년 이주여성인권센터의 국제결혼 이주여성정책 심포지엄 개최로 국제결혼 이주여성의 인권문제가 부각되면서 가정폭력 이주여성을 위한 쉼터 2곳 개설(여성부 담당) 및 시민단체와 간담회 실시(국무총리조정실 담당)가 이뤄졌고, 같은 해 여성부 장관 주선 하에 태평양화학이 10억의 기금을 여성부에 제공한 후부터 정부의 사업 본격적으로 시작됐다.

2005년 전국 6개 지역에 국제결혼 이주여성을 위한 한국어 교육과 모성보호지원사업 실시(여성부)와 2005년 국제결혼 이주여성 실태조사 실시(보건복지부)는 '여성결혼 이민자'의 개념을 생기게 했으며 이주여성의 실상이 드러나 정책이 본격화됐다. 2005년 8월 제1차 대책회의(체류안정화 방안에 대한 사회문화관계장관회의), 2005년 12월 제2차 대책회

9) 한국염, 2007, "참여정부의 이주여성정책평가와 과제", 「참여정부 4년 여성정책 평가 및 정책제언 토론회: 참여정부 4년, 여성의 삶은 나아졌는가?」, 한국여성단체연합 토론회 자료집, 2007. 2. 22, pp. 3-4, 6-7, 11-12를 중심으로 작성함.

의(수석보좌관 회의로 생활안정대책 논의), 2006년 4월 제3차 대책회의(제74회 국정과제회의)가 이뤄졌으며 3차 회의는 혼혈인 및 이주자의 사회통합 기본 방향과 여성결혼 이민자 가족 사회통합 지원 대책이 확정됐다. 주요 내용은 국제결혼중개업을 관리하는 내용을 담은 법률 제정, 가정폭력 피해자의 안정적인 체류 지원 강화 및 인권 증진을 위해 혼인 파탄 입증 책임 완화 및 외국인 전용쉼터 확대, 여성결혼 이민자의 한국 사회 조기 적응 및 정착 지원을 위해 EBS 언어문화교육 프로그램 등 운영, 다문화 교육기반 구축 및 아동의 학교생활 적응 지원을 위해 교과서에 다문화 요소 반영 및 여성결혼 이민자 교육 지원 시스템 구축, 여성결혼 이민자에 대한 기초생활 보장 및 보건 서비스 지원, 정책에 다문화 관점 확산 및 다양한 문화·가치관의 공존 지원 등이다.

성매매로 유입된 이주여성은 2003년 외국인 여성 성매매 실태조사 실시(여성부)에 따르면 주한미군 기지촌 유흥업소에서 일하는 이주여성이 85%로 파악됐고 실태의 심각성을 인지한 한국 정부에서 성매매 유입 이주여성의 예술흥행 비자(E6)를 중지시키게 됐다. 2004년 3월 「성매매 방지 및 피해자 보호 등에 관한 법률」에서 외국인 여성 성매매 피해자를 대상으로 보호시설을 지원하는 법안이 마련되고 2005년 성매매 외국인 피해자 보호소 및 쉼터를 설치하게 됐다.

제4절 성과 및 평가

참여정부 시기는 한국 사회의 저출산·고령화의 심화 추세와 기혼 여성의 취업 및 전통적 가족문화 약화 등이 사회적으로 부각된 시기였다. 참여정부 시기는 그동안 누적돼온 기혼여성의 취업활동과 가족생활이 양립되기 어려운 문제, 아동 및 노인, 장애인 돌봄 문제에 대한 사회적 책임 논의가 활발히 이뤄지게 됐으며, 대상을 중심으로 그에 따른 제도 마련이 이뤄진 시기라고 할 수 있다. 국민들의 삶의 질을 높이고 양성평등사회의 구현 및 국민 통합을 이루기 위한 국정과제들 가운데 대표적인 제도화 및 서비스화 정책들로는 노인 및 장애인복지와 보육정책, 여성 경제활동 제고 및 지원과 여성 관련 폭력 예방 및 이주여성에 대한 여성 권익 증진 정책을 들 수 있다.

1. 노인복지

1) 기초노령연금제도

2007년 10월 15일부터 한 달 간의 집중 신청 기간 동안 70세 이상의 73%(약 218만 명)가 신청했는데, 소득재산이 많아 추가적인 금융재산조사 없이 접수를 취소하게 된 경우까지 고려하면 70세 이상 전체 노인의 85% 정도가 기초노령연금신청에 관심을 나타냈다고 할 수 있다. 금융자산조사 결과 2008년 1월 31일부터 지급되는 기초노령연금 수급자는 총 192만 명(기존 경로연금 수급자 61만 명 포함)이었으며, 이 중 70세 이상 노인이 약 181만 명으로 전체 노인의 61%를 차지했다(보건복지가족부, 2008: 180). 안정적인 노후생활을 위한 다층적 노후소득보장 체계의 기반 구축에 의의를 두었다(신윤정, 2008: 45). 한편으로 국민연금 개혁을 통해 미래 세대의 부담을 완화시키려 했으나, 대상자 선정 및 지방정부의 재정 부담의 문제가 존재하고(선우덕, 2007: 6, 김신열, 2008: 24 재인용), 국민연금의 재정안정성이 2060~70년까지만 유효할 것으로 전망되는 불완전한 개혁으로서 노령계층의 적절하지 못한 소득보장을 의미하기도 했다(석재은, 2007: 23).

기초노령연금 도입으로 보편적인 최저소득을 보장한다는 부분에서 사각지대의 커다란 개선이 있었지만, 국민연금 또는 기초노령연금의 혜택에 여전히 모두 해당되지 않는 고령자가 20% 정도 존재할 것으로 예상됐다(석재은, 2007: 23). 즉, 기초연금과 범주적 공공부조의 중간적 성격을 갖고 있어 소득보장 체계 내 기초노령연금제도의 성격이 모호하게 돼 다른 제도와 연계성을 필요로 하게 됐다[10](보건복지가족부, 2010: 126). 노인복지 예산이 증가했는데 2003년 4천 11억 원에서 2007년 8천 300억 원으로 연평균 20.1% 증가했으며 기초노령연금 지출예산이 2010년 기준 3조 5천억 원이었다(석재은, 2007: 22).

2) 노인장기요양보험제도

빈곤계층에만 선별적으로 제공되던 노인요양 서비스가 보편적으로 제공되는 사회적 지원 체계를 마련했다는 점에서 성과를 거뒀다고 평가됐다(석재은, 2007: 24). 국가가 독점적으로 공급하는 서비스 제공 방식에서 다수 제공자의 경쟁 체계로 바뀌면서 서비스

---

10) 석재은, "기초노령연금 등 질·양적으로 큰 성과 거둬", 「나라경제」, 2008. 제12권, p.23에 의하면, "보편적이지 않고 선별적인 공공부조 원리로 운영되는 기초노령연금은 사회보험 원리로 운영되는 국민연금 가입자들의 갹출을 회피하는 유인으로 작용할 수 있다. 따라서 국민연금과 기초노령연금이 상호보완적이고 정합적으로 발전하기 위해서는 기초노령연금을 공적연금 체계 내로 흡수하여 최저보증연금 방식으로 운영할 수 있도록 하는 발전 방안의 모색이 필요하다"라고 정리함.

시장이 형성됐고, 재정 방식에서도 포괄적 기관 운영 국가보조금 방식(공급자 중심)에서 서비스 실적에 따른 수가보상 방식(이용자 중심)으로 바뀌게 됐다(석재은, 2007: 24). 3차에 걸친 시범사업 동안 적극적 인프라 구축 추진으로 인해 인프라 부족문제는 많은 부분 해소됐으나, 시설 인프라의 지역적 편차와 재가 서비스 제공기관의 공급 과잉 양상이 나타났다(보건복지가족부, 2010: 127).

이에 가정에서의 보호가 어려워지고, 지역 내 노인요양시설 건축을 반대하는 주민들이 많기 때문에 재가서비스 체계를 중심으로 운영이 불가피한 상황으로 재가서비스 제공을 위한 표준적 시설 설치모형을 도입하는 것이 요구됐다. 또한 주택 등을 개조해 일시적으로 보호를 담당하는 소규모시설을 운영할 수 있도록 정부에서 비용을 보조하는 방향이 제안됐다(보건복지가족부, 2008: 195). 그런데 서비스를 이용하고자 하는 욕구가 있는 노인 대상자(전체 노인 인구의 12.1%)를 모두 포함하지 않고 중증노인(3~4%)으로 제한하고 있었는데, 특히 재가노인복지시설에 있는 이용자의 대부분이 노인장기요양보험제도에서는 등급 외 판정을 받는 경우가 나타났다(김신열, 2008: 25).

하지만, 보건복지가족부(2008: 196)에 따르면 보험재정의 안정과 도덕적 해이의 발생을 줄이기 위해 장기요양 서비스의 대상자의 증가를 방지하는 예방적 접근의 필요로 보았다. 또한 전문 인력으로서 요양보호사의 양성, 자격관리 및 서비스 질 유지 등에 대한 정책적 관심이 요구됐으며(김신열, 2008; 보건복지가족부, 2010: 127) 간병 수발에 소비되는 비용을 줄여주기 위한 취지로 만든 제도로서, 가족의 책임은 어느 정도 전제되기 때문에 가족에 의한 간병수발 행위를 인정하고 가족수발자의 경제적 · 심리적 · 정서적 · 사회적 보장적 지원 체계를 마련할 수 있는 제도적 장치가 요구됐다(보건복지가족부, 2008).

3) 노인일자리사업

2004년 사업 도입 이후 매년 목표치를 상회하는 달성률을 나타냈으며, 5년 동안 약 4.7배의 목표사업량 증가를 이루는 등 양적 성장을 보였다(보건복지가족부, 2010: 126). 공공부문에서만 2004년 2만 6천 개에서 2007년 11만 개로 늘어났으며(석재은, 2007: 23), 전체 일자리 희망노인의 19.4%에게 일자리가 제공됐다(신윤정, 2007: 45). 강도 높은 일자리가 아닌 노인들의 능력에 맞게 파트 타임 형식의 일자리를 창출함으로써 풀타임의 청 · 장년 일자리와 충돌하지 않고 노인들의 자발적인 근로 의지와 높은 만족도를 나타냈다(대통령자문 정책기획위원회, 2008a: 103). 2006년 한국노인인력개발원에서 실시한 노인일자리사업 만족도 조사 결과, 보수 및 근무환경 등 5점 만점에 3.5점으로 나타났으며, 일자리사업 참여를 통한 경제적 도움, 육체적 · 신체적 건강 및 사회관계 개선은 평균 3.8에서 4.0사이로 체감 효과성이 높게 나타났다(대통령자문 정책기획위원회, 2008a: 104).

그러나 현 노인의 저학력 · 저숙련 특성 및 부정적 인식 등으로 일자리 제공업체 욕구와 일자리 희망 노인의 욕구가 불일치하는 문제점이 나타나기도 했다(보건복지가족부, 2010: 175). 다음으로 의료비 절감 및 사각지대 해소 측면으로서의 효과가 있었다. 2006년 노인일자리사업 사회경제적 효과분석에 따르면 노인일자리사업 참여 노인들이 비참여 노인보다 연간 의료비로 18만 원 이상 절감할 수 있었고, 참여 노인들의 빈곤율이 약 4.3%가량 하락하는 것으로 나타나 노인들의 기초보장 사각지대 해소 효과가 있는 것으로 평가됐다(대통령자문 정책기획위원회, 2008a: 104). 마지막으로 노인일자리 구성이 공공근로형에서 복지형, 교육형으로 세분화됐으나(석재은, 2007: 23), 노인들의 일자리 욕구를 충족시키지 못하고 있으며 주로 사회공헌형 분야에 편중돼 있어 소득 창출에는 큰 효과가 없어(보건복지가족부, 2010: 175) 향후 일자리사업의 질적 개선과 관련 지자체와 민간기관 간의 상호 통합적 운영이 제안됐다(김신열, 2008: 24).

2. 장애인복지

1) 장애인 고용지원정책

노무현 정부 집권 전반기에 중점적으로 추진한 정책이지만 실제로 장애인 고용률을 신장시키지는 못했다(남찬섭, 2008: 31). 참여정부의 장애인 고용률은 국민의 정부 때에 비해 2005년 민간기업의 경우 1.49%(vs. 2000년 0.73%), 국가 및 지자체의 경우 2.25%(vs. 2000년 1.48%)로 과거보다 두 배가량 증가를 보여 2007년 11월에는 정부와 지자체 의무고용률 2%에서 3%로 상향하기도 했으나, 장애인 전체 고용률은 2000년 34.2%에서 2005년 34.1%로 의무고용제도만으로 장애인 직업 수요를 충족시키지 못한다는 점이 한계로 지적됐다(남찬섭, 2008: 31; 대통령자문 정책기획위원회, 2008b: 58). 이 밖에도 경증장애인 위주의 취업정책으로 중증장애인은 상대적으로 소외되는 현상, 직업재활사업 수행기관 선정과 평가를 담당하는 보건복지부와 기금을 집행하는 노동부(장애인고용촉진공단)로 감독기관이 이원화돼 서비스 간 연계가 부족했던 전달 체계의 문제 등이 지적됐다(대통령자문 정책기획위원회, 2008b: 60-62).

다음으로 의무고용제도 개정 내용 중 업종별 적용 제외율 폐지나 의무고용 적용사업장의 확대는 긍정적인 조치라 할 수 있지만, 고용 장려금 축소는 많은 논란을 야기했다. 의무고용제도로 인해 장애인 고용이 증가하면 장려금 지출은 증가하고 부담금은 감소하게 되는 재정구조상의 문제가 생기게 돼 고용장려금 축소를 추진했으나, 직업재활시설에서 일하는 장애인에게도 적용되는 장려금과도 관련되어 장애인과 직업재활시설의 경영에 직접적 영향을 미치게 돼 참여정부가 장애인 고용문제를 의무고용제도의 틀 안에서만 접근한 한계로 평가됐다(남찬섭, 2008: 31). 후반기에는 직업적 중증장애인 의무고용제도는 자력 취업이 불가능한 중증장애인의 고용 지원에 주력할 수 있도록 함으로써 의무고용제 본연의 목적에 충실한 제도로 전망됐지만 기업의 저항이 우려됐다(대통령자문 정책기획위원회, 2008b: 68-69). 장애인 사례관리 체계 구축은 장애인의 고용 서비스를 사례관리 체계에 편입시킴으로써 서비스의 단절을 예방하고 생애주기별로 일관된 서비스를 제공할 수 있는 체제 구축을 의미했지만(대통령자문 정책기획위원회, 2008b: 71) 추진 과정에서 복지부의 예산 삭감으로 노동부와 공동으로 수행해 나가는 데 한계가 있었다(남찬섭, 2008: 34). 해바라기 마을 설립은 장애인의 사회통합에 역행한다는 비판이 제기될 수 있지만 중증장애인을 집단 고용할 수 있는 모델을 창출하고 발전하는 데 의의를 둘 수 있는 것으로 평가됐다(대통령자문 정책기획위원회, 2008b: 77).

전반적으로 장애인정책 환경 변화에 대한 적극적 인식 부족으로 집권 전반기의 정책 대응이 늦은 감이 있었고, 집권 후반기는 적정한 자원 배분을 위한 공공성 있는 전달체계의 구축이나 전통적 욕구와 새로운 욕구를 조화롭게 대응해 나가기에는 시간이 매우 부족했음이 보고됐다(남찬섭, 2008: 35-36).

2) 장애인 소득보장

불가피했던 LPG 지원제도의 폐지로 장애계의 큰 논란과 비판이 있었으나, 결과적으로 장애수당의 대상자와 지원액을 크게 늘려 잘못된 배분구조를 바로잡아 장애인 소득보장에서 어느 정도의 성과를 거뒀다고 볼 수 있다(남찬섭, 2008: 33). 2005년 장애인실태조사에서 장애로 인한 추가비용이 15만 5천 원으로 보고된 바 있기에 급여액은 적절했다고 판단됐다(최미란, 2007: 23).

3) 장애인 차별 금지 및 사회 참여 촉진

「장애인차별금지법」 제정 및 관련 법・제도 정비는 아래로부터의(상향식) 입법으로서 의의를 가졌다. 즉 정부나 국회에서 먼저 필요성을 인식하고 법을 제정한 것이 아닌, 실질적으로 차별받고 소외받는 장애계의 경험을 바탕으로 6년 동안의 노력을 통해 법을 탄생시켰으며(대통령자문 정책기획위원회, 2008b: 33), 자립생활, 정상화, 탈시설화 개념을 부각시키며 장애인 정책이 시혜(charity-based)에서 권리(right-based)로 변화하는 역동적 사회적 분위기를 반영한 것으로 평가됐다(보건복지가족부, 2008: 341). 이 외 장애인 관련 법과 제도의 정비를 통해 장애인정책 발전 장기 발전 방향의 기본 목표인 장애인이 대등한 시민으로 참여하는 통합적 사회 실현을 추구해 교통 약자의 이동 편의에 관한 법률 개정으로 이동 편의를 증진할 수 있는 무장애(barrier-free) 공간 조성 인증제도 추진, 「정보격차 해소에 관한 법률」 개정으로 정보화교육 확대 및 인터넷 이용률이 지속적으로 개선, 「특수교육진흥법」 개정 및 장애인 등에 관한 특수교육법 제정으로 특수교육 대상 장애 범위에 건강장애가 추가돼 장애인 교육 기회를 높이고 특수교육의 인프라 확충 및 전문성과 질이 제고됐다(보건복지가족부, 2010: 153).

장애인 활동보조 지원사업은 장애인이 지역사회에서의 활동 범위 확대를 통한 참여도를 높이고 취업할 수 있는 기회를 확대하며, 장애인 가족의 부양 부담을 경감해 가족 해체를 방지하는 한편 가족 간 친화 도모에 기여할 뿐만 아니라, 서비스 창출을 통한 사회적 일자리 창출로서의 기대 효과를 가져왔다(대통령양극화·민생대책위원회 외, 2007: 132). 2007년 사업 결과 전국적으로 16천 명을 대상으로 월평균 45시간의 서비스 이용 시간 제공, 2008년에는 2만 명에게 월평균 56시간의 서비스 이용 시간이 제공됨과 동시에 독거 특례장애인에게는 최대 180시간 서비스가 제공되는 등 돌봄 서비스의 사회화가 이뤄졌다(보건복지가족부, 2010: 153). 그러나 전국적 확대는 진일보한 관점이지만 시행 과정상 서비스 판정 체계나 서비스 공급량 등의 문제에 봉착해 있기도 했다(남찬섭, 2008: 33).

3. 보육정책[11)]

참여정부의 보육정책은 좀 더 큰 틀의 육아지원정책으로 포괄적으로 접근하고 있으나 높은 질의 공적 보육을 보장하는지에 대해 유보적인 편이었다(윤홍식, 2008: 38). 이러한 점은 접근성, 비용 부담의 적절성, 서비스의 질, 서비스의 다양성, 그리고 공공성 측

11) 보육정책의 성과 및 평가는 백선희, 2009. "김대중, 노무현 정부 10년의 보육정책 평가: 국가계획을 중심으로", 「상황과 복지」 제28권, pp.120-132를 중심으로 작성했음.

면에서 평가됐다. 먼저 접근성에서는 양적으로는 목표를 초과 달성(130%)했지만 지리적 접근성에서 지역적 편차가 나타났다. 전국적 차원의 보육시설 공급뿐만 아니라 지역별 접근성을 확보할 수 있도록 지방정부 중심의 보육시설 공급계획이 마련될 필요성이 부각됐다. 비용 부담의 적절성 면에서는 중앙정부 예산이 김대중 정부보다 약 4배 가까이 증가했으나, 정부의 재정 부담률은 목표치(60%)보다 훨씬 낮은 28.6%로 나타났는데 이는 보육시설(공급)과 보육아동(수요)의 급증 및 보육료 자체의 인상으로부터 연유돼 더 많은 예산을 확보해 보육료에 대한 부모 부담을 경감시켜야 할 필요가 있었다.

서비스의 질에서는 영유아보육법(2004. 1) 개정을 통해 보육교사 자격증제도, 표준보육과정, 평가인증제도 도입의 기반을 마련했으며, 2006년에는 시설장 국가자격증을 추가로 도입하게 됐다. 그러나 인증 미참여율이 높았는데 이는 인증에 대한 인센티브나 제재가 미흡한 점이 원인으로 2008년 당시 인증 통과 시설은 34.3%에 불과했다. 정부의 재정정책 및 지도 감독과 연계된 평가인증제도의 정착이 무엇보다도 필요함을 말했다.

서비스 다양성 면에서는 특수보육시설의 분포의 경우 목표 대비 83.8%(보육시설 20배, 보육교사 5배 증가)의 달성률을 보였으나, 전체 보육시설 중 10% 미만만이 시간 연장 보육을 실시하고 있고 지역별 편향적 분포가 지적됐으며 자원이 부족한 수요자들의 다양한 욕구와 위험에 대응하기에 부족하다고 평가됐다.

공공성 면에서는 전체 보육아동 중 국공립보육시설 이용 아동의 비율은 목표율이었던 30% 기준으로 36%의 달성률을 이뤘다(2007년 현재 10.8%). 보육료 지원 대상은 2007년 도시근로자 평균소득 100%까지 지원하는 5층 차등 지원 체계를 통해 저소득층 보육지원 대상이 확대됐으며, 보육료 지원 아동의 비율은 2007년에 목표 대비 달성률 90% 이상으로 긍정적인 평가를 이뤘다. 민간보육시설에 대한 정부의 기본보조금 직접 지원 및 보육료 지원을 통한 간접지원 확대와 민간부문에 대한 관리, 감독 기능 유지를 위한 4대 보험 가입 요구 등 보육의 공공성을 높이고자 했다.

4. 여성정책

1) 여성 인적자원 개발 및 경제활동참가율 제고

먼저 여성경제활동참가율이 점진적으로 증가해 참여정부 시기에 역대 최고 수준으로 나타났다. 집권 초기에는 다소 느렸지만(52.9%), 2004년부터는 최고 수준을 기록(54.1%)하기 시작해 2006년에는 54.8%에 도달했다(김승권, 2007: 39-40). 여성가장 등 취약계층 능력 개발과 취업 지원을 통해 여성의 경제활동을 촉진에 기여했다(국무조정실, 2008: 126). 공무원, 과학기술, 대학교수 등 전문직에서의 여성 참여 확대가 여성 취업기회 제공의 역할 외에도 한국의 여성 지위와 국가경쟁력을 함께 높인다는 매우 긍정적인 평가를 받았다(여성가족부, 2007b: 40).

다음으로는 여성 권한 척도(Gender Empowerment Measure: GEM)[12]가 참여정부 직전인 2002년에 최하위권(64개국 중 61위)이었으나, 2005년(80개국 중 59위)과 2006년(75개국 중 53위)에 향상됐으며(김승권, 2007), 여성 관리자 임용목표제의 결과, 여성관리자 비율이 2003년 6.4%에서 2006년 10%까지 꾸준히 증가했다(정재훈, 2008: 11). 하지만, 각 분야 내에서 경력 개발이 이뤄진 여성인력 풀이 적다는 점은 제도 추진에서 많은 지적이 있었으며, 전문여성을 위한 적극적 고용 프로그램과 관련 인프라 구축이 차기 정부에서 지속적으로 실효성을 갖기 위한 방법으로 제안됐다(여성가족부, 2007b: 40-41).

전반적으로 여성인력 개발의 종합적인 추진, 취업 인프라의 전국적 확대, 여대생 전 생애에 걸친 커리어 모델 마련, 여성 유망업종의 창업환경 촉진, 여성경제인 범위 확대 등의 다양한 성과가 있었으나, 지속적인 여성일자리 개발을 위해서는 범정부 차원의 협의 · 조정 기능과 국비지원사업의 효과 제고를 위한 취업연계망 강화가 필요함이 강조됐다(국무조정실, 2008: 127). 육아휴직의 경우, 급여와 이용자 수가 꾸준히 증가했으나 이러한 노력이 고용보험 적용을 받지 못하는 비정규직과 자영업자 등을 정책에서 배제했다는 점, 급여 수준이 여전히 낮아 소득활동을 하는 배우자가 있는 자에 한정돼 있다는 점, 특히 실제 육아휴직 이용자의 98.5%가 여성이라 전통적 성역할을 보완하는 기능에 머물고 있다는 점 등 전체 경제활동인구에 적용되는 보편적 제도로서의 발전을 기대하기 어렵다는 비판을 받기도 했다(윤홍식, 2008: 38-39).

2) 여성 권익 증진: 성매매 · 성폭력 · 가정폭력 근절과 피해자 보호

성매매 피해 여성을 위한 폭넓은 지원 체계를 구축해 보호 자체만을 목적으로 하는 운영이 아닌 전문 프로그램의 단계적 적용과 지원시설을 유형별로 세분화해 탈(脫)성매매 여성에 대한 자활 지원의 효과성을 높인 것으로 평가됐다(여성가족부, 2007a(2): 5). 2005년에서 2008년까지 보호시설 7,339명, 상담소 42,397명, 그룹홈 141명, 자활지원센터 1,099명, 집결지 현장지원센터 3,078명이 지원됐으며(보건복지가족부, 2010: 439), 성매

12) 여성 의원 비율, 여성행정관리직, 여성 전문기술직, 남녀 소득비 등에 의해 산출됨(김승권, 2007: 9).

매 피해자 구조 · 지원이 2004년 전체 17,360건에서 2005년 37,585건으로 두 배 이상 증가했고 성매매방지법 시행 후 1년 6개월여 동안 업소 34.6%, 종사자 52% 감소와 성매매 집결지 자활지원사업 후 성매매 여성 957명 중 484명이 탈(脫)업소가 가능했다(여성가족부, 2007a(2): 7).

성매매 방지 대국민 홍보 결과 '성매매=불법'이라는 인식이 2004년 30.4%에서 2006년 93.2%로 크게 높아짐과 동시에 기업의 향락적 접대 관행과 음주문화 개선이 시작됐다(여성가족부, 2007a(2): 8). 또한, 2007년 조사에서는 성매매방지법 시행이 사회에 긍정적 효과가 크다는 의견이 65.5%로 2006년보다 59% 늘어났다(대통령자문 양극화 · 민생대책위원회 외, 2007: 148). 국제인신매매보고서(Trafficking in Persons Report) 평가에서 1등급을 유지했는데(보건복지가족부, 2010: 44; 여성가족부, 2007a(2): 9) 2001년에 3등급으로 분류돼 인권 후진국으로 평가됐으나, 정부의 성매매 방지 노력으로 2002년 이후 국제인신매매보고서에서 최고 등급을 유지 및 국제적 모범국가(Best Practices)로 선정됐다. 가정폭력과 성폭력 피해자를 위한 내실 있는 피해자 보호 서비스가 제공돼 2006년 6월 기준 가정폭력상담소 360개소, 피해자 보호시설 57개소, 성폭력상담소 및 피해자 보호시설 212개소 전국적으로 운영됐으며, 2007년 6월 기준 피해자 치료 전담병원 330개를 지정 · 운영했다. 폭력피해자 원스톱지원센터는 민 · 관 협력의 새로운 모델을 제시했으며(여성가족부, 2007a(2): 12), 아동성폭력전담센터는 개소 이후 2006년 6월까지 1,321여명의 피해자가 지원을 받았다(여성가족부, 2007a(2): 13).

2) 여성 권익 증진: 이주여성정책[13)]

여성결혼이민자가족 사회통합 지원대책은 정부의 지원대책 검토 배경이 문제점으로 평가된 바 있다. 여성결혼 이민자 개개인의 인권의 존엄성에 대한 존중보다는 저출산 · 고령화 문제에 대한 대책의 일환으로서 국제결혼을 보고 혼혈인과 이주자들의 차별 대물림과 인권 침해 현상을 그대로 방치할 경우 사회 불안 요인 및 국제사회에서 인권후진국이라는 대외 이미지 실추에 대한 대책 마련이었다는 점이다.

다음으로 가족 유지 중심의 정책이었는데 국제결혼 이주여성들의 결혼 과정에서 인권침해 및 문화적 소통 문제, 가정폭력, 빈곤문제 등으로 어려움을 겪지만 결혼이민자 여성결혼 이민자 본인의 존엄성 또는 인권보다는 가족 위주로만 부각돼 있는 한계가 있

---

13) 한국염,"참여정부의 이주여성 정책평가와 과제", 「참여정부 4년 여성정책 평가 및 정책제언 토론회: 참여정부 4년, 여성의 삶은 나아졌는가?」, 한국여성단체연합 토론회 자료집, 2007. 2. 22, pp.7-9를 중심으로 작성함.

음이 지적됐다. 이러한 과정에서 결혼이민자가족지원센터는 포괄적 기능을 하지만 전달체계의 문제나 가부장적 가치관으로 운영될 여지가 있었다. 제한적인 복지정책으로 자녀를 부양하지 않는 여성들이 기초생활보장수급권 대상에서 제외됐으며 결혼이 해소된 이주여성에 대한 대책이 부재했다. 출입국 관리법 개정을 통해 혼인 파탄의 경우에 한국에 체류권이 상실됐던 과거와 달리, 간이귀화제도를 통해 귀화할 수 있는 안정적 체류권을 얻을 수 있게 됐으나 한국인과의 자녀가 있는 경우 등 한계를 담고 있었다. 인신매매성 결혼이 이뤄지지 않도록 중개업소에 대한 정부의 규제가 필요하며, 한국 남성들을 상대로 결혼생활 교육 실시, 정부 관련 당국자들과 상담원을 대상으로 인권교육과 상담교육 강화, 입국심사대에서 전단을 배포하는 등 이주여성이 문제가 생기면 도움을 받을 수 있는 정보 제공과 이주여성의 자립과 특수성을 고려한 정책 마련 및 여성 관련법과 사회복지 관련법 적용 대상을 자녀 유무에 관계없이 국제결혼으로 유입한 이주여성에게도 적극적으로 적용해야 할 필요성이 강조됐다.

참고 문헌

국무조정실 (2008). 참여정부 핵심공약 추진 결과. 서울: 국무조정실.

김승권 (2007). 참여정부의 사회정책 성과평가. 서울: 한국보건사회연구원.

김신열 (2008). 참여정부 복지정책 평가: 노인복지정책. 복지동향, 111: 23-26.

남찬섭 (2008). 참여정부 복지정책 평가: 장애인정책. 복지동향, 111: 27-36.

대통령자문 고령화 및 미래사회위원회 (2004). 제46회 국정과제회의보고: 미래 인력 여성의 경제활동 참여 확대를 위한 1차 육아지원정책 방안, 서울: 대통령자문고령화 및 미래사회위원회.

대통령자문 양극화·민생대책위원회 외 (2007). 국민과 함께 보는 참여정부 사회정책 돋보기. 서울: 양극화민생대책위원회.

대통령자문 정책기획위원회 (2005). 참여정부의 사회, 문화, 노동, 교육, 여성, 환경정책 분야의 새로운 방향 정립에 관한 연구. 서울: 정책기획위원회.

______(2008a). 참여정부 정책보고서 2-18 노인복지정책: 든든하고 활기찬 노후생활. 서울: 정책기획위원회.

______(2008b). 참여정부 정책보고서 2-19 장애인정책: 장애인이 행복한 사회. 서울: 정책기획위원회.

대한민국정부 (2006). 제1차 저출산·고령사회 기본계획(2006~2010)(새로마지플랜). 서울: 대한민국정부.

백선희 (2009). 김대중, 노무현 정부 10년의 보육정책 평가: 국가계획을 중심으로. 상황과 복지, 28:

95-141.
보건복지가족부 (2008). 2007년 보건복지가족백서. 서울: 보건복지가족부.
______(2010). 제3차 사회보장 장기발전 방향: 2009-2013. 서울: 보건복지가족부.
보건복지부 외 (2007). 제2차 장애인지원 종합대책. 장애인 정책의 성과와 과제자료집 http://www.nhrd.net/board/view.do?boardId=BBS_0000004&orderBy=register_dt%20DESC&startPage=213&dataSid=16768(검색일, 2014.09.03).
석재은 (2007). 기초노령연금 등 질·양적으로 큰 성과 거둬. 나라경제, 12: 22-24.
선우덕 (2007), 참여정부의 노인복지정책 평가와 차기 정부의 과제. 한국노인복지학회 추계학술대회 발표자료, 1-12.
신윤정 (2007). 참여정부의 저출산·고령화 정책의 성과와 과제. 보건복지포럼, 133: 42-57.
여성가족부 (2006). 여성가족부, 제1차중장기보육계획(2006~2010) 확정 발표. 2006. 8. 3. 보도자료.
______(2007a(1)). 여성의 힘, 깨어나다-여성정책·여성인력개발, 2003-2006 참여정부 여성·가족정책. 서울: 여성가족부.
______(2007a(2)). 여성, 사회와 포옹하다-권익증진정책, 2003-2006 참여정부 여성·가족정책. 서울: 여성가족부.
______(2007b). 참여정부의 여성인력 현황 및 적극적개발정책에 대한 성과평가. 서울: 여성가족부.
윤홍식 (2008). 참여정부 복지정책 평가: 가족여성정책. 복지동향, 111: 37-40.
정재훈 (2008). 여성정책 평가 외환위기 이후 10년: 국민의 정부와 참여정부 여성정책 평가. 여성연구논총, 22: 25-42.
최미란 (2007). 참여정부의 장애인정책에 대한 평가 및 장애인들의 만족도에 관한 연구. 서울시립대학교 석사학위 논문.
한국염 (2007). 참여정부의 이주여성정책평가와 과제-참여정부 4년, 여성의 삶은 나아졌는가?. 한국여성단체연합 토론회 자료집. 2007. 2. 22: 3-4, 6-7, 11-12.

제 3 편

노무현 정부 정부개혁

제 1 장 정부개혁의 배경 및 방향

제 2 장 정부개혁의 내용

제 3 장 정부개혁에 대한 성과 및 평가

제 1 장 정부개혁의 배경 및 방향

황혜신
한국행정연구원

제 1 절 정부개혁의 배경

1. 정치적 배경

노무현 정부는 김대중 정부에 이어 2003년 3월 출범했으며, 2008년 2월까지 5년 동안 다음 정부 출범 시까지 지속됐다. 노무현 정부의 공식 명칭은 '참여정부'로 결정됐고, 이러한 명칭을 선정한 이유는 국민이 국정의 주인이고 국민의 참여로 국정을 운영한다는 것을 강조하기 위함이었다. 노무현 정부의 국내 정치적인 상황 중 가장 큰 특징은 집권 초기의 여소야대 국면과 2004년 3월 대통령 탄핵소추라는 대한민국 헌정 사상 초유의 사태다. 여소야대 국면의 전환 및 헌법재판소의 탄핵 기각 이후 노무현 정부는 좀 더 정부개혁과 각종 정책을 적극적으로 추진할 수 있었다.

노무현 정부 시기의 미국 대통령은 부시(George W. Bush)였으며, 영국 총리는 블레어(Tony Blair)였다가 집권 말에는 브라운(James G. Brown)이었다. 프랑스의 경우에는 집권

시에는 시라크(Jacques Chirac)가 대통령이었으나 2007년부터는 사르코지(Nicolas Sarkozy)가 대통령이었다. 노무현 정부는 미국과의 외교정책에 대해서는 한미군 재배치, 방위비 분담, 용산 미군기지 이전, 전시작전권 전환 등이 추진된 반면 한미동맹이 약화됐다는 평가를 받는다. 노무현 정부가 출범한 2003년은 또한 2001년 발생한 9・11테러로 전 세계적으로 테러에 대한 공포가 컸던 시기이기도 했다.

노무현 정부의 정치적인 배경에서 빼놓을 수 없는 중요한 사안은 북핵문제다. 노무현 정부 출범 직전인 2003년 1월 10일에 북한은 핵확산금지조약(Nuclear Non-Proliferation Treaty: NPT)의 탈퇴를 선언한 이후 수차례의 북핵 6자회담에도 불구하고 2004년 10월에는 제네바 합의 파기를 선언했다. 2005년 2월에는 핵무기를 보유하고 있음을 선언하고 2006년 핵실험을 강행하기도 했다. 이러한 핵으로 인한 갈등 상황 속에서 2005년 9・19 공동성명 및 이의 이행을 위한 2007년의 2・13합의 및 10・3합의 등이 발표되기도 했다.

노무현 정부의 집권 시기에는 또한 공무원들의 부패에 대한 관심과 문제 제기가 많던 시기였다. 김대중 정부는 2001년 7월에 부패방지법을 제정했고 2002년 1월에는 부패방지위원회가 출범했다. 국제투명성기구에서 부패인식지수(Corruption Perceptions Index: CPI)를 매년 조사 발표했으며 우리나라에서도 노무현 정부 출범 당시 공무원이나 공직의 부패에 대한 문제의식을 많이 가지고 이를 해결하고자 노력한 시기였다.

2. 경제적 배경

노무현 정부 기간 동안의 국내총생산(GDP)은 지속적으로 증가해 집권 초 8,109,150억 원으로부터 2007년 10,432,580억 원으로 증가했다. 경제성장률은 2.9-5.5%의 분포를 보였으며, 집권 첫해인 2003년 이후에는 비교적 높은 수준의 성장률을 보이고 있었다.

표 3-1-1 국내총생산 및 경제성장률(GDP) (단위: 십억 원, 전년 동기비 %)

연도	2002	2003	2004	2005	2006	2007	2008
국내총생산 (명목GDP)	761,939	810,915	876,033	919,797	966,055	1,043,258	1,104,492
경제성장률 (실질GDP성장률)	7.4	2.9	4.9	3.9	5.2	5.5	2.8

자료: 통계청 홈페이지(검색일: 2014. 4. 27).

당시 대부분의 선진국은 어느 정도 경제가 성숙한 면도 있고 또 테러의 여파 등으로 저상장의 기조를 보이고 있었다.

노무현 정부의 대외 경제정책 중 특징적인 부분은 한미 자유무역협정(FTA)의 체결이었다. 또한 국내 경제 상황의 특징은 폭등하는 부동산 가격으로 노무현 정부는 집권 기간 내내 부동산 투기와의 전쟁을 선포하고 각종 부동산 정책들을 추진했다.

3. 사회문화적 배경

노무현 정부의 출범은 온라인과 네티즌의 발달에 기인한 측면이 크다. 한국 사회에서 1990년대 중반 이후 점차로 확대된 인터넷은 이미 2000년대 초반 한국인들의 생활의 일부분이 됐으며, 국토의 규모로 인해 다른 국가들에 비해 네트워크 구축 정도 및 속도가 모두 우수했다. 노무현 정부 시기의 한국 사회는 이러한 인터넷이 좀 더 확산되고 구축돼 삶의 일부를 차지하게 되고 정치와 관련된 부분에서도 온라인의 역할이 커지는 시기였다.

표 3-1-2 지니계수

연도		2002	2003	2004	2005	2006	2007	2008
처분가능소득(세후)	전체 가구	-	-	-	-	0.306	0.312	0.314
	2인 이상 비농가	-	0.277	0.283	0.287	0.291	0.295	0.296
	도시 2인 이상 가구	0.279	0.27	0.277	0.281	0.285	0.292	0.294
시장소득(세전)	전체 가구	-	-	-	-	0.33	0.34	0.344
	2인 이상 비농가	-	0.292	0.301	0.306	0.312	0.321	0.323
	도시 2인 이상 가구	0.293	0.283	0.293	0.298	0.305	0.316	0.319

자료: 통계청(각 연도).

노무현 정부 시대의 사회적 상황은 빈부 격차가 확대되고 이데올로기의 갈등도 좀 더 강하게 표출되는 시기였다. 불평등도를 나타내는 지니계수도 노무현 정부 기간 동안 계속 증가하고 있었으며, 이러한 수치보다도 국민들이 실제로 체감하는 상대적인 빈부 격차는 이보다 훨씬 컸다. 지역감정과 이데올로기로 인한 진보와 보수의 갈등도 지속적으로 표출됐다.

제 2 절 정부개혁의 목표 및 추진 방향

1. 정부개혁의 목표

1) 정부개혁의 초기 목표 설정

노무현 정부는 대통령인수위원회의 활동을 통해 '국민과 함께하는 민주주의', '더불어 사는 균형발전 사회', '평화와 번영의 동북아시대'라는 3대 국정목표를 설정했으며, 이러한 국정목표를 달성하기 위해 '원칙과 신뢰', '공정과 투명', '대화와 타협', '분권과 자율'의 4개 국정 원리와 '한반도 평화 체제 구축', '부패 없는 사회, 봉사하는 행정', '지방분권과 국가균형 발전', '참여와 통합의 정치개혁', '자유롭고 공정한 시장질서 확립', '동북아 경제중심국가 건설', '과학기술 중심사회 구축', '참여복지와 삶의 질 향상', '국민통합과 양성평등의 구현', '교육개혁과 지식문화 강국 실현', '사회통합적 노사관계 구축'의 12대 국정과제를 선정했다(김병섭 · 박상희, 2005: 9). 노무현 정부에서 최초의 개혁의제가 형성된 시점은 2002년 12월 30일 대통령직인수위원회가 공식 출범한 후 2003년 1월 7일 10대 국정과제를 발표하면서부터였으며, 대통령직인수위원회가 최종보고서를 발표하고 정부혁신분권위원회가 구성된 이후인 동년 7월 22일 발표된 행정개혁 로드맵을 통해 정부개혁의 목표가 좀 더 구체화됐다(김태룡, 2004: 106-107).

노무현 정부의 정부개혁 초기와 중기 이후의 목표는 미묘하게 약간의 차이를 보인다. 맨 처음의 제시된 노무현 정부의 정부개혁의 목표 체계는 다음과 같았다. 국민과 함께 일 잘하는 정부를 구현하는 것을 최종 목표로 설정했고, 이를 위해 능력있는 정부, 참여하는 정부, 신뢰받는 정부를 추구했다. 또한 이러한 상위 목표를 달성하기 위한 하위 목표로 효율적인 행정, 봉사하는 행정, 투명한 행정, 함께하는 행정, 깨끗한 행정의 다섯 가지를 제시했다.

효율적인 행정은 성과 중심의 행정 시스템 구축과 최고의 역량과 효율성을 지닌 정부조직을 재설계해 운영하고자 하는 목표였으며, 봉사하는 행정은 행정 서비스 전달 체계를 개선해 고객 지향적인 민원제도가 정착되도록 하는 데 중점을 두었다. 투명한 행정은 행정정보를 개방하고 행정활동의 투명성을 높이고자 하는 것이었으며, 함께하는 행정은 시민사회와의 협치를 강화하고 정책결정 과정에 다양한 이익집단의 주장을 반영

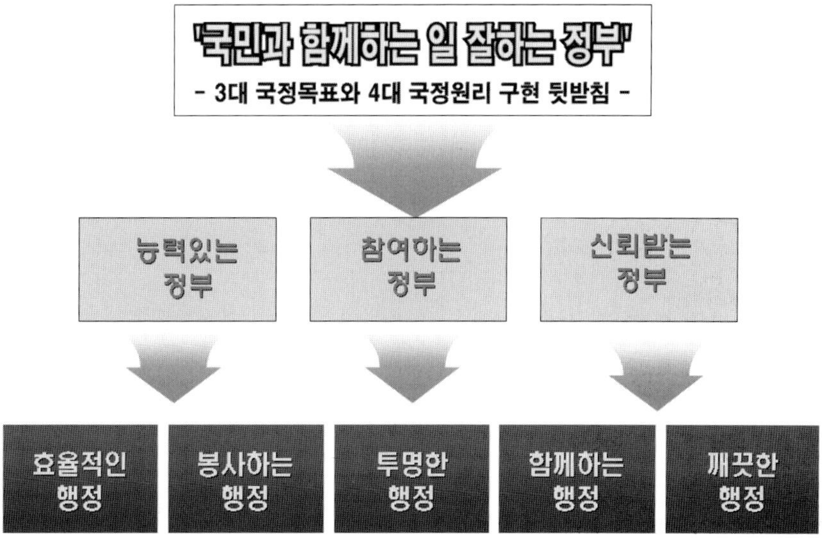

그림 3-1-1 참여정부 행정개혁의 비전과 목표(초기)

자료: 정부혁신지방분권위원회(2005: 12).

하도록 한다는 것이었다. 또 깨끗한 행정은 공직부패를 줄이고 공직자 윤리의식을 제고해 도덕성을 갖춘 정부를 구축하고자 하는 목표였다.

이러한 5대 목표를 달성하기 위해 부문별로 10개 어젠다를 설정하고 총 30개의 세부과제를 도출했다. 참여정부의 10대 어젠다는 ① 성과 중심의 행정 시스템 구축, ② 정부기능과 조직의 재설계, ③ 행정 서비스 전달 체계 개선, ④ 고객 지향적 민원제도 개선, ⑤ 행정의 개방성 강화, ⑥ 행정행위의 투명성 제고, ⑦ 시민사회와 협치 강화, ⑧ 공익활동 적극 지원, ⑨ 공직부패에 대한 체계적 대응, ⑩ 공직윤리 의식 함양으로 설정됐다.

2) 정부개혁의 비전과 목표

이러한 노무현 정부의 정부 목표는 2005년에 다시 약간의 변화가 있게 된다. 참여정부 중반 이후의 목표체계도는 초기의 형태와 내용상으로는 큰 변화는 없었지만, 체계상 변화가 있었으며, 특히 5대 하위목표가 약간 변했다. 기존의 다섯 가지 목표 중 깨끗한 행정 대신에 분권화된 행정이 들어가게 됐다. 또한 국민의 신뢰를 매우 강조하기 시작했다.

노무현 정부가 정부개혁을 통해 추구하던 국가 비전은 당시의 주요 인사들의 어록을

표 3-1-3 행정개혁의 목표와 내용

5대 분야	10대 어젠다	30개 세부과제
효율적인 행정	성과 중심의 행정 시스템 구축	• 평가 인프라 구축 • 통합적 성과관리 체제 구축 • BPR을 통한 일하는 방식 개선 • 유연하고 탄력적인 조직문화 조성
	정부 기능과 조직의 재설계	• 정부조직 재설계 • 수평적 정책조정 체계 강화 • 위기관리 시스템 제도화 • 분권형 조직 설계
봉사하는 행정	행정 서비스 전달체계 개선	• 서비스 스탠더드 추진 • 일선기관 서비스 공급 역량 제고 • 사회적 약자에 대한 서비스 형평성 제고 • 행정서비스 민간위탁제도 개선
	고객 지향적 민원제도 개선	• 소외민원처리제도 개선 • 전국적 민원 연계 시스템 구축
투명한 행정	행정의 개방성 강화	• 행정정보 공개 확대 및 접근성 제고 • 정책실명제 및 주요 사안 기록 의무화
	행정행위의 투명성 제고	• 인터넷 민원 서비스 확대 • 재량행위의 투명화 • 행정절차의 투명성 강화
함께하는 행정	시민사회와 협치 강화	• 정책공동체 활성화 • 시민평가단 도입 • 전문옴부즈맨제도 도입
	공익활동 적극 지원	• 자원활동 인프라 구축 • 시민단체 활동 여건 개선
깨끗한 행정	공직부패에 대한 체계적 대응	• 부조리 유발제도와 규제 개선 • 분야별 반부패 대책 마련 • 감찰기관 간 견제와 균형
	공적 윤리의식 함양	• 행동강령의 내실화 • 공직자 윤리제도 개선 • 권위주의 행정문화 청산

자료: 김태룡(2004: 108).

살펴보면 알 수 있다. 이용섭 혁신관리수석은 2005년 7월 20일 K-TV(한국정책방송)의 '초청특강-특별한 강의' 프로그램에 출연해 "정부혁신의 비전은 세계 10위권의 경쟁력과 서비스 수준을 갖춘 21세기 일류 혁신국가를 만드는 것"이라고 했다(황혜신, 2005: 87). 한편 윤성식 정부혁신지방분권위원회 위원장은 2005년 세계혁신포럼 한국세션 기조연설에서 "모든 구성원의 잠재 능력을 극대화시켜 국가의 IQ와 EQ를 높이고자 한다"고 했다(황혜신, 2005: 91). 참여정부는 당시 대외적으로는 국가경쟁력이 세계 10위권 안에 진입하는 것을 목표로 했으며, 대내적으로는 국민들을 편안하고 행복하게 만드는 것을 목표로 설정했다. 또한 혁신국가를 지향해 정부와 기업, 국민 등 모든 구성원이 혁신하는 국가를 만들어 정권의 변화에도 불구하고 유지되는 상시적인 혁신 체계의 구축을 목표로 했다.

참여정부가 이러한 정부혁신의 목표를 설정하게 된 배경은 한국행정연구원과 김병준 청와대 정책실장과의 인터뷰에 의하면 다음과 같다(한국행정연구원, 2005).

> 참여정부 혁신은 기본적으로 정부 역할을 어떻게 가져갈 것인가라는 보다 근본적인 질문에서 출발합니다. 국가와 시장의 관계, 중앙정부와 지방정부의 관계를 어떻게 가져갈 것인가라는 고민이 있습니다. … 가장 중요한 것은 역시 현재 한국 사회에서 정부가 무엇을 해야 하며, 대한민국이 어디로 가야 할 것인가라는 질문에 대한 해답을 찾기 위한 노력이라고 말씀드릴 수 있습니다.
>
> …우리가 생각하는 정부의 역할이란 개인, 기업, 사회의 각 섹터가 훨훨 날도록 규제를 풀어주고 그래서 세계를 향해서 비상할 수 있도록 해주는 것입니다. 그런데 이 같은 상황에서는 늘 뒤처지는 개인, 경쟁력이 떨어지는 기업과 부문이 있게 마련입니다. 그럴 때 이들로 하여금 새로운 경쟁의 기회를 갖도록 해주는 존재, 그것이 국가요 정부라는 것이 참여정부의 인식입니다. 다시 말하자면 경쟁에서 패배한 자들을 위해 패자부활전을 만들어주는 것이 필요한데 그 역할을 수행하는 것이 정부라는 것입니다.(김병준, 2005.9.30 인터뷰 중)

이러한 국가 비전을 중심으로 2005년 중기 이후부터는 정부혁신의 목표 체계도는 다음과 같이 설정돼 다음 정권으로 바뀔 때까지 이어지게 된다. 중반기 이후의 목표 체계도에서는 국민으로부터 신뢰받는 정부를 가장 상위의 목표로 강조하게 됐으며, 이를 위해 투명하고 일 잘하는 정부를 강조했다. 즉, 초기 목표체계도에서 가장 최상위의 목표는 아니었던 신뢰받는 정부가 가장 최상위 목표로 격상됐다. 그리고 이러한 상위 목표를 달성하기 위해 하위 목표인 실천 목표로서 효율적인 행정, 봉사하는 행정, 분권화된 행정, 투명한 행정, 함께하는 행정의 다섯 가지를 설정했다.

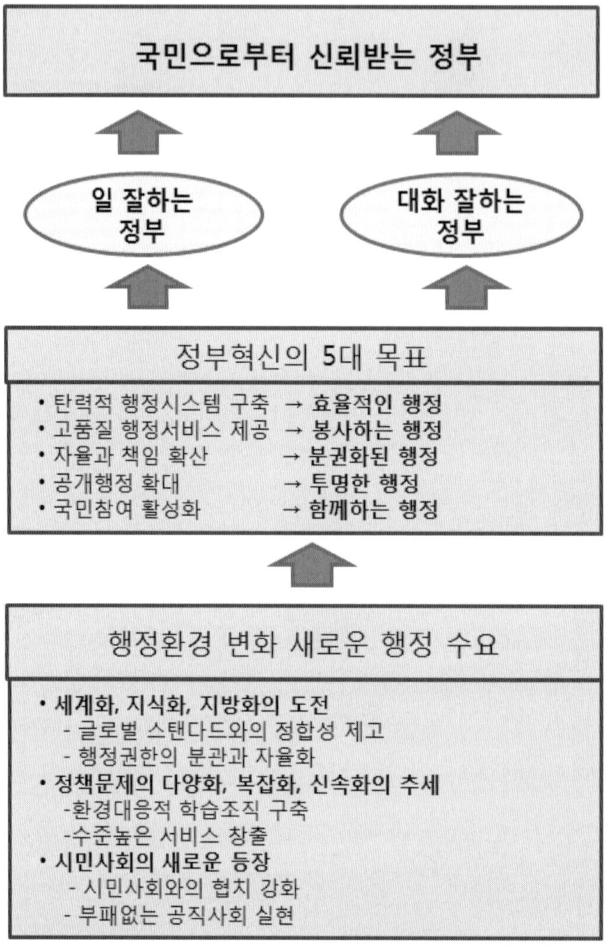

그림 3-1-2 정부혁신의 비전과 목표(중기 이후)

자료: 행정자치부(2005: 6).

2. 정부개혁의 추진 방향

1) 신공공관리론과 굿 거버넌스

노무현 정부 이전의 김대중 정부는 IMF의 경제위기로 인해 20세기 후반 선진국들에서 유행하던 신공공관리론(New Public Management: NPM)적 개혁을 상당히 많이 수용한 정부개혁을 추진했다. 반면 김대중 정부의 뒤를 이은 노무현 정부는 이전의 정부들과는 상당히 다른 양상의 정부개혁을 추진했다.

21세기로 접어들면서 20세기 말 이후 전 세계적으로 강조되고 각국에서 추진되던 신공공관리론적 개혁은 한풀 꺾이는 모습을 보이게 된다. 신공공관리의 문제점이 좀 더 부각되는 등 개혁의 트렌드에 변화가 조금씩 나타나고 있었다. 작은 정부나 시장의 강조가 20세기 후반보다는 다소 퇴색하고 있었고, 여러 국가에서 민영화나 민간위탁의 실패 사례들도 논의되며 다시 국영화되는 사례도 있었다.

21세기에 들어서서는 선진국들의 행정개혁과 정부개혁도 신공공관리만을 강조하고 추구하던 모습에서 점차 변화를 보이기 시작했다. 특히 노무현 정부의 정부개혁에 많은 영향을 끼친 것으로 보이는 미국 클린턴(Bill Clinton) 정부의 National Performance Review(NPR)는 정부 내 다양한 조직을 활용해 공무원을 중심으로 정부를 변화시키려는 개혁이었는데 이러한 NPR적인 요소도 노무현 정부의 정부개혁에서 많이 발견되고 있다.

참여정부는 정부의 효율성도 강조했지만 동시에 정부의 투명성을 추구했고 무엇보다도 공무원을 개혁의 대상이 아닌 추진 주체로 규정해 이전 정부들과 다른 차이를 보였다. 또한 정부의 규모보다는 실제로 어떤 기능을 수행하는가에 좀 더 초점을 맞추고 정부에 대한 국민의 신뢰를 강조했다. 이러한 참여정부의 정부혁신은 신공공관리론적 요소도 포함하지만 그 외에 국민의 참여와 국가의 책임성 등을 강조하는 굿 거버넌스(good governance)를 지향하는 post-NPM적인 성격도 가진다.

2) 정부개혁이 아닌 정부혁신

노무현 정부의 정부개혁의 특징 중 하나는 기존에 사용되던 개혁이란 용어 대신 혁신을 전면에 부상시킨 것이었다. 그 동안 정부개혁은 조직개혁과 대부분 동일시됐고 김대중 정부 때에는 민간부문의 경쟁력을 강조하면서 경영혁신이란 용어도 많이 활용됐다. 그런데 노무현 정부, 즉 참여정부의 큰 특징은 그동안 한국에서의 정부개혁과 용어부터 상당히 차이를 두고 있다는 점이다. 이러한 명칭의 채택 또한 기존의 정부개혁과의 차별성을 부각시키는 측면도 있었다. 정부혁신의 강조로 인해 노무현 정부 초기에는 혁신의 의의와 개념을 정립하고 행정개혁과의 차이를 규명하고자 하는 많은 시도가 있었다.

표 3-1-4 정부혁신과 행정개혁

	혁신(innovation)	개혁(reform)
어원	창조적 파괴 과거 익숙한 것으로부터의 단절	기존에 존재했던 것을 다른 모습으로 만드는 것(reshaping)
추진 대상	사람(people), 과정(process), 구조(structure) 등	정부조직 정치 및 행정 체제와의 관계
추진 주체	공무원집단 등(insiders)	정치집단, 외부집단 등(outsiders)
과정적 특성	연속적 과정/끊임없는 과정(cycle) 지속성과 상시성	일회적 변화
가치지향성 정치와의 관계 권위의 수준	가치중립적 연관성이 적음 하위권력적 성격	가치지향적 밀접한 관계 상위 권력적 성격
이론적 기반	혁신기법의 조합/학제적 접근	특정 정치 이데올로기/아이디어
의도성 (intentionality)	특정 방향으로의 인위적 방향성/의도성이 적음	특정 방향으로의 인위적 방향성/ 의도성이 많음

자료: 박용성(2006: 829).

3) 정부혁신과 지방분권의 연계

노무현 정부는 역대 정부들과는 달리 행정개혁을 지방분권과 대등하게 연계해 추진했다는 특징이 있다. 정부혁신지방분권위원회라는 동일한 기구 하에 정부혁신과 지방분권의 두 가지를 포함시켜 양자를 연계하면서 대등하게 추진하고자 했다. 이전의 정부들보다 로드맵을 발표하는 등 좀 더 적극적으로 지방분권을 추진하고자 했으며, 이러한 분권화는 중앙정부와 지방정부 간의 관계 외의 노무현 정부의 운영 전반에서도 추진됐다.

4) 작은 정부에 대한 입장

> 국민에게는 큰 정부, 작은 정부가 중요한 것이 아니고 효율적으로 일 잘 하고 많은 서비스를 제공하는 정부가 좋은 정부다.(노무현 대통령, 2004.8.18, 중앙부처 기획관리실장 혁신 워크숍)[1)]

노무현 정부는 역대 정부들과 달리 더 이상 행정개혁의 공식적인 목표에 작은 정부

1) 황혜신(2005: 86)에서 재인용.

를 포함시키고 있지는 않다는 특징이 있었다. 혁신의 목표로 일 잘하는 정부를 설정하고 5대 실천 목표 중 하나로 효율적인 행정을 포함하고 있지만 이전 정부들이나 이후 정부들이 강조하던 것처럼 정부의 규모에 대한 언급을 목표에서 하고 있지는 않다. 즉, 무조건적으로 인력의 규모 차원에서 작은 정부를 지향하지 않았으며, 오히려 꼭 필요한 국민 복지나 서비스 분야 등은 축소할 것이 아니라 국민들의 필요한 수준으로 제공해야 하는 것으로 판단했다.

5) 공무원에 대한 인식

> 7-5급 공직자들을 신뢰해야 한다. 신뢰하지 않으면 아무것도 할 수 없다. 해수부 장관하면서 이 사람들이 마음먹으면 한국을 더 잘 되게 할 수 있다고 봤다. 정치가 어지러워도 이들 때문에 이만큼이라도 우리가 여기까지 왔구나 하는 생각이 들었다. 자신감과 의욕을 갖도록 해 한국 사회를 한 번 더 도약시켜 보자는 생각을 하게 됐다. 공무원들을 믿고 부작용이 없도록 개선해야 한다.(노무현 대통령 당선자, 2003.1.18, KBS TV 토론)[2)]

이전 정부들의 정부개혁에서는 공무원은 개혁의 대상으로 인식된 것과 달리 노무현 정부에서는 공무원은 개혁의 주체로 인식됐다. 이전 정부들까지는 개혁의 대상, 즉 수술의 대상이었던 공무원들이 변화의 주체로 인식되고 강조됐다. 정부혁신의 추진 주체는 공무원이라고 규정됐으며 공무원들의 활동과 노력을 통해 정부를 혁신하고자 했다.

6) 시스템과 문화(상시적인 혁신 자동장치)

> 이제 혁신은 5년에 한 번씩 하고 3년에 한 번씩 하는 식으로 되는 게 아닙니다. 일상적으로 끊임없이 혁신해야 합니다.(노무현 대통령, 2003.8, 행정자치부 공무원과의 대화)[3)]

노무현 정부의 정부혁신의 큰 특징 중 하나는 하드웨어적인 조직개혁보다는 소프트웨어인 시스템과 문화의 개혁을 추진했다는 것이다. 즉, 공무원 사회와 행정의 DNA를 바꾸자는 개혁이었다. 이러한 행정의 유전자를 바꿔서 궁극적으로 달성하려던 바는 정권의 변화에도 지속되는 정부 내의 혁신 자동장치였다. 즉, 정부혁신은 공무원들이 지속적으로 학습을 하고 국민이 무엇을 원하는지를 탐색해 현 행정절차와 관행을 개선하려

---

2) 황혜신(2005: 139)에서 재인용.
3) 국정홍보처(2008: 22)에서 재인용.

는 문화와 행태를 가지도록 하려는 시도였다.

제3절 정부개혁의 추진 체계

1. 정부혁신의 추진 주체

1) 다층화된 네트워크 구조

정부혁신의 추진체계는 참여정부 초기에는 기획 기능과 선도 기능을 담당할 정부혁신지방분권위원회와 대통령비서실 업무관리비서관실을 중심으로 구성됐다. 이후 2004년과 2005년을 거치면서 본격적인 정부혁신 추진조직 및 체계를 구성하게 됐다. 대통령이 참여하는 정부혁신추진회의와 대통령비서실 내에 혁신관리실을 두어 정부혁신을 총괄 조정하도록 했으며, 행정자치부 내 정부혁신본부에 정부혁신관리위원회와 정부혁신관리평가단 등을 설치하고, 중앙부처 및 지방자치단체에 혁신담당관을 설치해 본격적인 정부혁신을 추진하도록 했다. 2006년 이후 정부혁신의 확산기에는 기획예산처 공공혁신본부 등을 통해 공공부문으로 혁신을 확산해 나갔다(국정홍보처, 2008: 74).

노무현 정부의 정부개혁의 추진 체계는 매우 다층적인 구조를 가진다는 특징이 있었다. 공무원의 조직이라는 피라미드에서 가장 꼭대기에 있는 대통령에서부터 중앙정부를 거쳐 지방정부의 공무원, 심지어 정부와 관련된 많은 공공기관 등에도 정부혁신이 강조됐다. 노무현 정부의 개혁전담기구는 하나의 기관이 아니었으며 청와대의 혁신비서관실, 행정자치부의 정부혁신본부, 정부혁신지방분권위원회, 각 중앙부처의 혁신담당관, 지방자치단체의 혁신분권담당관 등의 다양한 주체들이 각기 정부혁신 관련 업무를 계층적으로 분담하고 있었다.

노무현 정부의 혁신 추진체계 관련 또 다른 특징은 다양한 기관이 네트워크로 연계돼 있었다는 점이다. 정부혁신 담당 조직들은 유기적으로 연계돼 혁신 업무를 분담했으며 각종 실무협의회 등을 통해 혁신 네트워크를 구성했다. 정부혁신 관련 민간 전문가들과도 네트워크를 구축해 연계된 구조를 가지고 있었다.

표 3-1-5 참여정부 혁신 추진조직의 시기별 특징

구분	정부혁신 기반조성기 (2003)	정부혁신 추진기 (2004~2005)	정부혁신 확산기 (2006 이후)
주요 조직 변화	• 정부혁신지방분권위 • 업무관리비서관실	• 정부혁신본부, 각 기관 혁신 담당 조직화 • 혁신관리실 → 혁신수석 • 혁신평가위원회 조직	• 혁신지원장관회의 • 각 부처 산하기관 혁신 추진조직 강화 • 공공부문 혁신 담당조직
역할 및 특징	• 로드맵을 통한 전 정부 차원 기획 기능 강조 • 비서실 혁신 선도 • 혁신 추진전략 수립	• 실무적 차원의 혁신추진조직 강화 • 지방 및 공공부문으로 혁신 확산 시작	• 혁신 관련 정책의 조정 • 혁신추진 체계 구축 • 지방, 교육, 공공부문으로 본격적인 혁신 확산

자료: 국정홍보처(2008: 73).

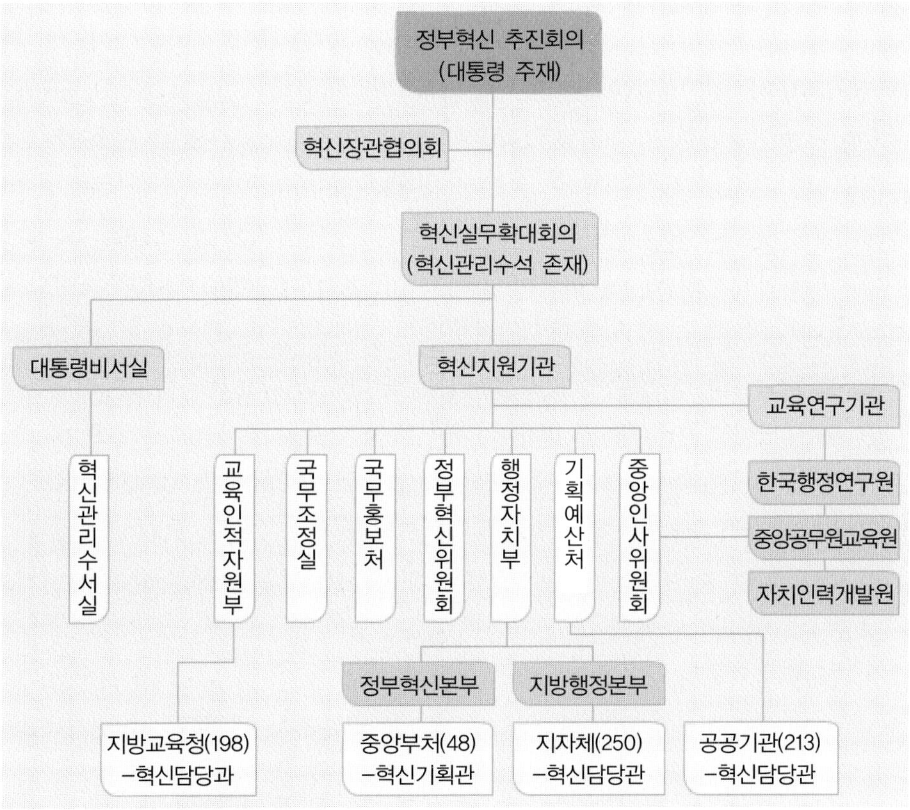

그림 3-1-3 참여정부 전반기의 혁신 추진조직과 체계

자료: 청와대 홈페이지(검색일: 2015.10.2); 황혜신(2005: 100)에서 재인용.

2) 정부혁신 관련 기관과 그 역할

노무현 정부의 출범과 더불어 정부혁신의 방향과 전략을 제시하고 로드맵 마련 및 혁신과제를 발굴하기 위해 가장 먼저 2003년 4월에 정부혁신지방분권위원회가 구성됐다. 국민의 정부의 정부혁신추진위원회를 해체하고 새로이 설립된 이 기구는 대통령 직속기관으로 정부혁신 계획 수립을 담당했다. 정부혁신지방분권위원회는 대통령의 전폭적인 지지로 상설적인 대통령 위원회로 운영됐다(황혜신, 2013: 342). 정부혁신지방분권위원회에는 행정개혁, 인사개혁, 지방분권, 재정세제, 전자정부, 기록관리 분야에 각각 전문위원회가 설치돼 정부혁신 로드맵을 수립했다. 또한 2004년 5월에는 혁신관리 기획 등에 대한 자문 강화를 위해 혁신관리전문위원회를 신설했다가 후에 이를 행정자치부에 이관했다.

한편 정부혁신을 포괄적으로 관리하는 조직은 청와대의 혁신관리수석실이었다. 참여정부 출범 시 대통령비서실의 내부 혁신을 전담했던 업무관리비서관실이 2003년 12월 말 혁신기획비서관실 및 혁신관리비서관실로 확대 개편됐다. 이후 2004년 말 혁신관리비서관실은 혁신관리실로 승격됐고, 정부혁신의 총괄 조정 기능을 강화하기 위해 2005년 5월에는 다시금 혁신관리수석실로 확대됐다.

행정자치부의 정부혁신본부도 정부혁신 추진 과정에서 중요한 역할을 수행했다. 2004년 2월 행정자치부의 행정관리국이 조직혁신국으로 개편됐고, 기획예산처의 정부개혁 기능이 행정자치부로 이관해 행정개혁본부가 발족됐다. 동년 11월에 행정개혁본부가 정부혁신본부로 재편돼 정부혁신의 한 축을 담당하게 된다. 또한 행정자치부 산하에 정부혁신관리평가단을 두어 부처의 혁신 성과와 혁신 수준을 평가하도록 했으며, 2005년 2월에는 정부혁신지방분권위원회 소속 혁신관리전문위원회를 행정자치부로 이관했다.

중앙부처와 지방자치단체들에도 혁신 관련 조직들이 설치됐다. 2004년 3월에 49개 중앙부처 행정관리담당관이 혁신담당관으로 전환됐으며 이후 이들은 다시 혁신기획관으로 변경됐다. 지방자치단체의 혁신 전담기구로서 2004년 4월에는 지방자치단체에 혁신분권담당관이 설치됐다.

이들 기관 외에도 정부혁신 관련 교육과 연구를 담당하는 기관들이 있었고 많은 민간의 전문가들이 다양한 혁신 관련 회의나 자문단 등을 통해 정부혁신에 직·간접적으로 관련을 맺고 있었다.

표 3-1-6 혁신 추진기관의 역할 및 협조 체계

기관	역할	기관간 관계
대통령비서실	• 대통령의 혁신철학 전파 • 혁신활동의 종합 조정	• 정부혁신본부가 실무 지원 • 정부혁신위와 업무 협조
정부혁신 위원회	• 주요 혁신활동 사항 심의 • 동력 창출, 혁신기법 전파	• 정부혁신본부와 업무 협조 • 대통령 비서실 협조
행정자치부 정부혁신본부 (혁신관리위원회)	• 중장기 혁신전략 수립 • 각 기관 혁신 추진 지원 • 혁신활동 진단 · 평가, 성과관리, 혁신교육 · 연구, 홍보, 지방 확산	• 혁신관리비서실 업무 지원 • 정부혁신위와 업무 협조 • 민간전문기관, 시민단체, 국제기구 · 외국과 협력
중앙부처, 자치단체	• 자체 혁신계획 수립 · 시행 • 공통혁신 과제의 수행	• 정부혁신본부, 혁신위와 업무 협조 • 전문 교육 · 연구기관과 협력
중앙공무원교육원 /자치인력개발원	• 혁신 역량 교육 프로그램 • 지방공무원 혁신 역량 개발	• 혁신본부의 혁신교육 지원 • 민간 · 국제기구 등과 협력
전문 연구기관	• 정부혁신의 실천전략 연구 • 현장 중심의 체계적 혁신 연구	• 혁신본부의 혁신연구 지원 • 각급 교육기관과 교류 · 연계

자료: 행정자치부(2005: 9).

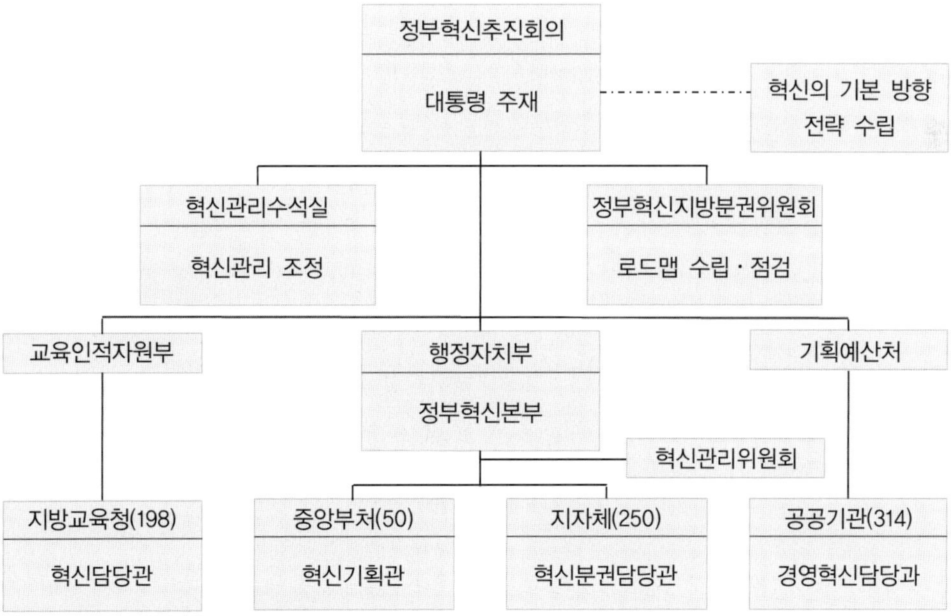

그림 3-1-4 참여정부 후반기의 혁신 추진조직과 체계

자료: 정부혁신 토론회 자료집(2006.5); 국정홍보처(2008: 79)에서 재인용.

2004년 9월 정부혁신을 체계적으로 추진・관리하고 정부혁신의 기본 방향, 전략 등을 결정하기 위해 대통령과 혁신 관련 주요 기관이 참석하는 정부혁신추진회의를 신설・운영했다. 정부혁신추진회의의 참석자는 대통령, 정부혁신지방분권위원장, 중앙인사위원장, 국무조정실장, 기획예산처 장관, 국정홍보처장, 행정자치부 장관, 교육인적자원부 장관, 중앙공무원교육원장 등이었다. 2004년 9월 11일에 첫 번째 회의 이후 2007년 8월까지 모두 7회에 걸쳐 개최돼 정부혁신 추진전략 등 혁신의 큰 흐름을 결정했다. 또한 정부혁신의 심화・확산을 위한 혁신지원 장관 사이의 네트워크를 공식화・정례화하고 혁신의 추동력을 높이기 위해 정부혁신 지원부처 장관 등으로 구성된 '혁신지원장관협의회'를 2005년부터 운영했다. 혁신지원장관협의회는 행정자치부 장관, 교육인적자원부 장관, 기획예산처 장관, 국무조정실장, 중앙인사위원장, 국정홍보처장, 정부혁신지방분권위원장, 대통령비서실 혁신관리수석 등으로 구성됐다(국정홍보처, 2008: 82).

2. 정부혁신의 추진 대상

노무현 정부의 정부혁신의 대상은 혁신과제로 매우 광범위하고 다양했다. 우선은 크게 전 부처에서 공통적으로 추진해야 하는 공통과제들이 있었으며, 각 부처마다 3~5개씩 선정해 추진해야 할 부처 고유과제들로 구분됐다. 전반적으로 개혁의제의 수가 많았으며 그 범위도 넓고 의제의 수준도 미시적인 사항부터 거시적인 사항까지 다양했다(황혜신, 2005: 11).

특히 모든 부처에서 추진해야 할 공통과제의 경우 주관부처와 선도부처 등을 지정해 좀 더 효율적으로 과제가 추진되도록 설계했다. 2005년부터 전 부처에 공통되는 인사혁신, 재정혁신, 일하는 방식 개선 등 17개 과제를 선정해 공통 혁신과제로 추진했다. 2006년과 2007년에도 각각 17개, 12개의 공통 혁신과제를 선정해 추진했다.

표 3-1-7 2005년의 17개 공통과제 예시

과제	주관부처	선도부처	세부 실행과제
인사 혁신	인사위	문광부, 조달청, 기상청, 통일부, 외교부, 산림청, 비기위	-직무성과계약제 도입 -경력개발시스템 도입
법적 의무 권장	국조실	인사위, 노동부, 여성부, 조달청, 중기청, 보훈처, 복지부	-채용 분야 의무・권장 사항 이행 -구매 분야 의무・권장 사항 이행

재정 혁신	기획 예산처	해수부, 정통부, 문광부, 농진청	-예산 총액배분 자율편성(top-down)제도 정착 -재정사업 성과관리제도 보완・발전 -디지털 예산・회계 시스템 구축
조직 관리	행자부	노동부, 예산처, 농림부, 조달청	-정부조직 내 팀제 확산 -총액인건비제 시범 실시
일하는 방식 개선	행자부	환경부, 국조실, 통계청, 경찰청, 방재청, 청보위, 민주평통	-BPR을 통한 핵심 업무 추진 역량 제고 -활력 있는 조직문화 창출을 위한 뉴오피스 모델 구현
지방 이양	행자부	행자부, 건교부, 중기청, 경찰청	-수요자 중심의 이양사무 발굴 -이양확정사무의 효율적 시행을 위한 자율적 관리 체제 구축
전자 정부	행자부	환경부, 고충위, 식약청, 특허청	-온라인 국민참여 포털시스템 구축・운영 -행정정보 공동 이용
정책품 질관리	국조실	재경부, 교육부, 산자부, 정통부, 건교부, 행자부	-부처별 세부 정책품질관리 매뉴얼 마련 -정책품질관리시스템 구축
성과 관리	국조실	국세청, 해경청, 산자부, 정통부, 인사위, 행자부, 특허청, 관세청	-부처별 특성에 맞는 전략적 성과관리시스템 개발
지식 관리	행자부	공정위, 해수부, 국세청, 특허청, 예산처, 법무부, 검찰청	-업무중심의 지식관리시스템(KMS) 활성화 -전문 분야별 온・오프라인 학습조직 운영
갈등 관리	국조실	환경부, 산자부, 해수부, 복지부, 문화재청	-사회적 갈등 해결을 위한 합리적 갈등관리 모델 개발
정책 홍보	홍보처	재경부, 교육부, 통일부, 과기부, 농림부, 외교부, 부방위	-주요 정책 발표에 대한 사전협의제 운영 -온라인 홍보 강화
규제 개혁	국조실	교육부, 관세청, 금감위, 공정위	-수요자 중심의 규제정비시스템 구축 -신설・강화 규제의 품질 제고
기록 관리	행자부	법무부, 국방부, 과기부, 행자부, 법제처, 보훈처, 문화재청	-기록물의 체계적 관리를 위한 인프라 구축 -주요사안 기록물관리를 위한 업무처리절차 개선
정보의 제관리	국조실	재경부, 국방부, 홍보처, 금감위, 국조실, 해경청	-기관 내 정책정보 수집・공유・의제화에 대한 프로세스 마련 -기관간 정보・의제관리 네트워크 구축
정보 공개	행자부	문광부, 여성부, 보훈처, 병무청, 기상청	-정보공개기준에 관한 매뉴얼 개발 -정책단계별 온라인 정보공개시스템 구축
민원 제도 개선	행자부	건교부, 복지부, 금감위, 관세청, 식약청, 고충위, 총리실	-국민참여형 민원제도 개선 매뉴얼 개발 -단계별 민원제도 개선시스템 정착

자료: 황혜신(2005: 94).

3. 정부혁신의 추진 방법

노무현 정부의 정부혁신 추진 방법의 특징은 장기적인 로드맵을 설계하고 상시적으로 학습과 토론을 강조했다는 것이다. 이 때문에 노무현 정부 당시의 행정개혁은 '로드맵', '포럼', 매뉴얼', '타운홀 미팅' 등의 이전에는 행정개혁과 관련되지 않은 많은 개념들이 새로이 정부혁신과 연관돼 등장했고 변화 관련 필독서 권장 및 이에 대한 토론 등이 유행하기도 했다.

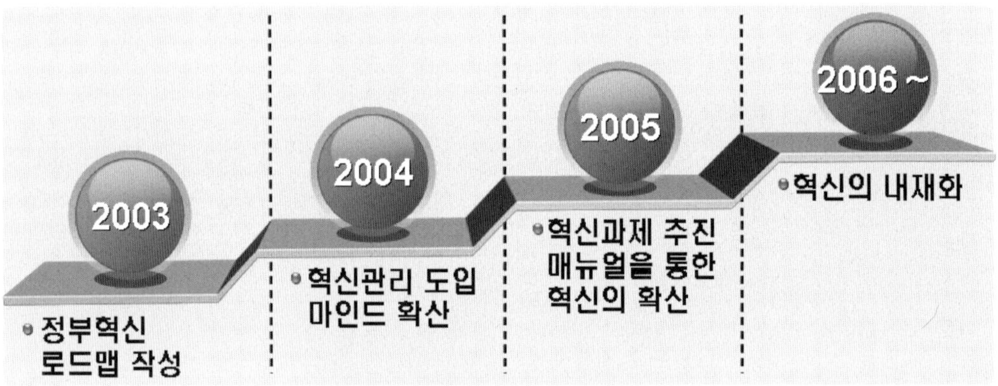

그림 3-1-5 정부혁신의 단계

자료: 행정자치부(2005: 10).

1) 장기적인 개혁: 로드맵

참여정부 출범 이후 정부혁신지방분권위원회를 중심으로 정부혁신 로드맵을 만들었다. 정부혁신의 계획과 과제 도출 과정에서 로드맵이 활용됐다. 각 분야별로 로드맵의 비전과 목표를 설정하고 이를 달성하기 위한 어젠다와 과제들이 도출됐다.

인사개혁 로드맵(2003년 4월)을 시작으로 행정개혁(2003년 7월) · 지방분권(2003년 7월) · 재정세제개혁(2003년 7월) · 전자정부(2003년 8월) · 기록관리(2005년 10월) 로드맵이 만들어졌으며, 혁신과제들은 6개 분야의 총 149개가 선정됐다. 정부혁신 로드맵과 과제들이 설정된 이후, 관련 입법화 및 제도 개선을 추진하고 구체적인 실행 방안이 논의됐으며, 2006～2007년에는 상당수의 주요 로드맵 과제들이 시행되기 시작했다.

표 3-1-8 정부혁신 지방분권 로드맵 개요

로드맵	비전	목표	어젠다
행정개혁 로드맵	국민과 함께 일 잘하는 정부	-탄력적 행정시스템 구축(효율적 행정) -고품질 행정서비스 제공(봉사하는 행정) -공개행정 확산(투명한 행정) -국민참여 확대(함께하는 행정) -국민신뢰 회복(깨끗한 행정)	10대 분야 30개 세부과제
인사개혁 로드맵	공정성과 전문성에 기초한 참여형 인사시스템	-자율과 참여에 기초한 인사시스템 -투명하고 공정한 인사 운영 -공무원과 함께하는 인사관리 -전문성과 역량을 강화하는 인사제도	4대 분야 10개 어젠다
지방분권 로드맵	지방 활력을 통한 분권형 선진국가	-주민과 함께하는 가까운 정부 -아래로부터 지속적인 자기혁신이 가능한 정부 -지방의 책임성과 다양성이 존중되는 사회 -자율과 책임, 공동체정신을 바탕으로 한 사회	7대 분야 20개 과제
재정세제 로드맵	성장, 분배의 상승 효과를 창출하는 분권형 국가재정	-세제, 세정 합리화 -재정투명성 제고 -재정분권 추진 -지출 효율성 제고 -재정 건전성 견지	15개 과제
전자정부 로드맵	세계 최고 수준의 열린 전자정부 구현	-대민 서비스 수준의 획기적 제고 -행정 효율성 극대화 -행정의 민주성 제고	10개 어젠다 31개 과제

자료: 윤성식(2005: 10).

표 3-1-9 분야별 정부혁신 로드맵

(단위: 개)

분야	행정개혁	인사개혁	지방분권	재정세제	전자정부	기록관리
과제 수	28	20	33	23	31	14

자료: 국정홍보처(2008: 59).

2) 학습과 실천 중심: 포럼, 매뉴얼과 사례집

학습 없이 혁신 없다.(노무현 대통령, 2004.7.3, 정부혁신추진토론회)[4)]

정부혁신의 추진 주체를 공무원으로 규정해 이들을 중심으로 한 학습과 토론 등이 정부혁신의 중요한 방법으로 강조됐다. 다양한 비공식적 및 공식적 회의와 워크숍 등이 개최됐으며, 타운홀 미팅 등의 실험적인 회의 형태들도 진행됐다.

2004년에는 장차관, 중앙부처실장 및 국장급 토론회를 10여회 개최해 성공 사례 학습 등 정책품질 및 행정 서비스의 질을 높이기 위한 노력이 이뤄졌다. 이와 함께 각 부처에서는 주니어보드, 지식동아리, 스터디포럼 등 비공식 조직을 통한 혁신활동이 이뤄지고 근무하는 토요일을 학습의 날로 지정해 토론과 학습이 이뤄지도록 했다(윤성식,

단계	내용
혁신포럼 구성	• 주관부처: 국조 • 선도부처: 행자, 정통, 신자, 인사, 국세, 관세, 특허, 해경 • 연구기관: 한국정책학회 • 교육기관: 중앙공무원교육원
포럼 운영	• 직급별로 다양한 포럼 운영(총 32회) – 실국장급(6), 과장급(5), 실무자급(11), 워크숍 등(10) • 토론과 학습을 통해 성과관리 개념 및 추진 방안 제시 – 선도부처 간 성과관리시스템 상호 벤치마킹 활성화 • 성과관리 포럼 중심으로 정부혁신토론회 개최(2005.4.2) – 행장 · 인사 · 해결 등 선도부처 사례를 범정부적 공유
과제 추진 성과	• 혁신포럼 공동작업으로 「성과평가 및 관리 매뉴얼」 발간 • 선도 부처에서 부처 특성을 반영한 자체 매뉴얼 개발(6개) – 국세, 관세, 특허, 산자, 정통, 해경 • 정부혁신 BP대회(2005.9) 시 '행자부 성과관리' 사례 우수상 수상
공통과제 평가	• 2005년 혁신평가 중 혁신과제에 포함 – 선도부처 평균 A등급으로 우수한 평가 • 성과관리 선도부처는 혁신 단계 4단계 이상으로 높게 나타남

그림 3-1-6 성과관리 혁신포럼 운영 사례

자료: 권오성(2006: 338).

4) 황혜신(2005: 109)에서 재인용.

표 3-1-10 포럼 구성원의 역할

구성원	역할	활동 내용
주관부처	과제 관련 제도·정책 부처	포럼을 주관, 문제 해결 및 매뉴얼 창출을 지원
선도부처	과제를 직접 실행	포럼활동을 통해 문제를 해결하고 우수 사례를 창출·확산
연구기관	해당 분야의 이론 지원	표준 모델과 매뉴얼 개발을 위한 연구 지원 활동
교육기관	과제별 교육과정 개발·운영	공통 혁신과제 성과(매뉴얼·우수 사례)를 교육 프로그램에 반영
행정자치부 정부혁신본부	혁신포럼 지원, 추진 상황 점검, 토론회 주관 등 종합관리	

자료: 권오성(2006: 337).

2005: 12). 정부혁신 추진 방법의 특징은 혁신과제를 추진할 때 관련 포럼을 구성하고 포럼을 통해 과제를 점검 추진했다는 것이다.

노무현 정부의 정부혁신에서는 또한 학습과 토론의 방법으로 독서를 많이 활용했다. 존슨(Spencer Johnson)의 『누가 내 치즈를 옮겼을까』, 『혁신으로 가는 항해』 등의 변화와 관련되거나 기업 혁신과 관련된 책들이 특히 인기가 많았다. 정부혁신 관련 도서들을 읽고 이에 대해 토론하고 학습하는 모임들도 활성화됐다.

상시적인 혁신 자동장치를 구축하는 것이 정부혁신의 목표였기에 매뉴얼의 발간과 사례집의 발간도 매우 활발했다. 포럼과 각종 학습 회의의 결과 등을 바탕으로 과제 관련 매뉴얼들이 다양하게 발간됐으며, 각 부처와 공공기관마다 자체적으로 혁신사례집들을 발간했다.

3) 민간기법의 공공부문에의 도입과 활용

노무현 정부는 정부혁신 과정에서 기업의 여러 최신 혁신 기법을 많이 활용했다. 6시그마, 실행공동체(CoP: Communities of Practice), 워크아웃, 액션러닝, BSC 등 민간의 최신 혁신기법들을 정부혁신에 다양하게 많이 활용했으며, 민간의 변화관리 전문가, 경영혁신 관련 전문가 등의 정부혁신에의 참여가 광범위하게 이뤄졌다(황혜신, 2005: 110).

표 3-1-11 민간의 혁신기법

6시그마	총체적 고객만족 경영기법으로 확률의 산포도를 나타내는 표준편차 100만 개당 3.4개의 불량률 달성을 목표로 함
실행공동체	공통의 목적달성을 위해 공동의 관심사와 경험 및 정보를 공유, 교환하는 일단의 사람들로 구성된 비공식적 모임
워크아웃	반드시 고쳐야 할 사항을 주제로 선정하고 이 주제와 관련된 임직원이 모여 토론한 뒤 구체적이고 실행 가능한 개선 대책을 의사결정자에게 제시. 의사결정자는 개선대책의 실행 여부를 즉시 결정해 실행에 옮기는 문제 해결 방법. 조직의 문제점들을 신속하게 해결하고자 하는 간결하고도 직접적인 방법론
액션러닝	성과지향적 인적자원개발(HRD)이 강조되면서 주목받고 있는 학습 방법론으로, 참가자들이 실제 경영상의 문제를 해결하거나 해결 과정을 수행해 감과 동시에 학습이 이뤄지도록 하는 프로그램. 업무와 학습이 연계된 일종의 '체득(체험+습득)' 과정
BSC(Balanced Score Card)	기업의 새로운 전략관리・성과평가 시스템으로, 재무・고객・내부프로세스・학습과 성장 등 4분야로 구분해 기업별 특성에 맞는 지표를 선정하고 각 지표별 가중치를 적용해 산출

자료: 황혜신(2005: 111).

4) 인트라넷와 인터넷의 활용

참여정부 정부혁신의 또 다른 특징은 인터넷과 인트라넷을 활용한 개혁을 추진했다는 점이다. 노무현 대통령의 당선 자체도 인터넷을 활용한 성과였다고 평가받고 있는데 행정개혁의 수단으로 인터넷, 특히 인트라넷을 적극적으로 활용했다. 정부혁신 관련 인터넷 사이트와 인트라넷 시스템을 구축해 각 부처와 기관들이 혁신 사례와 과정 등에 대해 수시로 접속해 글을 남기고 의견을 공유하는 체제를 갖췄다. 다양한 부처와 기관들의 여러 구성원이 접속하는 이러한 사이트 등을 통해 상호간의 혁신의 전파를 도모했다. 업무혁신방 등 내부 혁신 포털에 관련 사무관이 질문을 나기고 밤에 퇴근했는데 그 다음 날 출근해서 보면 대통령이 직접 그에 대해 답을 남겨서 감동을 받았다는 에피소드 등이 있었다.

5) 혁신에 대한 환류: 혁신평가와 컨설팅

노무현 정부에서는 정부혁신을 내재화하기 위해 혁신에 대한 평가 등을 적극적으로 활용했다. 평가는 개인과 부서 단위, 전체 조직 단위에 대해 이뤄졌으며 그 결과는 등급으로 제시됐다. 평가 결과는 인센티브와 직접 연계됐는데 인센티브 수여 대상도 부처와 개인 모두가 포함됐다.

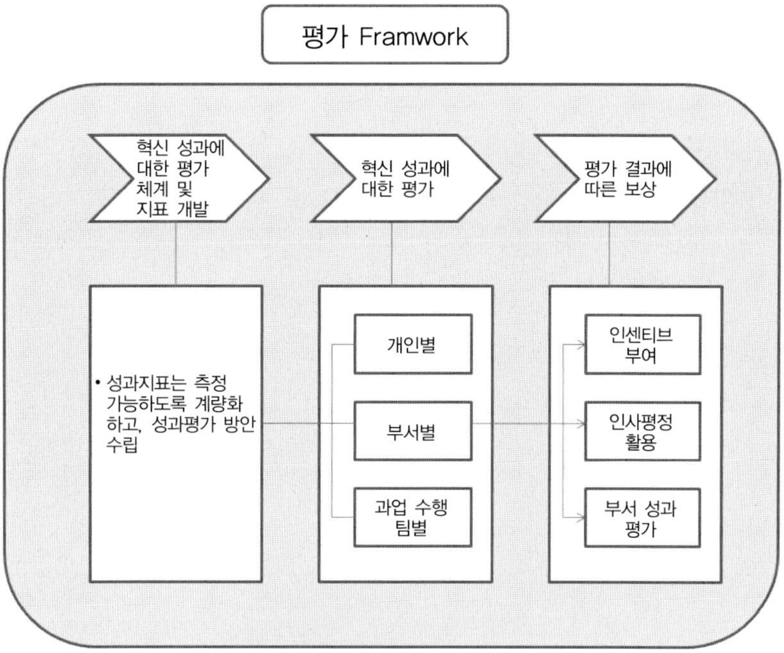

그림 3-1-7 혁신 성과평가

자료: 행정자치부(2005: 15).

한편 혁신 추진 과정에서의 각종 장애 요인과 애로 사항을 돕기 위해 행정자치부에 임시 태스크포스의 형태로 컨설팅단이 구성됐다. 민간전문가 40여 명으로 구성돼 열위 미흡기관 및 문제 지속 기관을 대상으로 3단계의 컨설팅을 진행했다.

참고 문헌

국정홍보처(2008). 참여정부 국정운영백서 ⑦ 정부혁신, 18-162.

권오성(2006). 참여정부 후반기 정부혁신 성숙화 방안, 한국거버넌스학회 학술대회자료집. 333-343.

김병섭 · 박상희(2005). 한국의 정부개혁: 성과, 문제, 그리고 과제. 한국행정학회 학술대회 발표논문집 1-26.

김태룡(2004). 한국과 미국의 정부개혁, 한국사회와 행정연구, 15(2): 97-126.

대통령과 행정자치부 공무원과의 대화(2003.8).

박용성(2006). 정부혁신의 유형과 성과에 대한 고찰, 한국행정학회 학술대회 발표논문집, 827-837.

윤성식 (2005). 정부혁신의 논리와 과제, 한국행정학회 학술대회 발표논문집, 6-15.
정부혁신지방분권위원회 (2005). 참여정부의 행정개혁.
정부혁신추진토론회 (2004.7.3).
정부혁신 토론회 자료집 (2006.5).
중앙부처 기획관리실장 혁신 워크숍 (2004.8.18).
청와대 홈페이지. (검색일: 2015.10.2).
통계청(각 연도). 가계동향조사.
통계청 홈페이지. (검색일: 2014.4.27).
한국행정연구원 (2005). 행정포커스, 9-10월호.
행정자치부 (2005). 대한민국정부가 변하고 있다. 세계혁신포럼 홍보자료.
황혜신 (2005). 역대 정부와의 비교론적 관점에서 본 참여정부의 정부혁신. 한국행정연구원 보고서.
______(2013). 노무현 정부와 이명박 정부의 정부조직개혁 비교분석, 사회과학연구, 24(3): 333-360.
KBS TV 토론 (2003.1.18).

제 2 장

정부개혁의 내용

장지호
한국외국어대학교

제 1 절 정부조직 개편

1. 기능 재구조화 중심의 조직재설계

노무현 정부는 새롭게 정부 기능이 필요한 경우 조직을 개편하기보다 위원회조직을 신설해서 변화를 추구했다. 전체 규모로 보더라도 3차에 걸친 정부조직 개편작업을 추진했음에도 김대중 정부 말기의 18부 4처 16청에서 소방방재청과 방위사업청의 2청이 신설되고 철도청의 공사화로 1청이 폐지돼, 결국은 18부 4처 17청이 되어 정부조직 규모 면에서는 커다란 변화가 없는 것으로 나타났다.

정부조직 재설계는 '쟁점 위주의 상향적 접근', '선(先) 부처 간 기능 재조정, 후(後)부 처통합(안) 설계'라는 원칙을 설정하고, 국정 분야별로 쟁점 과제들을 도출해 대안을 제시했다. 먼저 '가족/청소년 기능' 개편을 통해 여성부가 여성가족부로 개편됐고, 통합된 청소년정책 전담 중앙행정기구로 청소년위원회가 설치됐으며, '소비자정책/공정거래 기능 조정'을 통해 재경부와 공정위의 역할 분담 체계가 확립됐다. '과학기술부 개편'을 통해 과학기술부는 과학기술혁신본부 출현 등을 주요 내용으로 하는 부총리급 기구로 개편돼 과학기술 관련 총괄기획·조정 시스템의 확립, 연구개발투자 효율성 증대, 과학기술 고급인력 양성 종합시스템 구축 등을 수행하게 됐다. '해외홍보 기능 일원화'를 통한 문화홍보원의 문화관광부로 일원화, '국립묘지관할권 일원화'를 통한 대전국립현충원의 관리 주체 이관, '방위산업청 신설'을 통한 인력 감축 및 예산 절감 효과 등 조직과 기능을 조정했다. 그 외 '식품안전 관리 기능 개편', 하천방재 기능 조정', '물관리 기능의 일원화', '고용 안정 기능 강화'를 위한 방안을 제시했다. 기능 조정 과정에서는 다양한 이해관계자의 참여와 충분한 의견 수렴 과정을 거쳐 대안의 타당성 증진과 집행 과정에서의 정당성 확보에 기여했다(대통령자문 정부혁신지방분권위원회, 2008e: 317-318).

2. 정책조정 체계 강화

1) 부처 간 정책조정 시스템 구축

노무현 정부가 파악한 기존 정책 체계의 문제점은 정책환경이 다양해지고 정책 과정에서의 참여가 확대됨에도 불구하고, 부처 간 이견이 갈수록 커지고 있고 이를 체계적으로 조정하는 시스템이 미흡하다는 것이다. 부처 간 이견에 대해 국무조정실과 분야별 주무부처가 '관계 장·차관회의' 등 각급 협의체를 통해 조정하는 기존 시스템으로는 부족한 것으로 파악해, 다음과 같은 부처 간 정책조정 시스템 구축안을 마련했다. 제1단계로 2003년 10월 「정부업무 조정 등에 관한 규정」을 제정해, 중앙행정기관 간 정책의 조정에 관한 절차와 조정 업무의 운영에 관한 사항을 정했다. 당사자인 중앙행정기관 간 조정을 원칙으로 하며, 정책 분야별로 이견의 조정이 필요할 경우 5대 정책 분야, 즉 경제정책 분야(재정경제부 장관), 인적자원 개발정책 분야(교육인적자원부 장관), 과학기술혁신정책 분야(과학기술부 장관), 통일·외교·안보정책 분야(통일부 장관), 사회·문화정책 분야(보건복지부 장관)별로 조정하기로 했다. 당사자 간 또는 정책 분야별 조정이 어려울 경우 국무조정실장이나 국무총리에게 직접 정책조정을 신청할 수 있고, 국무총리는 최종적인 정책조정 시스템으로 '국정현안정책조정회의'를 개최할 수 있는 것을 주요 내용으로 했다.

제2단계 기간인 2005년에는 기 마련된 규정의 문제점을 보완하고 조정실효성을 확보하려 했다. 이 기간 중 197건의 조정과제를 발굴해 176건에 대한 조정을 완료했다. 그러나 정책조정에서 일상적인 국정운영을 국무총리가 맡게 됨으로써 업무의 과도한 집중화를 막기 위해 5대 분야별 부총리·책임장관제를 운영하고, 5대 분야별 정책조정회의를 통해 미리 조정하도록 했다. 그러나 정책조정의 실적은 2003년의 경우 총 66건 중 36건, 2004년의 경우 총 62건 중 40건을 국무조정실이 조정함으로써 5대 분야별 책임 부처에 의한 조정력이 상대적으로 약한 것으로 나타났다(대통령자문 정부혁신지방분권위원회, 2007b: 36-39).

제3단계인 2006～2007년에는 정책조정제도의 운영 상황 점검 및 평가를 실시해 제도 보완과 함께 갈등관리 시스템의 정착에 주력했다. 2006년 1월 국무조정실은 규정의 일부 개정을 통해 책임부처 조정 역할 강화, 부처별 협력도 평가, 조정만족도 조사 등을 제도화했고, 2007년 6월에는 정책조정 매뉴얼을 제정했다(대통령자문 정부혁신지방분권위원회, 2008e: 74-77).

2) 위원회제도 개선

위원회제도는 대통령위원회와 정부위원회로 구분해 살펴볼 수 있다. 먼저 노무현 정부는 '국정과제위원회'를 중요한 수평적 정책 조정 체계로 활용했다(대통령자문 정부혁신지방분권위원회, 2007b: 40-44). 국정과제위원회는 국정운영에서 중·장기적 비전을 제시하고, 범정부적 정책 조정을 위한 목적으로 설립됐다. 대통령이 국정 방향을 제시하면 국정과제위원회에서 중장기 계획을 수립하고 각 관련 부처가 단기과제와 정책 현안을 집행하는 체제다. 다시 말하면 일상적 국정운영은 국무총리가 총괄하고 대통령은 국가전략 및 국가 혁신과제에 집중하며, 국정과제위원회는 국가의 중장기 국정 방향과 구체적인 정책과제를 논의하는 임무를 수행하고자 했기 때문에 국정과제위원회는 국정운영의 매우 중요한 축을 담당했다. 또한 국정과제위원회는 국가의 장기적인 발전을 위한 거시적 종합적 틀을 제시하는 역할을 했다.

국정과제위원회는 정부 운영에서의 시민 참여를 확보하게 해 준 계기가 됐다는 점에서 의미를 지니고 있는 반면 다음과 같은 문제점도 지적됐다. 무엇보다도, 국정과제위원회가 국정과제 발굴 과정에서 주도적인 역할을 수행하고 권한을 행사함에 따라 행정부처의 권한이 국정과제위원회로 인해 축소됐다. 또한 국정과제위원회의 민간위원들과 사무국 간의 갈등이 발생했다. 민간 위원들의 경우 대학교수, 연구원, 시민운동가, 기업인 등과 같이 본업이 있는 위원들이 실제로 자신의 업무를 제쳐두고 위원회의 일정에 맞춰

관료조직과 동일하게 움직이기는 매우 어려웠다. 대통령 소속 국정과제위원회와 각 부처위원회와의 중복 및 유사한 기능 수행의 문제점도 자주 지적됐다. 아울러 국정과제위원회 중에서 5개 위원회만이 관련 특별법을 바탕으로 하고 있고, 나머지 7개 위원회는 법률이 아닌 대통령령을 설치 근거로 하고 있어서 위원회가 자문기관으로서의 역할만을 수행한다면 문제가 없지만, 정책결정 및 집행 등 부처 기능까지 담당할 경우 업무의 충돌뿐만 아니라 법적인 문제로까지도 확대될 수 있었다.

여타 정부위원회의 제도 개선을 위해 마련된 「2007년도 정부조직관리지침」은 위원회의 설치와 관련해 상설화가 불필요하거나 연간 회의 개최 횟수가 2회 미만이 예상되는 경우에 위원회 설치 대신 수시 회의체로 운영하며, 한시적 운영이 가능한 경우에는 반드시 존속 기간을 명시해 존속 기간 종료 시 자동적으로 폐지되도록 정했다.

3. 팀제 도입을 통한 조직유연화

노무현 정부는 정부조직의 관리 권한을 각 부처 및 조직 내부의 중간층으로 분산하고, 조직구조를 좀 더 유연하게 변화시키며, 의사결정 권한을 조직 하부로 이양하고, 하부 직원의 참여와 자율성을 확대하고자 했다. 정부혁신지방분권위원회는 먼저 2003년 7월 분권형 정부조직 설계를 혁신과제로 선정하고, 이를 위해 「정부조직법」과 「행정기관의 조직과 정원에 관한 통칙」을 개정해 각 부처에 조직 운영에 관한 자율성을 대폭 부여하고 부처 단위에서 책임행정을 펼칠 수 있도록 제도적 장치를 마련했다. 특히 2004년 6월에 조직자율권 확대를 위해 통칙을 개정해 ① 조직·인사 운영의 자율권·책임권 확대, ② 실·국장에게 '과' 단위의 정원 운영권과 인사권 부여, ③ 개방형 직위 결정권의 각 부처 이관, ④ 일시적 행정 수요에 효과적으로 대처할 수 있도록 한시조직 및 정원을 운영할 수 있는 제도를 마련했다.

자율적 행정조직 운영을 위한 두 번째 단계로서 2004년 12월에 정부조직에 팀제 도입을 위한 정부조직법 개정을 통해 정부조직법상 최하위 보조기관인 '과'를 '대통령령이 정하는 보조기관'으로 변경해 팀제 등 다양한 조직 운영을 가능하게 했다. 2005년 초에는 분권형 정부조직 설계 추진 매뉴얼을 작성해 각 부처에 배부하고 동년 3월에는 부처 조직 운영 자율권을 확대하기 위해 정부조직법 및 통칙에 대한 개정을 통해 팀제를 도입했다(국정홍보처, 2008: 101-102).

4. 책임운영기관제도 개선

책임운영기관을 실질적 책임운영기관으로 탈바꿈해 고객지향성과 국민만족도를 높이고자 했다. 이를 위해 2004년 12월 개정 법률에서 기관장의 임기를 최소 2년 이상 보장하며 5년의 범위 안에서 소속 중앙행정기관의 장이 결정할 수 있도록 했다. 2005년에는 총액인건비제를 책임운영기관에 시범 운영했고, 중앙책임운영기관의 장은 「국가공무원법」 등 공무원 인사 관계 법령의 규정에 불구하고 고위공무원단에 속하는 공무원 외의 소속 공무원에 대한 일체의 임용권을 가지게 됐다.

2005년 11월에는 책임운영기관의 효과적인 확대 실시를 위해 책임운영기관의 성과가 저조한 5개 기관을 제외하되 26개 기관을 새로이 책임운영기관으로 추가해 총 44개 기관을 책임운영기관으로 운영하도록 했다(대통령자문 정부혁신지방분권위원회, 2007b: 52-53).

표 3-2-1 노무현 정부의 정부조직 개편

구분	주요 내용
기능재구조화 중심의 조직재설계	• 위원회 조직 활용 • 쟁점 위주의 상향적 접근, 선(先) 부처 간 기능 재조정, 후(後) 부처통합(안) 설계
정책조정 체계 강화	• 부처 간 정책조정시스템 구축 • 위원회 제도개선－국정과제위원회
팀제 도입을 통한 조직유연화	• 분권형 정부조직설계 추진 매뉴얼 작성 • 정부조직법 및 통칙 개정을 통한 팀제 도입
책임운영기관제도 개선	• 기관장 임기 규정 변경 • 총액인건비제 시범 운영 • 책임운영기관 확대

제2절 재정개혁

1. 국가재정운용계획 수립

노무현 정부는 단년도 예산편성의 한계를 극복하고 재정 운용에 대한 예측가능성과 재정건전성 등의 확보를 위해 기획과 예산을 통합한 5년 단위의 '국가재정운용계획'을 2004년부터 작성해 국회에 제출했다. 국가재정운용계획은 재정 규모와 구조를 정확하게 파악하고 재원 배분과 재정수지 관리 등 전략적인 재정 운용이 가능하도록 일반회계, 특별회계, 기금을 포괄하는 통합재정 기준으로 작성되며, 주요 내용으로는 정부 수립 이후 재정 운용의 시대별 기조 및 재정지표 추이를 반영한 그 동안의 재정 운용 실적과 경제·사회 여건과 세입 여건을 포함한 향후 재정 운용 여건, 세출·세입 정책 및 재정시스템 혁신 등에 대한 재정 운용 기본 방향 및 분야별 정책 방향과 재정투자 계획 등이 있다(강영철 외, 2008: 134-137).

2. 국가재정법 제정 및 기금 정비

2006년 10월 기금관리기본법을 폐지하고 국가재정법을 제정했다. 국가재정법 일반예산과 특별회계, 그리고 기금 간의 통합적 관리를 통한 연계성 강화에 초점을 맞춘 개혁 방안의 하나라고 평가할 수 있다. 새로 제정된「국가재정법」제13조에서는 회계·기금 간의 여유재원의 신축적 운용에 대해 규정하고 있으며, 국가재정의 효율적 운용을 위해 일반회계에서 특별회계·기금으로의 일방적인 재정지원제도를 회계·기금 간의 여유재원에 대한 상호 전출입이 가능하도록 변경했다. 이러한 맥락에서「국가재정법」에서 규정하고 있는 회계·기금 간 여유재원의 신축적 운용은 통합예산관리를 통한 국가재원의 효율적 활용을 가능하게 하는 중요한 제도 개선으로 볼 수 있다. 이러한 상호 전출입에 대해 국민연금, 공무원연금 등을 포함한 연금성 및 보험성 기금 등은 제외됨으로써 기금의 안정성을 유지하고자 했다(강영철 외, 2008: 312).

기금의 경우, 일반회계 재원에 의존하고 사업의 신축성이 필요하지 않은 기금 및 재원과 사업 간 연계성이 미흡하고 사업의 신축성이 필요하지 않은 기금은 폐지하고 정부

기금으로 유지할 필요성이 낮은 기금은 민간기구로 이관하기로 했으나, 5년간 신설기금이 18개 늘어난 것에 비해 폐지기금은 5개에 불과해 양적인 정비 노력이 거의 이뤄지지 못했다. 재정건전성에 대한 부분도 2004년에 기금의 부채 비율이 400%에 달하고 자산순이익률이 -4%를 넘어설 정도로 건전성에 대한 고려가 부족했다(강영철 외, 2008: 324).

3. 총액배분 자율편성제도 도입

총액배분 자율편성제도(top-down)는 2004년도부터 전면적으로 도입됐다. 이는 단년도 예산편성 방식으로는 중기적 시각의 재정 운영이 곤란하고, 현행 개별 사업 검토 중심의 예산편성과 예산 투입에 치중한 재정 운영으로는 국가적 우선순위에 입각한 거시적 재원 분석과 재정지출의 사후 성과관리가 어렵다는 지적이 제시됨에 따라 재정 운영의 틀을 근본적으로 혁신하기 위해 추진됐다.

주요 내용은 정책과 우선순위에 입각한 전략적 재원 배분 방식을 목표로 재정당국이 5개년 재원배분계획(국가재정운용계획)에 근거해 연도별 재정 규모, 분야별·중앙관서별·부문별 지출한도를 제시해 정책과 우선 순위에 입각한 전략적 재원 배분을 도모했다. 총액배분자율편성제도의 성과는 다음과 같다.

첫째, 과다 요구·대폭 삭감이 관행이 감소했다. 2005년도 예산 요구의 경우 25% 안팎의 전년 대비 요구증가율을 보이던 관행에서 벗어나 전년 대비 요구증가율이 9% 수준으로 하락했고, 2006년 7.0%, 2007년 6.8%로 지속적으로 하락하고 있어 예산심의 과정에서 삭감을 위한 행정 낭비가 줄고 있다.

둘째, 부처의 효율성이 증대됐다. 각 부처는 지출한도 범위 내에서 필수 재정 소요를 반영하기 위해 불요불급한 사업에 대한 자율적인 구조조정을 추진할 수 있게 됐다. 구조조정 규모는 2005년 예산의 경우 2.4조 원(재량적 지출의 5.6%), 2006년의 경우 4.2조 원(9.3%), 2007년 4.6조 원(9.7%)으로 증가했다.

셋째, 예산편성 과정에서 각 부처의 자율성과 전문성이 적극 발휘됐다. 각 부처 담당자들은 내부적으로 효율적인 재원배분 및 구조조정에 역점을 두게 됐고, 내부 예산심의회 구성·운영, 자체적 예산 기준 강화, 삭감을 대비한 대안 개발 등 실질적인 변화가 일어났다.

그러나 총액배분자율 편성제도의 정착에는 여러 한계가 있었다. 일선 부처에서는 기획예산처의 통제가 과도하다고 생각하고, 기획예산처는 일선부처의 책임감이 확립돼 있지 않으며 우선순위 설정 능력도 미흡하다고 생각하는 경향이 발생했다. 결국 기획예산처와 일선 부처 사이에 신뢰가 완전히 쌓이지 못한 것이다(대통령자문 정부혁신지방분권위원회, 2008b: 148-149).

4. 성과관리제도 도입

성과관리제도는 재정개혁을 위한 주요 과제로 국가재정운용계획 및 총액배분 자율편성 제도 도입으로 각 부처의 예산편성 자율권이 대폭 확대됨에 따라 이에 상응해 재정집행에 대한 부처의 책임성을 제고하기 위해 도입됐다. 성과관리제도의 기본 구조는 재정사업의 목표와 성과지표를 설정하고 지표에 의한 평가 결과를 재정 운영에 반영하는 제도로 일정 재정사업(또는 사업군)을 통해 달성하고자 하는 성과 목표를 사전에 설정하고, 성과 목표의 달성 여부를 측정할 수 있는 계량화된 성과지표를 개발해 성과 목표와 사업 시행 결과를 지표에 의해 비교 평가해 그 결과를 재정 운영에 환류하는 제도다(강영철 외, 2008: 140-143).

2005년에 전체 주요 재정사업의 1/3에 해당하는 총 40개 부처, 555개의 재정사업(약 35조 원)에 대해 자율평가를 실시했고, 2006년에는 총 40개 부처, 577개의 재정사업(약 36조 원)에 대한 자율평가를 실시했다. 그리고 자율평가 등을 통해 좀 더 심도있는 분석이 필요한 것으로 판단되는 사업에 대해서는 KDI 등 외부 전문기관을 활용한 심층평가를 실시해 그 결과를 제도 개선 등에 활용했다. 2007 회계연도부터는 프로그램예산 체계에 맞춰 전 부처의 모든 사업으로 확대했다. 또한 2007년 1월 1일부터 시행되는 국가재정법에 근거를 마련해 모든 행정기관의 성과계획서·보고서 작성과 성과계획서·보고서의 국회 제출 의무 등을 규정했다(대통령자문 정부혁신지방분권위원회, 2007a: 176-177). 이러한 성과관리제도를 통해 성과 중심의 재정 운영, 투명한 재정 운영, 효율적인 사업 추진 등의 효과를 얻었다.

5. 지방재정지원시스템 개편

1) 국고보조금 정비 및 국가균형발전특별회계의 신설

국고보조금의 정비는 중앙정부의 불필요한 지방통제, 국고보조금제도 자체의 비효율과 낭비 요인, 지자체의 투자 우선순위 확보문제 등을 해소하기 위해 추진됐다. 국고보조금 정비에 따라 두 가지 재원이양제도를 마련했는데, 행정자치부가 관리하는 분권교부세와 기획예산처가 관리하는 국가균형발전특별회계다. 분권교부세는 애초 지방이양 대상사업으로 결정된 국고보조금 사업의 재원을 지방이 차질 없이 확보할 수 있도록 5년을 시한으로 하여 도입된 제도다.

국가균형발전특별회계는 기존에 소관 부처별로 일반회계 및 다수의 특별회계를 통해 분산 추진하고 있었던 균형발전 관련 사업을 통합 지원하기 위한 장치로 도입됐다. 균특회계는 예산편성 과정에서 지자체의 사업우선순위 결정 권한을 강화하고 예산의 이용・전용・차년도 이월 등이 집행에서도 지자체의 자율성을 대폭 제고했다. 또한 각 부처에 흩어져 있던 지역개발사업이 균특회계로 통합되고 예산편성의 주체가 지자체가 됨에 따라 각 지역별 투자 사업이 큰 틀의 지역발전전략에 따라 유기적이고 통합적으로 추진할 수 있게 됐다.

국고보조금 정비는 지방자체단체 예산 운영의 자율성과 사업 추진의 효율성을 제고하기 위해 추진됐지만, 국고보조금 정비 이후에 국고보조금 비중이 지속적으로 증가해 일부 재정력이 약한 지방자치단체는 국고보조금에 대한 자자체 부담분을 담당하기도 어렵고 이를 충당하고 나면 지역 발전을 위해 쓸 수 있는 재원은 거의 없다는 어려움이 나타나기도 했다(대통령자문 정부혁신지방분권위원회, 2008b: 77).

2) 지방교부세제도 개선

지방교부세의 개편은 보통교부세 개편, 특별교부세 개편, 분권교부세 도입 등 세 분야로 나뉜다. 보통교부세 개편작업은 단순・투명화 및 효율・합리화라는 두 가지 기준으로 유사 성격 및 소규모 항목의 통・폐합을 통해 12개 항목, 31개의 세항목이 9개 항목, 26개 세항목으로 축소됐다. 특별교부세의 경우 기존의 시책사업 수요, 재정보전 수요, 재해대책 수요, 지역개발 수요, 특정 현안 수요에서 지역현안 수요와 재해대책 수요만을 지원하기로 했다. 분권교부세는 국고보조금 정비에 따라 마련된 제도다. 국고보조금 중 지방이양 대상사업으로 결정된 재원을 지방이 차질 없이 확보할 수 있도록 5년을 시한으로 하여 도입됐다. 일부 교육부 및 인권위 소관(14개)을 제외한 149개 지방이양사업(9,581억 원)이 행정자치부의 분권교부세 대상 사업이 됐다. 이외에 2005년에 부동산교부세가 도입됐다. 이는 2004년 중순에 보유세를 국세와 지방세로 이원화하고, 국세 보유세로 종합부동산세로 도입이 결정되면서 지방재정이 축소되는 효과가 나타나 새롭게 도입된 것이다(대통령자문 정부혁신지방분권위원회, 2007b: 216-217).

표 3-2-2 노무현 정부의 재정개혁

구분	주요 내용
국가재정운영계획 수립	기획과 예산을 통합한 5년 단위의 계획 재정운용 실적, 향후 재정 운용 여건, 재정 운용 기본 방향 및 정책 방향, 재정투자 계획
국가개정법 제정 및 기금 정비	일반예산과 특별회계, 기금의 통합적 관리를 위한 국가재정법 제정 신축성이 필요하지 않은 기금의 폐지 및 필요성이 낮은 기금의 민간 기구 이양
총액배분 자율편성제도 도입	중기적 시각의 재정 운영 국가적 우선운위에 입각한 거시적 재원 분석과 재정지출의 사후 성과관리
성과관리제도 도입	재정사업의 목표와 성과지표 설정 및 평가, 평가 결과를 재정 운영에 반영
지방재정지원시스템 개편	국고보조금 정비 및 국가균형발전특별회계 신설 지방교부세제도 개선

제3절 인사개혁

1. 중앙인사위원회를 활용한 국가인사 기능 통합

1999년 중앙인사위원회가 대통령 직속으로 설치됐다. 그러나 일부의 인사정책 기능과 대부분의 인사 집행 기능은 행정자치부 인사국에서 담당함으로써 인사 기능은 이원적 체제로 운영됐다. 또한 법령 제정에서도 행정자치부와 상호 협의를 거쳐서 업무를 수행해야 했기에 독자적인 정책 추진에 한계를 지니고 있었다(이형우, 2005: 148-155). 노무현 정부는 이를 개선하기 위해 2004년에 국가공무원법과 정부조직법 개정을 통해 행정자치부의 인사관리, 시험, 교육훈련, 소청심사 기능을 중앙인사위원회로 이관했다. 이에 따라 중앙인사위원회가 공무원의 선발과 시험, 교육훈련, 복지후생, 성과평가, 퇴직관리 등의 대다수의 인사관리 기능을 수행하게 됐다(대통령자문 정부혁신지방분권위원회, 2007b: 96-98).

그러나 당시 운용에서의 지적된 바로는 인사기관 이원화의 잔재가 남아 있었다는 것이다. 연금 · 복무 · 징계 · 공무원단체 등의 인사 관련 일부 기능이 여전히 행정자치부에 남아 있어 관련 기능을 합리적으로 재조정할 필요성이 제기됐다. 아울러, 대통령의 관리도구가 되는 핵심적 역할을 수행해야 할 중앙인사기관을 위원회 형태로 만든 것은 잘못된 구조라는 비판이 있었다(오석홍, 2007: 26).

2. 공직분류 체계 개편

계급 중심의 인사제도를 직무 중심으로 전환해 인사 운영의 탄력성 제고를 도모하고자 했다. 중앙인사위원회는 2005년 5월 1단계로 4급 이상, 2006년 6월 2단계 개편으로 5급 이하에 대한 직군·직렬 체계 개편을 완료했다. 제1단계 개편은 고위직 공무원의 정책 능력을 제고하고 우수인재를 능력과 실적에 따라 효율적으로 활용하기 위해 현행 4급 이상 일반직 공무원의 직군·직렬 분류 체계를 개선·보완했다. 일반직 2급·3급 공무원은 모든 직군·직렬을 통합해 모든 2급 공무원은 직렬 구분 없이 이사관으로, 3급 공무원은 부이사관으로 했다. 4급 공무원은 행정 분야와 기술 분야로만 구분해 서기관·기술서기관 등으로 통합했다. 제2단계 개편에서는 공무원임용령을 개정(2006. 6. 12)해 5급 이하 실무 공무원의 직무 분류 체계를 10직군 57직렬에서 2직군 31직렬로 통합·조정했다. 이를 통해 행정직렬 등 다수 인원 직렬에 비해 승진·보직 등에서 상대적으로 제약을 받아온 소수 인원 직렬의 문제점과 불합리성이 상당 부분 해소됐다(대통령자문 정부혁신지방분권위원회, 2007a: 77-80).

공직분류 체계 개편을 통해 고위직 공무원의 효율적 활용, 실적과 능력에 따른 적재적소 인사, 각 부처 인사 운영의 자율성과 탄력성 제고, 소수 인원 직렬의 인사 운영상 적정성 제고 등의 개선이 이뤄졌다. 그러나 신분 보장, 실적주의, 임용 기간(평생근무 여부) 등에 따라 경력직과 비경력직으로 공직을 구분하는 방안, 근무 형태에 따라 전일제와 시간제로 분류하는 방안, 현업 근무 여부에 따라 사무직과 현업직으로 구분하는 방안, 직종 구분을 폐지하고 경력직과 비경력직으로 단순화하는 방안, 기능직 중 사무적 성격의 공무원은 행정공무원으로 편입하고 연구·기술담당 고급인력은 연구·기술직 공무원으로 통합하는 방안 등 공무원 직종의 재분류 방안에 대한 추가적인 연구과제도 남겨놓았다(대통령자문 정부혁신지방분권위원회, 2008a: 98-100).

3. 고위공무원단제도 도입

2006년 7월 시행된 고위공무원단은 중앙행정기관 실·국장급 공무원을 중심으로 구성하며 일부 특정직 공무원과 지방자치단체 소속 국가공무원(부시장, 부지사 및 부교육감 등)을 포함했다. 고위공무원단 소속 공무원은 1~3급(관리관, 이사관, 부이사관)의 계급 구분이 폐지되고 직위의 직무 값에 따라 부여되는 직무 등급을 기준으로 관리되며, 고위공무원의 소속과 인사권은 실·국장급을 범정부 차원에서 관리되며, 개방형 직위를 통한 민간과의 경쟁, 공모직위제도를 통한 부처 간 경쟁을 통해 충원됐다. 직무의 난이도·중요도를 반영한 직무 등급에 따라 보수를 책정하고 성과에 따라 보상을 차등 지급하며, 정년 및 신분 보장 제도는 현행과 같이 존치해 직업공무원제의 근간은 유지하지만, 성과가 극히 부진하거나 능력이 현저히 미달되는 고위공무원에 대해서는 적격심사를 통해 엄정한 신분상의 조치를 실시하기로 했다. 이와 같은 고위공무원단제도에 대해 정치적 오용과 정실 개입, 공무원의 신분 불안, 직무 수행의 자율성 손상, 직무 수행 경험에 의한 전문성의 저하, 기관별 지망자의 불균형, 중앙인사기관의 인사 간여 등의 부작용을 우려하는 의견도 있었다(오석홍, 2007: 29).

4. 총액인건비제 도입

총액인건비제도는 인사관리 부처에서는 국가공무원의 총정원 및 부처 정원의 상한만 관리하고 부처별 정원 규모 및 직급별 정원은 부처 자율로 결정하도록 하는 제도다. 이에 따라 각 부처는 성과를 극대화하는 방향으로 자체 인력을 탄력적으로 운영할 수 있게 된다. 지금까지의 집중형 인적자원관리, 직급별 정원관리 방식에서 탈피해 인적자원관리를 분권형으로 전환하고자 2007년부터 본격적으로 시행했다. 총액인건비제도의 시행 전후를 비교해보면, 종전에는 정원 1인을 증감하는 때에도 행자부의 승인이 필요했지만 제도 시행 후에는 행정자치부가 각 부처의 정원 상한만 관리하고 총정원의 3% 내 증원은 부처 자율로 결정할 수 있게 됐다. 그리고 계급별로 정원을 관리하고 1인의 직급 조정의 경우에도 행정자치부의 승인이 필요했지만 3-4급 과장급 이하 직급별 정원 배정을 부처별로 자율화했다. 단 계급 간 적정 비율 유지를 위한 상한을 설정하고 있다. 또 과 단위의 기구를 신설할 때 국장급 이상 기구는 현행대로 직제로 규정하나 과 단위 기구는 부처 자율로 설치할 수 있게 됐다. 보수 분야의 경우 특정 수당은 부처가 자율적으로 결정할 수 있으며 절감재원으로 성과상여금 또는 맞춤형 복지 포인트 추가 지급, 신규인력 채용 등에 활용할 수 있게 된다. 끝으로 예산 분야의 경우 총인건비 규모가 억제되는 반면 총액인건비 내 경비간 전용은 각 기관의 장에게 자율적으로 위임했다(대통령자문 정부혁신지방분권위원회, 2007b: 27-32).

표 3-2-3 노무현 정부의 인사개혁

구분	주요 내용
1. 중앙인사위원회를 활용한 국가인사 기능 통합	• 행정자치부 인사관리, 시험, 교육훈련, 소청심사 기능의 이관으로 인한 중앙인사위원회 기능 확대
2. 공직분류 체계 개편	• 계급 중심의 인사제도를 직무 중심으로 전환 • 공무원 직군 · 직렬 분류 체계의 개선 및 보완
3. 고위공무원단제도 도입	• 1-3급 공무원 계급 폐지 및 직무 등급에 따른 관리 • 개방형 직위, 공모직위제도, 성과에 따른 보상
4. 총액인건비제 도입	• 부처별 정원 규모 및 직급별 정원의 부처 자율 결정을 통한 인력의 탄력적 운용

제 4 절 전자정부

1. 정부업무 통합 및 연계

1) 정부업무관리시스템 구축

정부업무관리시스템은 정부 기능과 부처 업무활동을 연계해 정부 업무 및 실적을 체계적 · 상시적으로 관리할 수 있는 시스템으로 주요 정책에 대한 의사결정 과정을 투명화하고 실시간 공유 체계를 구축해 수평적 · 수직적 협업을 유도하는 것이다. 청와대 대통령비서실이 2004년 11월 'e-지원 시스템'을 구축한 이후 2006년 12월 청와대 'e-지원 시스템'을 기반으로 한 '온-나라(On-nara) 시스템'이 구축돼 2007년 1월부터 전 부처로 확산됐다(대통령자문 정부혁신지방분권위원회, 2007b: 299-303).

온-나라 시스템은 과제계획 수립 단계부터 생산된 자료의 전 업무 처리 과정을 체계적으로 시스템화한 것으로서 문서관리와 과제관리를 근간으로 했다. 이를 통해 한번 작성된 문서와 업무 기록은 모두 시스템에 저장돼 언제든지 검색 또는 활용할 수 있고, 결재도 온라인 시스템으로 이뤄졌다. 과거 잦은 순환보직으로 담당자가 교체될 때마다 지식이 축적되지 못해 업무의 연속성에 어려움이 많았으나 업무관리 시스템의 도입 이후 담당자 교체 시에도 업무 내용과 처리 방법, 처리 내역이 시스템에 남아 다음 담당자에게 전달되기 때문에 업무 혼란과 공백이 대폭 줄어들게 될 것으로 기대됐다.

2) 전자지방정부 구현

전자지방정부 구현의 핵심 요소는 시도행정정보화사업과 시・군・구 행정종합정보고도화 사업이다. 시・도행정정보화사업은 시・도 공통의 행정정보시스템 및 정보 연계를 위한 통합 DB를 구축하고 이를 토대로 중앙부처 - 시・도 - 시군구와 연계된 행정처리 시스템을 구현하는 것이다. 1단계 사업을 통해 18개 행정 업무 개발, 포털 서비스, 공동 활용 시스템 구축, 중앙부처, 시・도, 시・군・구 간 정보 공유를 위한 정보 유통 채널 구축을 추진했고, 2006년부터 2단계 사업을 통해 BPM 시범 도입・적용, 정책에 대한 다양한 효과분석 및 평가관리를 지원할 수 있는 기반 구축, 1단계 사업에서 제외된 일부 시스템 추가 개발 및 모든 시・도 확산 적용을 추진했다(대통령자문 정부혁신지방분권위원회, 2007a: 205-208).

시・군・구 행정정보 고도화 사업은 김대중 정부에서 구축된 시・군・구 행정정보화 사업을 발전시킨 것으로 시・군・구 행정 종합정보를 처리하는 데 단절 없는 흐름 행정의 구현을 목표로 추진됐다. 이를 위해 시・군・구 간 정보연계 기반 시스템을 구축하는 한편, 모바일 현장행정 지원 시스템을 구축해 현장과 사무행정을 직접 연계시키는 기반을 제공했다. 또한 행정 업무 통합창구 시스템을 클라이언트/서버 기반에서 인터넷 기반으로 업그레이드했다.

시・군・구 행정정보 고도화의 성과를 주민, 공무원, 자치단체장 등 주요 수혜자 관점에서 보면 첫째로, 주민・기업 측면에서는 민원 첨부서류를 원천적으로 감축할 수 있는 기반을 마련해 원스톱 서비스를 제공했고, 민원 처리에 필요한 약 2,000여 종의 정보를 연계・활용함으로써 민원인의 관청 방문 수를 감축시켰다. 또한 17,000여 식품 제조가공업체, 1,800여개의 청소업체 등 민간 협업기관과의 문서, 방문, FAX 등으로 주고받던 정보를 협업 창구를 이용해 실시간 온라인으로 처리할 수 있게 됐다. 둘째로 담당공무원의 입장에서는 시・군・구 행정 업무가 수평적으로 연결돼 통합적인 업무의 처리가 가능해져 흐름행정이 실현됐다. 특히 행정처분, 자격면허 등의 정보를 시 · 군 · 구 간에 실시간으로 공동 활용함으로써 민원서비스 및 행정 처리의 오류를 사전에 방지하게 됐다. 셋째로 자치단체장은 시 · 군 · 구의 모든 행정 업무 프로세스의 진행 과정 및 이력을 체계적으로 관리할 수 있게 됐다. 시 · 군 · 구 정보화를 위한 표준화된 공통 기반을 제공함으로써 정보화의 중복 투자를 최소화했고, 중앙부처와 시 · 도의 보고통계 경로를 일원화 · 표준화해 정확하고 일관된 행정통계를 제공하게 됐다(대통령자문 정부혁신지방분권위원회, 2008c: 120-121).

그러나 전자지방정부 구현사업은 몇 가지 미흡한 점도 발견됐다. 우선, 동일 업무에 대해 복수의 시스템이 상존해 정보의 이중 입력이 발생했으며, 복잡 · 다양화되고 있는 시 · 도의 업무를 즉각적 · 능동적으로 시스템에 반영하는 데 한계가 있었다. 그리고 행정정보시스템에 대한 중앙부처의 관심 부족, 수기 통계자료의 지속적인 요구 등으로 인해 시스템의 활용율 제고에 어려움이 발생했으며, 행정자치부에서 모니터링 시스템 구축, 콜센터 운영 등 다각적인 노력을 기울이고 있음에도 불구하고 시스템 지원을 위한 좀 더 지속적인 노력이 필요한 것으로 나타났다(대통령자문 정부혁신지방분권위원회, 2008c: 124).

2. 국민지원시스템 확대

인터넷 민원서비스(G4C)사업은 전자정부 구현을 위한 핵심 사업으로 행정전산망사업 등 그간의 정보화에 대한 투자를 기반으로 2000년부터 추진됐는데, 노무현 정부는 이 서비스를 개선했다. 2004년에는 주민등록등초본 등 8종에 대해서 발급 서비스를 개시해 국민들은 인터넷을 통해 언제 어디서나 민원서류를 발급받을 수 있게 됐다(대통령자문 정부혁신지방분권위원회, 2007a: 212-218).

2003년 9월부터 2004년 5월까지 G4C시스템의 고도화를 위한 정보화전략계획(ISP)을 수립하고, 전자민원서비스 확대를 위한 시스템 구축사업을 추진했다. 3단계에 걸친 전자민원 서비스(G4C) 확대 시스템 구축을 통해 인터넷으로 신청 가능한 민원은 722종으로 확대됐고, 발급이 가능한 민원도 33종으로 확대됐다. 한편 전자민원 서비스를 제공하기 위해 각 기관에서 공통으로 이용하는 통합인증(SSO), 전자지불 등 7종의 기능을 발굴 · 개발해 공통 서비스화해 각 기관에 보급했다. 그 밖에도 인터넷 위주의 전자정부 서비스를 휴대폰 · PDA 등 모바일 기기를 통해서도 이용할 수 있도록 이용매체 다양화를 시도했고, 2006년 4월부터는 민원인의 휴대폰으로 민원처리 상태를 알려주는 서비스(SMS)를 제공했다(대통령자문 정부혁신지방분권위원회, 2007b: 285).

그러나 2005년 9월에는 인터넷 발급문서 위・변조 가능성 제기로 전자민원 서비스뿐만 아니라 전자정부 사업 전반에 대한 신뢰성 문제가 대두되기도 했다. 이는 그동안 확대에만 치중해 해킹, 문서 위・변조 등 정보화의 역기능에 관심이 소홀했음을 뒤돌아보고 보안에 대한 중요성을 부각시키는 계기를 제공했다.

이 밖에도 종합국세서비스 고도화는 홈택스서비스(Home Tax Service: HTS)를 확대하고 이용을 좀 더 편리하게 개선하는 것을 목표로 했다. 세무서나 은행 방문 없이 국세의 신고, 고지, 납부, 민원 등을 인터넷을 통해 전자적으로 처리하는 대국민 서비스 체계가 완료돼 국세 9종에 대한 전자신고, 전 세목에 대한 전자고지 및 납부, 인터넷 민원신청 및 증명 발급 등 서비스를 제공했다.

3. 기업지원시스템 확충

기업의 경쟁력을 강화하기 위해 기업지원 단일창구 서비스를 대표적으로 추진했다. 기업지원 단일창구 서비스(Government for Business: G4B)는 기업 고객을 중심으로 단일창구 서비스를 구현하는 사업이다. 이 사업은 기업 지원 전문 포털 구축, 기업민원 행정서비스 제공, 산업정보 서비스 제공 등을 통해 추진됐다. 먼저 온라인을 통한 기업지원 전문포털을 구축해 포털 공통관리, 커뮤니티 관리, 콘텐츠 관리 등을 가능하게 했다. 이와 더불어 통합 사용자 인터페이스와 단일 로그온(SSO) 서비스를 적용해 기업 지원 전문포털에 대한 관리자 시스템 구축 및 응용 시스템 관리 등이 가능하도록 했다. 다음으로 기업들의 수요가 높은 인・허가 및 자금 지원에 대한 민원행정 안내와 기업행정 맞춤형 안내 서비스를 제공했다. 또한 e-Learning을 기반으로 창업, 운영, 변경, 폐업과 관련된 안내 서비스를 제공해 기업민원 행정 업무에 대한 분석도 진행했다. 마지막으로 정부 관련 151개 사이트 약 30만 건 이상의 콘텐츠를 연계해 최신 산업정보를 수집했다. 또한 정부 주도 4대 기간망(조달, 조세, 4대 보험, 국방 조달)과의 서비스를 연계해 G4B에서 각 기간망과 관련된 필수정보를 제공했다(대통령자문 정부혁신지방분권위원회, 2008c: 276-277).

4. 온라인 국민 참여의 확대

노무현 정부는 국민참여 시스템을 통합해 참여마당신문고(www.epeople.go.kr)를 구축했다. 참여마당신문고는 고충민원, 국민제안, 정책토론, 시민참여클럽 등으로 구성되는데, 고충민원과 국민제안은 행정기관의 불합리한 민원처리나 제도에 대해 불만 사항을 신고할 수 있는 국민 참여 포털 서비스 창구이며, 정책토론과 시민참여클럽은 정책결정 과정에서 시민들의 참여 기회를 제공하는 공간으로 구성됐다(대통령자문 정부혁신지방분권위원회, 2007b: 280-282). 시스템 개선과 더불어 법·제도와 각급 행정기관의 운영조직을 정비하기 위해 행정자치부에서는 2005년 4월부터 국민제안의 접수 처리와 신속한 심사절차, 우수 제안에 대한 적절한 보상을 주요 내용으로 하는 「국민제안규정」 제정을 추진했다. 또한 법률로 국민고충처리위원회를 참여마당신문고 운영기관으로 정하고 관련 조직을 정비해 국민제안과 정책 참여 업무의 프로세스를 정립하고 업무 운영규정을 마련했다. 특히 국민제안 분야는 새롭게 제정된 「국민제안규정」에 따라 우수제안에 대해 각종 인센티브를 부여함으로써 국민제안을 활성화하고 국민들의 창의적인 아이디어가 정부정책, 제도 개선에 직접 반영될 수 있도록 했다.

2004년 「공공기관의 정보공개에 관한 법률」을 전면 개정해 정보공개 관련 소송의 원고 적격 요건이던 '법률상 이익' 문구를 삭제해 일반적 정보 공개권을 명문화했고, 정보목록의 작성·비치 의무화, 행정정보의 사전 공표제, 비공개 대상정보의 요건 강화 등을 통해 공공기관의 정보공개 의무를 더욱 강화했다. 2006년에는 각 기관의 업무 성격을

표 3-2-4 노무현 정부의 전자정부

구분	주요 내용
1. 정부 업무 통합 및 연계	• 정부업무관리시스템 구축: 온-나라 시스템 • 전자지방정부: 시·도행정정보사업, 시·군·구 행정종합정보 고도화 사업
2. 국민지원시스템 확대	• 전자민원서비스(G4C) 확대 • 휴대폰 민원처리 상태 제공 • 홈택스서비스 고도화
3. 기업지원시스템 확충	• 기업지원 단일창구서비스(G4B) 사업: 기업지원 전문포털 구축, 기업민원 행정서비스 제공, 산업정보 서비스 제공
4. 온라인 국민 참여 확대	• 참여마당신문고(www.epeople.go.kr) 구축 • 국민제안규정 제정 • 열린 정부 사이트 개통

고려해 비공개 대상 정보의 범위에 관한 세부 기준을 수립·공개하도록 함으로써 공공기관이 정보 공개의 범위를 자의적으로 해석하거나 축소하는 사례가 발생되지 아니하도록 하여 국민의 정보공개 서비스 수요를 충족시키려 했다. 또한 2006년 4월에는 '열린 정부 사이트(www.open.go.kr)'를 개통해 중앙부처와 지방자치단체, 교육청, 산하단체 등 744개 행정기관의 행정정보 공개 관련 서비스를 원스톱 형태로 제공하고 있다. 또한 정보공개 여부 결정도 전자우편이나 휴대폰 문자 메시지 등으로 제공하고 있다(대통령자문 정부혁신지방분권위원회, 2007b: 313).

제5절 규제개혁

1. 규제개혁기획단 신설과 미흡한 덩어리 규제 정비

노무현 정부의 규제개혁 추진체계는 규제개혁위원회가 신설·강화 규제의 정비를 전담하고, 규제개혁기획단은 기존 규제 중 핵심 덩어리 규제의 정비를 전담하는 이원화된 체계로 바뀌었다. 규제개혁기획단은 2004년 8월 국무총리실 산하에 한시 조직으로 설치됐으며, 인력의 50%를 기업체, 연구원 등 민간 인력으로 충원하고 조직의 탄력적인 운영을 위해 T/F제로 운영됐다. 규제개혁기획단은 2004년 8월 27일부터 2007년까지 60개의 전략과제와 1671개의 세부과제에 대한 개선 방안을 마련했고 74%의 완료율을 보여주었다. 이러한 과제들은 크게 창업 및 경영환경, 물류·유통, 건축·건설, 정보·통신·방송·금융 등 신산업, 교육·문화 및 관광, 고용·환경, 국민 편의 이상 6개 분야로 구분돼 추진됐다(임동순 외, 2005: 39-40).

그러나 전략과제에는 경제에 미치는 파급 효과가 큰 '출자총액제한제도' 및 '수도권 공장 설립 제한규제'가 정책성 규제라는 이유로 제외돼 개선 방안에 대한 논의가 장기간 지연돼 기업으로부터 정부의 규제 개선 효과가 미흡한 것으로 평가됐다. 그리고 감사원도 2007년 감사를 통해 전략과제 대상의 선정이 부적정했으며, 세부과제 이행에 대해서도 계획대로 정비되지 않은 상태인데도 완료 처리하거나 동일한 과제를 부처별로 나눠 실제보다 과다하게 계산된 과제가 포함됐음을 지적하면서 덩어리 규제개혁의 문제점을 지적했다(김정해, 2007: 112-118).

2. 개별규제 정비 체제 개편

기존의 개별규제는 다음과 같이 정비했다. 첫째, 2004년에는 정비 대상 규제 중 민원 다발 분야나 개선이 시급한 분야를 중심으로 개별규제를 제로베이스에서 일제히 정비했다. 2004년 제로베이스 과제는 19개 부처의 23개 과제로 선정됐고 이 중 12개 과제는 2004년도에 추진을 완료했으며, 기타 11개 과제는 2005년도에 추진했다. 그러나 변호사 제도 개선, 사회보험 개선 과제는 여전히 보류됐다(국무조정실, 2007: 183-185).

둘째, 규제 정비에서 부처가 자율적으로 추진하는 데 초점을 맞췄다. 우선 규제정비 목표를 부처별로 자율적으로 설정하도록 했다. 부처의 규제 정비를 추진하는 데는 추진 실적이 우수한 부처에게는 포상을 주거나 정부업무평가에서 규제개혁 추진 실적을 반영하는 등의 인센티브를 제공했다. 또한 규제개혁에 공로가 큰 공무원에게도 포상 등을 주어 자발적인 동기를 부여하고 좀 더 적극적인 참여를 이끌어내도록 했다. 그리고 부처가 자발적으로 움직이게 하기 위해 분기별로 '규제개혁 이행 실적' 등을 평가해 부처별로 규제개혁 실적에 대해 순위를 매겨 공개함으로써 부처의 추진 의지를 높이고자 했다. 그러나 부처별로 자율성을 부여해 개별규제를 정비해 나가는 방식은 성과가 금방 나타나지는 않았다. 개별규제 정비를 실시한 첫 해인 2003년의 성과를 보면, 전체 7,855건의 규제 중 폐지 172건(2.2%), 개선 487건(6.2%) 등 총 659건을 정비해 전체 규제 정비율은 8.5%에 불과했다. 이에 따라 노무현 정부는 규제개혁에 대한 홍보와 교육을 적극적으로 추진했고, 그 결과 그나마 개별규제 정비율은 2005년 13.7%, 2006년 17.6%로 증가했다(국무조정실, 2007: 185-189).

3. 규제영향분석제도 개선

노무현 정부는 규제영향분석제도를 강화했다.

첫째, 기존 항목을 현실에 맞게 통합, 단순화해 3개 항목(규제의 필요성 및 목표, 규제의 비용·편익 분석 및 비교, 규제 내용의 적정성 및 실효성) 8개 요소로 정비함으로써 불필요한 업무 부담을 줄이고 규제영향분석의 내실화를 기했다.

둘째, 「행정규제기본법」을 개정해 해당 법령 입법 예고 시 규제영향분석 결과를 국민에게 공개하도록 의무화했다(2006. 6. 30. 시행). 규제가 신설 또는 강화될 때는 부처 협의를 거쳐 규제심사를 받게 되는데 부처 협의 단계에서부터 규제영향분석서를 작성해 입법예고 시에 발표하게 함으로써 사후적 · 형식적으로 이뤄지던 규제영향분석이 실질적인 영향력을 갖도록 했다.

셋째, 규제개혁위원회의 사무국 역할을 하는 국무조정실에서 작성해 오던 심사 안건을 소관 부처에서 직접 작성하게 하는 한편, 심사 안건에 규제영향분석 결과를 포함하도록 하여 규제영향분석이 규제심사에 실질적으로 영향을 미치도록 했다(국무조정실, 2007: 246-250).

4. 규제등록제도 개편 및 규제맵 작성

노무현 정부가 규제등록제도 개선을 위해 추진한 사항은 다음과 같다.

첫째, 국무조정실은 규제등록제도를 개편했다. 기존 개별행위 단위로 등록된 규제를 사업 단위로 통합 등록하고, 규제 사항이 없음에도 등록된 규제, 이미 폐지된 규제, 등록 누락된 규제 등을 일제히 재정비했다. 규제 정비 결과 규제 수가 8,084건에서 5,011건으로 감소했다.

둘째, 등록되는 규제의 분류를 새롭게 했다. 규제 대상에 따라 경제적 규제, 사회적 규제 등으로 분류를 새롭게 했다. 규제 분류 결과 경제적 규제 2,289건(45.7%), 사회적 규제 1,824건(36.4%), 행정적 규제 898건(17.9%) 순으로 구성된 것으로 나타났다. 이를 통해 규제 대상에 따라 규제개혁의 방향을 차별적으로 잡아나가고 규제 효과나 증감 등의 원인에 대해 좀 더 근본적인 시각으로 분석할 수 있게 됐다.

표 3-2-5 노무현 정부의 규제개혁

구분	주요 내용
1. 규제개혁기획단 신설 및 덩어리 규제 정비	• 규제개혁위원회와 규제개혁기획단의 규제 정비 이원화: 신설 · 강화 규제와 기존 규제의 정비 분리
2. 개별규제 정비 체제 개편	• 제로베이스에서 정비 • 부처 자율규제 정비 추진
3. 규제영향분석제도 개선	• 규제영향분석 항목 정비 및 규제심사에 미치는 영향력 강화 • 규제영향분석 결과 국민 공개
4. 규제등록제도 개편 및 규제맵 작성	• 사업 단위의 규제 통합 • 규제 분류 개편, 규제맵 작성

셋째, 규제맵을 작성했다. 우선적으로 관련 규제 수가 많고 절차가 복잡한 분야를 대상으로 규제맵을 작성하기로 하고 공장 설립, 공동주택 건설 등 2개 분야를 선정해 시범적으로 규제맵을 작성했다. 공장 설립 관련 규제는 총 68건이며, 공동주택 건설 관련 규제는 총 284건이어서 매우 복잡했지만 규제맵으로 표현됨으로써 수요자에게 훨씬 더 가깝게 다가갈 수 있게 됐다. 무엇보다도 일반국민, 기업 등이 복잡한 규제정보를 좀 더 쉽고 체계적으로 제공받을 수 있게 됐다(국무조정실, 2007: 238-245).

제 6 절 공기업 개혁

1. 공공기관 관리체계 구축

2003년 정부산하기관관리기본법을 제정해 산하기관에 대한 경영평가를 최초로 실시하고 기관장 공개모집 · 경영공시 · 고객만족도 조사 등을 실시했다. 그러나 상당수 기관이 법 적용에서 제외되고, 임원 임명절차 등 운영 시스템 전반에 대한 체계적 규정이 미비하고 경영평가의 주체를 주무부처로 규정하는 등 관리 체계가 허술하게 규정됐다는 비판이 존재했고, 방만 경영과 도덕적 해이 문제가 제기됐다. 이와 함께 공공기관의 범위 문제가 대두됐고 관리의 사각지대가 존재한다는 지적이 있어 왔다(대통령자문 정부혁신지방분권위원회, 2008b: 315).

이러한 문제를 개선하기 위해 「공공기관의 운영에 관한 법률」을 제정해 2007년 4월부터 시행했는데 이는 기존에 분산돼 관리되던 공기업, 정부산하기관 등 공공기관을 하나의 법률로 묶음으로써 경영혁신을 체계화한 것이다. 이와 함께 「정부투자기관 관리기본법」, 「정부산하기관 관리기본법」, 「공기업의 경영구조 개선 및 민영화에 관한 법률」 등을 통해 정부의 기본적인 감독을 받고 있던 117개의 기관을 제외한 금융공기업 등을 정부의 기본 감독 체계에 포함시켰다. 「공공기관의 운영에 관한 법률」의 주요 내용은 크게 네 가지로 구분됐다.

첫째, 전체 공공기관을 포괄하는 일관된 관리 체계를 구축했다. 공공기관의 범위를 최초로 설정하고 기관 특성에 따라 유형을 분류하고 유형별로 차별화된 관리감독 체계를 구축했다. 상업성과 공공성을 기준으로 상업성이 높은 공기업과 공공성이 높은 준정부기관을 분류했다. 공기업은 다시 시장형 공기업과 준시장형 공기업으로 구분했고, 준정부기관은 기금관리형과 위탁집행형으로 구분했다. 그리고 공기업과 준정부기관에 포함되지 않는 기관은 기타 공공기관으로 분류했다.

둘째, 공공기관 내부의 견제 시스템 강화를 지원했다. 기관장 해임건의권을 부여하고 선임비상임이사제도를 도입하는 등 이사회 기능을 강화했으며, 비상임이사와 감사의 견제 기능을 강화했다.

셋째, 외부평가 및 감독 시스템을 내실화했다. 경영공시를 의무화하고 기관신설심사 및 기능점검・조정제도를 도입했다.

넷째, 공정하고 투명한 임원인사 시스템을 구축했다. 모든 임원을 대상으로 임원추천위 구성을 의무화하고 공공기관운영위원회의 심사절차도 도입했다(대통령자문 정부혁신지방분권위원회, 2007b: 266-267).

또한 공공기관의 운영에 관한 법률을 제정하면서 '공공기관운영위원회'를 신설해 분산된 소유권 기능을 집중했다. 기존의 투자기관운영위원회와 산하기관운영위원회를 통합하여 공공기관운영위원회로 확대해 일관적인 경영 감독 및 평가 기능을 수행하도록 해 기관들이 경영 성과에 대해 최종적인 책임을 갖도록 했다. 공공기관 운영위원회가 설립됨에 따라 공기업으로 분류된 24개 기관은 소유권 기능에 해당하는 경영 감독은 운영위원회가 담당하고 사업 감독은 주무부처가 전담하게 됐다. 준정부기관의 경우에는 주무부처의 정책사업을 위탁・대행하는 업무 특성을 감안해 기존처럼 주무부처가 경영 감독 및 사업 감독을 수행하는 것으로 했고, 운영위원회는 최소한의 부처 공통의 경영 지침을 제시하도록 함으로써 경영 감독의 통일성을 확보하도록 했다. 그리고 공공기관운영위원회는 공공기관들에게 경영합리화뿐 아니라 그동안 자율적으로 수행해 오던 사회적 책임에 대한 지침을 부여할 수 있게 돼 공공기관은 공공기관운영위원회가 제시하는 일정한 지침에 따라 최소 기준 이상으로 사회적 책임을 이행해야 할 의무가 생기게 됐다(대통령자문 정부혁신지방분권위원회, 2008b: 321-324).

2. 고객만족경영 및 사회공헌 확대

2004년 4월 「정산법」을 시행하면서 공기업 이외에 정부산하기관을 대상으로 고객만족도조사를 실시했다. 2004년 고객만족도 조사 대상기관은 개인 또는 기업 등에 직접 서비스를 제공하는 국민연금관리공단 등 75개 기관이었다. 2005년에 정부혁신관리 기본계획에 따라 고객만족도 조사가 확대되면서 그동안 조사 대상에서 제외됐던 출연연구기관(58개)과 부처가 자율선정기관으로 지정한 공공기관(39개) 등이 조사 대상으로 포함됐다. 그 결과 2002년에 20개 공기업에 한정됐던 조사대상 기관이 2005년에는 188개, 2006년에는 210개에 이르게 됐다. 이와 함께 서비스 이용자 중심으로 표본을 늘려서 만족도조사를 시행했다. 2005년도 투자·민영화 기관에 대한 고객만족도 표본을 기관당 1,000명 수준으로 대폭 확대했으며 상대적 개선도에도 비중을 두어 평가했다. 고객만족도 조사 결과는 공공기관의 경영실적평가에 반영됐다. 그 결과 공공기관에 고객관리시스템(CRM), 업무프로세스 관리시스템(BPM), 성과관리시스템(BSC) 등이 활성화됐다(국정홍보처, 2008: 248-250).

한편, 공공기관의 사회적 책임 범위가 점차 확대됨에 따라 기업 문화의 혁신의 방향이 고객 만족을 넘어 사회 공헌과도 연계됐다. 공공기관은 여성과 장애인, 그리고 이공계 인력의 고용을 확대하고 공공구매에서도 장애인 생산품, 친환경상품 구매, 중소기업 제품 우선 구매 등을 추진해 실시했다. 또한 사회공헌 활동을 강화해 사회복지 영역으로 서비스를 확장했다. 이 중에서도 사회공헌 활동은 법령상 의무가 아니었지만 공공기관들은 자율적으로 시행했다.

3. 경영정보공개 시스템 구축 및 윤리경영 시스템 강화

2005년 12월 공공기관 경영정보의 통합공개 시스템인 '공공기관 알리오(ALIO, http://www.alio.go.kr)'가 개통됐다. 공공기관 알리오 시스템은 최초 20개 항목을 일반 국민에게 공개했으며 2006년 말에는 7개 항목을 추가 공개해 총 27개 항목으로 확대 개편했다. 경영정보 공개시스템은 전체 공공기관의 운영 현황을 파악하는 데 필수적인 ① 기관 소개, 연혁, 주요 기능, 경영 목표 등의 일반 현황, ② 직급별 인원, 임원 현황(직위, 임기, 주요 경력, 선임절차), 임직원 급여, 조직 구성 등 인사 현황, ③ 주요 사업, 요약 재무제표(대차대조표 및 손익계산서), 수입·지출액, 지분 현황, 차입금 등 재무 현황, ④ 대규모 공공기관의 주요 거래 및 내부거래 현황, ⑤ 외부평가 결과(경영실적평가, 고객만족도 조사) 등의 경영정보를 제공했다(국정홍보처, 2008: 253).

다음으로 윤리경영 시스템을 강화하기 위해 세 가지 사항을 추진했다(국정홍보처, 2008: 253-255).

첫째, 예산편성·집행 기준을 강화했다. 2006년 정부투자기관 예산편성지침을 전면 개편(2005년 11월)해 예산관리 기준을 강화했다. 과도한 임금 인상을 방지하기 위해 총인건비 증가액을 전년 대비 2% 이내로 규제하고 편법적인 임금 인상을 금지했으며, 업무추진비의 클린카드 사용을 의무화하고 업무추진비 관리의 투명성을 높이기 위해 기관운영비, 잡비 등 여러 과목에 산재된 접대성 경비를 업무추진비에 일괄 편성해 집행하도록 했다. 아울러 무이자 주택자금 지원 등 과도하게 지급되는 복리후생비 항목도 정비하도록 했다.

둘째, 임원 직무청렴계약을 확대했다. 개별 공공기관으로 하여금 임무·비전과 연계한 윤리헌장 및 이를 실천하기 위한 구체적인 행동강령을 제정, 공포하게 하고 이를 지속적으로 보완, 개선하도록 했다. 또 임원의 청렴 의무와 그 위반에 대한 책임을 규정한 직무청렴계약을 체결해 경영윤리를 강화하도록 권장했다. 직무청렴계약제의 경우 2002년까지 1개 기관에 불과했던 것이 2007년 12월까지 직무청렴계약제의 대상이 되는 24개 전 기관에 도입됐다.

셋째, 감사의 역할을 강화했다. 2007년 시행된 공공기관의 운영에 관한 법률에 감사에게 기관 경영공시에 대한 책임을 부여함으로써 공공기관의 경영 상황을 국민에게 투명하게 공개해 국민에 의한 감시 체계가 제대로 작동하도록 하게 했다. 또한 허위 공시 등이 발견될 경우에는 책임자를 해임할 수 있도록 하는 등 책임성을 확보할 수 있는 장치도 마련했다.

4. 경영평가 체계 구축 및 대상 확대

기존에 특별한 관리가 없었던 정부산하기관에 대해 2003년 12월 정부산하기관관리기본법을 제정(2004년 4월 시행)해 88개 기관을 정부산하기관으로 확정하고 경영평가를 실시했다. 2006년부터는 평가 대상기관이 93개로 늘어났으며, 2007년 공공기관의 운영에 관한 법률을 시행한 후에는 공기업 24개와 준정부기관 77개 등 총 101개의 공기업에 대해 경영평가를 실시했다.

공공기관에 대한 경영평가 체계가 구축되고 대상기관이 확대되면서 많은 기관이 성과관리를 위해 BSC, 6시그마 등 혁신 시스템을 도입했으며 연봉제, 팀제, 내부평가에 따른 성과급 차등 지급 등 성과 중심의 경영 체계를 정착시켰다. 또한 경제적 부가가치(EVA) 측정 시스템, 전사적 자원관리 시스템(ERP), 관리회계 시스템(ABC 등), 위험관리 시스템 등을 도입해 경영효율성 제고와 재무개선 등을 위한 관리 기반을 구축해 나갔다

(국정홍보처, 2008: 255-256).

표 3-2-6 노무현 정부의 공기업 개혁

구분	주요 내용
1. 공공기관 관리 체계 구축	• 공공기관의 운영에 관한 법률 제정 • 공공기관운영위원회 신설: 소유권 기능 집중
2. 고객만족경영 및 사회공헌 확대	• 고객만족도 조사 실시 및 경영 실적 평가 반영 • 인력 채용의 다양화, 중소기업 우선 구매, 사회복지 영역으로 서비스 확대
3. 경영정보공개 시스템 구축 및 윤리 경영 시스템 강화	• 공공기관 알리오(ALIO) 개통 • 예산관리기준 강화, 임원 직무청렴계약 확대, 감사 역할 강화
4. 경영평가 체계 구축 및 대상 확대	• 공기업 경영평가 실시 • 성과 중심의 경영체계 정착(연봉제, 팀제, 성과급 등)

제 7 절 반부패 개혁

1. 반부패관계기관협의회 구성

노무현 정부는 기관 간 분산돼 있는 부패방지 관련 기능을 조정·통합하는 반부패관계기관협의회를 구성했다. 협의회는 국가적 차원에서 반부패정책의 기본 방향 설정과 함께 이를 구체화하는 대책을 개발하고 추진 상황을 지속적으로 점검, 보강해 나가는 역할을 수행하기 위해 구성됐다(대통령자문 정부혁신지방분권위원회, 2007b: 79-82). 부패예방을 위한 구체적인 과제 선정을 위해 협의회는 공통과제, 5대 중점과제, 개별과제를 선정했다. 특히 구조적이고 고질적인 취약 분야인 세무, 공사·계약, 단속·점검, 공기업, 대외 신인도 등을 중점과제로 선정했다. 한편 각 부처에 분산돼 있는 각종 부패 관련 정보를 상호 공유하고 체계적으로 분석해 부패통제 기능 간 연계성을 제고하고 부패관련 각종 정보의 종합·분석을 통해 국가적 차원의 반부패전략을 수립하기 위해 '부패방지 통합정보 시스템'을 구축했다.

2. 부패영향평가 실시

부패를 유발하는 기존의 법제도에 대해 부패영향평가를 실시해 사전에 부패를 차단하고자 했다. 부패영향평가는 법률·대통령령 등 모든 법규의 제·개정안은 물론 기존의 법령 등에 내재하는 부패 유발 요인을 체계적으로 분석·평가해 그에 대한 사전 정비 및 종합적인 개선 대책을 강구하는 것이다. 특히 법령 등의 불확정 개념, 공백 규정, 비현실적 기준 등을 사전에 제거해 부패 발생 가능성을 차단하고자 했다. 이를 통해 법령 등의 입안·집행 과정에서 재량 기준의 적정화, 행정 과정의 투명성 제고 등을 통해 정책의 신뢰성과 예측가능성을 제고하는 것을 목표로 했다. 부패영향평가의 구체적인 평가 항목(검토 기준)은 ① 준수의 용이성: 준수 부담의 적정성, 제재 수준의 적정성, 특혜 발생 가능성, ② 재량의 적정성: 재량 규정의 명확성, 재량 범위의 적정성, 재량 기준의 객관성·구체성, ③ 행정절차의 투명성: 행정절차의 접근성과 공개성, 예측가능성, 부패통제장치 등이다(대통령자문 정부혁신지방분권위원회, 2007b: 83-86).

3. 공무원행동강령 제정

2003년 2월「공무원의 청렴 유지 등을 위한 행동강령」(2005년 공무원행동강령으로 명칭 변경)을 제정했는데, 이는 부패방지법에 근거한 대통령령으로 최초로 법적 구속력을 갖는 공무원 윤리규범이다. 부패방지위원회는 각 기관에「공무원 행동강령 운영지침」을 하달해 중앙행정기관, 지방자치단체, 교육자치단체 등 전국 324개의 각 기관이 자체 특성을 반영한 기관별 행동강령을 제정하도록 했다. 이에 더해 국가청렴위원회는 공직유관단체행동강령권고안을 마련했다.

행동강령의 실효성을 확보하고 신고를 활성화를 위해 직무 관련 공무원 범위를 좀 더 구체적으로 명시하고 부당한 지시를 하는 상급자에 대한 징계 근거를 마련하기 위해 2005년 12월에 일부 개정이 있었다. 또한 외부 강의의 신고 기준을 간결화하고 신고 대상을 조정했다. 2006년 1월「2006년 공무원 행동강령 업무편람」을 제작해 각 기관에서 교육자료로 활용할 수 있도록 했으며 외국 공무원의 행동강령을 소개했다. 2006년 3월에는「골프 및 사행성 오락 관련 공직자 행위기준에 관한 지침」을 제정해 현실적이고 직접적인 이해관계가 있는 직무 관련자와의 골프를 금지하되, 그 범위는 각 기관의 업무 특성에 따라 자율적으로 규정, 공직자는 직무 관련자와 함께 마작·화투·카드 등

사행성 오락을 하는 것을 금지했다. 또한 2006년 4월에는 정부투자기관, 정부 및 지자체의 출연기관 등 476개 기관(30만 명)을 대상으로 「공직 유관단체 행동강령 제・개정지침」을 제정해 투명한 회계관리, 직무 관련이 있는 공무원이나 정치인에게 금품 등 제공 금지, 청렴한 계약의 체결 및 이행 및 자체 준수 여부 점검, 신고인 신분 보장 등을 규정했다.

공무원행동강령의 개정에 대해 기대했던 성과를 확보하기 위해서는 지나치게 조급하게 추진하거나 타율적으로 시행하기보다는 기관의 특성에 맞게 자율적으로 추진할 수 있도록 하는 것이 중요하다는 의견이 제시됐다. 무엇보다도 기관장의 적극적인 이해와 실천 의지의 확보, 그리고 윤리 지향적인 행정문화의 조성이 매우 필요할 것으로 평가됐다. 부패 방지의 성과를 파악하기 위해 매년 부패방지 시책평가를 통해 행동강령의 이행 및 신고활성화를 위한 제도 및 추진체계의 실효성, 추진 실적, 실천 의지 등을 중점적으로 평가했다(대통령자문 정부혁신지방분권위원회, 2007b: 88-90).

표 3-2-7 노무현 정부의 반부패 개혁

구분	주요 내용
1. 반부패관계기관협의회 구성	• 반부패관계기관협의회 구성: 공통과제, 5대 중점과제, 개별과제 선정 • 부패방지 통합정보 시스템 구축
2. 부패영향평가 실시	• 준수의 용이성, 재량의 적정성, 행정절차의 투명성 평가
3. 공무원행동강령 제정	• 법적 구속력을 갖는 공무원 윤리규범 • 2006 공무원 행동강령 업무편람 등 제작

제 8 절 지방행정 개혁

1. 제주특별자치도 출범

2004년 11월 제주특별자치도 추진계획안이 마련됐고, 2005년 5월에 제주특별자치도 기본 구상이 발표됐다. 이러한 구상을 뒷받침하기 위한 「제주특별자치도 설치 및 국제자유도시 조성을 위한 특별법」(이하, 「제주특별법」)이 2006년 2월 국회에서 통과돼 같은 해 7월부터 시행됐다(대통령자문 정부혁신지방분권위원회, 2007b: 180-183).

제주도의 행정계층은 주민투표 결과 단일광역자치안이 확정됐는데(2005.7.27) 단일한 자치단체를 구성하게 된 제주특별자치도의 위상은 지방분권의 수준에서 다른 자치단체와 차별화된다. 첫째, 「제주특별법」은 경찰 역사 60년 만에 전국 최초로 자치경찰을 규정하고 있는 바 제주특별자치도에 자치총경을 단장으로 하는 자치경찰단을, 행정시에는 자치경정·경감을 대장으로 하는 자치경찰대를 설치했다. 이로써 자치경찰은 제주도의 특성을 반영해 기초적인 생활안전은 물론 공항과 유명 관광지의 질서 유지와 한라산 보호 등을 주임무로 삼게 했다.

둘째, 교육자치와 관련해 기존의 교육위원회(간접선출)를 지방의회 내 상임위원회로 재편하는 방안(2006년 12월 20일 「지방교육자치법」 개정안)이 처음으로 시도됐다. 2006년 5월 31일 제주도민은 직접 5명의 교육위원을 선출해 일반 도의원(4명)과 함께 교육위원회를 구성했다. 이와 함께 제주특별자치도의 특성에 맞는 학교 교육과정의 자율편성운영권도 확대됐다. 이에 따라 제주특별자치도는 국제화 교육환경을 조성해 교육경쟁력을 제고하고, 외국으로의 조기유학 수요를 제주지역으로 흡수할 수 있는 여건을 조성할 수 있는 이른바 제주형 자율학교를 지정할 수 있게 됐다.

셋째, 「제주특별법」의 제정으로 제주지방국토관리청, 제주지방해양수산청, 제주지방중소기업청, 제주보훈지청, 제주환경출장소, 제주지방노동지청, 제주지방노동위원회 등 7개 특별지방행정기관이 제주특별자치도에 통합됐다. 나아가 기존의 국제자유도시로서의 위상을 강화하기 위해 각종 특례와 규제 완화가 실질적으로 이뤄졌다. 관광산업의 활성화, 국제화 교육환경의 조성, 의료 서비스의 증진, 청정 1차 산업의 육성, 산업인프라 구축 및 첨단산업 육성 등을 위한 권한과 자율이 인정됐으며 국제자유도시 개발사업을 추진하기 위해 건설교통부 산하 정부출연기관으로 제주국제자유도시개발센터(JDC)를 설치했다.

2. 주민참여제도의 정비

주민참여제도 정비 내용으로는 주민투표제 확대, 주민소환제 도입, 주민소송제 도입을 들 수 있다(대통령자문 정부혁신지방분권위원회, 2007b: 200-208). 우선 주민투표제를 확대했다. 1994년에 「지방자치법」을 개정할 때 이미 주민투표제의 근거는 마련됐지만 직접적인 관련 법률이 없었다. 노무현 정부는 주민투표제 도입을 공약으로 채택했고, 2004

년 1월 29일 「주민투표법」을 공포하고, 지방자치단체에 상반기 중 '주민투표법 표준조례안'을 보급해 동년 7월 30일 주민투표제를 시행했다. 그 결과 2005년 말 서울시 강남구를 제외한 249개 지방자치단체가 주민투표조례를 제정했고, 강남구도 2007년에 주민투표조례를 제정했다.

주민투표의 대상은 읍·면·동의 명칭 변경, 문화회관 설치 등 자치단체의 권한에 속하면서 주민에게 과도한 부담을 주거나 중대한 영향을 미치는 주요 결정 사항이며, 투표권은 20세 이상 선거권이 있는 주민과 일정 외국인에게 주어진다. 주민투표를 청구할 수 있는 요건은 다음과 같다. ① 주민의 경우 투표권자 총수의 20분의 1 이상, 5분의 1 이하의 범위 안에서 조례로 정하는 수 이상의 서명으로 ② 지방의회는 재적의원 과반수 출석과 출석의원 3분의 2 이상의 찬성으로 지자체장에게 청구하며, ③ 지방자치단체의 장은 직권에 의해 주민투표를 실시하고자 할 때에는 그 지방의회 재적의원 과반수 출석과 출석의원 과반수의 동의를 얻어야 한다. ④ 중앙행정기관의 장은 국가정책에 관해 지방자치단체장에게 그 지방의회의 의견을 들은 후 청구할 수 있다.

노무현 정부에서 「주민투표법」은 공표 후 2005년 한 해에만 3회의 주민투표가 실시됐는데, 지방자치단체·주민단체·선거관리위원회·정부 등 관련 당사자의 운영 경험 부족과 법 제도상의 미비점도 노출됐다. 이에 정부는 2005년 9월 주민투표법 개정 워크숍을 개최하고 법개정 토론회와 간담회를 개최하는 등 주민투표 개선계획에 대한 의견수렴을 한 결과를 토대로 2006년 2월 주민투표제도 개선안을 마련했다. 관계 부처의 의견 조회를 통해 지나치게 높은 투표청구 요건, 주민투표 대상 사안에 대한 엄격한 규정, 그리고 투표의 실시와 그 결과에 대한 이행규정 등 법의 미비점을 파악해 이를 보완하고자 했다.

주민소환제는 주민들이 지방자치단체장 또는 지방의회 의원 등 지방선출직 공직자를 임기 종료 전에 투표를 실시해 그 결과에 따라 해직시키는 제도다. 2006년 5월 「주민소환에 관한 법률」 법안이 국회를 통과해 2007년 5월부터 시행됐다.

주민소환제도는 특정 지역 중심의 주민소환투표 청구가 남용되지 않도록 하기 위한 조치를 강구해 놓았다. 시·도지사에 대한 주민소환투표를 청구함에 있어서는 당해 지방자치단체 관할구역 안의 시·군·자치구 전체의 수가 3개 이상인 경우에는 3분의 1 이상의 시·군·자치구에서 각각 주민소환 투표청구권자 총수의 10,000분의 5 이상 1000분의 10 이하 범위 내에서 대통령령이 정하는 수 이상의 서명을 받아야 한다. 시장·군수·자치구의 구청장 및 지역구 지방의회 의원에 대해서는 당해 시장·군수·자치구의 구청장 및 당해 지역구 지방의회 의원 선거구 안의 읍·면·동에서 시·도지사의 경우와 동일한 기준으로 서명을 받도록 했다. 한편 주민소환 투표 대상자는 주민소환 투표안을 공고한 때부터 주민소환 투표 결과를 공표할 때까지 그 권한 행사가 정지되고, 지방자치단체의 장의 권한이 정지된 경우에는 부단체장이 그 권한을 대행하며, 주민소환은 주민소환 투표권자 총수의 3분의 1 이상의 투표와 유효투표 총수 과반수의 찬성으로 확정되도록 했다.

주민소환제도는 자치단체장과 지방의원을 견제할 수 있는 효과적인 통제 수단으로 평가됐지만, 소환 사유, 청구 요건, 소환청구 제한 기간 설정 등에 대해 논란이 있었다. 이에 대해 지방행정의 정쟁화 방지 차원에서 낙선자에 의한 서명 요청 활동 제한이 필요하며, 주민소환 투표 대상자에 대해 소청·소송 및 재투표의 결과에 따라 그 직을 회복하는 장치가 없으므로 소청·소송·재투표 절차를 통해 구제절차 등을 마련해야 한다는 지적도 제기됐다. 제도 운영 과정에서 나타난 문제점들을 심층 분석해 제도 도입 취지가 훼손되지 않는 범위 내에서 주민에 의한 통제가 활성화될 수 있도록 지속적으로 개선해야 한다는 것이다(대통령자문 정부혁신지방분권위원회, 2008d: 321).

끝으로 주민소송제도는 지방자치단체의 위법한 재무회계 행위에 대해 지역주민이 자기의 권리 이익에 관계없이 주민의 자격으로 그 시정을 법원에 청구할 수 있게 하는 제도다. 2005년 1월 「지방자치법」을 개정하여 도입됐다. 지방자치단체의 19세 이상의 주민은 시·도는 500명, 인구 50만 이상의 대도시는 300명, 그 밖의 시·군 및 자치구는 200명을 초과하지 아니하는 범위 안에서 당해 지방자치단체의 조례가 정하는 19세 이상의 주민 수 이상의 연서로 지방자치단체와 그 장의 권한에 속하는 사항의 처리가 법령에 위반되거나 공익을 현저히 해한다고 인정되는 경우에는 감사를 청구할 수 있다. 소송의 대상은 공금의 지출에 관한 사항, 재산의 취득·관리·처분에 관한 사항, 당해 지방자치단체를 당사자로 하는 매매·임차·도급 그 밖의 계약의 체결·이행에 관한 사항 또는 지방세·사용료·수수료·과태료 등 공금의 부과·징수의 해태에 관한 사항이다. 이와 관련해 감사 청구한 주민은 그 감사 청구한 사항과 관련 있는 위법한 행위나 해태 사실에 대해 당해 지방자치단체의 장을 상대방으로 소송을 제기할 수 있다. 따라서 주민소송으로 다투는 대상이 될 수 있기 위해서는 첫째, 적법한 주민감사 청구를 거쳤을 것, 둘째, 일정한 재무회계상의 행위 또는 해태사실일 것, 셋째, 감사 청구의 제외 대상이 아닐 것을 들 수 있다.

주민소송제도의 실효성을 확보하기 위해 주민 승소 시 변호사 비용 등 실비보상청구권 부여 및 지방자치단체에서의 지급 의무화 규정을 마련하고 있다. 주민소송제도 시행 이후 2007년 4월까지 6건의 주민소송이 제기, 주민소송제도가 주민들로부터 다양한 공감대가 형성됐다. 이러한 주민소송제도의 도입으로 주민의 직접참여에 의해 자치단체의 위법한 재무회계를 견제하게 됨으로써 참여정부의 핵심적 국정과제인 투명하고 깨끗한 정부 구현에 기여할 것으로 기대했다(대통령자문 정부혁신지방분권위원회, 2007a: 150).

3. 지방교육자치제도 개선

2006년 12월 국회를 통과한 「지방교육자치에 관한 법률」은 교육위원회를 시・도 의회 내 상임위원회로 전환함과 동시에 교육의원 및 교육감을 주민직선으로 선출하되, 교육의원의 경우 주민직선에 관해 필요한 사항을 따로 법률로 정하도록 하고, 교육감의 경우 「공직선거법」상 시・도지사 선거의 무소속 후보자에 관한 규정을 준용하도록 했다. 또한 교육감과 시・도지사 사이에 지방 교육 관련 업무협의를 활성화하기 위해 '지방교육행정협의회'를 조례로 설치하고, 각 시・도 교육감 상호간 교류・협력 증진 및 공동 문제를 상호 협의하기 위한 전국적인 협의체를 만들 수 있도록 했으며, 주민직선제로 전환되는 교육감 선거를 2010년 실시되는 전국지방 동시선거와 통합해 실시할 수 있도록 하기 위해 교육감의 임기에 관한 경과 조치 및 임기 및 선출에 관한 특례를 마련했다. 마지막으로 교육위원회를 시도의회 내 상임위원회로 전환해 일반행정과 교육행정을 통합・연계했다. 교육자치의 목표가 교육행정을 일반행정으로부터 독립시키는 것임을 고려할 때, 교육위원회의 상임위원회로의 전환은 부작용을 낳을 수도 있지만, 기관분리에 따른 비효율이 컸으며 교육행정의 전문성과 정치적 중립성이 기관의 통합으로 크게 훼손되지 않을 것이므로 이를 교육 자치에 역행하는 것으로 볼 수는 없다고 판단됐다(대통령자문 정부혁신지방분권위원회, 2007a: 127).

4. 중앙행정 권한의 지방이양

노무현 정부는 김대중 정부의 지방이양추진위원회 활동에 이어서 제2기 지방이양추진위원회를 운영해 478개 사무이양을 확정했다. 제3기(2004.6.21)에서는 336개의 사무이양을 확정했고 이후 제4기 지방이양추진위원회(2006.10.24) 활동을 했다. 최종적으로 노무현 정부 이전에 240건을 이양 완료했고, 노무현 정부에서 949건 이양을 완료(295% 증가)해 총 1,189건을 완료했다. 이에 따라 전체 사무 중 지방사무 비율은 1994년 25%에서 2006년 28.9%로 3.9%p 증가했다. 또한 노무현 정부의 지방이양추진위원회에서는 위원회 심의절차를 간소화(3심 → 2심, 시행령 제9조 개정)하고, 지방 4대 협의체 안건 제출 허용 등 운영 시스템을 개선했다(대통령자문 정부혁신지방분권위원회, 2007b: 187-189).

5. 지방정부의 자치행정 역량 강화

지방자치단체의 총액인건비제도의 도입으로 기존에 행정자치부 장관이 가지고 있던 기구 및 정원 승인권이 폐지돼 자치단체가 자율적으로 필요한 기구와 정원을 책정·운영할 수 있게 됐다. 또한 한시기구·사업소·직속기관 등 설치 승인권, 각종 정원책정권 등 15개 권한이 이양됐다. 이러한 자율성 제고에 걸맞은 지자체의 책임성 확보를 위해 지방의회·주민통제를 강화하고 조직평가·진단시스템 구축 및 인센티브 강화를 추진했다. 즉, 종전에 규칙으로 정하던 지방공무원 직급별 정원을 조례로 정하도록 하고 기구 및 정원 관련 조례안 제출 시 추가로 소요되는 인건비를 제시하도록 하는 등 지방의회에 의한 통제 기능을 보강했다. 또한 기구·정원 관련 조례·규칙의 제·개정 시 추가로 비용이 소요되는 경우에는 입법예고를 의무화해 지역주민, 시민단체 등에 의한 외부통제를 강화하는 등 지역사회를 포함한 자치단체 내부의 자율관리·통제 시스템을 강화했다(대통령자문 정부혁신지방분권위원회, 2007b: 190-192).

아울러 지방인사위원회 및 평정제도에 관한 법령을 개정해 인사위원회 위원 수를 7~9인 이상으로 하고, 외부 위촉위원의 자격 범위를 확대해 민간단체조직의 장을 포함하고, 부교수·교장뿐만 아니라 조교수·교감도 포함했으며, 인사위원회에 여성위원이 1인 이상 참여하도록 하고 지방의회에서 인사위원 1명을 추천할 수 있도록 했다. 또한 교육훈련을 이수제로 하고 승진후보자명부를 정기적으로 공개하는 것을 의무화하도록 평정제도를 개선했다. 이와 더불어 외부 위원의 신분 보장 규정을 신설하고 임기를 2년에서 3년으로 연장했으며, 단체장에 대한 실질적 견제 기능을 강화하기 위해 인사 운영에 관한 자료제출 요구권 및 인사개선 권고 권한을 부여하는 등 지방인사위원회 제도를 개편했다. 또한 지방공무원법 개정을 통해 개방형 직위 지정 범위를 시·군·구 6급 이상까지 확대하고, 자치단체 내·외부의 공무원 중에서 적격자를 임용할 수 있는 공모직위제도를 도입했다. 그리고 교육훈련을 이수제로 하고 승진후보자명부를 정기적으로 공개하는 것을 의무화하도록 평정제도를 개선했다.

6. 지방의정 활성화 및 선거제도 개선

지방의회의 의정 강화를 위해 지방의원 유급제를 실시했다. 지방의원 유급제는 2005년 8월 4일 지방자치법을 개정해 '회기수당'을 '월정수당'으로 전환하고 자치단체의 의정비심의위원회가 결정하는 범위 안에서 조례로 규정하도록 했다.

한편 「지방자치법」에 규정돼 있는 지방의회의 '연간 회의 총일수 상한'(시 · 도 120일, 시 · 군 · 구 80일)을 없애고 자치단체의 조례로 규정하도록 했다. 그리고 지방의회 회기 운영 및 상임위원회 설치를 시 · 도와 같이 조례로 정할 수 있도록 위임했다. 또한 지방의회 운영 지원을 위해 지방의회 사무직원(계약직 · 별정직 등)에 대한 인사권을 부여했다. 그러나 한편으로는 강화된 권한에 대한 책임성을 확보하기 위해 전문위원 증원 및 윤리특별위원회 등을 설치했다. 상임위원회별로 1인의 전문위원을 배치하는 것을 2~3명 정도의 정책전문위원을 추가 배치해 입법 · 정책 지원 기능을 수행하도록 했다.

아울러 지방선거제도 개선 방안으로 기초자치단체장 정당 추천 배제와 지방의원선거구의 합리적인 조정, 지방선거 공영제 확대 등을 추진했다. 「공직선거법」(2005.8.4) 개정을 통해 선거공영제가 확대돼 선거비용 보전 요건이 완화되고 보전 대상이 확대됐다. 또한 합동연설회 · 정당연설회를 폐지하고, 시 · 도지사 선거에 방송토론회를 신설했다.

표 3-2-8 노무현 정부의 지방행정 개혁

구분	주요 내용
1. 제주특별자치도 출범	• 제주특별자치도 설치 및 국제자유도시 조성을 위한 특별법: 단일광역자치 • 자치경찰제, 교육위원회 재편, 7개 특별행정기관 통합 및 규제 완화
2. 주민참여제도 정비	• 주민투표제 확대, 주민소환제 도입, 주민소송제 도입
3. 지방교육자치제도 개선	• 교육위원회의 상임위원회 전환 • 교육의원 및 교육감 주민직선
4. 중앙행정 권한의 지방이양	• 지방이양추진위원회 활동을 통한 사무이양
5. 지방정부의 자치행정 역량 강화	• 지방자치단체 총액인건비제도 도입 • 지방인사위원회 및 평정제도 개선
6. 지방의정 활성화 및 선거제도 개선	• 지방의원 유급제 실시 • 지방의회 관련 지방자치법 조항 개정 • 정당공천제, 선거구 조정, 선거공영제 등 제도 개선 추진

선거 경비 지출 시 신용카드 · 수표 · 계좌입금 의무화를 추진했다. 이러한 제도 개선을 통해 선거비용 부담이 완화돼 젊은 정치 신인의 진입을 보장하게 됐다. 또한 「공직선거법」 및 「공직선거법 시행령」, 「정치자금법」을 개정해 기초의회의원선거에 정당공천제를 도입했다. 광역자치단체의 경우에는 광역자치단체장 선거 후보자에 대한 후원회제도를 신설하고 광역의회의원의 선거구 조정 및 기초의회의원 선거에서 중선거구제 · 비례대표제를 도입했다. 또한 기초의원 정수 및 선거구역을 획정하는 조례를 개정(총 1,028개 선거구)했다(대통령자문 정부혁신지방분권위원회, 2007b: 194-199).

제9절 민영화

노무현 정부는 이전 정부부터 논의돼 왔던 한국전력공사, 철도청, 한국가스공사 등의 민영화를 중단했다. 한국전력공사의 경우 한국전력공사가 단독으로 운영하고 있는 전력의 생산(발전), 수송(송변전), 판매(배전과 영업)의 기능을 분리하고자 했다. 이를 위해 한국전력공사의 5개 자회사는 민영화를 추진하고, 배전 부문은 6개사로 분할한 후 민영화 여부는 추후 검토하기로 했다. 그런데, 2003년 3월 한국전력 중 최초 매각 대상으로 선정된 남동발전의 경영권 매각 입찰에서 포스코 등 입찰에 나섰던 4개 업체가 모두 불참을 선언했다. 한국노동조합총연맹은 노사정위원회에 배전 분할 방침을 의제로 채택할 것을 요청했고, 공동연구단 조사를 거쳐 6월 17일 노사정위원회 공공부문 구조조정 특별위원회는 한전의 배전 부문 분할 중단을 권고했다. 산업자원부는 이를 받아들여 배전부문 분할 추진을 중단하겠다고 선언해 민영화가 무산됐다.

철도의 경우 건설교통부는 2003년 3월 28일 대통령 업무보고와 2003년 4월 2일 철도산업구조개혁기획단의 정책자료에서 철도청의 단계적 민영화를 추진한다고 밝혔으나 이를 수정해 지하철공사처럼 공사화하기로 결정했다. 즉, 철도 관련 업무를 한국철도공사(2005년 1월부터)와 한국철도시설공단(2003년 한국철도시설공단법 공포, 2004년 1월 7일 출범)이 분담하도록 한 것이다. 이로써 건설교통부는 철도산업 전반에 관한 정책과 투자 등 정책 기능을 수행하고, 한국철도공사는 운영을 담당하고 한국철도시설공단은 철도시설의 건설 · 관리 · 기술 개발 등을 담당하게 됐다.

한국가스공사의 경우 김대중 정부 당시 천연가스의 도입・도매 부문을 3개 자회사로 분할하고, 그중 2개는 2002년까지 매각하기로 했다가, 다시 2003년부터 완전 민영화하기로 했었다. 그러나 노동조합의 반대로 설비 부문의 민영화를 포기했으며, 도입과 도매 부문의 분할도 이뤄지지 않았다.

참고 문헌

강영철・박경돈・이민호(2008). 우리나라 재정개혁에 대한 평가와 향후 전망. 서울: 한국행정연구원.

국무조정실(2007). 참여정부 규제개혁을 말하다. 국민이 읽는 규제개혁 이야기.

국정홍보처(2008). 참여정부 국정운영백서 7 – 정부혁신.

규제개혁위원회(2007). 규제개혁백서.

김동명(2008). 한국정부의 행정개혁 성과에 관한 연구: 김영삼・김대중・노무현 정부를 중심으로. 창원대학교 박사학위 논문.

김정해(2007). 참여정부의 규제개혁 성과와 향후 과제. 서울: 한국행정연구원.

김태룡・안희정(2006). 팀제가 조직성과에 미치는 영향. 한국행정학보, 40(4): 303-326.

대통령자문 정부혁신지방분권위원회2007a). 2007 참여정부의 혁신과 분권.

______(2007b). 제도 변화로 본 한국의 정부혁신.

______(2008a). 참여정부의 인사개혁.

______(2008b). 참여정부의 재정세제 개혁.

______(2008c). 참여정부의 전자정부.

______(2008d). 참여정부의 지방분권.

______(2008e). 참여정부의 행정개혁.

염돈재(2009). 한일 행정개혁의 비교연구: 정부조직개편의 제도론적 접근. 정부학연구, 15(2): 71-106.

오석홍(2007). '참여정부'와 인사행정 개혁. 정부학연구, 13(2): 9-37.

이형우(2005). 한국 중앙인사기관의 조직과 기능의 변천에 관한 비판적 평가. 행정논집, 32.

임동순・조창현・김대욱(2005). 규제개혁의 효과 분석 및 평가. 서울: 산업연구원.

함인선(2006). 주민소송의 대상에 관한 법적 검토. 공법연구, 34(4-1): 27-53.

제 3 장

정부개혁에 대한 성과 및 평가

황혜신
한국행정연구원

제 1 절 정부개혁의 성과

1. 국제적인 성과

정부개혁의 결과로 참여정부는 다음과 같은 여러 대표적인 가시적인 국제적인 성과를 거뒀다. 우선 노무현 정부에서도 지난 정부에 이어 꾸준히 전자정부를 추진한 결과 전자정부 부문에서 한국은 세계적으로 점차 높은 인지도를 획득하게 된다. UN의 전자정부 평가에서 한국은 점차 높은 순위로 올라가서 세계 5위권 전후의 평가를 노무현 정부 시기에 받게 된다.[1)]

노무현 정부의 정부개혁 결과 중 세계적으로 인정받은 개혁 성과들은 다음과 같다. 우선 조달청의 전자조달 시스템인 '나라장터(전자조달시스템)'가 2003년에 UN에서 수여

1) 참고로 현재는 한국은 2010년 이후 UN 전자정부 평가에서는 계속 세계 1위로 평가받고 있다.

하는 공공행정상(Public Service Award: PSA)을 수상했다. 공공행정상은 공공행정 분야에서 국제적으로 공인받은 최고 권위의 상으로서, 2003년부터 수여되고 있는데, 세계 각국에서 제출한 행정 사례에 대해 전세계 전문가들의 심사를 거쳐 5개 분야별로 시상을 하고 있다. 이후 나라장터는 2005년 UN으로부터 국제입찰표준안 등으로 지정됐으며, 2006년 세계정보기술올림픽(World Congress on Information Technology: WCIT)에서 공공분야 최우수상을 수상했다.

2005년에는 행정자치부가 공공조직의 혁신 수준을 진단하기 위해 정부혁신지수(Government Innovation Index: GII)를 개발했다. 정부혁신지수는 정부 부처들과 공공기관들의 정부혁신 수준을 자율적으로 진단하는 도구로 2006년에 UN의 공공행정상을 수상했다. 법무부의 출입국심사서비스 KISS(Korea Immigration Smart Service)도 출입국 심사를 소규모 팀제로 재편성하고 고정식 근무 대신 승객 밀집시간과 지역에 집중 배치하는 이동식 근무 체제로 전환하는 등의 혁신을 추구했다. 이러한 출입국 심사의 혁신을 통해 출입국심사관을 30% 이상 증원한 효과를 거뒀고 출입국자 대기 시간을 기존보다 40% 정도 감축하고 연간 300시간을 절약해 KISS 역시 2007년에 UN의 공공행정상을 수상했다.

한편 노무현 정부 시기에 수상한 것은 아니지만 참여정부의 정부개혁의 성과로 노무현 정권의 다음 정권에서 UN의 PSA를 수상한 경우도 꽤 있었다. 안전행정부의 민원서비스 '민원24'와 2007년부터 도입 운영된 기획재정부의 통합재정정보시스템인 dBrain(Digital Brain)은 노무현 정부에서 상당히 개선되거나 도입된 혁신 사례들로, 노무현 정부가 끝난 이후인 2011년과 2013년에 각기 UN에서 PSA를 수상했다.

관세청의 전자통관 서비스인 UNI-PASS, 국세청의 홈택스(Hometax) 국세 서비스, 특허청의 특허출원 시스템 등은 세계적으로도 관심을 받는 중요한 혁신 성과들이다. UNI-PASS는 세계 최초 100% 전자통관 시스템으로 만들어진 원스톱 통관 시스템으로 기존의 수입 통관 시간을 현저하게 단축했다. UNI-PASS의 통관 시간 단축은 지속적으로 이뤄져 현재 수입 통관이 1.5일, 수출 통관이 1.5분 이내에 이르렀으며, 이 시스템을 벤치마킹하기 위해 유라시아 경제대표단 등이 2014년 4월에 관세청을 방문하기도 했다. 홈택스 국세 서비스도 2006년 OECD로부터 전자세정 분야 우수 사례로 선정됐다. 특허청의 특허출원 시스템은 2006년 세계지적재산권기구(WIPO)의 특허 분야 정보기술표준으로 선정됐으며, 2005년 개발 이후 2005년에는 이집트 등 7개국, 2006년에는 말레이시아 등 6개국, 2007년에는 남아프리카공화국와 스페인 등 총 10여 개국으로 노무현 정부 당시 수출됐다.

이 밖에도 행정자치부의 참여마당신문고는 전자 민원 시스템으로 세계 옴부즈만 협회에서 발표돼 인기를 끌기도 했으며, 2006년 세계전자정부포럼에서 전자민주주의상을 수상했다. 행정자치부의 정보화마을도 2006년의 세계전자정부포럼에서 전자정부특별상을 수상했으며, 소방방재청의 긴급재난문자 서비스도 2006년에 아시아재난감소회의에서 '재난관리 우수 사례'로 선정되는 등의 국제적인 성과들이 있었다.

2. 중앙부처별 성과 사례와 지표별 성과

참여정부 기간 동안 정부개혁이 강조됐고 그에 따라 정부부처와 공공기관들은 경쟁적으로 개혁 사례 발굴과 추진에 노력했다. 5년 기간 동안 다양한 혁신 사례들이 있었으며 중앙부처의 대표적인 혁신 사례는 <표 3-3-1>과 같다.

표 3-3-1 참여정부의 중앙부처 혁신 사례

부처	주요 내용
재정경제부	-국유재산관리 시스템 선진화: 국유재산 전수 실태조사 및 DB화 작업, 지적, 등기, 토지 시스템 등 연계해 국유재산관리의 효율화 → 전산시스템 관리정보 부처 간 공유, 민원서비스 제고 기반 -무단점유, 유휴 재산 등 관리가 소홀한 재산에 대해 관리 업무를 지자체에 위임해 민간위탁으로 전환, 관리실적에 따른 평가, 보상의 상호 경쟁 체제 구축
교육인적자원부	-통합 교육정보 시스템 구축: 교육인적자원부와 16개 시·도교육청 등 17개 기관에 분산된 교육정책 자료의 통합적 데이터베이스 구축, 인터넷으로 제공
과학기술부	-온라인 연구관리시스템 연구마루 구축: 연구비 지급절차 간소화, 도장, 페이퍼 없는 전자협약 시스템 구축, 디지털 과제흐름 확인 시스템 구축 -국가연구개발 수행 부처 간 협의체 구성
통일부	-통일부-노동부 연계 파트너십 구축을 통한 새터민 직업훈련 체계 구축
외교통상부	-24시간 영사 콜센터: 상시민원상담 시스템, 기능 통합에 따른 원스톱 서비스
법무부	-출입국 심사 효율화: 입국심사국과 출국심사국의 단일 조직으로 통합, 대과 형태의 과를 소규모 팀으로 나눠 운영, 출입국심사관 관리 전산 프로그램 개발
국방부	-나라사랑카드 시스템: 국방행정 업무에 전자통장 체계 도입
행정자치부	-정보화마을사업: 농어촌지역 발전을 위해 조성, 정부, 기업, 지자체 공동 출자 시행, 농산물 유통 등의 아이템 접목해 농수산물의 산업화·전자상거래 촉진
문화관광부	-문화정보 종합서비스 체제 구축: 고객 지향적 종합문화정보서비스를 원스톱으로 제공하고 문화자원의 디지털화 및 통합서비스 체제 구축

농림부	- Agrix 시스템 구축: 내부업무의 비효율적인 프로세스 개선을 목표로 물류표준화사업과 논농업 직불제사업 대상으로 시스템 구축, 사업 투명하게 관리
산업자원부	- 중소기업체험단 운영: 공무원, 유관기관, 대기업 직업으로 구성된 체험단이 현장방문해 민원 해결
정보	- 산하기관 GPLCS 구축: 산하기관용 업무관리 표준모델 개발, 기관별 시스템 연계
통신부	- 종합 포털 개발, 실시간 업무 추진 상황 파악 가능
보건복지부	- 보건복지콜센터: 신고번호 간소화, 상담스크립트 매뉴얼화로 표준화된 상담 서비스 제공, 유관 기관과의 연계 체계 구축·운영, 근무시간외 상담예약제 운영
환경부	- 개발사업입지 사전상담제도: 민원인이 최소한의 서류로, 인터넷, 우편, 방문 신청하면 자료 검토 뒤, 가능 여부 판정
노동부	- 취업지원서비스: 일선 지원 중심의 업무프로세스 재설계, 전문기관과 공동으로 재설계해 맞춤형 취업지원 서비스로 개선, 워크넷, 직업훈련정보 시스템 구축
여성가족부	- 성별영향평가 도입: 정책 시행 또는 폐지가 각 성별에 어떤 차별적인 영향을 미치는지 파악해 양성평등 효과를 정책으로 개선하기 위함
건설교통부	- 국제항공 안전 규정 관리시스템 개발: IT기술을 이용한 ICAO 국제표준 전체를 체계적으로 관리하는 시스템
해양수산부	- 항만노무 공급 방식을 기업 직접채용 방식(상용화)으로 전환: 기존의 항운노조의 독점적 노무 공급 방법에서 부산항 항운노조원들은 정년과 임금 수준을 유지하는 조건으로 하역회사의 정규직원으로 채용
중앙 인사위원회	- 상시학습 체제의 구축·제도화: 공무원의 학습시간 확대 및 상사에게 부하 육성 의무 부여 및 학습활동 지원
국민고충처리 위원회	- 참여마당신문고 시스템 구축·운영: 인터넷을 통해 민원 제기하는 등 온라인 국민참여 시스템
기획 예산처	- 프로그램 예산 체계 도입: 기존의 개별사업과 비목 중심의 예산 체계에서 정책과 성과 중심으로 재정 운용을 선진화하기 위한 개혁
법제처	- 알기 쉬운 법령 만들기 사업: 국민이 알기 쉽게 법령문을 간결하고 올바르게 다듬는 사업으로 국민이 중심이 되는 법률문화로의 전환
국정홍보처	- 정책고객 서비스 시스템: 고객의 의견을 적극 수렴하고 이를 정책에 반영하고 알리는 시스템 구축
국가보훈처	- 보훈서비스 전달체계 개선: 고객의 편의를 위해 보훈가족을 찾아가 서비스를 제공하는 이동보훈팀 운영, 자치단체장, 민간 CEO 등이 함께 참여
국세청	- 홈택스 서비스: 전자신고, 전자고지, 전자납부, 전자민원증명 발급 등 인터넷으로 세금 업무 처리
관세청	- 고객맞춤형물류정보 시스템 구축·운영: 수출입화물 처리 시간 평균 및 편차 단축 위해 과거, 현재, 미래 정보 제공(온라인), 이는 행정 서비스에 상시적 품질관리 및 성과관리 개념을 도입한 시스템

조달청	-전자조달시스템나라장터: 입찰, 계약, 대금 지급 등 모든 조달 업무의 온라인 처리화
통계청	-국가통계 통합 DB시스템 구축: 통계 작성 기관의 정보 통합하고 DB가 없는 기관은 새로 구축
대검찰청	-수형인명부행정정보 DB 구축: 우편 송부절차 폐지 그에 따른 업무 소요 시간 단축의 업무 방식 개선, 실시간 수령 자료 확인 등
병무청	-병역이행 자율서비스: 병역의무자가 징병 검사일, 장소, 소집 일자와 복무 장소 등 스스로 선택, 이와 관련한 정보의 맞춤식 제공(온라인)
경찰청	-최첨단 사이버범죄 대응 체제(NETAN): 전국적 사이버 수사 네트워크 구축 및 사이버범죄 신고 홈페이지, 민원콜센터
기상청	-지역특화 산업기상서비스: 기상청 주도 하에 기상산업 육성하고, 민간 기상산업체와 역할 분담 통해 전국 지역별 특화된 기상정보 제공
산림청	-국유림 백년대계 시스템: 정책 수립부터 집행까지 국민 참여 시스템 수립 -국유림 경영관리 자문위원회 운영
중소기업청	-중소기업도우미 SPi-1357: 중소기업 정책의 온오프라인, 모바일 정보 제공
특허청	-인터넷 온라인특허출원 시스템: 특허행정 처리의 완전 전산화, 실시간 정보 제공
식품의약품 안전청	-식의약품 종합정보 서비스 시스템: 식의약품 분야에 대한 정책의 책임성 확보와 대국민 서비스의 질적 수준 향상을 무방문, 원스톱 민원 처리 -식의약품 인허가에서 사후관리까지 단일화된 처리로 식약청 행정처리 혁신을 가능케 하는 행정포탈시스템 -보건복지부, 농림부 등 9개 부처 및 자치단체와 건강보험심사평가원 등 100여개의 공공 및 민간기관과 정보를 공유할 수 있는 정보공동 활용 시스템
해양경찰청	-해양경찰전자신문 e-Focus: 고객의 참여가 가능한 쌍방향 정보매체
소방방재청	-U-안심폰 서비스: 사전에 질병자 및 노약자 신상정보 DB화, 신고 시 자동으로 출동, 고객 맞춤형 소방구급 서비스 제공

자료: 김보경·서정욱(2014: 150-152).

국정홍보처가 2008년 말 발간한 자료(국정홍보처, 2008: 70-71)에 의하면 참여정부 기간 동안 이전 정부에서 추진하지 못한 과제를 획기적으로 도입·발전시킨 것이 149개 로드맵 과제 중 108개로 72.5%나 차지하는 것으로 나타났다. 즉, 이 자료에 의하면 지난 정부에서 구체적 논의조차 없었으나 참여정부 들어 최초로 도입된 로드맵 과제는 42개 과제로 전체의 28.2%이며, 이전 정부부터 논의돼 왔으나 이해관계자 간 갈등 등으로 도입에 난항을 겪었던 과제가 참여정부 들어 실현된 경우는 16개 과제로 10.7%를 차지했다. 또 과거 정부에서 추진돼 오던 과제이나 참여정부 들어 획기적으로 발전된 경우는 50개 과제로 33.6%였다. 반면 과거 정부에서 추진돼 오던 과제를 계승·발전시킨 경우는 30개 과제로 20%만을 차지하고 있었고, 참여정부에서 논의됐으나 끝내 실현되지 못

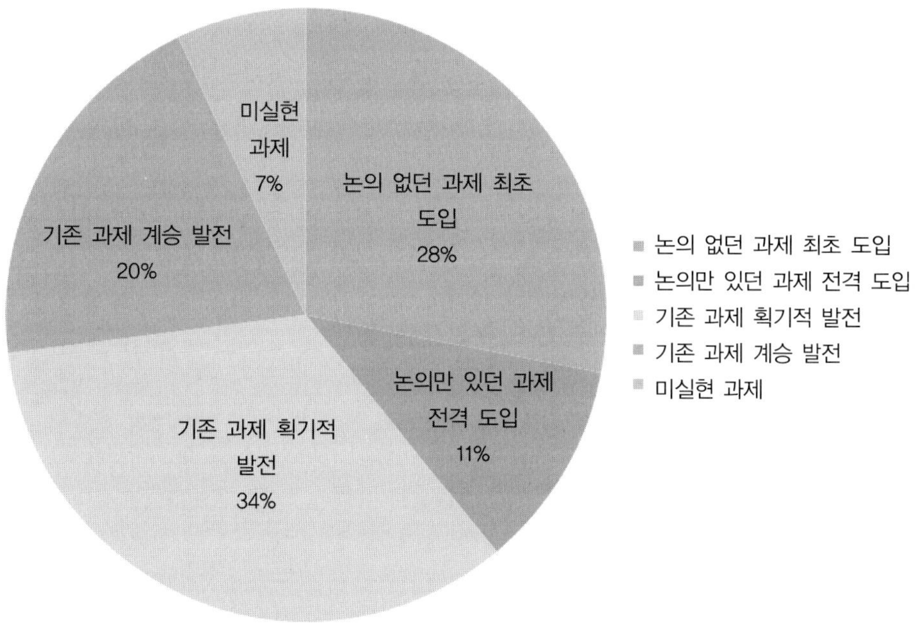

그림 3-3-1 149개 로드맵 과제의 유형별 분류

자료: 국정홍보처(2008: 71).

한 과제는 총 11개 과제로 7%에 불과한 것으로 나타나고 있다.

정부개혁의 성과를 세부지표별로 살펴보면 〈표 3-3-2〉와 같다. 전자결재율과 전자문서 유통률은 97.7%, 95.8%가 됐다. 행정정보 이용 건수도 크게 증가했고, 연도별 정보공개 공개 실적도 2년 동안에만 96,538건에서 269,707건으로 증가했으며 공개 비율도 93%로 증가했다. 한편 전자포털을 통한 민원 제기가 획기적으로 증가해 2002년 5만 2천 건에서 2005년에만 681만 건으로 증가했다.

2006년에만 행정정보 공유 서비스를 통해 연간 3,000만 통의 구비서류 감축으로 1,800억 원의 사회적 비용이 절감된 것으로 추정됐으며, 공공기관 및 금융기관까지 확대 적용될 경우 연간 2억 9,000만 통의 구비서류를 감축할 수 있어 매년 1조 8,000억 원의 사회적인 비용이 절감된 것으로 추정된다(국정홍보처, 2008: 122).

표 3-3-2 지표로 본 정부개혁 성과

개혁 목표	세부지표	성과물(지표 변화)
효율적인 정부	전자결재율	89.4% → 97.7%
	전자문서 유통률	78.0% → 95.8%
	행정정보 공동 이용 건수(1일)★	1만 1천 건 → 3만 2천 건
	전자정부 포털 통한 민원 신청(1년)	5만 2천 건 → 681만 건
	개방형 직위	131개 → 156개
	외부 임용률	21.0% → 45.9%
봉사하는 정부	중앙부처 민원서비스 만족도	63.8점 → 64.5점
	공기업 고객 만족도	72.3점 → 80.6점
	수출입 화물 처리 시간★	9.6일 → 4.5일
	여행자 통관 소요 시간★	40분 → 25분
	세금 전자신고 건수	2,382건 → 12,221건
	인터넷 전자민원증명 발급 건수	72건 → 5,857건
	특허심사 처리 기간★	22.1개월 → 17.6개월
투명한 정부	공공기관 청렴도	6.43점 → 8.68 점
	부패공직자 연평균 기소 인원@	777건 → 448건
	연평균 공직자 징계 인원@	4857명 → 4304명
	연도별 정보공개 공개 실적※	96,538건(89%) → 269,707건(93%)
	조달업체 만족도★	68.7점 → 76.8점
분권화된 정부	연도별 지방이양 완료 건수	163건 → 321건
	지방교부세 교부율	15.0% → 19.13%
	부처별 예산요구 증가율	24.5% → 5.0%
	팀제 도입 후 직위별 결재율	본부장(34% → 10%) 팀장(43% → 64%)
함께하는 정부	국민제안 실적	571건 → 4,946건
	지역인재 추천제	0명 → 50명
	과학기술인력 특별채용	0명 → 49명

주1) 세부지표들은 대부분 2002년도 2005년도를 비교한 것이다. 다만 세부지표 중 ★표시가 있는 것은 2003년도와 2005년도를, ※표시가 있는 것은 2002년도와 2004년도를, @표시가 있는 것은 국민의 정부와 참여정부를 비교한 것이다.

자료: 길종백·하민철(2007: 6).

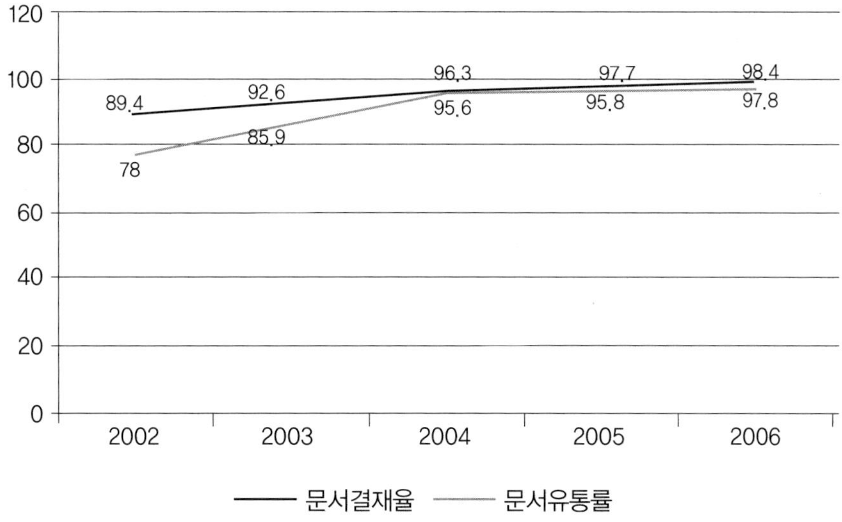

그림 3-3-2 전자결재율 및 전자문서 유통률(단위: %)

자료: 국정홍보처(2008: 121).

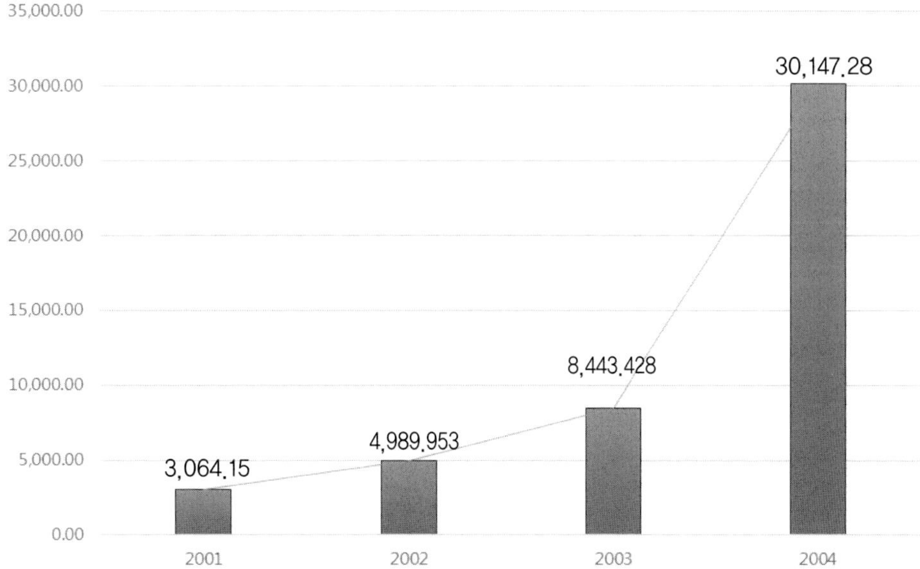

그림 3-3-3 연도별 행정정보 공동이용을 통한 구비서류 감축 건수

자료: 국정홍보처(2008: 122).

이들 여러 지표를 통한 성과 중 특히 눈에 띄는 것은 민원 관련 성과다. 참여정부는 민원 발생 이전 단계부터 진행 단계, 그리고 사후 서비스(AS) 등 민원처리 전 과정에 대해 국민이 만족할 수 있도록 서비스 품질을 높이기 위해 노력했다(국정홍보처, 2008: 135). 그 결과 민원신청, 발급, 열람 건수는 참여정부 기간 동안 크게 증가한 실적을 보여준다.

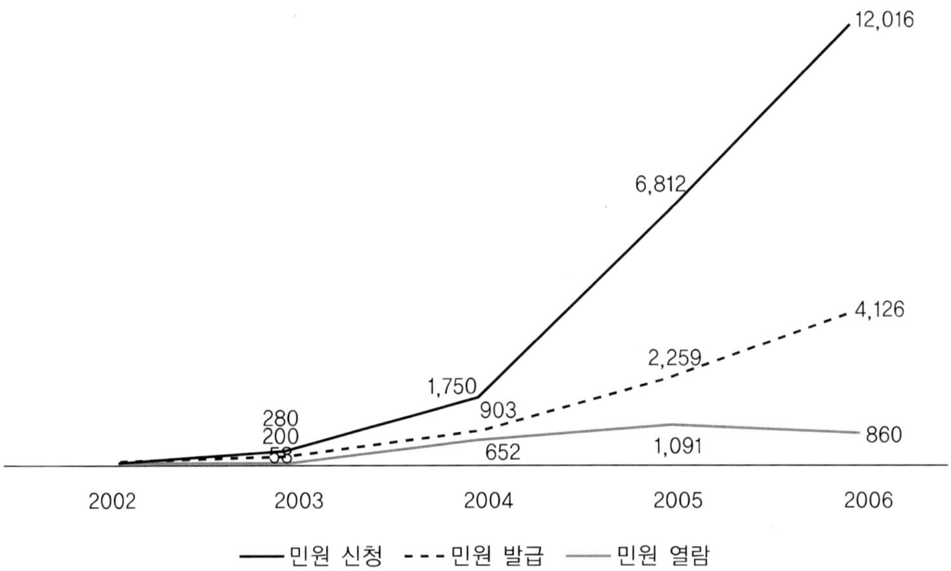

그림 3-3-4 전자정부 포털을 통한 민원 신청, 발급, 열람 건수(단위: 천 건)

자료: 국정홍보처(2008: 135).

민원과 관련해 2005년 평균 36.1일이 걸리던 다부처 관련 복합민원의 처리 기간은 참여마당신문고 구축 이후 14.9일로 대폭 단축됐고, 고충민원의 전체 평균 처리 기간 역시 12.0일에서 7.8일로 단축됐다. 아울러 민원에 대한 만족도는 2005년 30.0%에서 2007년에는 52.2%로 향상되는 등 정부 민원 업무 전반에 걸쳐 큰 성과가 있었다(국정홍보처, 2008: 137).

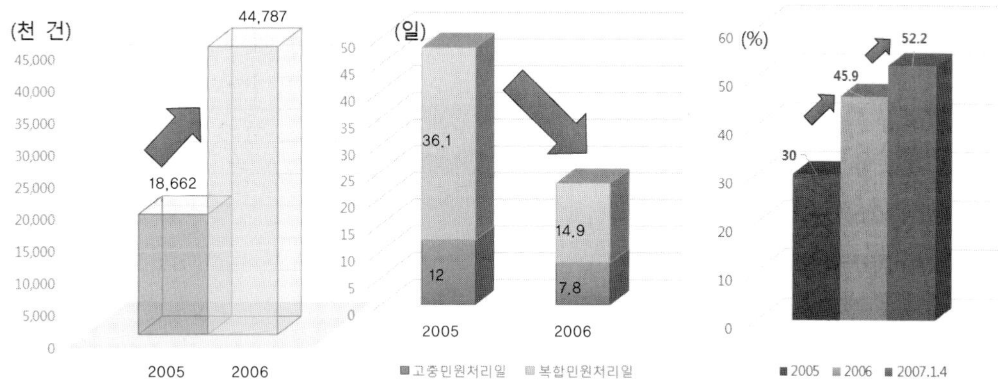

그림 3-3-5 참여마당 신문고 운영 성과

자료: 국정홍보처(2008: 136).

3. 행정조직의 변화

노무현 정부 당시의 행정개혁의 결과로 가장 적은 변화를 보인 것은 정부조직과 구조의 변화다. 다른 정부들과 달리 전정부에 걸친 대규모의 정부조직 개편이나 부처 통폐합은 없었다. 대부분의 조직개혁은 단편적으로 이뤄졌다. 2004년 9월에 정부 부처의 재난 업무를 통합해 소방방재청이 신설됐고, 2005년 1월에는 철도청이 폐지되고 공사화됐다. 2005년에는 여성부가 이전에 복지부가 담당하던 가족 및 영유아 관련 업무까지 담당하게 돼 여성가족부로 확대 개편됐고, 2006년 1월에 방위사업청이 신설됐다. 그 결과 노무현 정부 5년 동안 정부기구의 큰 변화 없이 18부 4처 16청 혹은 17청의 모습을 계속 유지하게 된다.

정부개혁은 정부조직보다는 문화와 시스템에 관심을 둔 개혁으로 상대적으로 정부조직 자체의 변화와 개혁 내용은 그다지 많지 않다. 오히려 행정부의 조직 변화에서 더 의미가 있는 것은 부처 위상의 격상, 책임총리제와 복수차관제의 시행, 팀제의 도입 등의 변화였다. 5년 임기 동안 거의 동일한 정부부처의 수가 유지됐지만 일부 부처의 경우 그 위상이 격상된 경우들이 발견된다. 과학기술부의 장관은 부총리급으로 격상됐으며, 법제처와 국가보훈처의 장이 차관급에서 장관급으로, 문화재청, 기상청 등의 장이 1급에서 차관급으로 격상됐다.

노무현 대통령은 또한 행정부 운영에서 책임총리제와 분야별 책임장관제를 실질적으로 도입하고자 했다. 대통령에게 모든 것을 의존해 왔던 기존의 행정부 운영에 대해 변화를 시도해 청와대 내의 정무수석실을 폐지하고 대통령 비서실장과 정무수석이 담당하던 대국회 업무도 총리실로 이관시켰으며, 대통령 비서실과 국가안전보장회의는 대통령에게 보고하는 내용과 동일한 내용을 총리에게도 보고하도록 하고(김병문, 2012: 146) 비서실의 기능도 부처 통제에서 정책조정으로 바꿔 정책 개발과 관리에 집중하고자 했다(이강로, 2010: 56; 김병문, 2012: 147에서 재인용). 2005년 7월에는 재정경제부, 외교통상부, 행정자치부, 산업자원부의 4개 부처를 중심으로 복수차관제도 도입됐다.

표 3-3-3 중앙행정기관 기구 변천(2002~2008년 2월 기간 중)

연도	기구	변천 내용
2001.1.29	18부 4처 16청	
2004.3.11	18부 4처 16청 2위원회	-대통령비서실 소속 공무원을 제외한 정무직공무원의 배치는 법률로 정하도록 함 -기획예산처에서 수행해 오던 행정계획에 관한 사무를 행정자치부로 이관함 -법제처와 구가보훈처를 장관급 기구로 격상. 법제처장, 차장 및 국가보훈처장, 차장을 정무직으로 함
2004.6.1	18부 4처 17청 2위원회	-소방방재청 개청
2005.1.1	18부 4처 16청 2위원회	-철도청 공사화
2005.3.24	18부 4처 16청 2위원회	-여성부를 여성가족부로 개편
2006.1.1	18부 4처 17청 2위원회	-방위사업청 개청

자료: 행정안전부(2012: 27-28); 황혜신(2013: 344)에서 재인용.

정부조직과 관련해 중요한 변화는 새로이 조직 단위에 팀제를 신설했던 것이다. 노무현 정부는 부처 내에서의 성과와 경쟁을 강조하고 정부개혁을 통해 민간의 여러 혁신적인 기법들을 정부에도 도입하는 것으로 목표로 했기에 민간의 팀 형식을 정부부처에 도입해 기존의 '과(課)' 대신에 '팀(team)'을 도입하는 부처들이 증가했다. 또한 개방형 직위제도 등을 통해 민간의 전문가를 공공부문에 채용해 공공부문의 변화를 도모했다.

이러한 변화 시도로 2002년의 외부 민간 임용률 21%는 2005년 45%로 증가했다.

제 2 절 정부개혁에 대한 평가

노무현 정부의 정부개혁과 행정개혁에 대해서는 다양한 평가가 존재한다. 우선 부정적으로 평가되는 내용을 살펴보고 그 다음으로 긍정적으로 평가되는 점들을 논의하기로 한다.

노무현 정부의 행정개혁에 대해서는 다음과 같은 몇 가지 부정적인 평가가 있다. 우선은 공무원 스스로가 개혁의 주체라고 강조됐음에도 불구하고 개혁의 추진이 최고권력자인 대통령의 적극적인 의지와 뜻에 따라 톱다운(top down) 방식으로 이뤄진 측면이 많다는 것이다. 즉, 정부개혁이 강조하는 것만큼은 공무원이 개혁의 주체로서의 역할을 하지 못했다는 비판이다. 이러한 특징은 한국의 공무원 사회의 관료제적인 특징에 기인한 것으로 볼 수 있다.

또 다른 부정적인 의견은 상시적이고 지속적으로 정부개혁이 이뤄지고 각 부처마다 개혁 관련 워크숍이나 회의, 사례집 발간 등이 많이 요구돼, 공무원의 '개혁피로(혁신피로)'가 상당 정도 있었다고 평가된다는 것이다. 실제로 당시 많은 공무원은 개혁 관련 평가 등을 받기 위해 정부개혁의 실적을 만들어야 했기에 원래의 업무 외에 추가적으로 정부개혁 관련 업무를 수행하기도 했으며 주말에 출근해 혁신 관련 업무를 처리하기도 했다. 애초 노무현 정부의 개혁은 정부 시스템에 정부개혁을 위한 절차를 내재화하고자 했던 것으로, 이러한 정부개혁의 시스템에의 도입 초기 과정에서는 공무원과 정부의 노력과 비용이 상당히 소요되는 측면이 있을 수밖에 없었다.

또 다른 부정적인 평가 중 하나는 정부개혁 관련 개혁과제와 어젠다가 지나치게 많고 광범위해 선택과 집중이 더욱 필요했다는 지적들이 있다(김태룡, 2004: 431; 박수영, 2008: 24-25). 정부개혁이 문화와 일하는 방식에 주안점을 두고 이를 각 부처의 공무원들이 상향적으로 제안하는 구조를 취했기 때문에 각 부처마다 또 각 행정 분야와 영역마다 다양한 개혁과제들이 도출되고 추진됐다. 그 과정에서 상당히 다양한 분야의 많은 수의 과제가 선정되고 추진된 측면이 있었다.

마지막으로 정부개혁이 주로 정부 내의 절차와 방법, 일하는 방식의 변화에 초점을 둔 개혁으로 내부 공무원보다는 외부의 국민의 정부개혁의 체감도가 상당히 낮았던 점도 자주 지적된다. 물론 이러한 국민의 낮은 체감도는 어느 정부, 어느 정책에서나 자주 발견되는 문제이기는 하나 정부 부처 내의 공무원과 외부의 국민이 체감하는 정부개혁을 상당히 차이를 보이고 있었다. 공무원들이나 공공부문의 기관들은 모두 개혁 관련 부서가 만들어지고 개혁을 담당하는 인력들이 배정됐지만 정작 국민들에게는 정부혁신이라는 용어는 낯선 측면이 있었다. 다만 실제로 행정 서비스의 객관적인 지표들은 상당히 개선됐으나 국민이 이러한 개선을 정부개혁과 연관지어서 인식하고 평가하지는 않았던 것으로 보인다.

위와 같이 노무현 정부의 정부개혁과 행정개혁에 대해 부정적인 평가들도 존재하지만 노무현 정부의 정부개혁은 이전 정부들과 달리 조직개편이나 개혁이라는 외과 수술보다는 체질 개선에 가까운 문화의 변화라는 소프트웨어적인 개혁을 시도했다는 점에서 가장 큰 의의가 있다. 개혁의 대상이 조직이나 하드웨어가 아니라 문화와 일하는 방식이다 보니 개혁의 방법도 한국의 다른 정부들과는 다른 양상을 보였다. 공무원을 개혁의 대상이 아닌 주체로 규정하고 이들의 참여를 통해 정부 내의 방식에 변화를 주고자 한 행정개혁으로 그러한 정부개혁의 성과는 가시적인 정부조직의 변화에서 찾기보다는 관련 시스템의 변화 등에서 찾아야 한다.

노무현 정부 기간 동안 성과관리 개념이 정부와 공공부문에서 더욱 강조되고 확산됐다. 인사개혁과 재정개혁도 함께 수행됐으며, BSC(Balanced Score Card), 6시그마 등 민간기업의 다양한 성과관리 기법이 공공부문에도 도입됐다. 또한 일하는 방식을 시스템을 통해 개선하고자 많은 시도가 있었으며, 그 결과로 여러 부처에서 업무 관련 시스템을 개선하고 그러한 노력들이 국제적으로도 인정받았다.

정부혁신을 통해 정부가 도모했던 행정개혁은 일회적인 개편이나 변화가 아닌 상시적인 변화 시스템의 구축과 내재화였다. 즉, 당시 대통령은 정부가 일하는 방식 자체를 바꾸고 정권이 바뀌더라도 이러한 체제가 지속되기를 바라는 마음으로 개혁을 추진하고 이를 직접 챙겼다. 그 결과로 노무현 정부가 이명박 정부로 바뀌고 지금의 박근혜 정부로 바뀌었음에도 불구하고 당시의 정부개혁의 영향은 정부 부처에서 이어지고 있는 측면이 있다. 많은 부처와 공공기관에서는 당시 의욕적으로 도입했던 BSC 등 각종 성과관리 시스템을 활용 발전시키고 있으며, 그 이후의 정부가 추진하는 행정개혁에서 노무현 정부의 행정개혁의 모습들이 다시 발견되고 있다. 결국 다음 정권에서 팀이 다시 과(課)

로 변경되는 등 정부개혁의 모든 측면이 원형 그대로 승계되지는 못했지만 노무현 정부 이후 공무원 사회가 그 이전으로 완전히 돌아간 것은 아니며, 그 당시의 변화를 추진하고 정부 개선 사항을 찾고 더 나은 정부가 되려는 공무원 문화의 일부분은 지금 정부에서도 지속되고 있다.

참고 문헌

국정홍보처 (2008). 참여정부 국정운영백서 ⑦ 정부혁신. 18-162.

길종백 · 하민철 (2007). 참여정부의 정부혁신과 국가경쟁력. 한국행정학회 학술대회 발표논문집, 271-285.

김병문 (2012). 김영삼, 김대중, 노무현 정부의 개혁 정책 비교, 비교민주주의 연구, 8(1): 125-156.

김보경 · 서정욱 (2014). 공공부문 성과 제고를 위한 정부 혁신에 대한 연구. 한국공공관리학보, 28(1): 137-166.

김태룡 (2004). 한국과 미국의 정부개혁. 한국사회와 행정연구, 15(2): 97-126.

박수영 (2008). 정부혁신 - 성과, 반성 그리고 과제. 한국행정학회 학술대회 발표논문집, 21-29.

이강로 (2010). 노무현 대통령과 이명박 대통령의 지도력과 국정운영 비교 : 임기 초 지도력 특성과 국민지지. 대한정치학회보, 18(1): 49-74.

행정안전부 (2012). 2012년 행정안전통계연보.

행정자치부 (2005). 대한민국정부가 변하고 있다. 세계혁신포럼 홍보자료.

황혜신 (2005). 역대 정부와의 비교론적 관점에서 본 참여정부의 정부혁신, 한국행정연구원 보고서.

______(2013). 노무현 정부와 이명박 정부의 정부조직개혁 비교분석. 사회과학연구, 24(3): 333-360.

찾아보기

[ㄱ]

개혁 성과 276
개혁피로 287
경영권 보호 49
경영정보공개 시스템 263
경제협력개발기구(OECD) 52
고객만족경영 262
고령화사회 51, 94
고위공무원단제도 252
공공기관 알리오(ALIO) 263
공공기관 이전 73, 78
공공임대주택 173
공공행정상(PSA) 277
공기업 개혁 261
공무원행동강령 266
공직분류 체계 251
공직선거법 273
교육개혁 45
교정적 균형 85
9·19공동성명 146, 156
9·11테러 15, 218
국가개입주의 55
국가균형 발전 71, 72, 85, 90
국가균형발전위원회 76
국가균형발전정책 78
국가균형발전특별회계 248
국가재정법 246
국가재정운용계획 246
국가전략 130
국고보조금 248
국무총리 22
국민의 정부 98
국민지원시스템 255
국정과제위원회 243
국정과제회의 136
국제평화활동 144
국토 정의 74
굿 거버넌스 98, 224
규제개혁 258
규제개혁기획단 258
규제맵 260
규제영향분석제도 259
기업지원시스템 256
기초노령연금제도 185, 193, 204

[ㄴ]

나라장터 276
남남갈등 63
남북관계 54, 145
네오콘 145
노무현 대통령 134
노무현 정부 11, 38, 220, 276
노사모 12, 16, 19
노사자치주의 46
노인복지 189, 193, 204
노인일자리사업 186, 190, 194, 205
노인장기요양보험제도 186, 190, 194, 204

[ㄷ]

담보인정 비율(LTV) 167
대서양주의 132

대외전략 138
대의민주주의 97
동북공정 142
동북아 129, 139
동북아 경제 중심 128, 133, 138
동북아 경제협력 149
동북아균형자론 134, 154
동북아다자안보협력회의 140
동북아 사회문화 교류협력 151
동북아시대 구상 15, 127, 138, 141, 145, 152, 154
동북아시대위원회 137
동북아 안보협력 148
동북아역사재단 142, 152
동북아지역 중심자 역할론 63
동북아협력대화(NEACD) 148
들로르 보고서 133

[ㄹ]

로드맵 230, 234, 280

[ㅁ]

매뉴얼 236
문민화 63
민영화 274
민주주의 41
민주화운동 97

[ㅂ]

반값아파트 182
반부패 개혁 265
반부패관계기관협의회 265
베르너 보고서 133
보육정책 188, 192, 197, 208
보충성 원칙 104
복지정책 185
부동산 시장 46
부동산정책 158, 161, 175
부동산정책 실무기획단 161
부패영향평가 266
북핵문제 15, 40, 54, 142, 218
분권 42
분양가 상한제 167, 181
불문헌법 79
비정규직 52
빈부격차 · 차별시정기획단 161

[ㅅ]

4개 국정 원리 220
4대 개혁입법 53
사무 이양 120
사법개혁 34, 36
사법개혁위원회 35
사이버공간 16
사전환경성 검토 60
3김 시대 12
3대 지방분권 원칙 104
3 · 30대책 167
3협전략 80
새천년민주당 17, 33
선분권 후보완 원칙 105
성과관리제도 248
세계주의 131
소용돌이 정치 97
슈망 플랜 133
스파크 보고서 133
시민 모니터링 제도 37
시민사회 108
시민 옴부즈만 37
신공공관리론 224
신행정수도 82, 89
신행정수도 이전 73, 78
신행정수도건설추진위원회 76

10 · 4정상선언 147
10 · 29대책 165, 166
11 · 15대책 167
12대 국정과제 42

[ㅇ]

아데나워 구상 133
아시아 패러독스 138
악의 축 145
양성평등 45, 59
엘리트 카르텔 122, 124
여성 권익 증진 189, 192, 200, 202, 210, 211
여성 권한 척도 210
여성 인적자원 개발 188, 192, 199, 209
여성정책 188, 192, 199, 209
역동적 균형 86
역동적 혁신 클러스터 87
열린우리당 33
5 · 31지방선거 111
5 · 23대책 165
온-나라(On-nara) 시스템 253
위원회 32, 243
위원회 거버넌스 134
위원회 공화국 27, 134
유럽 통합 131
유럽주의 132
6시그마 288
6 · 2지방선거 117
6자회담 146, 218
윤리경영 시스템 263
이주여성 189, 202, 211
인사개혁 250
인터넷 대통령 19
인터넷 민주주의 13
1 · 31대책 168
1 · 11대책 167
일하는 정부 55

[ㅈ]

자유무역협정(FTA) 219
자율 42
자치경찰대 268
자치경찰제 116
자치조직권 119
작은 정부 55, 226
장애인 고용지원정책 186, 195, 206
장애인복지 186, 191, 195, 206
장애인 소득보장 186, 196
장애인차별금지법 187, 207
재벌개혁 48
재정개혁 246
재정분권 118
저출산 51, 94
전자정부 253
전자지방정부 254
정당공천제 110
정부개혁 217, 220, 241, 276, 287
정부업무관리시스템 253
정부조직 26
정부조직 개편 241
정부혁신 12, 225, 228, 234
정부혁신지방분권위원회 100, 101
정부혁신지수(GII) 277
정치개혁 43
정치인 팬클럽 12, 18, 19
정치적 효능감 17
제주특별자치도 114, 267
조직개혁 285
조직재설계 241
종합부동산세 168
주거복지 로드맵 165
주거복지정책 176
주민소송제 268
주민소환제 268

주민참여제도 268
주민투표제 268
중앙인사위원회 250
중앙집권화 108
지니계수 219
지방교육자치제도 271
지방분권 43, 71, 226
지방분권 대통령 97, 100
지방분권 로드맵 105
지방분권 시민운동 99
지방분권정책 96, 98, 103, 121
지방분권특별법 104
지방자치경찰제 107
지방자치헌장 99
지방재정지원시스템 248
지방행정 개혁 267
지식정보사회 98
지역균형 발전 50, 181
지역전략 129
직접참정제도 117

[ㅊ]

참여마당신문고 257, 278
참여민주주의 17, 97
참여복지 44
참여정부 주거복지 로드맵 161
참여정부 11, 15, 71, 97, 103, 114, 124, 217, 277
책임운영기관 245
청와대 개편 7대 원칙 26
총부채상환 비율(DTI) 167, 174
총액배분 자율편성제도 247
총액인건비제도 252, 272
충성서약서 111

[ㅋ]

코펜하겐 기준 131

[ㅌ]

통합의 리더십 132
통합적 균형 86
특별자치권 115

[ㅍ]

파멸적 비대화 85, 94
8·31대책 161, 166
평화번영정책 54, 63, 142, 145
포괄성 원칙 105

[ㅎ]

한·미동맹 141
한미 FTA 13
한반도전략 130
한·일 관계 141, 142, 156
핵확산금지조약(NPT) 218
햇볕정책 147
행정수도 50
행정중심복합도시건설특별법 79
헌정 리더십 124
혁신 사례 277
혁신 자동장치 227, 237
혁신도시 50, 87
혼혈연방제 114
홈택스서비스(HTS) 256, 277
황금의 삼각지대 90
효과적인 정부 55

BSC 288
FTA 47
FTA 추진 로드맵 13
IMF 경제위기 160
IPCC 60

『대한민국 역대 정부 주요 정책과 국정운영』 편찬위원 및 참여 인력

발행인: **이은재**(한국행정연구원 원장)

자문위원(가나다순)

김석준(안양대 총장)
박영희(건국대 명예교수)
안병만(전 교육과학기술부 장관)
윤정길(건국대 명예교수)
이달곤(가천대 교수)
정정길(울산대학교 재단이사장, 전 대통령 실장)
정형근(전 국회의원)

편집위원(가나다순)

김성배(숭실대 교수)
박양호(홍익대 교수)
이대희(광운대 교수)
주재현(명지대 교수)
최흥석(고려대 교수)
하미승(건국대 교수)
한표환(충남대 교수)

집필위원

서론: **안병만**(전 교육과학기술부 장관)

이승만 정부

김종철 연세대학교 법학전문대학원 교수(jkim386@yonsei.ac.kr)
남정옥 군사편찬연구소 책임연구원(yalu5812@hanmail.net)
박태균 서울대학교 국제대학원 교수(tgpark3@gmail.com)
박희봉 중앙대학교 행정학과 교수(hbpark@cau.ac.kr)
신윤창 강원대학교 공공행정학과 교수(ycshin@kangwon.ac.kr)

이대희 광운대학교 행정학과 교수(nulbo@hanafos.com)
이서행 한국학중앙연구원 명예교수(leeslow@aks.ac.kr)
이주천 원광대학교 사학과 교수(jucheon@wonkwang.ac.kr)
최신융 숙명여자대학교 행정학과 교수(shinyung@sookmyung.ac.kr)

장면 정부
김정렬 대구대학교 도시행정학과 교수(jykim@daegu.ac.kr)
백학순 세종연구소 수석연구위원(hspaik@sejong.org)

박정희 정부
강 욱 경찰대학교 행정학과 교수(kangmsu@gmail.com)
김재훈 서울과학기술대학교 행정학과 교수(jhkim@snut.ac.kr)
배용수 공주대학교 행정학과 교수(ysbae@kongju.ac.kr)
소순창 건국대학교 행정학과 교수(sosoon74@kku.ac.kr)
소진광 가천대학교 행정학과 교수(sojk514@gachon.ac.kr)
이원희 한경대학교 행정학과 교수(wonheeldaum@daum.net)
이종수 한성대학교 명예교수(jlee@hansung.ac.kr)
임도빈 서울대학교 행정대학원 교수(tobin@snu.ac.kr)
임동진 순천향대학교 행정학과 교수(djlim@sch.ac.kr)
하미승 건국대학교 행정학과 교수(hms5555@konkuk.ac.kr)

전두환 정부
강일규 한국직업능력개발원 선임연구위원(kangig@krivet.re.kr)
권용수 건국대학교 행정학과 교수(yskwon@konkuk.ac.kr)
김현준 고려대학교 행정학과 교수(joonk@korea.ac.kr)
박진근 연세대학교 명예교수(pck@yonsei.ac.kr)
박치성 중앙대학교 행정학과 교수(csp7111@gmail.com)
오재록 전주대학교 행정학과 교수(jaerokoh@gmail.com)
임태성 한양대학교 예체능대학 생활스포츠학부 교수(limts@hanyang.ac.kr)
임혁백 고려대학교 정치외교학과 교수(hyugim@korea.ac.kr)
홍성걸 국민대학교 행정학과 교수(sghong@kookmin.ac.kr)

노태우 정부
김규륜 한국통일연구원 선임연구위원(krkim@kinu.or.kr)
김근세 성균관대학교 행정학과 교수(seogam@skku.edu)
김태룡 상지대학교 행정학과 교수(trkim@sangji.ac.kr)
박양호 홍익대학교 스마트도시과학경영대학원 교수(yhpark@gri.re.kr)

변병설 인하대학교 행정학과 교수(byun@inha.ac.kr)
심상용 국방대학교 교수(sysim60@hanmail.net)
서순탁 서울시립대학교 도시행정학과 교수(stsuh@uos.ac.kr)
이 송 서울시립대학교 명예교수(scugeo@uos.ac.kr)
하태수 경기대학교 행정학과 교수(taesooha@hanmail.net)

김영삼 정부
김병문 안동대 행정학과 교수(byungmk@andong.ac.kr)
금창호 한국지방행정연구원 선임연구위원(gch@krila.re.kr)
심익섭 동국대 행정학과 교수(shim@dongguk.edu)
이남국 부경대학교 행정학과 교수(namkuk@pknu.ac.kr)
이상록 국사편찬위원회 편사연구사(rok@mest.go.kr)
이창원 한성대 행정학과 교수(gosoo717@daum.net)
최진욱 고려대학교 행정학과 교수(jinchoi@korea.ac.kr)
한표환 충남대학교 국가정책대학원 교수(hph1234@cnu.ac.kr)
황지환 서울시립대학교 국제관계학과 교수(whang38@gmail.com)

김대중 정부
김병숙 건국대학교 행정대학원 교수(mishell572@hanmail.net)
김성재 연세대학교 김대중도서관 석좌교수(mooksan11@gmail.com)
문정인 연세대학교 정치외교학과 교수(cimoon@yonsei.ac.kr)
박종철 한국통일연구원 선임연구위원(pjc@kinu.or.kr)
서원석 한국행정연구원 선임연구위원(swonseok@kipa.re.kr)
송하중 경희대학교 행정학과 교수(hahzoong@khu.ac.kr)
이인실 서강대학교 경제학과 교수(insill723@sogang.ac.kr)
이주헌 서울시립대학교 행정학과 교수(jules529@uos.ac.kr)
최흥석 고려대학교 행정학과 교수(hschoi@korea.ac.kr)

노무현 정부
류석진 서강대학교 정치외교학과 교수(sjlew@sogang.ac.kr)
주재현 명지대학교 행정학과 교수(jhjoo61@mju.ac.kr)
변창흠 세종대학교 행정학과 교수(changbyeon@sejong.ac.kr)
성경륭 한림대학교 사회학과 교수(cosmos201@gmail.com)
안성호 대전대학교 행정학부 교수(shahn@dju.ac.kr)
이수훈 경남대학교 극동문제연구소 교수(leesh@kyungnam.ac.kr)
장지호 한국외국어대학교 행정학과 교수(jhufs@hufs.ac.kr)
장혜경 한국여성정책연구원 선임연구위원(hkchang@kwdimail.re.kr)

황혜신 한국행정연구원 선임연구위원(hwanghs@kipa.re.kr)

이명박 정부

김관보 가톨릭대학교 행정학과 교수(kwanbo@catholic.ac.kr)
김동욱 서울대학교 행정대학원 교수(dong@snu.ac.kr)
김상협 KAIST 경영대학원 교수(conanstory@gmail.com)
김성배 숭실대학교 행정학과 교수(graal@ssu.ac.kr)
김영한 성균관대학교 경제학과 교수(kimyh@skku.edu)
박정수 이화여대학교 행정학과 교수(parkj@ewha.ac.kr)
박천오 명지대학교 행정학과 교수(chpark@mju.ac.kr)
안형기 건국대학교 행정학과 교수(hkahn01@kku.edu)
윤창현 한국금융연구원 원장(jisun@kif.re.kr)
하혜수 경북대학교 행정학과 교수(hasoo@knu.ac.kr)

결론: **김석준**(안양대 총장)

사업총괄 책임

양현모 한국행정연구원 선임연구위원

정부별 간사

이승만/장면 정부: 조세현 한국행정연구원 부연구위원
박정희 정부: 황혜신 한국행정연구원 선임연구위원
전두환 정부: 김영록 한국행정연구원 부연구위원
노태우 정부: 윤종설 한국행정연구원 부연구위원
김영삼 정부: 임성근 한국행정연구원 부연구위원
김대중 정부: 오윤경 한국행정연구원 부연구위원
노무현 정부: 허준영 한국행정연구원 부연구위원
이명박 정부: 최순영 한국행정연구원 연구위원

사업총괄 지원

장지원 한국행정연구원 전문연구원

행정 지원

김두진 한국행정연구원 행정원
김유진 한국행정연구원 위촉연구원

대한민국 역대 정부 주요 정책과 국정운영
제7권: 노무현 정부

펴낸날: 제1판 제1쇄 2014년 12월 31일
엮은이: 한국행정연구원
펴낸이: 임춘환
펴낸곳: 도서출판 대영문화사
주소: 서울특별시 용산구 청파로 61길 5 (청파동 1가) 제일빌딩 2층
등록: 1975년 12월 26일 제3-16호
전화: (02)716-3883, (02)714-3062
FAX: (02)703-3839
홈페이지: http://www.dymbook.co.kr

ISBN 978-89-7644-511-7
ISBN 978-89-7644-513-1(세트)

[값 18,000원]